Räucherstoffe – Der Atem des Drachen

Christian Rätsch

RÄUCHERSTOFFE
DER ATEM DES DRACHEN

72 Pflanzenporträts

Ethnobotanik, Rituale und praktische Anwendungen

AT Verlag

© 1996
AT Verlag, Aarau, Schweiz
Lithos und Druck: Aargauer Zeitung AG, Aarau
Bindearbeiten: Buchbinderei Schumacher AG, Schmitten
Printed in Switzerland

ISBN 3-85502-545-2

Inhaltsverzeichnis

6 **Vorwort**
9 **Die Kultur des Räucherns**
9 Am Anfang ist die Vision
10 Zwischen Kult und Medizin
13 Die Tränen der Götter
16 Zwischen himmlischem Duft und höllischem Gestank
18 Das Gehirn des Himmels
23 Der Atem des Drachen
25 Die Magie der Renaissance
27 Rauch und Rausch

31 **Lexikon der Räucherstoffe**
Aloe 32, Aloeholz 33, Alraune 36, Amber 39, Arve 40, Asa foetida 42, Balsam 43, Bdellium 46, Beifuss 48, Benzoe 51, Bernstein 53, Bilsenkraut 55, Boldo 59, Coca 60, Copal 63, Damiana 67, Drachenblut 69, Eisenkraut 71, Erdrauch 73, Eukalyptus 74, Fabiana (Pichi-Pichi) 75, Fichte 76, Galbanum 77, Guajak 79, Guggul 81, Gummi Arabicum 82, Hanf 85, Kakao 88, Kalmus 90, Kampfer 93, Kaneel 96, Kassia 98, Kiefer (Latschenkiefer) 100, Koriander 102, Ladanum 104, Libanonzeder 106, Lorbeer 108, Mastix 109, Mohn 111, Myrrhe 130, Myrte 134, Nelke 136, Ocoté 137, Olibanum 139, Opopanax 143, Perubalsam 146, Pinie 147, Räucherklaue (Onycha) 150, Rhododendron (Hochgebirgsform) 153, Rosmarin 155, Sadebaum 156, Sage (Steppenbeifuss) 158, Salbei 160, Rotes Sandelholz 163, Weisses Sandelholz 164, Schwefel 166, Stechapfel 168, Steppenraute 170, Sternanis 172, Styrax (Storax) 174, Sumpfporst 178, Sweetgrass (Vanillengras) 180, Tanne 183, Thymian 186, Tolubalsam 187, Tulasi 189, Vetiver 192, Wacholder 194, Yerba Santa 200, Ysop 201, Zeder 202, Zimt 206, Zypresse 208

211 **Zubereitung und Gebrauch**
211 Pharmazeutisches Glossar
212 Räucherstoffzubereitungen
216 Berühmte Rezepte
218 Vom richtigen Räuchern
219 Räucherstoffe in der Schwitzhütte

221 Botanischer Index
223 Bibliographie
231 Bezugsquellen

Vorwort

Das Entzünden von Räucherwerk gehört zu den ältesten rituellen Praktiken der Menschheit. Schamanen versetzten sich mit dem aufsteigenden Rauch bestimmter Hölzer, Harze und Blätter in Trance, Seherinnen inhalierten den Rauch von bewusstseinsverändernden Stoffen, um in Ekstase zu verfallen. Priesterinnen und Priester verbrannten Harze, um den Kontakt mit den Göttern und Göttinnen herzustellen. Mit Weihrauch wurden Dämonen beschworen oder vertrieben; Bauwerke wurden geweiht und gereinigt; Kranke und Besessene wurden mit köstlichen Düften oder stinkenden Gerüchen beräuchert. Dem aromatischen Rauch wurden magische oder medizinische Eigenschaften zugeschrieben; er wurde bestimmten Gottheiten und Planeten zugeordnet.

Aromatische oder berauschende Substanzen waren immer begehrt, waren heilig und wurden als kostbarer Schatz betrachtet. Der Wohlgeruch galt als paradiesische Prise, der Gestank verkündete die Anwesenheit des Teufels. Noch heute wird bei katholischen Ritualen mit Olibanum (samt Verfälschungen!) geräuchert; noch heute inhalieren die asiatischen Schamanen den aufsteigenden Wacholderrauch; noch heute verbrennen die Prärieindianer Sage, um zum Grossen Geist zu beten; noch heute ist die Produktion von Räucherwerk ein wesentlicher Industriezweig in Indien und Japan. Auch in Mitteleuropa wird wieder geräuchert. Zunehmend erfreuen sich Menschen der Industrienationen an Weihrauch, Myrrhe und Zeder. Aber wie so typisch in einer Konsumgesellschaft – die meisten konsumieren fertige Räuchermischungen, von denen es heisst, sie würden dem eigenen Sternzeichen entsprechen, sie würden die Aussagekraft des Tarot verdeutlichen, sie würden zur Aktivierung der Chakren dienen, sie würden auch dort Liebe erzeugen, wo sich sonst nichts regt. In esoterisch angehauchten Geschäften stehen die

Assyrische Darstellung eines Räucheropfers. In der Mitte steht eine Räucherpfanne, von der Rauch aufsteigt. Nach LÖHR, 1927.

Planetenräucherungen neben den Astrologiebüchern. Venus – wunderbar! Es duftet so gut! Aber wer weiss schon, was sich hinter diesen Mischungen an Botanik, Chemie, Geschichte und Abenteuer verbirgt? In der esoterischen Literatur werden meist nur Rezepte, die von den Autoren oftmals nur abgeschrieben, aber niemals erprobt wurden, angesammelt; es wird von »Schwingungen« und magischen Auswirkungen geredet. Die Räucherstoffe an sich werden meist mit ein paar Zeilen abgespeist; die Beschreibungen wimmeln von Fehlern, vor allem was die Botanik, Chemie und Pharmakologie angeht.

Das vorliegende Buch ist in erster Linie eine Materialkunde aus ethnobotanischer Sicht. Es soll jenen dienen, die sich mit den Räucherstoffen näher befassen wollen. Ich möchte auch keine grosse Rezeptsammlung veröffentlichen, sondern eher zu Kreativität im Umgang mit Räucherstoffen anregen. Je mehr man sich mit den Naturprodukten beschäftigt, desto tiefer lassen sich die Mysterien der Natur, deren Kinder wir sind, ergründen. Die Welt der Aromen ist sicherlich ein Weg, sich direkt in das Herz der Natur zu begeben.

Vor rund zwanzig Jahren kam ich zum ersten Mal mit einer traditionellen Räucherzeremonie in Kontakt. Ich lebte damals bei den Lakandonen-Indianern in Chiapas (Mexiko). Ich studierte ihre Medizin und Magie, ihre Zaubersprüche und Rauschtränke. In diesem Zusammenhang erlernte ich das Weihrauchritual, lernte, wie der Weihrauch zu sammeln, herzustellen und den Göttern und Göttinnen zu opfern ist. Dadurch angeregt befasste ich mich in meiner weiteren ethnobotanischen und ethnopharmakologischen Forschung mit dem traditionellen Gebrauch von Räucherstoffen in aller Welt. Ich bereise seither unseren Planeten – immer auf der Suche nach den ethnobotanischen Wundern, nach den traditionellen Formen des Umgangs mit den Geschenken von Mutter Erde. Ein Lakota sagte mir einmal, wenn du Sage entzündest, betest du zum Grossen Geist. Der Rauch verbindet dich direkt mit ihm, der grossen Lebenskraft, dem grossen Geheimnis. Seither spüre ich die Verbundenheit mit dem Planeten, den Ahnen, den grossen Seherinnen und den Schamanen, wenn ich etwas Räucherwerk verbrenne. So wie mich der Rauch mit dem Himmel, mit dem für gewöhnlich Unsichtbaren, mit der anderen Wirklichkeit verbindet, schlage ich hier eine Brücke zwischen traditioneller Kultur und moderner Wissenschaft. Für mich ist seit langem klar: Wissenschaft und Magie sind nur zwei von vielen Erkenntniswegen, die sich nicht gegenseitig ausschliessen, sondern ergänzen.

Besonderer Dank gebührt meinem Verleger Urs Hunziker, der mir den Anstoss zu diesem Buch gab. Sowohl die Arbeit am Manuskript – ständig umhüllt von köstlichen und absonderlichen Düften und Räuchen – als auch die Zusammenarbeit mit dem AT Verlag waren ausgesprochen angenehm.

Vielen Freunden und Freundinnen bin ich zu Dank verpflichtet: Anupama und Roger Liggenstorfer, John Baker, Dil, Yogapada, John Steele, Ralph Metzner, René Strassmann, Rudolf Brenneisen, Jürgen Mellmann, meinen Newari-Brüdern Surendra, Birendra und Pradip. Wolf-Dieter Storl danke ich besonders für die Information, dass der germanische Beifussgebrauch auf die gleiche kulturelle Wurzel zurückgeht wie der indianische Sage-Gebrauch; Werner Larsen und Ulrike Werner (Isis-Urania) für Beratung und Materialien; Patricia Ochsner für Rat und Tat; und vor allem meiner Frau Claudia Müller-Ebeling für die phantastischen und inspirierenden Wanderungen durch das Aletschgebiet und zum Gosainkunda.

Christian Rätsch
Zur Sonnenwende

»Das unerklärliche Gegebene eingeatmeten Weihrauchs, berührter Haut, empfundener Liebe und, über sie hinaus, das Mysterium der Mysterien, der Eine in der Vielzahl, die Leere, die alles ist, das So-Sein, das völlig zugegen ist in jeder Erscheinung, an jedem Ort und in jedem Augenblick.«

A̶ldous Huxley, *Eiland* (1962)

Die Kultur des Räucherns

Am Anfang ist die Vision

»The smell of incense takes me high
way up high where eagles fly«

JOHAN EDLUND/TIAMAT, *Clouds* (1992)

Es gibt verschiedene Methoden, um in die Geschichte der Menschheit und ihrer Kultur Einblick zu gewinnen. Man kann Hinterlassenschaften ausgraben (Prähistorik, Archäologie), alte Manuskripte studieren (Ethnohistorie, Geschichtswissenschaft) oder die Kulturen der Gegenwart beobachten, um Rückschlüsse auf das Verhalten und Denken unserer Ahnen zu gewinnen (Ethnoarchäologie). Alle diese Methoden stehen auf einem festen Gerüst von Wissenschaftstheorie und werden heute als gültig betrachtet. Aber wie alle Methoden haben auch sie gewisse Erkenntnisgrenzen, die sich nur schwer überschreiten lassen.

Wie können wir Einblicke in das Geistesleben unserer Ahnen gewinnen, Denkstrukturen und deren historische Entwicklung erfassen? Wie können wir Fragen beantworten wie jene, wann die Menschen das Räuchern entdeckten, warum bestimmte Räucherstoffe genau definierten Gottheiten zugeordnet sind und wie die Mythologien der Räucherkultur entstanden? Die herkömmlichen Methoden der etablierten Wissenschaft geben auf

Ein heiliger Mann in Ekstase. Neben ihm brennt Weihrauch, den er zuvor inhaliert hat. Diese Methode der Bewusstseinsveränderung wird im Himalaya noch heute praktiziert. Stich nach einem Gemälde von du Rony, 1894.

diese brennenden Fragen keine Antwort. Und dennoch muss man sich nicht einfach mit blinden Spekulationen und Phantastereien begnügen.

Die alten Quellen loben immer wieder die Gaben der Seher und Visionäre, denn sie hatten die Möglichkeit, Wissen zu schöpfen, das mit anderen Erkenntnismethoden verborgen blieb. Warum sollen wir heute nicht auch visionäre Zustände nutzen, um an sonst nicht erreichbares Wissen zu gelangen? Überall auf der Welt gibt es Erkenntnisrituale, bei denen veränderte Bewusstseinszustände – und Visionen zählen dazu – gezielt dazu benutzt werden, um Antworten auf sonst unbeantwortbare Fragen zu erhalten.

Mit den Fragen nach dem Ursprung der Räucherkultur und der Zuordnung zu bestimmten Gottheiten habe ich mich in ein Vollmondritual in der Höhle des Pan auf dem Parnass begeben. In einer Gruppe von neun Leuten gingen wir nachts in die geräumige Höhle. Wir setzten uns im Kreis um ein Lagerfeuer und verspeisten eine entheogene Medizin. Ich konzentrierte mich auf meine Fragen und beobachtete das Feuer. Ich hatte vorher verschiedene Pflanzen gesammelt, die ich nun auslegte, um sie als Räucherstoffe ins Feuer zu werfen. Es dauerte nicht lange, und ich befand mich im Paläolithikum. Zuerst erkannte ich, dass die Urmenschen gar nicht in Höhlen lebten, sondern diese nur für Rituale benutzten – ganz so, wie wir gerade in diesem Augenblick.

Ich begann damit, ein paar Wacholderzweige der Art *Juniperus oxycedrus*, die ich auf der Dionysos-Insel Naxos gesammelt hatte, in das Feuer zu werfen. Ich wollte damit die Schamanen in aller Welt, die Wacholderrauch inhalieren, ehren. Die Zweige knisterten laut im Feuer und verbreiteten einen wunderbaren harzigen Duft. Ich erkannte sofort, dass Wacholder das älteste Räucherwerk der Menschheit sein muss. Eine Erkenntnis, die später bei einer Forschungsreise in den Himalaya vollauf bestätigt wurde (dort ist der Name für Wacholder und Räucherstoff derselbe). Ich sah die Schamanen der Steinzeitmenschen, wie sie tief den Rauch inhalierten und ihr Bewusstsein auf andere Wirklichkeiten richteten.

Nun warf ich einige trockene Fruchtrispen vom Bilsenkraut (*Hyoscyamus albus*) ins Feuer. Ich konnte deutlich das Knacken der zerspringenden Samen hören. Vor mir erschien die delphische Pythia, majestätisch auf ihrem Dreifuss sitzend, umhüllt vom Bilsenkrautrauch. Da erkannte ich, dass dieses Gewächs das wichtigste Räuchermittel der antiken Seher und Orakel war.

Zuletzt warf ich ein paar Zypressenzweige, die ich in Eleusis gesammelt hatte, in das Feuer. Hell loderten sie auf und versprühten ihr ätherisches Öl. Dabei wurde mir klar, dass viele Räucherstoffe am steinzeitlichen Lagerfeuer entdeckt wurden: mit den verschiedenen Hölzern, mit denen das Feuer gefüttert wurde, veränderte sich jeweils auch der Rauch und der Geruch des Feuers.

Jetzt sah ich plötzlich, wie es zu den mythologischen Verbindungen zwischen den Räucherstoffen und den Göttern und Göttinnen gekommen war. Während die Menschen ums Feuer sassen und Geschichten von Gottheiten und mythologischen Begebenheiten erzählten, nahmen sie bestimmte Gerüche wahr. In ihrer Erinnerung hefteten sich diese Gerüche an die Götterfiguren und Geschichten. Daraus entwickelte sich dann im Laufe der Zeit eine Tradition.

Zwischen Kult und Medizin

»Folge deinem Wunsch, weil du lebst,
lege Myrrhe auf dein Haupt,
kleide dich in feines Linnen,
getränkt mit köstlichen Wohlgerüchen,
den echten Dingen der Götter.
Vermehre deine Wonnen noch mehr,
lass dein Herz nicht müde sein,
folge deinem Wunsch und deinem Vergnügen.«

Lied des Harfners, Ägypten, ca. 2000 v. Chr.

»Götter sind nützlich für uns: drum lasst an Götter uns glauben;
Weihrauch opfert und Wein auf dem bemoosten Altar.« OVID, *Ars amatoria*, I, 635f.

Der Gebrauch von Räucherstoffen für religiöse, magische und medizinische Zwecke findet sich weltweit. Räuchern ist ein transkulturelles Phänomen. In den meisten Kulturen wird Weihrauch als

Der Handel mit Harzen, Gummis und Gewürzen aus aller Welt war in der frühen Neuzeit ein Hauptgeschäftszweig des europäischen Apothekenhandels. Holzschnitt aus BOCK, *Kreutterbuch*, 1577.

»Nahrung der Götter« angesehen. Manche Räucherstoffe (wie z.B. Benzoe oder Kassie) werden wegen ihres aussergewöhnlichen Wohlgeruchs benutzt. Manche Stoffe wie Bilsenkraut- oder Stechapfelsamen werden wegen ihrer pharmakologischen Wirkung geräuchert. Sie haben meist einen unangenehmen Geruch, dafür aber eine psychoaktive Wirkung. Viele Pflanzenteile (wie etwa beim Lorbeer) werden auch wegen ihrer angeblich magischen Wirkung bei esoterischen Ritualen verwendet. Aus der Gestalt des aufsteigenden Rauches werden der Wille der Götter oder die Niedertracht der Dämonen abgelesen. Mit Hilfe des Rauches soll man dienstbare Geister visualisieren können. Manche Räucherungen stimulieren das erotische Bedürfnis, andere sollen Haus und Hof vor Krankheiten, Geistern und Diebstahl sichern.

Den verschiedenen Düften wurden im Laufe der Zeit vielfältige heilende Qualitäten zugeschrieben. Schon die Griechen und Römer ordneten die zahlreichen Räucherstoffe – zum Teil aufgrund ihrer pharmakologischen Wirkung – den einzelnen Göttern und Planeten zu. In der Renaissance wurden viele Rezepte für magische Planetenräucherungen entwickelt. Dieses Wissen wurde im Okkultismus wieder aufgegriffen und weiter verfeinert. Selbst heute gibt es viele Menschen, die den subtilen Qualitäten der Räucherstoffe nachspüren, alte Rezepturen rekonstruieren und neue Rezepte, zum Beispiel für Tarot-Räucherungen, entwickeln.

Es gibt drei kuturelle Zentren des Gebrauchs von Räucherstoffen: die antike Welt samt dem alten Orient, den indischen Subkontinent inklusive Himalayaraum und Mesoamerika[1]. Dabei hat sich die indianische Räucherkultur selbständig und unabhängig entwickelt, während sich die antike Welt, der Orient und Indien gegenseitig stark beeinflussten. Zwischen Indien und Ägypten gab es schon im Altertum intensive Handelsbeziehungen, die auch zu einem regen Austausch von Gewürzen, Heilpflanzen, Rauschmitteln und natürlich von Räucherstoffen führten (vgl. DOSHI 1993). In späten ägyptischen Gräbern fand man sogar mit aromatischen Substanzen gefüllte Gefässe, die mit indischen und chinesischen Schriftzeichen bedeckt waren (WOLLNER 1995: 19).

Die meisten in diesem Buch vorgestellten Räucherstoffe – es gibt noch weit mehr (sogar noch unerforschte und unbekannte) – stammen aus diesen kulturgeographischen Regionen. Viele im Altertum berühmte und hochgepriesene Räucherstoffe konnten bis heute nicht eindeutig botanisch (oder zoologisch) und pharmakognostisch bestimmt werden. Ich habe (mit wenigen Ausnahmen) nur eindeutig identifizierte Räucherstoffe aufgenommen, da nur solche Stoffe zu finden sind und vom modernen Menschen benutzt werden können.

Dieses Buch stellt ein ethnobotanisches Handbuch der Räucherstoffe dar, das sowohl dem kulturhistorisch interessierten Leser als auch dem ethnopharmakologisch Experimentierfreudigen dienen kann. Ich gehöre keiner esoterischen Schule oder Richtung an, sondern bin als Wissenschaftler auf das Fachgebiet der Ethnomedizin und Ethnopharmakologie spezialisiert und habe dieses Buch aus dieser Perspektive heraus geschrieben. Ich wünsche mir allerdings, dass die Leser verschiedenster Geistesrichtungen hier genügend Informationen und Anregungen für ihren eigenen Weg finden mögen. Denn jeder Weg ist ein wertvoller und gleichberechtigter Pfad der Erkenntnis.

Dem Räucherkonzept liegt eine universelle kognitive Matrix zugrunde: der Rauch ist die »Nah-

---

[1] Mit Mesoamerika bezeichnet man das Gebiet von Zentral- und Südmexiko, Guatemala, Belize, Nord-Honduras und El Salvador, in dem sich komplexe Kulturen (früher: »Hochkulturen«) mit ähnlichen Elementen entwickelt haben.

rung der Götter«; die »Seele« des Räucherstoffes, die durch die transformatorische Kraft des Feuers befreit wird, steigt in den Himmel (oder die Anderswelt) auf und verdichtet sich dort zu Nektar, zum Göttertrank. So sind eigentlich die Feuergötter die Götter der Räucherei.

Die meisten Räucherstoffe werden nicht nur zum Räuchern, sondern auch zu zahlreichen anderen Zwecken, meist medizinischer oder technischer Art (z.B. als Klebstoffe oder Trägersubstanzen), verwendet. Die meisten Pflanzen, die Räucherstoffe liefern, sind auch ansonsten kulturell bedeutsam, oft gelten sie als heilig.

Räucherstoffe werden verwendet,
– um den Göttern und Göttinnen zu opfern
– den Kontakt zu Gottheiten, Dämonen und Geistwesen herzustellen
– den Kontakt zu den Ahnen zu knüpfen
– zum Geleit der Toten in die jenseitige Welt
– um negative Geistwesen zu vertreiben oder fernzuhalten
– um die Meditation zu unterstützen
– Gebete zu intensivieren
– um Liebe und Liebesbereitschaft zu erzeugen
– zur Steigerung der eigenen Attraktivität
– um Gäste zu ehren
– zur Ausführung magischer Rituale
– um die hygienischen Verhältnisse zu verbessern
– Räume zu desinfizieren
– Krankheiten zu heilen oder deren Ursachen zu vertreiben
– gezielte spirituelle Erfahrungen zu machen
– bewusstseinsverändernd zu wirken
– stimmungsverändernd zu wirken
– bestimmte medizinische oder therapeutische Wirkungen zu erzielen
– zur Desinfektion oder als Insektizid
– zur Konservierung von Nahrungsmitteln
– zum Parfümieren von Kleidung und Haar
– zur Freude und zur Unterhaltung

Der wichtigste Weihrauch des Altertums, das sogenannte Olibanum, stammt von kleinen Bäumen (*Boswellia sacra*), die an Arabiens Küste gedeihen und ganze Weihrauchwälder bilden. Diese Wälder (*silvae*) waren in der Antike heilig, nicht zuletzt, weil dort das berühmte Orakel der Artemis lag (WISSMANN 1977: 34). Von Arabien wurde das Harz nach Ägypten, nach Griechenland und sogar bis nach Indien verschifft und von Karawanen auf der sogenannten Weihrauchstrasse – vermutlich die älteste Handelsstrasse der Welt – in alle Städte und Tempel der antiken Welt transportiert (HINRICHSEN 1994: 16f.). Das Olibanum war bei den Völkern des alten Orients die Grundlage aller Räuchermittel. Es wird heute noch von der katholischen Kirche als Grundsubstanz des Kirchenweihrauchs verwendet (GROOM 1981).

Die Kultur des Räucherns hat sich seit mindestens 1000 v. Chr. durch diese Handelsbeziehungen zwischen dem östlichen Mittelmeergebiet und Asien stark verbreitet. Über den Handel sind Räucherstoffe aus Indien und Arabien nach Ägypten und Griechenland gelangt und umgekehrt. Zwischen der Welt des alten Orients und Asien verkehrten viele Karawanen, zuerst mit Maultieren, später hauptsächlich mit Kamelen. Die Karawanen transportierten nicht nur Waren, sondern auch Bräuche, Anschauungen und Gedankengut. Sie waren das aktive Medium des Kulturaustausches (KASTER 1986).

Zum Räuchern eignen sich aber nicht nur exotische Räucherstoffe, sondern auch zahlreiche einheimische Pflanzen. Neben den Harzen und Nadeln von Tannen, Fichten, Kiefern und Arven, den Zweigen, dem Holz und den Beeren des Wacholders war das bedeutendste Räuchermittel der Germanen der Beifuss (*Artemisia vulgaris*). Beifuss wurde etwa bei der Sommersonnenwende zum Vertreiben der Dämonen des Vorjahres geräuchert. Der Beifuss ist eng verwandt mit der Pflanze, die in Nordamerika Sage heisst und die bei uns meist fälschlicherweise als Salbei ausgegeben wird. Sage heisst jedoch korrekt Präriebeifuss (*Artemisia ludoviciana*) und stellt das wichtigste Räuchermittel der nordamerikanischen Indianer dar. Ein Lakota aus South Dakota erzählte mir einmal, dass schon das blosse Verbrennen von Sage ein Gebet an den Grossen Geist sei. Sage wird praktisch bei jedem Ritual, bei der Visionssuche, beim Sonnentanz, während der Yuwipi-Zeremonie, bei der schamanischen Krankenheilung, bei jedem Stammestreffen und bei jedem Pow Wow verbrannt. Allein schon der kräuterig-süsse

Duft verbreitet ein Gefühl von Heiligkeit. Für die Indianer drückt sich darin die Heiligkeit der Natur, die wiederum eine Ausdrucksform des Grossen Geistes ist, aus. Sie sagen, dass der Sage-Rauch nicht nur den Kontakt zum Grossen Geist ermöglicht, sondern auch den Menschen für spirituelle Erfahrungen reinigt und vorbereitet. Ganz ähnlich lässt sich der heimische Beifuss benutzen.

Die Tränen der Götter

»Einzigartig ist der Vogel, der sich selbst neu gebiert und wieder zeugt. Die Assyrer nennen ihn Phoenix. Er lebt weder von Feldfrucht noch von Kräutern, sondern von Weihrauchtränen und vom Saft des Ammomum. Hat dieser die fünf Jahrhunderte seines Lebens vollendet, baut er sich in den Ästen der Steineiche oder im Wipfel der schwankenden Palme mit den Fängen und seinem unbefleckten Schnabel ein Nest. Hat er dort aus Kassia, Ähren der milden Narde, Stücken von Zimt und gelblicher Myrrhe eine Streu bereitet, lässt er sich darauf nieder und beschliesst sein Leben inmitten von Wohlgerüchen. Hierauf soll aus dem väterlichen Leib ein kleiner Phoenix wiedergeboren werden, dem beschieden ist, ebenso viele Jahre zu leben.«

OVID, *Metamorphosen,* XV, 393ff.

Psyche betritt, von einem Räuchergefäss beschützt und geleitet, die Unterwelt. Vielleicht liegt hier eine Metapher für die Wirkung des Räucherwerks auf das Bewusstsein verborgen. Stahlstich nach einem Gemälde von O. Lingner, um 1900.

Es ist eine uralte Naturbeobachtung, dass bestimmte Bäume »weinen«, wenn ihre Rinde verletzt wird. An den Schnittstellen quellen die »Tränen« heraus, erstarren am Holz, hinterlassen ein Zeichen von Trauer. Gleichzeitig heilt sich der Baum selbst damit; ein Beweis für die Heilkraft des Harzes.

Aus dieser Naturbeobachtung machten die Völker der Antike Mythologie. Die Bäume und Sträucher, die weinen konnten, wurden als Menschen, Nymphen oder Götter gedeutet, die aufgrund bestimmter Geschehnisse in harztriefende Gewächse verwandelt worden waren. Die Griechen und Römer hatten viele Sagen von Jungfrauen, Nymphen und Göttinnen, die in aromatische Bäume, Sträucher, Kräuter oder Blumen verwandelt wurden (CALDECOTT 1993). Da diese Verwandlungen oder Metamorphosen meist mit traurigen Ereignissen verknüpft waren, sah man in dem hervorquellenden Harz die Tränen der Nymphen und Göttinnen. Viele Räucherstoffe, wie Kiefer, Bernstein, Myrte, Lorbeer, Myrrhe und Mohn, waren mit solchen Geschichten verbunden.

Ähnliche Mythen gab es im alten Ägypten. So hiess es, wenn die Tränen von Shu und Tefnut auf die Erde tropften, entstünden daraus weihrauchliefernde Planzen. Diese Pflanzen, Sträucher und Bäume wuchsen in dem sagenhaften »Götterland« Punt. Bis heute sind sich die Ägyptologen nicht einig, wo genau das Weihrauchland Punt zu lokalisieren ist. Wahrscheinlich liegt es in Ostafrika, möglicherweise in Somalia, wo noch heute grosse Weihrauchwälder vorkommen. Der Bedarf der alten Ägypter an den wohlduftenden Harzen war enorm und konnte kaum gedeckt werden. Deshalb wurde in der Zeit der 18. Dynastie im Auftrag von Hatshepsut eine Expedition nach Punt geschickt, um lebende Weihrauchbäume zurückzubringen. Wie erfolgreich die Expedition tatsächlich war, lässt sich nicht genau sagen. Sicher ist, dass in manchen Tempeln, so etwa im Amun-Tempel von Theben, Weihrauchbäume erfolgreich angepflanzt worden waren (DIXON 1969). Wenn die Weihrauchbäume tatsächlich aus den Tränen der Götter stammten, so hatten sie über Ägypten wohl nichts zu weinen …

Für die alten Ägypter waren die »Tränen der Götter« von herausragender Bedeutung. Sie wurden bei allen Ritualen morgens, mittags und abends geräuchert. Sie wurden nicht nur bei den offiziellen religiösen Zeremonien für die Götter verbrannt, sondern auch bei den geheimnisvollen magischen Riten, die in abgeschlossenen Räumen stattfanden. Leider ist die genaue Zusammensetzung der ägyptischen Räucherwerke ebenso wie die botanische Identität ihrer Stammpflanzen weitgehend unbekannt.[2] Es gibt nur ein paar griechische Quellen, die als wesentliche Räucherstoffe für Ägypten Kyphi (ein kompliziertes Gemisch), Olibanum, Myrrhe und Libanonzeder angeben.

Den griechischen Göttern wurden heilige Bäume, ihrem jeweiligen Charakter entsprechende psychoaktive Substanzen und spezielle Räucherstoffe und/oder Düfte zugeordnet. Manchmal handelte es sich um ein und dieselbe Pflanze, die als heiliger Baum verehrt, als Rauschmittel konsumiert und als Räucherstoff verwendet wurde. Von allen Göttern und Göttinnen war vor allem die Liebesgöttin Aphrodite eine Göttin der Wohlgerüche und aromatischen Pflanzen. Aphrodite liebte aber nicht nur die lieblichen Düfte der Blüten, sondern auch das harzige Räucherwerk. Sie selbst soll den Gebrauch von orientalischem Räucherwerk in das griechische Opferritual eingeführt haben. Manche Quellen versichern, dass die Lieblingsopfer der Göttin köstliche Parfüms, Balsame und Weihrauch waren. Aeone, eine Nymphe der Aphrodite, soll schliesslich das Wissen um die Räucherstoffe und ihre magischen oder heilsamen Wirkungen von den Göttern erworben und den Menschen gebracht haben (DRURY 1989: 115). In und bei den Tempeln wurden riesige Mengen Räucherwerk verbrannt – nicht nur, um die Götter zu ehren, sondern auch um den Gestank der verbrennenden Kadaver der Opfertiere zu übertünchen. Der ursprüngliche lateinische Ausdruck für Weihrauch war *per fumen,* »durch Rauch«.

»Räuchern, Riechen und Rausch stehen nicht nur sprachlich, sondern auch inhaltlich in einem engen Zusammenhang« (MARTINETZ et al. 1988: 13). Aus den kultischen, rauschhaften Verwendungen von Wohlgerüchen und Räucherungen hat sich aufgrund der beobachteten Wirkungen die Aromatherapie herausgebildet. Dabei werden gezielt Gerüche eingesetzt, um körperliche und/oder geistige Leiden zu kurieren: »Wohlgeruch war und ist für den Menschen stets mit der Empfindung des Wohlbefindens eng verknüpft. Wohlbefinden ist gleichbedeutend mit Gesundheit. Das heisst, was Wohlbefinden hervorzurufen vermag, ist damit in einem gewissen Sinn zugleich auch Arznei.« (MARTINETZ et al. 1988: 125)

Viele, wohl eigentlich alle wohlduftenden Pflanzen sind der Aphrodite heilig. Aus den antiken Quellen geht hervor, dass die Liebesgöttin besonders die Düfte der Myrte, des Kassia-Zimts, des orientalischen Olibanums, des Ladanums, der Myrrhe, der wilden Rose, der Madonnenlilie *(Lilium candidum)* und des lieblichen Aniskrautes *(Pimpinella anisum)* schätzte. Ihre Priesterinnen waren mit duftenden Blüten geschmückt, ihre Heiligtümer waren Duftgärten, auf ihren Altären brannte ständig der Weihrauch. Wer ihr Heiligtum besuchte, wandelte in einem Rausch von Düften und Wohlgerüchen, einer »süssen aphrodisischen Brise«. Duftstoffe sind Botenstoffe![3] Die Wohl-

---

[2] »Nach übereinstimmender Meinung mehrerer Fachleute, die sich mit der Untersuchung altägyptischer Harzproben beschäftigt haben, ist eine chemische Analyse dieser Materialien äusserst schwierig. Die Ägypter benutzten neben reinen Harzen auch Harzgemische, oft noch mit aromatischen Ölen versetzt. Es besteht heute noch keine Klarheit darüber, wie sich diese Gemische im Laufe von vielen hundert Jahren chemisch verändert haben. So scheint es im Moment keine sichere Möglichkeit zu geben, altägyptische Harzgemische auf ihre ursprünglichen Harzkomponenten hin zu analysieren.« (GERMER 1988: 57)

[3] Die gesamte Sexualität wird massgeblich durch Sexuallockstoffe (Pheromone) und Gerüche gesteuert; vgl. FISCHER-RIZZI 1989: 29f.

gerüche sind die natürliche Botschaft der grossen Liebesgöttin. Wie eine Blüte ihren Duft in sommerlicher Erregung verströmt, so gilt der Duft ihrer Scham als der süsseste im ganzen Universum.

Räucherstoffe wurden nicht nur bei öffentlichen Festen und in den Tempeln verbrannt, sondern hatten eine geradezu liturgische Bedeutung bei den in der Spätantike aufkommenden Mysterienkulten. In einer Liedersammlung eines dionysischen Mysterienvereins aus Kleinasien, die unter dem Begriff *Orphische Hymnen* bekannt ist, sind genaue Angaben über die Räucheropfer für die einzelnen Götter und Göttinnen zu finden.

Erstaunlicherweise wurden alle im Altertum bekannten Räucherstoffe auch zum Haltbarmachen, Parfümieren und Aromatisieren von Weinen verwendet. Vor allem die geharzten Weine waren in Griechenland und Rom populär.

Zuordnung der Räucherstoffe zu den Göttern und Göttinnen nach den Orphischen Hymnen

»*allerlei Düfte*«	Pan
»*Gewürze*«	Nyx/Kypris (= Aphrodite), Sterne, Selene, Physis (= Natur), Rhea, Hera, Nereiden, Athene, Demeter Antaia, Horen, Perikionios, Sabazios, Nymphen, Adonis, Moiren, Eumeniden, Melinoe, Leukothea, Histia, Oneiros
Libanonmanna [Libanonzedernharz]	Helios
Manna [Weihrauchmanna (?)]	Nike, Apollon, Artemis, Dionysos, Liknites, Satyr, Silen, Palaimon, Eos
Mohnsamen	Hypnos
Myrrhe	Protogonos (= Priapos), Poseidon, Wolken, Nereus, Leto
Safran	Aither (= Äther)
Styrax	Prothyreia (= Artemis Eileithyia), Kronos, Zeus, Proteus, Dionysos, Mise, Semele, Hippa, Hermes Chthonios, Chariten
Styrax/Manna	Erinnyen
Weihrauch [Olibanum]	Uranos, Herakles, Hermes, Titanen, Kureten, Korybas, Themis, Demeter, Ares, Asklepios, Tyche, Daimon, Musen, Mnemosyne, Boreas, Zephyr, Notos, Okeanos, Thanatos
Weihrauchmanna [gerolltes Olibanum]	Zeus der Blitzende, Thetis, Hephaistos, Hygieia
»*Würzkräuter*«	Eros

In Rom wurden riesige Mengen Weihrauch verbraucht. Kaiser Nero soll bei der Totenfeier für seine Gemahlin Poppea mehr Olibanum verbrannt haben, als Arabien in einem Jahr produzieren konnte. 95 v. Chr. wurde ein Gesetz erlassen, welches den Gebrauch von Räucherstoffen regelte. Das Gesetz legte auch fest, welche Räucherstoffe zu welchen Gottheiten gehörten (WERNER 1993: 309ff.):

Saturn	Kostus[4], Styrax (Storax)
Jupiter	Kassia, Benzoe, Lorbeer
Juno	Moschus
Mars	Aloeholz, Ladanum
Sol	Safran, Aloe
Luna	Mastix, Weihrauch
Merkur	Zimt, Mastix
Venus	Ambra, Safran

Aus dieser Zuordnung wurde im Mittelalter und in der Renaissance die Zuordnung von Räucherstoffen zu den Planeten abgeleitet.

Römische Priesterin, die im Tempel der Juno ein Rauchopfer darbringt. Studie von Alexander Wagner, 19. Jahrhundert.

4 Die botanische Herkunft des *costus* genannten Räucherstoffes ist ungewiss. Heute wird die in Kaschmir heimische Pflanze als *Saussurea lappa* bezeichnet.

Zwischen himmlischem Duft und höllischem Gestank

»Schrecken, fürwahr ungeheuer,
Versuchung, noch ungeheurer,
Schwingen den Rauch der Sinne
Aus dem schwelenden Weihrauchfass!«

ALEISTER CROWLEY, Tagebuch eines Drogenabhängigen (1990: 173)

So wie sich der Geschmack des Menschen unterscheidet, so ist auch die Geruchswahrnehmung verschieden. Das, was dem einen als Wohlduft erscheint, erzeugt im anderen Ekel. Die Grenzen zwischen Genuss und Widerwillen liegen oft nur allzudicht beieinander. Daher ist es auch immer eine subjektive Äusserung, wenn man etwas für einen köstlichen Duft oder bestialischen Gestank hält. Dennoch neigen viele Menschen dazu, ihr eigenes subjektives Empfinden als für den Rest der Welt gültig zu beanspruchen. Ähnlich verhält es sich mit den Religionen. Was die einen anziehend finden, ist für die anderen erschreckend und abstossend. Viele Menschen glauben, dass es so etwas wie »Gut« und »Böse« gibt und dass es sich dabei um ein kosmisches Gesetz handelt. Aber diese Kategorien sind vom Menschen erdacht worden, um sich besser abgrenzen und selbst definieren zu können. Dabei schreiben sie gerne das Gute einem Gott, das Böse einem Anti-Gott oder Teufel zu. Und dies meist nach dem Ausschliesslichkeitsprinzip. Solche Anschauungen liessen die monotheistischen Religionen entstehen. Werden in solchen Systemen Räucherstoffe benutzt, so sollen dem einzigen Gott lediglich Wohldüfte geopfert oder zugedacht sein. Das, was als Gestank empfunden wird, kommt dem Teufel zu.

In archaischen Kulturen gibt es diese Aufspaltung nicht. Dort sind alle Weltregionen von Wesenheiten bevölkert, die für den Menschen sowohl nützlich wie schädlich sein können – ganz wie es ihnen gefällt. Es gibt kein göttliches Wesen, das nur gut oder nur böse ist. Götter und Göttinnen sind, genau wie die Menschen selbst, mal so, mal so. Um sie günstig zu stimmen, werden den Gottheiten daher Opfer dargebracht. In solchen Kulturen, die heute leider nur noch in Resten vorhanden sind, wurden die Gerüche der Räucherstoffe nicht in »guten« Wohlduft und »bösen/schlechten« Gestank unterschieden. Die Gerüche der Räucherstoffe entsprechen den jeweiligen komplexen Charakteren. Alles ist relativ, oder wie es Patrick Süskind in seinem *Parfum* ausdrückte: »Gott war ein kleiner armer Stinker.« (S. 199)

Im alten Orient liegen nicht nur die Wurzeln für den Monotheismus, sondern auch für die duale Weltsicht mit extremen Antinomien (COULIANO 1995: 143). Im Zoroastrismus wird die Welt erstmals deutlich dual aufgespalten:

Ohrmazd (= Gott)	Ahriman (= Teufel)
Sein	Nichtsein
Leben	Tod
Paradies	Hölle
Gut	Böse
Süden	Norden
Wohlgeruch	Gestank

Hier wurde erstmals festgelegt, dass Wohlgerüche einzig Gott und dem himmlischen Paradies gehören. In der vom Teufel bewohnten Hölle ist es stockfinster und eng, und es herrscht »ein solcher Gestank, dass jeder, der diesen Hauch in seine Nase bekäme, um Atem ringend und zitternd zu Boden stürzen würde« (VAHMAN, *Arda Wiraz*; zit. in COULIANO 1995: 144). Räucherwerk galt als Symbol für den »Odem und den Namen des Herrn«. Der Wohlgeruch, der von Räucherwerk ausging, wurde als »Duft des Himmels« bezeichnet:[5]

»Der Duft des Himmels wurde auf der Erde neu erfunden, ein blasser Abglanz der Düfte des verlorenen himmlischen Paradieses und hoffnungsvolle Vorausschau auf die verheissenen paradiesischen Zustände lieblich duftender Gärten jenseits allen irdischen Gestankes, den Gerechten verheissen nach dem Jüngsten Tag.« (HINRICHSEN 1994: 11)

Aus dieser altorientalischen Aufspaltung der Welt in Gut und Böse speisen sich ähnliche Konzepte der anderen monotheistischen Religionen wie Judentum, Christentum und Islam.

---

[5] »Ausserdem erfreut sich an solchen Räucherungen und Wohlgerüchen auch die Seele, das Ebenbild Gottes, indem sie dieselben durch die Nase aufnimmt, durch welche sie gleichfalls in diesen körperlichen Menschen einzog.« (AGRIPPA IV, 64)

Der höllische Gestank und der himmlische Wohlgeruch durchziehen auch die katholischen Legenden. In der Geschichte von Sankt Patriciens Fegefeuer in Irland steigt ein Mann in den Höllenschlund, um sich von seinen Sünden zu reinigen und doch noch in den Himmel zu kommen. In der Hölle herrscht ein schrecklicher Gestank: »Ein bodenloser Schacht gähnt ihn an, schwarzer Rauch und ein unerträglicher Gestank steigen von dort auf. Unaufhörlich wirft der Rauch anstatt der Asche arme Seelen in die Höhe, die, als glühendes Eisen anzusehen, augenblicklich von den um den Schlund beschäftigten Teufeln hinabgestossen werden in die Tiefe.« Hinter dieser grauenerregenden Szenerie gibt es einen »breiten, von Schwefelflammen überronnenen Strom, der von Dämonen wimmelt«. Nach den überstandenen Höllenqualen erreicht der Held eine Brücke, schreitet hinüber und betritt das Paradies:

»Und er betritt eine anmutige Matte, wo in namenloser Lieblichkeit der Schmelz der Blumen prangt; zwei holde Jünglinge empfangen den Ankömmling und geleiten ihn nach einer wunderschönen Stadt, die hell leuchtet von Gold und Edelgestein der Mauern und Dächer. Aus ihrem Tore duftet Wohlgeruch, dessen nie empfundene Würze den Ermatteten labt und ihn die erduldete Qual und den Höllengestank vergessen lässt.« (HESSE 1986: 23)

In der ansonsten sehr prüden Bibel findet sich wie ein verlorenes Einsprengsel das erotische *Lied der Lieder* oder *Hohelied Salomons*. Darin finden sich zahlreiche erotische Metaphern, die den Zusammenhang zwischen Wohlgeruch oder Räucherwerk und den Sexualorganen offenbaren. So wird der Penis als »Myrrhenbündel« bezeichnet, die Brüste als »Weihrauchhügel«, die Vulva als »duftende Narde«, die Vereinigung als »Pflücken der Myrrhe«. Die erotisch verführerische Frau wird geradezu mit dem duftenden Räucherwerk identifiziert:

»Wer ist die, die da kommt von der Wüste her,
rauchsäulengleich,
umweht von Myrrhe und Weihrauch,
von allem Gewürzstaub des Händlers?«
(Hohelied XI)

Räucherwerk war schon immer ein Symbol orientalischer Sinnlichkeit. Englischer Kupferstich von 1809.

Alle erotischen Reize der als Braut gefreiten Schwester werden als Düfte bejubelt:
»Deine Reize sind ein Lustgarten von Granatbäumen
mit erlesenen Früchten,
mit Zypern und Rosen, Narden und Safran,
mit Würzholz und Zimt
samt allen Weihrauchsorten,
mit Myrrhe und Aloe
samt allen edelsten Balsamen.«
(Hohelied XIV)

Die Bibelexegeten hatten mit diesen Passagen ihrer Heiligen Schrift ernsthafte Probleme. Darum wurde die erotische und körperliche Liebe zwischen Mann und Frau, zwischen Bruder und Schwester kurzerhand als die himmlische Liebe zwischen Mensch (und als solcher galt nur der Mann) und Gott bzw. Jesus ausgegeben. So wurde der Wohlgeruch das wichtigste Symbol der himmlischen Liebe. Aber von der himmlischen Liebe ist es nicht weit zurück zur irdischen Liebe. In den orientalischen Liebeslehren, die zu moslemischen

Zeiten verfasst wurden, werden Wohlgerüche und Räucherwerk gezielt als verführerisches Aphrodisiakum eingesetzt. So heisst es in einem arabischen Lehrbuch mit dem vielversprechenden Titel *Der Duftende Garten des Scheik Nefzaui:*

»Errichte morgens früh vor der Stadt ein herrliches Zelt aus bester Seide, geschmückt mit Kostbarkeiten. Lass es dann von Wohlgerüchen durchströmen, von Ambra, Moschus und anderen Düften wie Rose, Orangenblüte, Narzisse, Jasmin, Hyazinthe, Nelke. Stelle goldene Räucherpfannen in das Zelt, die mit den köstlichsten Wohlgerüchen gefüllt sind. Hüte dich aber, von all den Wohlgerüchen etwas aus dem Zelt ausströmen zu lassen. Ist das ganze Zelt voll von süssen Düften, dann setz dich auf deinen Thron und lass die Frau holen! Lass sie in dein Zelt bringen und verweile dort allein mit ihr. Sie wird in Verzückung geraten, ihre Glieder werden sich lösen. Schliesslich wird sie das Bewusstsein verlieren, und du wirst Besitz von ihr nehmen.«

Das Gehirn des Himmels

»Von dort, vom Antlitz des Opferbrettes
kommt der Duft
Das Unserem Herrn geweihte Weihrauchopfer
Liegend auf dem Wind des weissen Südhimmels,
kommt der Duft
Der Nordwind des weissen Nordhimmels trägt
seinen Duft
Er kommt und verbreitet den Duft
Im Winde des weissen Südhimmels
Der Duft des *k'ähanche'*-Baumes kommt
Der Duft der Vanille kommt
Der Duft der Roten *nikte'* kommt
Der Duft des Roten *sik'in* kommt
Vor dem Antlitz sitzend kommt der Duft
Er liegt auf dem Opferbrett
Die Sonne tritt in die Unterwelt
Das ist der Duft für das Bewusstsein
des Himmels.«

Weihrauchlied der Lakandonen (RÄTSCH 1985: 132)

Das Räuchern hat bei den amerikanischen Ureinwohnern eine lange Tradition und spielt im privaten, öffentlichen und religiösen Leben eine herausragende Rolle. Viele Substanzen, die zum Räuchern gebraucht werden, fand man schon bei archäologischen Ausgrabungen. Manche sind bis zu 10000 Jahre alt. In manchen Mayaruinen aus der Hochblüte ihrer Kultur konnten Weihrauchkugeln ausgegraben werden (HAMMOND 1981). Räucherwerk und Weihrauchbrenngefässe werden in den präkolumbianischen Bilderhandschriften der Maya, Azteken und Mixteken oft dargestellt. In den frühesten schriftlichen Quellen aus der Kolonialzeit, die oft in indianischen Sprachen verfasst, aber mit europäischen Lettern aufgeschrieben wurden, finden sich Angaben zu Räucherwaren und deren kultischen Verwendungen. Die Azteken kannten viele Bäume, die Räucherharze produzieren. Eine Art hiess *Copalquahuitl* oder *Tepecopalquauitl;* das daraus fliessende Harz wurde *Copal* genannt. Heutzutage wird das ursprünglich aztekische Wort für viele verschiedene aromatische Harze aus aller Welt verwendet. Sogar fossile, bernsteinähnliche Harze nennt man Copal.

Aromatische Harze, mit denen man die Götter betören kann, waren schon von je ein begehrtes Handelsgut. Die Azteken trieben einen ausgedehnten Handel in ganz Mittelamerika, bis in den Südwesten der heutigen USA und wahrscheinlich sogar bis in den Andenraum. Sie benutzten verschiedene Währungen, darunter Kakaobohnen, die noch heute den Cuna-Indianern als rituelles Räuchermittel für schamanische Heilungen dienen. Über die Handelswege, die unter dem Schutz einer dunkelhäutigen Gottheit (Yacatecuhtli) mit einer Art Pinocchio-Nase standen, wurden die schillernden und farbenprächtigen Federn tropischer Vögel, Muschelschalen und Bernsteine, die auch als Räuchermittel zu gebrauchen sind, psychedelische Pilze, Jaguarhäute und -zähne und natürlich die kostbaren Copalharze vertrieben. Es müssen im Laufe der Zeit tonnenweise Räucherstoffe aus dem tropischen Tiefland in den gewaltigen Stadtstaat der Azteken transportiert worden sein. Denn die blutgierigen Götter der Azteken mussten Tag und Nacht mit Rauch umnebelt werden.

In einem alten Mayatext heisst es, der »köstlichste Duft im Zentrum des Himmels ist bren-

Die Azteken benutzten, ähnlich wie die Maya, eine Vielzahl an Nadelbäumen als Lieferanten von Harzen und Räucherstoffen. Auf diesem Blatt aus der Paso-y-Troncoso-Ausgabe des 11. Buches von Sahagun sind folgende Arten dargestellt: 373/374 Tlatzcan *(Cupressus benthanni, C. thurifera);* 375 Oyametl *(Abies religiosa);* 376 Ayahquauaitl *(Pinus ayacahuite);* Ocotl *(Pinus* sp.); 378 Ilin (nicht identifiziert); 379 Aueuetl *(Taxodium mucronatum).*

Aztekische Darstellung eines Räucherrituals: In der Mitte befindet sich ein grosses Räuchergefäss, über dem ein Skorpion schwebt. Links davon ist ein Tempel mit einer Eule dargestellt, rechts steht der Sonnengott, der in der Hand eine qualmende Räucherpfanne hält. *(Codex Borgia 18)*

nendes Copal« (*Chumayel*-Manuskript, S. 36C). An anderer Stelle wird das Copalharz »das Gehirn des Himmels« genannt (S. 38C). Der in dreizehn Lagen auf ein Opferbrett aufgetragene Weihrauch hiess »Placenta des Himmels« (S. 35C). Die Weihrauchgefässe wurden nach dem Gott der Räucherstoffe *yum kak,* »Herr des Feuers«, genannt. Die ersten Spanier beobachteten den einheimischen Gebrauch auf der Halbinsel Yucatán und schrieben darüber:

»Dort gibt es viele Bäume, die in ihrer Sprache *Pom* heissen. Von diesen Bäumen gewinnen sie ein Harz, das dem Weihrauch ähnelt und mit dem die Eingeborenen ihre Götzen und Götzenhäuser beräuchern.«
(Relaciones de Yucatán, I, 56)

Mit dem Rauch wurden nicht nur die Götter beweihräuchert und Geister vertrieben, sondern auch abgestorbene Föten ausgetrieben und Hämorrhoiden behandelt. Die Maya nutzten Abkochungen des Harzes auch als Medizin bei Erkältungen und Asthma, bei Unterleibsschmerzen und Schwellungen, rektalen Entzündungen und Durchfall. Sogar die Spanier haben das Copalharz in der Kolonialzeit bereits als Heilmittel verwendet. Noch heute werden diese Harze im internationalen Apothekenhandel vertrieben, aber nur noch selten medizinisch eingesetzt.

Die echten Copalbäume (*Protium copal*) gibt es nur im tropischen Tiefland. Die Indianer, die in höheren Regionen oder im Hochland leben, benutzten anstelle des echten Copals, genauso wie die Lakandonen, das aromatische Harz der Pinien (*Pinus* spp.) und anderer Nadelbäume (*Cupressus* spp., *Abies religiosa*). Die Quiché-Maya, die noch heute in grosser Zahl im Hochland von Guatemala leben, verbrauchen täglich riesige Mengen Pinienharz, um ihre Götter, ihre heiligen Orte und Tempel, ihre Häuser und ihre Kranken zu beräuchern. Im *Popol Vuh* (»Buch des Rates«), der mytischen Schöpfungsgeschichte der Quiché, wird die besondere Stellung der heiligen Harzlieferanten begründet:

»In Nebel, Wolken und Staub geschah die Schöpfung, als die Berge sich aus den Wassern erhoben, und sogleich wuchsen die Berge.

Nur durch ein Wunder, durch Zauber wurden die Berge und Täler geschaffen. Und zugleich sprossen die Zypressen und Pinien und bedeckten der Erde Antlitz.« (CORDAN 1962: 30)

Zur Begrüssung der Sonne und zur Geburt des Lichtes entzündeten die drei Schöpfergottheiten das aus den ersten Bäumen gewonnene Harz:

»Da holten sie den Weihrauch [*mixtem pom,* ›dreierlei Weihrauch‹] hervor, den sie aus dem Osten für diese Stunde mitgebracht hatten. Die drei Bündel knüpften sie auf, als Weihegabe ihres dankbaren Herzens: Weihrauch von Mixtán brachte Balam-Quitzé, Weihrauch von Cavistán wurde der von Balam-Acab dargebrachte genannt, Mahucutáh aber bot Götterweihrauch [*cabavil pom*] dar.

Alle drei hatten ihren Weihrauch. Den verbrannten sie und tanzten zum Osten gewendet. Unter Freudentränen tanzten sie, Weihrauch brennend, den heiligen Weihrauch. Darauf weinten sie nochmals, da es noch nicht hell wurde, da sie der Sonne Antlitz nicht sahen.

Dann erschien schliesslich die Sonne.« (CORDAN 1962: 121)

Als dann die Menschen geschaffen wurden, lernten diese, den heiligen Weihrauch als erste Opfergabe den Göttern darzubieten. Die Götter wollten ausser dem Weihrauch noch Blut, den wahren »Göttertrank«; wurden sie mit beidem beehrt, so offenbarten sie sich den Menschen:

»In Gestalt von Jünglingen zeigten sich [die Götter] den Blicken, wenn man ihnen Weihrauch darbrachte. (...) Und mit dem Blut der Rehe und der Vögel netzten [die Opferpriester], wenn sie diese gefangen, die steinernen Lippen [der Götterbilder]: so tranken Tohil (der Donnergott) und Avilix (›der Wächter‹). Und da dies der Göttertrank ist, sprachen die Steinbilder, wenn ihre frommen Diener mit Weihrauch vor ihnen erschienen. Und so tat man auch vor jenen im Hirschgewand. Harz brannte man ihnen und Zauberkraut, und Rauschpilze brachte man ihnen dar.« (CORDAN 1962: 126)

Weihrauch und Blut waren für die Götter wie Speise und Trank. Das Harz wird als das Blut des Baumes betrachtet und in der esoterischen Sprache auch als Blut bezeichnet.

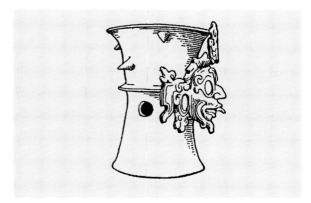

Viele Räuchergefässe der alten Maya waren mit dem Kopf des Sonnengottes verziert; Tongefäss von Copan/Honduras. Aus HOUGH, 1912.

Szenische Darstellungen von Räucheropfern der alten Maya. Links ist jeweils das dampfende Weihrauchgefäss abgebildet; in der Mitte sind verschiedene Opfergaben (Speisen und Getränke) zu sehen; rechts sitzt die opfernde Person (Priester oder Gottheit). Aus der präkolumbianischen Mayahandschrift *Codex Dresdensis*.

Ein Weihrauchbrenngefäss *(u läkil k'uh* = »Schale der Götter«) der Lakandonen. Aus TOZZER, 1907.

Im südlichen Mexiko liegen inmitten üppiger tropischer Vegetation die malerischen Ruinen von Palenque. Sie stammen aus der klassischen Mayazeit (300–900 n. Chr.) und vermitteln einen bemerkenswerten Eindruck von der Baukunst und Kosmologie der Maya. Dort wurden in den vergangenen Jahren zahlreiche wunderbar erhaltene Weihrauchgefässe der alten Maya ausgegraben. Sie gelten als die besten und grössten bisher entdeckten Exemplare. Für die Lakandonen ist Palenque der Nabel der Welt. Dort wurde die Erde geschaffen; dort pflanzten die Urgötter die betörend duftende Nachthyazinthe *(Polianthes tuberosa),* aus deren Blüten alle anderen Götter geboren wurden. In Palenque wurde auch der Wald, die Welt der Lakandonen, geschaffen. Die Menschen und Tiere des Waldes wurden ebenfalls in Palenque, den »Häusern der Götter«, geschaffen (MA'AX und RÄTSCH 1984). Bevor Palenque ein vielbesuchter Touristenort wurde, gingen die Lakandonen oft in die Ruinen, um Weihrauch für ihre Götter zu opfern.

Die Lakandonen sind der einzige Mayastamm, der niemals von den Spaniern erobert oder von den katholischen Missionaren bekehrt wurde. Sie sind die letzten, die der alten Götter gedenken, die das vorspanische Erbe der Mayakultur bis heute bewahren. Den Lakandonen sind bis heute die Ruinen der Tempelanlagen und Pyramiden ihrer Ahnen heilig. Sie nennen sie die »Häuser der Götter«. Dort werden von Zeit zu Zeit den Göttern Weihrauchopfer dargebracht. Früher deponierten die Lakandonen an den tief im Dschungel verborgenen Tempeln von Bonampak und Piedras Negras aus Ton geformte Weihrauchbrenngefässe, die *u läkil k'uh,* »Götterschalen«, heissen (SATTERTHWAITE 1946). Die Form der heutigen Weihrauchbrenngefässe erinnert noch an die Räucherschalen aus alter Zeit. In diese Götterschalen wurde und wird das aromatische Harz gelegt und mit einem brennenden Kienspan entzündet. Das Harz fängt Feuer und brennt sogleich prasselnd los. Schwerer, schwarzer Rauch steigt auf. Die Tempeldecken sind inzwischen schwarz von Weihrauchruss.

Die Lakandonen stellen ihre Götterschalen in einer aufwendigen, vierzigtägigen Zeremonie her, die alle acht Jahre wiederholt werden soll.[6] Die alten Götterschalen werden fernab des Dorfes unter Felsenklippen oder in Höhlen, mit dem Kopf nach Osten gerichtet, »begraben«. Gleichzeitig werden aus Ton neue Schalen geformt und im offenen Feuer gebrannt. Sie werden weiss getüncht und mit roter und schwarzer Farbe bemalt. Die neuen Götterschalen werden rituell zum Leben erweckt, das heisst, die Gottheiten werden angerufen und gebeten, sich in den Gefässen zu inkorporieren. Dazu werden in die unberührten Schalen Kürbiskerne, Baumwollflocken, Kakaobohnen und Weihrauch gelegt. Mitunter wird noch ein präkolumbianisches Schmuckstück aus Jade hinzugefügt. Danach wird der an der Schale befindliche Kopf mit psychoaktivem Rauschtrank *(Balche')* gefüttert, und die entsprechende Gottheit wird gebeten, in dem Gefäss Platz zu nehmen. Die Kürbiskerne verwandeln sich in das Herz, die Baumwollflocken in das Gedärm und die Kakaobohnen in die Leber der Seele, die ab jetzt in der Götterschale haust. Von jetzt an können die Götter und Göttinnen sich weiterhin an der köstlichen Seele des ihnen dargebrachten Weihrauchs laben, sich am »Gehirn des Himmels« erfreuen.

---

6 Die letzte Erneuerungszeremonie der Weihrauchgefässe in Naha' fand um 1990 statt. Ein Foto davon hat LÖWER 1992: 153 veröffentlicht.

Der Atem des Drachen

»Ich kann dem fliegenden Drachen die Zügel anlegen und die äussersten Enden der Erde besuchen. Ich kann den eisgrauen Kranich satteln und mich über die neun Grade des Himmels aufschwingen.«

<small>SHAO-KUN, ein taoistischer Alchemist (1. Jh. v. Chr.)</small>

Lao-tse, der Begründer der daoistischen Philosophie, wird oft auf einem Kranich reitend dargestellt. Auf diesem Vogel fliegt er in den Himmel, zu den Unsterblichen und zur Insel der Seligen. Der Geister-Kranich ernährt sich von Weihrauch, dem Atem des Drachen.

Ein mittelalterliches daoistisches Ritual, das vom »Meister des Kranichreitens« (= Priester) ausgeführt wurde, hat archaisch-schamanische Züge bewahrt und benutzt Räucherstoffe, um die verschiedenen Welten miteinander in Verbindung zu bringen:

»Vor dem Altar bringt der Priester den sechs Meistern und vier Heiligen, die aus der goldenen Pforte heraustreten und in einem von Kranichen gezogenen Wolkenwagen zur Erde herabsteigen, Weihrauch dar. Wenn die Gäste unsichtbar an ihren Thronen angelangt sind, wird ihnen Wein angeboten. Der Priester besprengt den Altar mit einer Blume, die er in Wasser taucht, und er fordert dadurch die Dämonen auf, den Ort zu verlassen, wobei ihn rasende Trommelwirbel unterstützen. Wieder wird Weihrauch dargebracht; sein Duft steigt zum Himmel empor, wo er die Form himmlischer Siegel annimmt und die Unsterblichen, die auf farbigen Wolken sitzen, zum Altar herabzieht.« (COULIANO 1995: 113)

Die Daoisten teilen alles in fünf auf: fünf Getreide, fünf Geschmäcker usw. Deshalb sprechen sie auch von einem »fünffarbigen Rauch«; dieser Rauch ist es, durch den Botschaften an den Himmelskaiser überbracht werden.

Die alten Chinesen räucherten sowohl in den Tempeln als auch in ihren Häusern. Der Weihrauch sollte die Gegenwart der Götter sicherstellen und die ungünstigen Kräfte fernhalten. Räucherwerk diente aber auch bei erotischen Ritualen und wurde ebenfalls für aphrodisische Genüsse verbrannt. Der Wohlgeruch wurde generell als

In China, der Mongolei und Südostasien gehört das reichliche Verbrennen von Räucherwerk seit frühester Zeit zur Kultur. Lithographie von C. Studer, 1835.

erotische Metapher verwendet. »Nur allzutief erregt mich der Duft deiner Blüten«, heisst es in der *Geschichte vom Prinzen Genji*.

Im alten China hiess das Räuchern *Wenxiang*, was soviel wie »dem Räucherwerk lauschen«, »den Duft hören« bedeutet. Dieser Ausdruck deutet auf synästhetische Wahrnehmungen hin, das heisst, dass man etwas Gerochenes als etwas Gehörtes empfindet. Synästhetische Wahrnehmungen treten am häufigsten in veränderten Bewusstseinszuständen auf und sind in der Welt des Schamanismus etwas sehr Vertrautes. Vermutlich geht das »Hören von Düften« auf alte schamanische Orakeltechniken zurück, bei denen aus dem aufsteigenden Rauch von Räucherwerk geweissagt wurde. Sehr wahrscheinlich war der Rauch zudem psychoaktiv und führte zu synästhetischen Erfahrungen. Tatsächlich ist eines der ältesten chinesischen Räuchermittel eine psychoaktive Substanz: der Hanf.

Aus dem chinesischen Duft-Hören hat sich später in Japan der *Koh-Do*, der »Weg des Räucherns«, entwickelt.[7] Dabei handelt es sich um eine Art ritualisiertes Gesellschaftsspiel, bei dem Räucherwerk *(koh)* verbrannt wird. Die Teilnehmer sollen dem Duft lauschen und erkennen, woher er stammt. Manchmal sollen die Teilnehmer auch assoziative Gedichte rezitieren oder gar selbst verfassen. Alles in allem ist *Koh-Do* eine Schulung in der Kunst der Wahrnehmung. Ein derartiges Spiel wird in der japanischen Literatur erstmals im 32. Kapitel der *Geschichte vom Prinzen Genji* beschrieben.

In Japan ist der Gebrauch von holzfreien Räucherstäbchen *(Joss-Sticks)* nicht nur für den *Koh-Do*, die Weihrauchzeremonie, anzutreffen. Räucherstäbchen, oft nach tempeleigenen Rezepturen hergestellt, werden bei allen buddhistischen Zeremonien und Andachten verbrannt. Etwa im 6. Jahrhundert wurde der Gebrauch von buddhistischem Räucherwerk eingeführt. Er geht auf chinesische und koreanische, letzlich aber auf indische Einflüsse zurück. Obwohl der Buddhismus eigentlich ein atheistischer Weg der Selbstentfaltung und keine Religion ist, hat er doch schnell das Wesen einer Volksreligion angenommen. Schon in Indien wurden die Grundlagen für buddhistische Andachten gelegt:

»Erhabene Blumen, auserlesene Blütenketten,
Musik und Salben, herrlich duftend,
Prachtvolle Leuchten und bestes Räucherwerk
Bring' ich den Siegreichen [d.h. Buddhas] dar.«
Aryabhadracâryapranidhânarâja

In Japan wurden zur buddhistischen Verehrung neben Blüten hauptsächlich Räucherstoffe *(Shokoh)* und Räucherstäbchen benutzt. Da die Japaner sehr eklektizistisch sind und zu jeder Gelegenheit das passende Ritual anwenden, ganz gleich ob es buddhistisch, shintoistisch oder katholisch ist, hat sich das Verbrennen von Räucherstäbchen als Opfergaben bei allen Formen der religiösen Betätigung ausgebreitet. Heute sind die häufigsten Opfer in shintoistischen Schreinen wohlduftende Räucherstäbchen; je nach Schrein erhofft man sich davon eine spezielle Wirkung. In einem Schrein von Nara werden Räucherstäbchen geopfert, damit man intelligenter wird!

Im 16. Jahrhundert fasste ein Zen-Mönch die Eigenschaften des japanischen Räucherwerks zusammen:

»Die zehn Tugenden vom Duft des Räucherwerks« (*Koh*)

1. Räucherwerk ermöglicht die Kommunikation mit dem Transzendenten.
2. Räucherwerk reinigt Körper, Seele und Geist.
3. Räucherwerk vertreibt negative Schwingungen aus der Umgebung.
4. Räucherwerk hilft uns, achtsam zu bleiben.
5. Räucherwerk ist ein treuer Freund in Zeiten der Einsamkeit.
6. Räucherwerk garantiert uns Momente des Friedens in einer geschäftigen Welt.
7. Auch wenn man häufig und viel räuchert, wird man dessen doch nie müde.
8. Selbst wenn wir nur ganz wenig davon haben, auch eine kleine Menge wird uns zufriedenstellen.
9. Wird Räucherwerk auch lange gelagert, es verliert weder Duft noch Wirkung.
10. Sogar bei täglicher Verwendung von Räucherwerk schadet es nicht.

(Nach SCHÜTT 1995, WOLLNER 1995)

---

[7] Sehr ausführlich bei MORITA 1992 beschrieben; vgl. auch SCHÜTT 1995 und WOLLNER 1995.

Die Magie der Renaissance

»Räucherungen, Opfer und Salbungen durchdringen alles und erschliessen die Pforten der Elemente und der Himmel, dass der Mensch durch dieselben hindurch die Geheimnisse des Schöpfers, die himmlischen Dinge und was über den Himmeln ist, sehen und erkennen kann.«

AGRIPPA VON NETTESHEIM, *De occulta philosophia*

Eine der bedeutendsten Leistungen der Renaissance war die Wiederentdeckung der heidnischen Mysterien und der alten Schriften. Dadurch kam viel antikes Gedankengut zu neuer Blüte, wurde aber mit den Strömungen des Zeitgeistes vermischt. Die Alchemie hatte Hochkonjunktur. Ihr lagen zahlreiche spätantike Werke, aber auch mittelalterliche Schriften zugrunde. Einige Kapitel aus der *Naturgeschichte* des Plinius bildeten das Ausgangsmaterial der alchemistischen Kräuterkunde. Viele Renaissanceautoren kompilierten aus den alten Büchern und brachten Handbücher zu Magie und Alchemie heraus. Die wesentlichen Schriften wurden von Georg Pictorius aus Villingen, Petrus von Abano, Gerhard von Cremona und Johannes Tritheim verfasst (vgl. BENESCH 1985). Das einflussreichste Buch hat jedoch Heinrich Cornelius Agrippa von Nettesheim (1486–1535) hinterlassen. Ein voluminöses Werk, das bis heute in unendlich vielen Auflagen und unter verschiedenen Titeln erschienen ist. Agrippa war Arzt, Advokat, Theologe und Alchemist. Er hat die zahlreichen, verstreuten antiken Quellen ausgewertet und kommentiert. Er hat ganze Kapitel über Räucherungen, ihr Verhalten und ihre Kräfte verfasst und als erster die Zusammensetzung der den Planeten entsprechenden Räucherungen beschrieben:

Die vom berauschenden Rauch umhüllte Pythia, in ekstatischer Verzückung auf dem Dreifuss sitzend. Stahlstich aus der *Gartenlaube,* 1892.

Planetenzuordnungen der Räucherstoffe (20. Jh.)

Sonne	Olibanum, Sonnenblume, Tagetes, Safran, Rosmarin, Gummi Arabicum, Kassia, Lorbeer, Zimt, Akazienblüten, Augentrost, Rotes Sandelholz, Aloe, Safran, Nelke, Myrrhe, Lavendel, Thymian, Eisenkraut, Wacholder, Angelika
Mond	Mohn, Kampfer, Patchouli, Narzisse, Madonnenlilie, Jasmin, Winde *(Convolvulus)*, Wermut, Alraune, Aloe, Aloeholz, Schwertlilie, Nieswurz, Ylang-Ylang, Weide, Weisses Sandelholz, Ambra, Ysop, Muskatnuss, Lattich
Merkur	Sandelholz, Minze, Nelken, Zimt, Eisenkraut, Majoran, Thymian, Myrte, Alraune, Zitronenblätter, Traganth, Muskatblüte, Kamille, Styrax, Lavendel, Anis, Fenchel, Benzoe, Narzisse, Wacholder
Venus	Ambra, Moschus, Verbene *(Lippia)*, Veilchen, Bergamotteöl, Rosenholz, Benzoe, Elemiharz, Rotes Sandelholz, Muskatnuss, Damiana, Rosenblütenblätter, Myrte, Mandelöl oder -harz, Pfefferminze, Nelke, Koriander, Mohn *(Opium)*
Mars	Pinie, Knoblauch, Kreuzkümmel *(Cumin)*, Ingwer, Paprika, Weissdornblüten, Drachenblut, Opopanax, Siam-Benzoe, Geraniumöl, Wermutöl, Chilipfeffer, Pfefferkörner, Raute, Patchouli, Schwefel, Tabak, Aloe, Sadebaum, Fichte
Jupiter	Borretsch, Magnolie, Salbei, Flieder, Copal, Zeder, Ysop, Paradieskörner, Iris, Galbanum, Gilead-Balsam, Erdrauch, Fünffingerkraut, Eiche, Lavendel, Safran, Ambra, Balsam, Muskatnuss und -blüte, Safran, Zimt, Balsam, Nelke, Aloeholz, Mastix, Styrax, Anis, Myrrhe, Stechapfel
Saturn	Myrrhe, Bilsenkraut, Eibe, Raute, Zypresse, Zibet, Asa foetida, Salomonssiegel, Odermennig, Baldrian, Skammonium, Alaun, Hanf, Nieswurz, Alraune, Opium, Fichte, Sadebaum, Salbei, Nachtschatten, Eisenhut, Tollkirsche, Schierling, Efeu

(Nach CALAND 1992, GESSMANN o.J., HOWARD 1991, KRUMM-HELLER 1995, MILLER und MILLER 1991, VINCI 1980.)

»Gewisse, nach den Gestirnen eingerichtete Räucherungen vermögen gleichfalls sehr viel, insofern sie die Luft und den Geist stark erregen, um die himmlischen Gaben unter den Strahlen der Sterne aufzunehmen; denn unser Geist wird von solchen Dünsten am meisten umgewandelt, insofern beide ein gewissermassen einander ähnlicher Duft sind.« (I, 43)

In der Alchemie ging es keinesfalls um die materielle Verwandlung von Blei in Gold, sondern um die Wandlung des Geistes, um spirituelles Wachstum. Räuchern wurde schon immer als ein alchemistischer Prozess angesehen. Materie wird durch Feuer transformiert und wirkt – entweder pharmakologisch und/oder psychologisch – auf den Geist ein. Durch das Element Feuer entsteht aus dem Element Erde der Rauch, der sich mit dem Element Luft verbindet und schliesslich den »Geist umwandelt«. Dass die von Agrippa angeführten Räucherrezepte den Geist verwandeln können, ist eindeutig: er nennt viele psychoaktive Pflanzen (Alraune, Bilsenkraut, Hanf, Mohn), deren Rauch man inhalieren soll. Mit Räucherungen sollten auch Dämonen – im antiken Sinne – beschworen werden können:

»Zum Zwecke des Weissagens pflegen daher Räucherungen zur Erregung der Phantasie angewandt zu werden, die, mit gewissen höheren Geistern übereinstimmend, uns zur Aufnahme der göttlichen Inspiration geschickt machen. (…) So sollen, wenn man aus Koriander und Eppich oder Bilsenkraut nebst Schierling einen Rauch macht, die Dämonen augenblicklich sich versammeln, weshalb diese Pflanzen Geisterkräuter genannt werden.« (I, 43)

Agrippas *Magische Werke* hinterliessen in der europäischen Geschichte deutliche Spuren, sogar bis in unsere Zeit hinein. Im 19. Jahrhundert verbreitete sich jene Geistesrichtung, die sich damals selbst Okkultismus nannte. Es war eine esoterische Geheimwissenschaft, die auf den Grundlagen der Magie und Philosophie Agrippas, der experimentellen Magie, der ägyptischen Alchemie, Kabbala, Tarot, Rosenkreuzerlehren und romantischen Lebensanschauungen basierte. Einer der bedeutendsten Exponenten dieses Gedankengutes war der Franzose Eliphas Levi (1810–1875). Dieses okkulte System wurde später von Aleister Crowley (1875–1947) weitergeführt, auf den sich zahllose magische und esoterische Schulen der Gegenwart berufen. Crowley experimentierte sehr viel mit Räucherstoffen und bewusstseinsverändernden Drogen. Seine Schriften haben einen nachhaltigen Einfluss auf die heutigen esoterischen Richtungen geübt.

In unserer Zeit hat sich in okkultistischen und magischen Zirkeln das Planetenräuchern verbreitet. Dabei greift man zurück auf die römische Zuordnung der Räucherstoffe zu den einzelnen Göt-

---

Zuordnungen von Räucher- und Duftstoffen zu den Tierkreiszeichen (20. Jh.)

Widder	Besenginster, Myrrhe, Aloe, Zypresse, Nieswurz, Pinie, Zeder, Koriander, Basilikum, Zimt, Estragon, Kardamom, Hanf, Mohn, Chilipfeffer
Stier	Salbei, Pfeffer, Safran, Sandelholz, Bergamottöl, Myrte, Moschus, Rose, Nelke, Geissblatt, Veilchen, Geranie, Dill, Jasmin, Patchouli, Vanille, Huflattich
Zwillinge	Mädesüss, Mastix, Zimt, Galbanum, Muskatblüte, Anis, Jasmin, Fenchel, Lorbeer, Muskatblüte, Sandelholz, Lavendel, Eisenkraut, Schafgarbe
Krebs	Ysop, Kampfer, Myrte, Styrax, Wermut, Aloe, Lavendel, Lorbeerblätter, Zeder, Zimt, Sandelholz, Mohn, Iris, Pilze
Löwe	Augentrost, Olibanum, Mastix, Myrrhe, Wacholderbeeren, Rotes Sandelholz, Kampfer, Kassia, Nelke, Zimt, Ambra, Anis, Kamille, Fenchel, Lavendel, Mohn, Minze
Jungfrau	Baldrian, Sandelholz, Zimt, Pfeffer, Nelken, Benzoe, Muskat, Lorbeerbeeren, Zitronenschale, Reseda
Waage	Thymian, Galbanum, Safran, Mastix, Aloe, Jasmin, Melisse, Moschus, Rose, Veilchen, Indisches Seidenholz, Lilie, Sandelholz, Birkenharz, Zypresse, Minze, Zeder
Skorpion	Wermut, Aloe, Kampfer, Pinie, Yucca, Rosmarin, Zypresse, wilde Rose, Hornstrauch, Moschus, Nelke, Galangawurzel, Ingwer, Veilchen
Schütze	Ysop, Dill, Hauswurz, Aloe, Muskatnuss, Myrrhe, Nelken, Pinie, Zeder, Buche, Palmen
Steinbock	Beinwell, Pfeffer, Benzoe, Sandelholz, Veilchenwurzel, Vetiver, Olibanum, Lorbeer, Zypresse, Schierling, Bilsenkraut, Tollkirsche, Mohn (Opium), Fichte, Pappel, Efeu, Kiefer
Wassermann	Narde, Pfeffer, Mastix, Alraune, Olibanum, Pinie, Kresse, Eukalyptus, Bergamotte, Myrte, Alpenrose (Rhododendron)
Fische	Waldziest, Styrax, Muskatnuss, Kampfer, Wermut, Nelke, Veilchen, Patchouli, Zeder, Anis, Pinie, Herbstzeitlose

(Nach CALAND 1992, KRUMM-HELLER 1995, MILLER und MILLER 1991.)

tern, die ja schon in der Spätantike mit den Planeten identifiziert wurden, und auf die Schriften der Renaissance (vor allem Agrippa) und der Okkultisten. Die sogenannten Planetenräucherungen bestehen meist aus den Pflanzen und Ölen, die dem Planeten zugedacht sind und durch die die Planetenenergie magisch beschworen und hilfreich eingesetzt werden kann (vgl. z.B. HOWARD 1991).

Rauch und Rausch

»Diese olfaktorischen Rauschzustände erleuchten vielleicht den Geist, statt ihn zu benebeln, machen Welten sichtbar und spürbar, die den gewöhnlichen Sterblichen verborgen bleiben.«
ANNICK LE GUÉRIER, *Die Macht der Gerüche* (1994: 187)

Dass Rauch von bestimmten Pflanzen auf das Geistesleben des Menschen einwirkt, muss schon bei paläolithischen Höhlenritualen erkannt worden sein. Es ist durchaus möglich, dass Räucherstoffe für den Menschen wegen ihrer Wirkung auf das Bewusstsein kultisch bedeutsam wurden. In dem Rauch oder dem Geruch erkannte man das Wirken von Göttern, Dämonen, Engeln, Geistern, Pflanzenseelen usw. Sie manifestierten sich im Menschen, wenn sie inhaliert wurden.

Deshalb wurde Rauch bestimmter heiliger Pflanzen eingeatmet oder tief inhaliert, um dem entsprechenden göttlichen Wesen im eigenen Körper Platz zu machen. Schamanen und Orakel in aller Welt benutzten und benutzen Räucherstoffe, bevor sie in Trance oder Ekstase verfallen, ihr eigenes menschliches Bewusstsein verlieren und dem göttlichen Geist Raum schaffen. Diese rituelle Praktik ist vor allem in der Antike von den Seherinnen, den Pythias und Iatromantes, »Seher-Ärzten«, betrieben worden. Sie haben meist Bilsenkraut, Lorbeer, Hanf und andere, botanisch nicht identifizierbare Pflanzen geräuchert und inhaliert. Dann verliess ihre Seele den Körper, der zum Gefäss einer beschworenen Gottheit wurde. Diese nahm Platz im Körper und sprach durch den Mund des Mediums. So wurden Prophezeiungen und Orakel verkündet. Diese Methode ist noch

Mayadarstellung eines rauchenden Gottes aus vorspanischer Zeit. Aus *Codex Tro-Cortesianus* 88b.

Während das Räuchern von Pflanzenmaterial in aller Welt entdeckt wurde, geht das Rauchen von Pflanzen in erster Linie auf die amerikanischen Ureinwohner zurück. Frühe europäische Darstellung des amerikanischen Tabaks *(Nicotiana tabacum* L.) und eines zigarrerauchenden Eingeborenen. Holzschnitt aus LONICERUS, *Kreuterbuch*, 1679.

heute bei den Schamanen *(jhākris)* in Nepal weit verbreitet. Sie inhalieren den Rauch des Hochgebirgswacholders, des Rhododendrons, aber auch von Hanf und anderen Kräutern (z.B. Ephedra).

Überall auf der Welt gibt es besondere Schamanenpflanzen, die geräuchert und inhaliert werden. In Nord- und Ostasien ist es neben dem Wacholder der Sumpfporst, in Nordamerika sind es die verschiedenen »Zedern« *(Juniperus, Thuja, Calocedrus),* Wacholder und Sage (Präriebeifuss). Die

Schamanen Mittel- und Südamerikas räuchern nicht nur, sie erfanden schon in präkolumbianischer Zeit das Rauchen von Kräutern. Von den rauchbaren Kräutern sind es vor allem Tabak, Stechapfel und Engelstrompete *(Brugmansia* spp.), die für schamanische Rituale geraucht werden. Für uns, die wir gerade lernen, dass der Tabak eine sehr gefährliche Suchtdroge ist, ist es schwer anzuerkennen, dass Tabak eine der wichtigsten Schamanendrogen der mittel- und südamerikanischen Indianer darstellt (WILBERT 1987). Die im heutigen Venezuela lebenden Warao-Schamanen benutzen Tabak in Dosierungen, die für »normale« Menschen tödlich giftig wären. Sie fallen dadurch in Trance und können in andere Wirklichkeiten jenseits der gewöhnlich sichtbaren Welt reisen. Dazu muss angemerkt werden, dass natürlich nicht der Tabak einen Menschen zum Schamanen macht, sondern dass der Schamane ein besonders begabter Mensch ist, der die pharmakologische Wirkung des Tabaks für seine Zwecke zielgerichtet nutzen oder nach Belieben variieren kann. Es ist schon bemerkenswert, dass eine heilige Schamanendroge der Indianer zu einem Gesundheitsproblem bei den Nachfahren der Konquistadoren geführt hat. Von allen ehemals heiligen psychoaktiven Pflanzen hat der Tabak weltweit die grösste Anerkennung als Genussmittel gefunden.[8]

Praktisch vor allen psychedelischen Erkenntnisritualen werden Räucherstoffe verbrannt (RÄTSCH 1991a). Dabei lösen sie entweder schon durch ihre pharmakologische Wirkung einen aussergewöhnlichen Bewusstseinszustand aus, wie dies beim Inhalieren des Rauches von Bilsenkraut-, Hanf-, Mohn-, Stechapfel- und Steppenrautensamen geschieht; oder sie bereiten das Bewusstsein psychologisch auf ein psychedelisches Erlebnis vor. Wie sich in einem aussergewöhnlichen Bewusstseinszustand, nämlich einem psychedelischen LSD-Rausch, das Besondere des Rauches manifestiert, hat Ernst Jünger eindrucksvoll

Der federntragende Prärieindianer, der seine Friedenspfeife raucht – dieses Bild ist bei den Europäern zu einem Stereotyp für den Indianer geworden. Es ist genauso falsch wie der Glaube, dass die Friedenspfeifen mit Tabak gestopft wurden und werden. Meist handelt es sich dabei um Kräutermischungen *(kinnickinik),* die als Hauptbestandteil die getrockneten Blätter der Bärentraube *(Arctostaphylos uva-ursi)* enthalten. Holzschnitt aus TABERNAEMONTANUS, *Kräuter-Buch,* 1731.

in seiner autobiographisch eingefärbten Erzählung *Besuch auf Godenholm* beschrieben[9]:

»Schwarzenberg brannte, wie er es manchmal tat, um die Luft zu klären, ein Räucherstäbchen ab. Ein blauer Faden stieg vom Leuchterrand empor. Moltner betrachtete ihn erst mit Erstaunen, dann mit Entzücken, als ob ihm eine neue Kraft des Auges zuteil geworden sei. In ihr enthüllen sich die Spiele dieses duftenden Rauches, der sich auf schlankem Stiel erhob und dann in zarter Krone verästelte. Es war, als ob ihn seine Einbildung geschaffen hätte – ein blasses Seeliliengespinst in

---

8 »Eine moderne ›Räucherzeremonie‹ ist z.B. das Zigarettenrauchen – jede Marke hat eine eigene Symbolwelt aufgebaut, in der ein spezielles ›Räucherritual‹ vorgegeben wird: nach einem Abenteuer, um ein Mann zu sein, eine elegante und raffinierte Frau, der kühne Cowboy in der Wildnis ...« (WOLLNER 1995: 13)

9 Siehe dazu ULRICH BARON: *Jüngers Erzählung »Besuch auf Godenholm«* (1952). *Annäherungen an Drogen und Rausch,* in: HANS-HARALD MÜLLER und HARRO SEGEBERG (Hg.), *Ernst Jünger im 20. Jahrhundert,* S. 1991–216, München: Wilhelm Fink Verlag, 1995.

Tiefen, die kaum vom Schlag der Brandung zitterten. Die Zeit war im Gebilde wirkend – sie hatte es gerieft, gewirbelt, geringelt, als ob sich erdachte Münzen schnell aufeinanderschichteten. Die Vielfalt des Raumes enthüllte sich in dem Faserwerk, den Nerven, die in ungeheurer Anzahl den Faden spannen und sich in der Höhe entfalteten.«

Heutzutage gibt es verschiedene wissenschaftliche Erklärungsmodelle für die psychoaktive Wirksamkeit von Rauch und Duft auf das menschliche Bewusstsein. Dabei können im wesentlichen drei Wirkmechanismen zutreffen:

1 Der Rauch enthält Substanzen, die pharmakologisch wirken, das heisst sich bei entsprechender Dosierung im Nervensystem wie Neurotransmitter oder deren Antagonisten verhalten.

Viele Rohdrogen enthalten den Neurotransmittern chemisch oder strukturell analoge Substanzen, die unverändert in den Rauch übergehen und durch Inhalation in den Blutkreislauf gelangen. Wenn sie die Blut-Hirn-Schranke überschreiten, setzen sie sich an die für sie passenden Rezeptoren und geben ihre Botschaft an das Nervensystem weiter. Dies geschieht bei folgenden in diesem Buch vorgestellten Räucherstoffen: Alraune, Bilsenkraut, Coca, Fabiana, Hanf, Mohn, Stechapfel und Steppenraute.

2 Der Rauch entfaltet einen charakteristischen Duft, der eine nachweislich starke psychologische Wirkung hat.

Praktisch alle als Räucherstoff verwendeten Pflanzen oder Rohdrogen enthalten ätherische Öle, die für den Wohlgeruch verantwortlich sind. Es wurde experimentell festgestellt, dass bestimmte Gerüche zu starken Veränderungen in der Gehirnaktivität und damit zu eindeutigen Bewusstseinsveränderungen führen (Steele 1991, 1992, 1993). Man vermutet, dass es sich bei den Duftstoffen in erster Linie um eine psychotogene Wirkung handelt. Das heisst, der Stoff wirkt nicht pharmakologisch, sondern die Duftempfindung verändert den Bewusstseinszustand (Duft ist ein Gedächtniskatalysator!). Bei einigen ätherischen Ölen ist neben der psychologischen Wirkung auch ein pharmakologisches Geschehen beobachtet worden. Werden hohe Dosierungen von gewissen ätherischen Ölen inhaliert oder innerlich genommen, kann es zu starken Rauschzuständen kommen, die neurophysiologisch noch nicht so recht erklärbar sind. Die stärksten psychoaktiven Wirkungen durch ätherische Öle wurden bei folgenden in diesem Buch vorgestellten Räucherstoffen beobachtet: Aloeholz, Beifuss, Copal, Damiana, Kampfer, Koriander, Lorbeer, Nelke, Rosmarin, Sadebaum, Sage, Salbei, Sumpfporst, Wacholder, Zeder und Zimt. Manche Bestandteile der ätherischen Öle haben sehr stark berauschende Wirkungen: Thujon, Eugenol, Myristicin und Ledol.

3 Der Rauch enthält Pheromone, die Botschaften an das Sensorium des Gehirns übermitteln.

Pheromone sind recht einfache chemische Verbindungen, die im Pflanzen- und Tierreich als Sexuallockstoffe fungieren und mit den Hormonen verwandt sind (vgl. STRASSMANN 1991: 56ff.). Sie sind oft geruchlos, dafür aber um so wirksamer. Tiere und Menschen senden diese Pheromone aus, wenn sie sich paaren wollen. Wenn der potentielle Partner das Molekül einatmet, löst es in ihm oder ihr den unwiderstehlichen Wunsch nach sexueller Vereinigung aus. Oft sind die männlichen und weiblichen Pheromone chemisch unterschiedlich aufgebaut. Einige Duftstoffe, die im Pflanzen- und Tierreich gebildet werden, sind chemisch oder strukturell den menschlichen Pheromonen analog oder mit ihnen identisch. Werden sie bei einer Räucherung eingeatmet, können sie das Liebesbegehren des Menschen entfachen. Das Vanillin, der Hauptduftstoff der Vanille (*Vanilla planifolia*), der in vielen Balsamen und Harzen vorkommt, ist mit den menschlichen Pheromonen sehr nahe verwandt und scheint auch dementsprechend auf den Menschen einzuwirken. Praktisch alle Pflanzen, die Vanillin enthalten, gelten traditionell als Aphrodisiaka. Folgende in diesem Buch vorgestellten Räucherstoffe enthalten oder bilden Substanzen, die den Pheromonen analog sind: Ambra, Benzoe, Copal, Ladanum, Nelke, Perubalsam, Sandelholz, Styrax, Tolubalsam.

Man kann davon ausgehen, dass die Wirkung von Räucherstoffen auf den Menschen ein komplexes Geschehen von psychologischen, pharmakologischen und hormonellen Wirkungen darstellt. Leider ist dieses faszinierende Gebiet der Pharmakologie bisher fast völlig vernachlässigt worden.

Der Mensch hat im Laufe seiner Geschichte nicht nur eine grosse Zahl an Räucherstoffen entdeckt und ausgiebig verwendet, sondern auch manche davon sowie andere Pflanzen zum Rauchen benutzt. Das Rauchen ist im Grunde genommen ein konzentriertes Räuchern. Die Substanz wird nicht auf Räucherkohle oder im Feuer verbrannt, sondern in besonderen Geräten entzündet, die den Rauch bündeln und so direkt inhalieren lassen. Tausende von Pfeifen und Rauchtechnologien wurden entwickelt, um die Kraft der Kräuter zu konzentrieren und den Menschen in andere Stimmungen und Bewusstseinszustände zu versetzen. Folgende Tabelle zeigt die wichtigsten Pflanzen, die als Rauchkräuter kulturhistorisch bedeutsam wurden (die fett gedruckten Namen verweisen auf Eintragungen im Lexikon der Räucherstoffe):

Hanf	*Cannabis* spp.	THC
Tabak	*Nicotiana tabacum*	Nikotin
Bilsenkraut	*Hyoscyamus* spp.	Tropane
Stechapfel	*Datura* spp.	Tropane
Engelstrompete	*Brugmansia* spp.	Tropane
Tollkirsche	*Atropa belladonna*	Atropin
Alraune	*Mandragora officinarum*	Tropane
Pituri	*Duboisia hopwoodii*	Nornikotin
Cocablätter	*Erythroxylon coca*	Kokain
Damiana	*Turnera diffusa*	Ätherisches Öl
Katzenminze	*Nepeta cataria*	Ätherisches Öl
Minze	*Mentha* spp.	Ätherisches Öl
Oregano	*Origanum vulgare*	Ätherisches Öl
Basilikum	*Ocimum basilicum*	Ätherisches Öl
Melisse	*Melissa officinalis*	Ätherisches Öl
Salbei	*Salvia officinalis*	Ätherisches Öl
Zimtrinde	*Cinnamomum zeylanicum*	Ätherisches Öl
Fliegenpilz	*Amanita muscaria*	Muscimol
Magic Mushrooms	*Psilocybe* spp.	Psilocybin
Schwarzer Tee	*Camellia sinensis*	Thein (= Koffein)
Huflattich	*Tussilago farfara*	Schleimstoffe
Lobelie	*Lobelia inflata*	Lobelin
Brennessel	*Urtica dioica*	Histamin
Mohnkapseln	*Papaver somniferum*	Opium-Alkaloide
Giftlattich	*Lactuca virosa*	Lactucarium
Besenginster	*Cytisus scoparius*	Spartein
San-Pedro-Kaktus	*Trichocereus pachanoi*	Meskalin
Peyote-Schnipsel	*Lophophora williamsii*	Meskalin
Wahrsagesalbei	*Salvia divinorum*	Salvinorin A
Buntblatt	*Coleus* spp.	Diterpene
Steppenrautensamen	*Peganum harmala*	Harmalin
Passionsblume	*Passiflora incarnata*	β-Carboline
Tagetes	*Tagetes* spp.	Ätherisches Öl
Bärentraubenblätter	*Arctostaphylos uva-ursi*	Arbutin
Beifuss	*Artemisia vulgaris*	Ätherisches Öl
Wermut	*Artemisia absinthium*	Thujon
Präriebeifuss (**Sage**)	*Artemisia* spp.	Ätherisches Öl
Ephedrakraut	*Ephedra* spp.	Ephedrin
Rohr-Glanzgras	*Phalaris arundinacea*	DMT

Lexikon der Räucherstoffe

In diesem Hauptteil des Buches werden die einzelnen Räucherstoffe in ethnobotanischen bzw. ethnopharmakologischen Monographien vorgestellt. Dabei wurde besonderes Gewicht auf die botanische Identität der Stammpflanzen gelegt. Es werden nur die wichtigsten botanischen Synonyme angeführt.[10] Allerdings ist zu beachten, dass oftmals sogar die Händler in den Herkunftsländern gar nicht wissen, aus welcher Stammpflanze die angebotene Ware gewonnen wurde.

Soweit bekannt, werden die Inhalts- und Wirkstoffe genannt und Angaben zur Verfügbarkeit der einzelnen Substanzen angefügt. Am Ende jeder Monographie wird die weiterführende Fachliteratur angeführt. Die vollständigen Angaben finden sich in der Bibliographie am Ende des Bandes. Wer wirklich intensiv mit Räucherstoffen arbeiten möchte, sollte auch die pharmazeutischen Standardwerke (»Hunnius«, Hagers Handbuch) zu Rate ziehen.

Die Beschreibungen der Gerüche und Düfte dürfen nur als Anhaltspunkte betrachtet werden. Jede Nase riecht etwas anders. Ausserdem unterliegen manche Räucherstoffe starken Schwankungen je nach Qualität, Alter, Herkunft, Verfälschung usw. Bei Olibanum oder Myrrhe kann man – ähnlich wie beim Wein – von Lagen sprechen. Sogar von zwei nebeneinanderstehenden Bäumen kann das Harz unterschiedlich duften.

Es gibt ausser den hier vorgestellten Räucherstoffen natürlich noch sehr viele mehr. Ich habe mich auf die wichtigsten und interessantesten konzentriert. Wie ich erst kürzlich im Himalaya feststellen konnte, gibt es noch viele Räucherstoffe, die dort seit Urzeiten benutzt werden, hierzulande aber völlig unbekannt sind und zum Teil sogar botanisch bisher nicht bestimmt werden konnten. So stellte ich erstaunt fest, dass die Tamang, ein tibetisches Volk, das in Nepal lebt, die Zweige der Somalata (»Mondpflanze«) genannten Hochgebirgsephedra *(Ephedra gerardiana)* als Räucherstoff bei der Leichenverbrennung verwenden.

Fett gedruckte Pflanzennamen verweisen auf weitere Haupteinträge.

---

10 In der esoterischen oder magisch ausgerichteten Literatur über Räucherstoffe herrscht ein heilloses Durcheinander. Den meisten Autoren sind die entsprechenden Stammpflanzen gar nicht bekannt. Solche Publikationen wimmeln von botanischen Fehlern und sind deshalb nicht wirklich brauchbar. Da in der esoterischen Literatur oft völlig veraltete Namen für pharmazeutische Produkte und Pflanzen auftauchen, habe ich alle wichtigen Synonyme und altertümlichen Bezeichnungen angeführt.

Aloe

Aloe vera (L.) N.L. BURM. (syn. *A. barbadensis* MILLER), Echte Aloe
Aloe ferox MILLER, Kap-Aloe

Liliaceae (Asphodelaceae), Liliengewächse

Es gibt zahlreiche Aloearten, deren fleischige Blätter einen dicken Saft enthalten, der beim Trocknen schwarz und hart wird. Er ist leicht am muscheligen Bruch zu erkennen. Der Aloesaft wird überall in der Welt in erster Linie medizinisch (als Wund- und Abführmittel) verwendet und innerlich zur Erweichung des Stuhls eingenommen. Zusammen mit Opium (vgl. **Mohn**) wird oft Aloe verabreicht, um die verstopfende Wirkung des Opiums aufzuheben.

Wegen ihrer starken medizinischen Kraft wird die Aloe bei vielen Völkern als heilige Pflanze verehrt. So heisst sie, vor allem die medizinisch wertvollste Art *Aloe vera*, im Himalayagebiet *Kumari*, »Lebende Göttin«. In Mexiko wird sie *Sabía*, »Weise/Wissende/Schamanin« genannt.

Die Aloe *(Aloe vera)* stammt aus Afrika und wurde wegen ihre wundheilenden Wirkung schon früh in alle Welt verbreitet. Holzschnitt aus TABERNAEMONTANUS, *Kräuter-Buch*, 1731.

Aloe wird seit dem Altertum für magische Räucherungen verwendet. Allerdings ist in den alten Quellen fast nie zwischen der Echten Aloe und dem **Aloeholz** unterschieden worden. Aloe entfaltet beim Räuchern einen an frische Pflanzensäfte und Elixiere erinnernden bitter-süssen Geruch, während das Aloeholz köstlich duftet. Aloe wird noch heute im Karibikraum in geringem Masse als Zusatz zu Räuchermischungen, die eher magischen Zwecken dienen, verwendet. In der modernen Esoterik wird die Aloe als Räucherstoff dem Planeten Merkur und den ägyptischen Göttern Isis und Osiris zugeordnet.

Die wirksamen Bestandteile im eingetrockneten Aloesaft sind Aloin (ein Hydroxyanthracen-Derivat), Harze und Bitterstoffe, die stark zusammenziehende Wirkungen haben. Der eingetrocknete Pflanzensaft ist ein sehr starkes Abführmittel; bereits 16 Gramm können zu tödlichen Vergiftungen führen.

Früher bekam man Aloe problemlos im Apothekenhandel. Heute wird die Rohdroge – wenn überhaupt – nur noch ungern abgegeben, weil SchlankheitsfanatikerInnen die Droge als drastisches Abführmittel missbrauchten.

Literatur: CALAND 1992, GRINDLAY und REYNOLDS 1986, LAD und FRAWLEY 1987, PABST 1887/89, PAHLOW 1993, RÄTSCH 1991b, ROTH ET AL. 1994, SCHAFFNER 1992, ZOHARY 1986.

Aloeholz

Aquilaria agallocha Roxb. (syn. *Aquillaria malaccensis* LAMK.)
Aquilaria sinensis (LOUR.) GILG., Chen xing

Thymeleaceae, Seidelbastgewächse

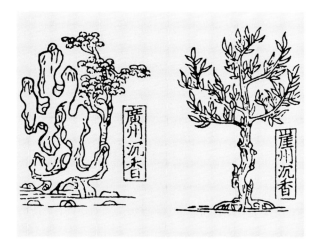

Alte chinesische Darstellung des Aloeholzbaumes (*Aquilaria agallocha*) aus einem Arzneimittelbuch (*Pen ts'ao*).

»Von Myrrhe und Aloe,
von Kassia duftet all dein Gewand.«   *Psalm 45,9*

Das Aloeholz stammt vom Adlerholzbaum oder Gharubaum, der nur in den entlegenen Wäldern von Assam (Indien) wächst. Der Baum, der in Indien schon früh bekannt war, heisst auf Sanskrit *agar*. In der Tamilsprache wurde er *aghil* genannt. Daraus machten die Portugiesen *aguila*, »Adler«.

Aloeholz wurde schon im Altertum in Indien, Ägypten, Israel und Arabien hoch geschätzt:

»Das Agallochon ist ein aus Indien und Arabien hergebrachtes Holz, ähnlich dem Thujaholz, gesprenkelt, wohlriechend, beim Kosten etwas zusammenziehend zugleich mit einer gewissen Bitterkeit, mit lederartiger und gefleckter Rinde. Es dient zerkaut und in der Abkochung als Spülwasser zum Wohlgeruch des Mundes, auch ist es ein Parfüm (Streupulver) für den ganzen Körper. Es wird statt des Weihrauchs zum Räuchern benutzt. Die Wurzel davon zu einer Drachme genommen lindert die Schlaffheit, Schwäche und Hitze des Magens. Denjenigen, welche an Seiten- und Leberschmerzen, welche an Dysenterie oder Leibschneiden leiden, hilft es mit Wasser getrunken.« (DIOSKURIDES I, 21)

Aloeholz ist mit dem *ahloth* der Hebräer, das im *Hohelied* 4,14 und im *Psalm* 44,9 genannt wird, identisch. Bei der biblischen »Aloe«[11] handelt es sich nicht um die Echte **Aloe**, sondern um dieses wertvolle Holz (vgl. PLINIUS XII, 98).

Es war und ist auch heute noch eines der kostbarsten wohlriechenden Räuchermittel (arabisch *ud*). Das Holz duftet nämlich nur unter bestimmten Umständen. Meist ist der Duft nur bei sehr alten Bäumen oder bei schon modernden Stämmen bemerkbar. Das aus dem duftenden Holz destillierte Öl ist vermutlich das teuerste ätherische Öl der Welt mit einem derzeitigen Marktpreis von DM/SFr. 500000.– pro Kilo! Das duftende Holz kommt in fast schwarzer Farbe, in Weiss oder Rötlich auf den Markt, stellt unter den Räucherstoffen aber die grösste Seltenheit dar.

Das rohe Aloeholz hat nur einen subtilen Wohlgeruch. Wird es verbrannt, entfaltet sich rasch ein köstlicher Duft, der stark an nepalesische Tempel erinnert. Er ist durch eine zarte Feinheit, etwas holzige Frische und leicht süsse Fülle charakterisiert. Es ist erstaunlich, dass das nur schwach duftende Holz beim Entzünden eine derart intensive atmosphärische Veränderung und Fülle entfaltet.

Lange war der Grund für die Entstehung der aromatischen Exkrete (Harz) des Aloeholzes unbekannt. Die Sekretion wird durch verschiedene Pilze (*Phomopsis aquilariae* und *Phomopsis* spp.), die im Holz leben, bewirkt. Symbiosen zwischen höheren Pflanzen und Pilzen, durch die bestimmte Wirkstoffe entstehen, kommen in der Natur rela-

---

11 Aus dem griechischen *agallochon* ist *aloexylon* geworden, woraus dann schliesslich Aloeholz entstanden ist.

tiv häufig vor (so z.B. auch beim Mutterkorn, Taumellolch, *Stipa robusta*).

Aloeholz heisst auf Hindi *agar*. Von diesem Namen leitet sich das noch heute in Indien gebräuchliche Wort *agarbati*, wörtlich »entzündetes Aloeholz«, ab, das heute allerdings zu einem gemeinen Ausdruck für Räucherstäbchen geworden ist.

Das Aloeholz wird in der tibetischen und ayurvedischen Medizin vielseitig verwendet. In Tibet benutzt man es vor allem bei der Behandlung von Geisteskrankheiten und psychischen Störungen (Depressionen). Mit dem Rauch des glimmenden Holzes werden Krankheitsgeister vertrieben, vor allem, um *rLung*, der Traurigkeit des Herzens bewirkt, zu beseitigen (vgl. EPSTEIN und RABGAY 1982). Besonders die beiden psychoaktiv wirksamen Zubereitungen A-gar 35 und A-Gar 31, Kombinationspräparate aus 35 oder 31 Zuaten auf der Grundlage von Aloeholz, werden als Räucherpulver auf glühende Holzkohle gestreut und inhaliert. Diese Rezepte werden heutzutage meist in Form von holzlosen Räucherstäbchen angewendet. Ausserdem wird das Holz bei der täglichen Andacht und Meditation als Räucherwerk oder Zusatz zu Räucherpulvern genutzt.

In der traditionellen chinesischen Medizin wird pulverisiertes Aloeholz (von *A. agallocha* und *A. sinensis*) medizinisch bei Magenschmerzen, Völlegefühl, Brechreiz, Husten, Bronchialasthma, Juckreiz, Gelenkschmerzen und Rheuma eingenommen. Es heisst, Aloeholz würde das *qi* (die Lebenskraft) beleben, schmerzstillend wirken, Kälte vertreiben und das Körperinnere erwärmen.

Der Rauch des Holzes, noch mehr aber das ätherische Öl sollen sogar psychoaktive Wirkungen entfalten können:

»Als Räucherung oder Duftöl wird es gegen mentale und psychische Störungen und emotionelle Instabilität angewandt, besonders auch wenn diese durch negative geistige Kräfte hervorgerufen werden. Unserer Erfahrung nach besitzt Aloeholz ungemein beruhigende und stimmungsaufhellende Wirkung. Es erzeugt einen Zustand der Trance und Versenkung und versetzt den Geist in höhere Ebenen der Wahrnehmung. Es erleichtert den Zugang zu hohen Stufen der Meditation. Deshalb sollte man es nicht unbedingt vor einem arbeitsreichen Tag benutzen, wenn Konzentration und schnelle Reaktion gefordert wird.« (ASHISHA und MAHAHRADANATHA 1994: 10)

Die Sufis verwenden das kostbare Aloeholz oder das daraus destillierte *Ud*-Öl (Essenz) für gemäss der islamischen Mystik fortgeschrittene Stadien der spirituellen Entwicklung:

»Man könnte sagen, dass den Nutzen von *ud* nur die erfahren, deren Seele höher entwickelt ist. Tatsächlich wird es nur auf Ungleichgewichte in den letzten drei Stadien der Seelenentwicklung angewandt.« (MOINUDDIN 1984: 162)

In Indien, Nepal und Japan ist das pulverisierte Holz einer der wichtigsten Bestandteile für Mischungen zur Herstellung von Räucherstäbchen. In Nepal, wo Aloeholz unter den Namen *Agaru* oder *Calambac* bekannt ist, wird auch das Opferfeuer *(yajna)* im Tempel mit dem aromatischen Holz gespeist.

Auch in China ist das Aloeholz seit spätestens dem 4. Jahrhundert bekannt. Es heisst *ch'ên-hsing*, »Sinkendes Parfüm«, denn das harzige Holz ist schwerer als Wasser. Deswegen wird die Qualität der Räucherware auch mit der Wasserprobe bestimmt: Je schneller das Holz im Wasser untergeht, desto hochwertiger die Ware. In China wurde Aloeholz vor allem von den frühen Buddhisten als Räucherstoff für Andachten und Meditationen verwendet. Auch heute noch werden in China und Japan mit Aloeholz Räucherstäbchen hergestellt.

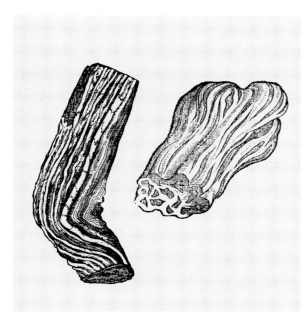

In vergangenen Zeiten gelangten nur die wertvollen Holzstücke des Aloebaumes *(Aquilaria agallocha)* nach Europa; das duftende Holz wurde *Lignum aloes,* Adlerholz oder Paradiesholz genannt. Rechts: Holzschnitt aus TABERNAEMONTANUS, *Kräuter-Buch,* 1731, links: aus GERARD, *The Herbal,* 1633.

In Japan wird der Beginn der Räucherkultur auf typische Weise mythifiziert. Einst fanden die Küstenbewohner ein Stück sehr schweren Holzes, nämlich sehr harzhaltiges Aloeholz, am Strand. Sie warfen es als Feuerholz in den Herd. Dabei verströmte es einen köstlichen Wohlgeruch, der sie regelrecht verzauberte. Daraufhin brachten sie das Holz dem Kaiser als Geschenk. Damit wurde der *Kodo,* der »Weg des Weihrauchs«, betreten. Noch heute ist die Grundsubstanz aller japanischen Räucherpulver *(nerikoh)* und -stäbchen *(josssticks)* das kostbare Aloeholz *(jinkoh).*

Das duftende Aloeholz *(Lignum aquilariae resinatum)* enthält p-Methoxyzimtsäure, Agarotetrol, die Sesquiterpenoide Agarol, Agarospirol, α- und β-Agarofuran, Dihydroagarofuran, 4-Hydroxy-dihydroagarofuran, Oxo-nor-agarofuran und andere mehr.

Da echtes Aloeholz sehr teuer ist, wird die Droge oft verfälscht. Gelegentlich wird Nagarmotha, die aromatische Wurzel des Indischen Nussgrases *(Cyperus scariosus* BR.; *Cyperaceae),* als Aloeholz verkauft. Nagarmotha wird bei der Herstellung indischer Räucherstäbchen in grossem Masse verwendet und gilt selbst als Aphrodisiakum und Heilmittel bei Frauenleiden. In den Wurzeln enthält es 1% ätherisches Öl, bestehend aus Sesquiterpenen, Sesquiterpenalkoholen, Sesquiterpenketonen, Scariodon und Rotunden (KRAUS 1990: 83). Beim Verbrennen oder Räuchern erinnert Nagarmotha nur sehr entfernt an das echte Aloeholz, und auch hier nur an eine mindere Qualität.

Im 19. Jahrhundert wurde auch das wohlriechende Holz des mexikanischen Balsamstrauchgewächses *Elaphrium graveolens* KUNTH als »Aloeholz« gehandelt. Früher glaubte man auch, dass die indischen Stammpflanzen des Aloeholzes *Aloxylum agallochum* LOUR. und *Aquilaria malacensis* LAM. waren.

Literatur: ASHISHA und MAHAHRADANATHA 1994, EPSTEIN und RABGAY 1982, HEPPER 1992, HINRICHSEN 1994, JAIN 1991, LI 1979, MAJUPURIA und JOSHI 1988, MOINUDDIN 1984, MORITA 1992, PABST 1887/89, PATNAIK 1993, PAULUS und DING 1987, PUNITHALINGAM und GIBSON 1978, SCHÜTT 1995, TSARONG 1986 und 1991, ZOHARY 1986.

Alraune

Mandragora officinarum L. (syn. *Atropa mandragora* (L.) WOODVILLE, *Mandragora vernalis* BERTOLINI), »männlicher Alraun«

Mandragora autumnalis SPRENG. (syn. *Mandragora microcarpa* BERTOLINI), »weibliche Alraune«

Solanaceae, Nachtschattengewächse

»Feiere einen schönen Tag! (…)
Gib Balsam und Wohlgeruch zusammen
an deine Nase,
Kränze von Lotus [= Seerosenblüten] und
Liebesäpfeln [= Alraunenfrüchte] auf deine Brust,
während deine Frau, die in deinem Herzen ist,
bei dir sitzt.«

Altägyptisches Liebeslied (zit. nach SCHOSKE 1990: 36)

Die geheimnisvolle Alraune oder Mandragora – die »Königin aller Zauberkräuter« – ist keine Märchenfigur, sondern eine echte Pflanze, die besonders im östlichen Mittelmeerraum verbreitet ist. Es gibt nur zwei europäische Arten, deren botanische Identität lange Zeit ungeklärt blieb. Diese Pflanze wurde zu Recht als »berühmteste Zauberpflanze der Geschichte« bezeichnet (HEISER 1987). Ihre medizinische und magische Verwendung, ihre aphrodisischen und psychoaktiven Wirkungen ebenso wie ihre Mythologie und der sie umgebende Sagenkreis heben sie aus der Fülle der Zauberkräuter heraus. Über die Alraune sind viele Bücher und zahlreiche Artikel publiziert worden, die alle Aspekte dieser magischen Pflanze beschreiben. Hier gebe ich nur den Gebrauch als Räucherung wieder.

Im heutigen Israel gehören Alraunen zu den häufigen Pflanzen. Die Wurzeln gelten als Aphrodisiaka und Fruchtbarkeitsamulette. Diese Verwendung der magischen Pflanze geht in die älteste Zeit zurück. Die vermutlich frühesten schriftlichen Erwähnungen der Alraune finden sich in den Keilschrifttafeln der Assyrer und im Alten Testament; sie beziehen sich hauptsächlich auf das Gebiet von Babylon. Im Assyrischen hiess die Alraune *Nam-Tar-Gir(a)* [ⁱˢNAM-TAR-*GIR₁₂][12]. Dabei war *Nam Tar* der »Gott der Plagen«; *(g)ira* bedeutet »männlich«. Die alten Assyrer benutzten die Alraune als Schmerz- und Betäubungsmittel. Sie wurde bei Zahnschmerzen, Geburtskomplika-

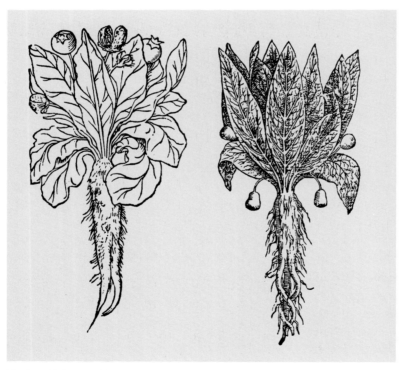

Früher hielt man die beiden europäischen Alraunenarten für Männchen und Weibchen derselben Spezies. Beim »Männchen« handelt es sich um *Mandragora officinarum,* die im Frühling blüht und Früchte trägt; beim »Weibchen« um *Mandragora autumnalis,* die im Herbst blüht und Früchte trägt. Holzschnitt aus BOCK, *Kreutterbuch,* 1577.

[12] Nach THOMPSON (1949: 217) ist das assyrische *namtargira* phonetisch dem griechischen *mandragora* auffallend ähnlich.

tionen, Hämorrhoiden und Magenbeschwerden (die pulverisierte Wurzel in Bier gelöst) verwendet. Man räucherte die Wurzel, um »Gift aus dem Fleisch« zu treiben (Exorzismus) (THOMPSON 1949: 218f.).

Im Heiligen Land war die Alraune, die in der Bibel *dûdâ'îm* heisst, vor allem als Aphrodisiakum und fruchtbarkeitsförderndes Mittel bekannt. Dabei wurde die aphrodisische Qualität in erster Linie dem Duft der reifen goldgelben Früchte zugeschrieben (FLEISHER und FLEISHER 1994). Anscheinend wurde die Alraune später ein kabbalistisches Geheimmittel. Es soll einige verlorene Bücher des Königs Salomon gegeben haben, die wegen ihres magischen Inhalts von König Hezekiah vernichtet wurden. Diese verlorenen Bücher sollen viele magische Anwendungen der Wurzel *baharas* oder *baara*, die wohl mit der Alraune identisch ist, enthalten haben (MOLDENKE und MOLDENKE 1986: 138). König Salomon soll unter dem Edelstein in seinem Zauberring ein Stück einer Alraunenwurzel verborgen haben. Ähnliche Zauberringe wurden zur Behandlung Besessener verwendet (KOTTEK 1994: 136):

»Er [der Jude Eleazar] hatte unter seinem Kugelringe eine jener Wurzeln, die schon Salomon bestimmt hatte; dann hielt er den Ringfinger an die Nase eines Besessenen, liess ihn an der Wurzel riechen und zog den bösen Geist aus der Nasenöffnung heraus.« (FLAVIUS JOSEPHUS, *Antiquitates Judaicae* VIII, 2, 5)

Die ausführlichste Schilderung von dieser magischen Wurzel stammt von Flavius Josephus (1. Jh. n. Chr.), der auf Griechisch schrieb, um den Griechen die Sitten des Volkes von Judäa verständlicher zu machen. Möglicherweise erwarb er sein magisches und botanisches Wissen von den Essenern, unter denen er längere Zeit lebte (KOTTEK 1994: 163):

»In dem Tal, das sich an der Nordseite der Stadt (Machairos)[13] hinzieht, ist ein besonderer Platz mit Namen Baaras, und dort wächst eine Wurzel, die den gleichen Namen trägt.[14] Jeden Abend strahlt sie einen feuerroten Lichtglanz aus: Will aber jemand sich ihr nahen, um sie auszureissen, so lässt sie sich nur schwer fassen, sie entzieht sich den Händen und kann nicht früher gebannt werden, als bis man Monatsblut oder Urin auf sie giesst. Aber auch dann bedeutet eine unmittelbare Berührung mit der Wurzel den augenblicklichen Tod, es sei denn, man trage sie so in der Hand, dass die Wurzelspitze nach unten schaut. Allein, man kann sich der Wurzel auch ohne jede Gefahr bemächtigen, und zwar so: ringsum gräbt man die Erde ab, dass nurmehr ein kleines Stück der Wurzel von der Erde bedeckt bleibt. Dann bindet man einen Hund daran. Wenn nun dieser dem Menschen, der ihn angebunden hat, wieder folgen will, zieht er natürlich die Wurzel ganz leicht aus dem Boden. Aber im gleichen Augenblick stirbt er, gleichsam zur Sühne für den, der in Wahrheit die Pflanze weggenommen hat. Von jetzt an kann man ohne Furcht die Wurzel angreifen. Der Grund dafür, dass diese Wurzel trotz ihrer Gefährlichkeit so gesucht ist, liegt in ihrer einzigartigen Wirkung: sie hat nämlich die Kraft, die sogenannten Dämonen, das sind Geister böser verstorbener Menschen, die in noch lebende hineinfahren und sie selbst töten, wenn man nicht zu Hilfe kommt, schon durch blosses Annähern an die Kranken zu vertreiben.« (FLA-

---

13 In dieser Stadt, die am Toten Meer lag, stand ein gewaltiger Rautenbaum *(peganon;* vermutlich *Ruta montana;* KOTTEK 1994: 130f.). Dort sollen auch die versunkenen Städte Sodom und Gomorrha gelegen haben sowie Johannes der Täufer enthauptet worden sein (vgl. SCHLOSSER 1987: 88). Die magische Wurzel war also in einem total »sündigen« Land beheimatet.
14 Diese Deutung von *baaras* als Alraune hat sich allgemein durchgesetzt; vgl. die Ausgabe Leipzig 1994 (Reclam), S. 497; KOTTEK 1994: 131.

vius Josephus, *Geschichte des Judäischen Krieges* VII, 6, 3)

Bei den Griechen war es verbreitet, die frische oder getrocknete Wurzel in Wein einzulegen und sie als Liebestrank zu geniessen. Dioskurides überliefert ein komplettes Rezept zur Herstellung des Mandragorenweines, der ebenfalls zu Räucherungen verwendet wurde:

»Mandragorawein. Zerschneide die Rinde der Wurzel und gib ½ Mine [= 8 Unzen], in Leinen gebunden, in 1 Metretes [= 36,4 Liter] Most drei Monate lang, dann giesse den Wein um. Die mittlere Gabe ist ½ Kotyle [= 5 Unzen]. Er wird getrunken unter Zusatz von doppelt so viel Most. Man sagt, dass 1 Hemine [= 10 Unzen] davon 1 Chus [= 10 Pfund = 120 Unzen] zugemischt Schlaf mache und betäube; 1 Becher mit Xestes [= 1 Pfund 8 Unzen] Wein getrunken tötet. Beim richtigen Gebrauche wirkt er schmerzstillend und die Flüsse verdichtend. Ob er in der Räucherung, als Klistier oder als Trank angewandt wird, er hat dieselbe Wirkung.« (V, 81)

Die Alraune galt in der Magie der Renaissance und im neuzeitlichen Okkultismus als Räucherstoff, der unter dem Einfluss des Mondes steht. Eine Alraunenräucherung kann auch zur Behandlung von Kopfschmerzen verbrannt werden. Dazu sollten die Alraunenwurzelstücke mit aromatischen Kräutern wie **Beifuss**, Minze und **Nelken** kombiniert werden (Caland 1992: 60).

Die Wurzelstücke verbreiten beim Räuchern einen eher unangenehmen Geruch, der an verbranntes Essen erinnert. Der Rauch ist aber recht gut zu inhalieren. Alraune kann in der Räucherung gut mit **Olibanum** kombiniert werden. Die getrockneten Alraunenblätter können wie Tabak geraucht werden. Beim Räuchern und Rauchen ist die psychoaktive Wirkung der Alraune nur subtil spürbar.

Die Alraune enthält besonders in der Wurzel (0,3–0,4%), aber auch in den Blättern die psychoaktiven und anticholinergen Tropanalkaloide Scopolamin, Atropin, Apotropin, Hyoscyamin, Hyoscin, Mandragorin, Cuskhygrin[15], Solandrin u.a. Das Alkaloidgemisch, das früher unter dem Namen Mandragorin beschrieben wurde, kann psychedelische oder hypnotische Zustände auslösen, aber auch erotische Erregung, Raserei, Tanzwut, Delirien, sogar durch Atemlähmung den Tod bewirken (Roth et al. 1994). Früher glaubte man, die wohlduftenden Früchte seien giftig und daher ungeniessbar; der Verzehr ist jedoch unbedenklich. Sie enthalten nur Spuren von Alkaloiden. Die aromatischen Komponenten des Duftes der Alraunenfrüchte konnten kürzlich chemisch identifiziert werden. Die Zusammensetzung ist für einen Duftstoff sehr ungewöhnlich; besonders der hohe Anteil schwefelhaltiger Chemikalien (Fleisher und Fleisher 1994: 248).

Es gibt kaum eine magische Pflanze, die häufiger verfälscht wurde als die seltene echte Alraune. Die Wurzelstücke gelangen nur selten in den Apothekenhandel; allerdings ist die Urtinktur *(Mandragora)* erhältlich. Möchte man mit dieser Pflanze experimentieren, gräbt man sie am besten selbst (z.B. auf Zypern, Kreta oder Sizilien).

Literatur: Brosse 1992, Caland 1992, Emboden 1989, Fleisher und Fleisher 1994, Germer 1985 und 1991, Lenz 1966, Rätsch 1994 und 1995a, Rosner 1980, Roth et al. 1994, Tercinet 1950, Thompson 1949, Thompson 1968, Vinci 1980, Zohary 1986.

15 Nach Schultes und Hofmann (1980: 298) ist Cuscohygrin mit Mandragorin identisch.

Amber (Ambra)

Ambergris, Grauer Amber

»Ambra hat vergleichsweise wenig eigenes Perfum, aber es hat die Kraft, das beste aus allen anderen Substanzen, mit denen es gemischt wird, hervorzubringen.«

ALEISTER CROWLEY, Liber 777 (1985)

Ambra, das durch Verfettung der Darmzysten entstehende duftende Stoffwechselprodukt von Pottwalen (*Physeter macrocephalus* L.), heisst auf Chinesisch »Drachenspeichel« und gilt als hervorragendes Aphrodisiakum. Ambra ist im Rohzustand eine amorphe, faulig stinkende Masse, die in Spuren weltweit zur Herstellung von erotisierenden und aphrodisierenden Parfüms und Duftstoffen verwendet wurde. Heutztage wird der natürliche Duftstoff aus ökologischen Gründen weitgehend boykottiert, obwohl er immer noch in grossen Klumpen an den Strand gespült wird. Über den »Drachenspeichel« berichtet folgende Sage aus der Zeit der Xia-Dynastie:

»Eines Tages besuchten zwei Drachen den Hof der Xia. Sie erklärten, sie seien ursprünglich zwei Prinzen, die von Yu dem Grossen abstammten, und spuckten etwas Speichel aus, der fortan sorgfältig aufbewahrt wurde. Eines Tages geschah es, dass der Speichel im Palast ausfloss und sich in Drachen verwandelte. Ein junges Mädchen, das sich in dem Saal des Palastes aufhielt, wo dieses Ereignis stattfand, gebar einige Zeit später ein Kind, das im Lande der zwei Drachen aufgezogen wurde.« (ZHENG 1990: 117)

Ambra wurde in vielen chinesischen Rezepten für »Lenzmittel«, Lebenselixiere und magische Räucherungen verarbeitet. Es war oft ein Bestandteil von Räucherstäbchen. Ambra ist heute noch eine der wichtigsten Zutaten bei der Herstellung japanischer Räucherstäbchen.

Auch in der Neuen Welt war der animalische Duftstoff bekannt. Die Azteken beschrieben das

Amber, Ambra oder Ambergris ist ein Produkt des Wals. Allerdings war der Ursprung des tierischen Duftstoffes lange Zeit unbekannt. Holzschnitt aus LONICERUS, *Kreuterbuch,* 1679.

Ambra und dessen aphrodisische Wirkung in Parfüms und Räucherstoffen sehr genau:

»Chapopotli ist eine Art Bitume, das an das kastilische Pech erinnert, wenn es bröckelig wird. Es wird an den Strand gespült, meist bei Flut, und wird von den Flussmenschen gesammelt. Es duftet und wird sehr von den Frauen geschätzt. Wenn es ins Feuer geworfen wird, verbreitet sich ein angenehmer Duft, der sehr weit reicht. Sie mischen tzictli [Kaugummi, der eingetrocknete Saft von *Manilkara zapota*] mit Copal, dem Weihrauch vom Lande, zu diesem duftenden Harz und erhalten so ein gutes Parfüm.« (SAHAGUN XI)

Das im Alten Testament genannte Ambra war vermutlich gar kein animalisches Produkt, sondern **Bernstein**, **Copal** (fossiles Harz), Kolophonium oder gereinigtes **Styrax**.

In der frühen Neuzeit war Ambra auch in Europa gut bekannt und hochbegehrt, denn es war ein wirkungsvolles Parfüm und eignete sich gut als Zusatz zu Räuchermischungen.

»Es beschreiben auch etliche / dass die Ambra in der Tieffe des Meeres wachse / und in der Ungestümme dess Meeres von den Wasserwellen ausgeworffen / und an die Gestade und Ufer des Meeres ausgetrieben / und also daselbst gefunden aufgelesen werde. // Anddere schreiben / es hab ein besondere Quellen / darinnen sie gefunden werde / gleich wie der Schwefel und das Pech seine Quellen hat. // Diese Ambra isset der Walfisch einer / so Azelus wird genennet / so derselbigen gantz begierig nacheilet / und sie also daran überisset und überfüllet / dass er daran stirbt / und auf dem Wasser ligen bleibt. Diss wissen die Fischer / und haben acht darauff / und ziehen ihn zu Land / hauen ihn auf / und nemmen also die Ambra auss ihm.« (LONICERUS 1679: 741)

Im Okkultismus und in der Esoterik wird Ambra als Duft- und Räucherstoff den Planeten Neptun und Mars zugeordnet und mit dem kabbalistischen *Kether*-Geruch identifiziert:

»Kether ist nach der kabbalistischen Lehre der Ursprung von allem, auch von dem, was jenseits jeder Manifestation liegt. Auf den Menschen bezogen repräsentiert es die Wiedervereinigung der reinen Seele mit der Gottheit. (…) Das Bewusstsein in diesem Zentrum [dem Scheitelzentrum] zu verankern ist Ziel der spirituellen Entwicklung des Menschen.« (MILLER und MILLER 1991: 81)

Echte Ambra enthält Pheromone, die auch auf den Menschen einwirken. Deshalb hat es aphrodisierende und geistbewegende Wirkungen.

Da Ambra selten und kostbar ist, wurde es schon immer verfälscht. In der frühen Neuzeit wurde eine Mischung aus Muskatnuss, Muskatblüte (Macis), Zimt, Gewürznelken, Spikenarde, Bibergeil und Rosenwasser gemacht. Heute gibt es synthetische Surrogate (Ambrox, Ambropur, Grisamobol), die vor allem in billigen Parfümen verwendet werden.

Literatur: CALAND 1992, HINRICHSEN 1994, HOUGH 1912, LONICERUS 1679, MILLER und MILLER 1991, MORITA 1992, MÜLLER-EBELING und RÄTSCH 1986, READ 1977, RIMMEL 1985, VINCI 1980, WERNER 1993, WOLLNER 1995.

Arve

Pinus cembra L.
Pinus cembra ssp. *cembra*, Alpenarve
Pinus cembra ssp. *sibirica*, Sibirische Arve

Pinaceae, Kieferngewächse

Die Samen aus den Zapfen der Arve *(Pinus cembra)* heissen seit alters her Zirbelnüsse; früher stellten sie eine wichtige Nahrungsquelle dar, heute sind sie eine kostbare Spezialität und nur noch sehr selten zu erhalten, z.B. als Zirbelkuchen. Holzschnitt aus LONICERUS, *Kreuterbuch,* 1679.

»Beginnen sich die Wesen der Arven mitzuteilen, erfahren wir vom tiefen Ursprung der Elemente, der Erde, dem Feuer, dem Wasser und der Luft. Sie zeigen sich nährend, brennend, erfrischend und atmend. Sie löschen den Durst nach erfrischender Quelle und stillen meinen Hunger nach der Erkenntnis.«

RENÉ STRASSMANN, *Baumheilkunde* (1994: 55)

Die Arve, auch Zirbelkiefer genannt, ist ein der **Pinie** ähnlicher stattlicher Baum. Die gesamte Erscheinung der Arve erinnert stark an die amerikanische Piñon. Sie gedeiht am besten im Gebirge unterhalb der Baumgrenze und kommt in zwei Unterarten von Mitteleuropa bis nach Sibirien vor. In den Schweizer Alpen ist sie noch verhältnismässig häufig anzutreffen; berühmt ist der Arvenwald am Aletschgletscher im Wallis.

Im Schweizer Volkstum ist die Arve von kleinen Männchen, Gnomen und Berggeistern bewohnt. Das liegt zum einen an der oft merkwürdigen Gestalt der Bäume, zum anderen an den abgelegenen

Standorten. In alpenländischen Sagen wird vom hilfreichen Arvengeist berichtet, der müde Wanderer schützt und Erschöpfte mit neuer Kraft belebt. Hierin ist vielleicht eine Metapher für die aromatherapeutische Wirkung des Arvenduftes zu erkennen.

Die Arve war schon in der Antike unter den Namen *Strobilos* oder *Pino cembro* bekannt und wurde als Heilmittel benutzt:

»Werden die Arvennüsse von der Schale befreit gegessen oder mit süssem Wein und Gurkensamen getrunken, so reinigen sie die Blase und die Nieren. (…) Man bedient sich auch der Arvenzapfen, wie sie frisch vom Baum genommen und in süssem Wein gekocht worden, gegen alten Husten und Schwindsucht.« (DIOSKURIDES I, 88)

Früher waren Arven in den Alpenländern wichtige Nahrungslieferanten. Ihre Kerne (Samen), die Zirbelnüsse, wurden und werden in Süssspeisen, im Müsli oder mit Salz geröstet gegessen. Nach der Gestalt der Zirbelnuss ist die Zirbeldrüse *(Corpus pineale)* in unserem Gehirn benannt worden: sie gleicht ihr aufs Haar.[16]

Der Duft des Arvenharzes ist einzigartig. In gewisser Weise erinnert er an die **Latschenkiefer,** ist aber süsser, fast ist man geneigt, ihn als orientalisch zu bezeichnen; dennoch fehlt ihm die Schwülstigkeit. Der Geruch wirkt wie eine Verschmelzung okzidentaler Frische und orientalischer Lust. Die Nadeln verbreiten beim Räuchern einen weissen Rauch, der noch an den köstlichen Duft des frischen Harzes erinnert.

Obwohl es keine überlieferte Tradition gibt, nach der Arvennadeln oder -harz als Räucherstoff verwendet wurden, kann man doch alle Pflanzenteile, besonders die getrockneten Nadeln, zum Räuchern verwenden. Allerdings sollte man bedenken, dass die meisten Arvenvorkommen geschützt sind.

Die Arvennadeln enthalten 1% ätherisches Öl, bestehend aus Pinen, Cadinen, Phellandren, Sylvestren, Limonen, Dipenten und Anisaldehyd. Es gilt als allgemein stärkend, durchblutungsfördernd, antirheumatisch, schleimlösend und hustenlindernd. Es kann bei Asthma, Husten, Bronchitis und Nasennebenhöhlenentzündungen inhaliert werden.

Das in der Aromatherapie verwendete Arvenöl ist im Duftstoffhandel erhältlich. Es kann mit Trägersubstanzen auch für Räucherungen verwendet werden.

---

16 Die Zirbeldrüse ist nach indischer Auffassung »der Sitz des individuellen Geistwesens, das dem Geist und Körper des Menschen Leben und Lebenskraft verleiht. Zieht dieses Geistwesen sich aus der Zirbeldrüse zurück, so sind damit die Voraussetzungen für Träume, tiefen Schlaf oder Trance geschaffen, und wenn es die Drüse endgültig verläßt, so tritt der Tod ein.« (BRUNTON 1983: 283)

Literatur: FISCHER-RIZZI 1989, HECKER 1995, KRAUS 1990, LENZ 1966, STRASSMANN 1991 und 1994.

Asa foetida

Ferula asa-foetida L. (syn. *Ferula scorodosma* BENTH. et HOOK., *Scorodosma foetidum* BUNGE., *Ferula foetida* REGEL., *Ferula assa-foetida* L.)

Ferula narthex BOISS. (syn. *Narthex asafoetida* FALKONER), Narthex-Fenchel

Apiaceae (Umbelliferae), Doldengewächse

»Als Volksheilmittel ... findet der Asant im rohen Zustand keine andere Verwendung als zum Räuchern bei Zauber- und Wunderkuren.«

HANS SCHÖPF, *Zauberkräuter* (1986: 57)

Das knoblauchartig riechende, scharf schmeckende ölige Harz wird auf der einen Seite *Excrementa diaboli,* »Teufelsscheisse«, auf der anderen Seite »Nahrung der Götter« genannt. Asa foetida ist das Gummiharz der Wurzel zweier in Ostiran, Afghanistan (in Salzsteppen) und Kaschmir vorkommenden, *hingu* genannten *Ferula*-Arten. Bei uns ist die Stammpflanze auch unter den Bezeichnungen Asant, Stink-Asant oder Teufelsdreck sowie unter dem irreführenden Namen »Riesenfenchel« bekannt; diese Pflanze wurde oft als *Silphion,* das verlorene Wundermittel der Antike, gedeutet. Der Stinkasant ist mit dem südeuropäischen Steckenkraut nahe verwandt und mit diesem auch leicht zu verwechseln.

Die tibetischen Bön-Schamanen *(bon-po)* verwenden Asa foetida als Räuchermittel für exorzistische Heilrituale. Zum einen inhalieren sie selbst den Rauch, zum anderen beräuchern sie den besessenen Kranken, um ihn von einem zerstörerischen Dämonen zu befreien. Die Tibeter nennen Asa foetida »eine der drei kostbaren Halter des Lebenswindes« und verwenden es als Heilmittel für Geisteskrankheiten, Aphrodisiakum und Räucherstoff in medizinischen und rituellen Räucherpulvern. Zur Geisterbannung wird er mit himalaischem Baldrian (*Valeriana jatamansi* JONES), **Kalmus**, Pfauenfedern, Schlangenhaut und Katzenkot vermischt geräuchert. In der ayurvedischen Medizin und der indischen Küche (z.B. zum Würzen von Papadams) gilt der Teufelsdreck als Verdauungsmittel, da er *agni,* das Verdauungsfeuer

Da die eigentliche Stammpflanze des »Teufelsdrecks« *(Ferula asafoetida)* in Europa nicht vorkommt, sind in der älteren Literatur meist Abbildungen von der nahe verwandten *Ferula communis* L., die auch am Mittelmeer heimisch ist, dargestellt. Holzschnitt aus TABERNAEMONTANUS, *Kräuter-Buch,* 1731.

(= interner Feuergott), von allen bekannten Stoffen am stärksten anregt. In Persien gilt er als Potenzmittel.

In der frühen Neuzeit wurde Asa foetida mit **Olibanum** vermischt als Medizin gegen Zahnschmerzen in den Mund genommen oder geräuchert. Es wurde auch als Nerventonikum, aber auch bei katholischen Teufelsaustreibungen geräuchert. Überhaupt hielt man den Teufelsdreck für das beste Räuchermittel zur Bannung von Teufeln, Geistern, Dämonen, Hexen, Zauberern, Druden usw.

Als Räucherung hat Asa foetida einen stark knoblauchartigen Geruch, der zwischen verbranntem Gummi und appetitanregender Speise hin und her pendelt. Vielleicht wurde diesem Räucherstoff wegen seinem deutlichen Knoblaucharoma die dämonenabwehrende Kraft zugeschrieben. Diese geruchliche Ambivalenz erklärt wohl auch den Teufelsdreck auf der einen, die Götterspeise auf der anderen Seite der Duftmedaille.

Das ölige Harz besteht aus 24–60% Harz (Asaresin), 60% Ferulasäureester des Asaresitannol, Kumarinen (Umbelliferon), Gummi, bestehend aus Glucuronsäure, Galaktose, Arabinose, Rhamnose, einem zur Gruppe der Disulfide gehörenden ätherischen Öl *(Oleum asae foetidae),* etwas Vanillin u.a.

Asa foetida war früher offizinell (DAB 6) und kann problemlos über den Apothekenhandel und sogar in Drogerien bezogen werden *(Asa foetida in massa).* Verfälschungen mit anderen *Ferula*-Harzen sind anscheinend recht häufig. Je knoblauchartiger der Geruch, desto reiner der Teufelsdreck.

Früher war das ähnliche Sagapenum, ein knoblauchartig riechendes Gummiharz der Stammpflanze *Ferula persica* L., als Substitut für Asa foetida gebräuchlich. Es wurde bereits von Dioskurides beschrieben:

»Das Sagapenum ist der Saft einer der Ferula ähnlichen Pflanze und kommt aus Medien [heute Nordwestiran]. Das beste ist durchscheinend, auswendig gelblich, inwendig weiss, der Geruch hält die Mitte zwischen Teufelsdreck und Galbanum; der Geschmack ist scharf.« (III, 85)

Sagapenum ist heute, wenn überhaupt, nur sehr schwer zu erhalten.

Literatur: Dastur 1985, Grieve 1982, Haerkötter und Haerkötter 1986, Hlava und Lanska 1977, Lad und Frawley 1987, Lonicerus 1679, Norman 1991, Pahlow 1993, Rätsch 1992b, Roth et al. 1994, Schöpf 1986, Werner 1993, Wollner 1995.

Balsam

Balsamum

Der in den antiken Quellen beschriebene Balsam oder Balsamstrauch widersteht bis heute einer eindeutigen botanischen Bestimmung. Da die »Väter der Botanik« und die ihnen folgenden Kräuterbuch-Autoren und -Illustratoren kein Pflanzenmaterial vorliegen hatten, mussten sie ihre Phantasie spielen lassen. Dabei ist auch diese alte Darstellung des Balsams *(Balsamum)* zustande gekommen. Holzschnitt aus Lonicerus, *Kreuterbuch,* 1679.

»Allen Riechstoffen wird aber der vom Balsambaum vorgezogen, der Judäa allein von allen Ländern vorbehalten ist …«

Plinius, *Naturgeschichte* (XII, 54,111)

Balsam ist ein vielseitig verwendeter Ausdruck, der in der Literatur zu grosser Verwirrung geführt hat. Am ausführlichsten wurden die Stammpflanzen und die daraus gewonnenen Produkte von Dioskurides beschrieben:

»*Peri Balsamon,* Balsam. Der Baum erscheint von der Grösse des Lykions oder Feuerdorns

[*Crataegus oxycantha* L.] und hat Blätter denen der Raute [*Ruta graveolens* L.] ähnlich, aber viel heller und immergrün; er wächst nur in Indien in einem bestimmten Tal und in Ägypten. Sie [die Bäume] unterscheiden sich von einander durch Rauheit, Grösse und Schlankheit. Darum wird das Dünne und Haarförmige des Strauches der Schnitt genannt, jedenfalls weil es, da es schlank ist, leicht zu schneiden ist. Das sogenannte Opobalsamon [= ›Balsamsaft‹] wird gewonnen in der Zeit der Hundstagshitze, indem der Baum mit eisernen Werkzeugen angeschnitten wird. Es fliesst jedoch spärlich, so dass zu jeder Zeit nicht mehr als sechs bis sieben Chus [ca. 19,68–22,96 Liter] gesammelt wurden; es wird aber in dortiger Gegend um das Doppelte Silber verkauft. Gut ist aber der Saft, wenn er frisch ist, einen kräftigen Geruch hat und unverfälscht ist, säuerlich schmeckt, leicht fliesst, blank und zusammenziehend ist und auf der Zunge mässig beisst. Er wird aber auf mancherlei Weise verfälscht. Die Einen mischen nämlich Salböle darunter, wie Terpentin, Zyperngras-, Mastix-, Lilien-, Behenöl, Bittermandelöl, Honig, sehr flüssige Myrten- oder Zyperngrassalbe. Ein solcher wird aber leicht durch die Prüfung erkannt. Wird nämlich der reine Balsam auf Wollzeug getröpfelt, so hinterlässt er nach dem Auswaschen weder einen Fleck noch Schmutz, der verfälschte aber bleibt. Ferner auf Milch getröpfelt lässt er diese gerinnen, was der gefälschte nicht tut. Wird weiter der echte auf Milch oder Wasser getröpfelt, so zerfliesst er rasch und milchig, der verfälschte dagegen schwimmt darauf wie Öl, in sich zusammengeballt, dann sternförmig sich ausbreitend. Mit der Zeit jedoch verdickt sich auch der echte; er wird von selbst schlechter. Diejenigen irren aber, welche glauben, dass derselbe, wenn er echt ist, auf das Wasser getröpfelt zunächst zu Boden sinke, dann als leicht zerfliesslich aufwärts dringe.

Das Holz, welches Xylobalsamon genannt wird, ist geschätzt, wenn es frisch ist, dünne Zweige hat und rötlich und wohlriechend ist, und kurze Weile nach Opobalsamon duftet. Von der Frucht, denn auch diese steht im notwendigen Gebrauch, wähle die gelbe, volle, grosse, schwere, mit beissendem und brennendem Geschmack, die mässig nach Opobalsamon riecht. Von Petra aber, wo die Frucht verfälscht wird, kommt ein Same, dem Johanniskraut ähnlich, diesen wirst du daran erkennen, dass er grösser, leer und kraftlos ist und nach Pfeffer schmeckt.

Der Saft hat sehr stark wirkende Kraft, da er in hohem Grade erwärmend ist, die Verdunkelungen auf der Pupille vertreibt und die Erkältungen der Gebärmuttergegend heilt, wenn er mit Rosenwachssalbe eingelegt wird. Er befördert die Menstruation, treibt die Nachgeburt und den Fötus aus und löst eingesalbt die Erstarrung. Auch reinigt er die Wunden von Schmutz. Getrunken ferner ist er die Verdauung befördernd und harntreibend, den Engbrüstigen zuträglich, mit Milch auch denen, die Akonit [Eisenhut, *Aconitum napellus*] genossen haben und den von wilden Tieren Gebissenen. Er wird auch den Salben, Pflastern und Gegengiften zugemischt. Und im Allgemeinen hat die kräftigste Wirkung der Balsamsaft, die nächste die Früchte, die schwächste das Holz. Die Frucht, getrunken, ist für die ein gutes Mittel, welche an Seitenstechen, Lungenentzündung, Husten, Lendengicht, Fallsucht, Schwindel, Atemnot, Leibschneiden, Harnverhaltung leiden, die von giftigen Tieren gebissen sind; ferner eignet er sich zu Räucherungen für Frauen, und in der Abkochung zum Sitzbad eröffnet er den Muttermund, indem er die Feuchtigkeit in sich zieht. Das Holz hat dieselbe Kraft wie die Frucht, nur schwächer. Es hilft, in der Abkochung mit Wasser getrunken, gegen Verdauungsschwäche, Krämpfe, den von giftigen

Tieren Gebissenen, von Krämpfen Befallenen, auch treibt er den Harn und ist mit Irissalbe eingerieben bei Kopfwunden heilsam; dann aber auch zieht es [Knochen-]Splitter aus und wird endlich den Verdichtungsmitteln der Salben zugesetzt.« (DIOSKURIDES I, 18)

Obwohl die botanische Bestimmung des Balsambaumes nicht gänzlich geklärt werden konnte, scheint es sich um den Echten Balsamstrauch, der den Mekkabalsam liefert, gehandelt zu haben.

Mekkabalsam

Commiphora opobalsamum (L.) ENGL. (syn. *Balsamodendron gileadense* KUNTH, *B. ehrenbergianum* BERG., *B. meccaensis* GLED.; *Amyris gileadensis* L., *Amyris opobalsamum* L.)

Burseraceae, Balsambaumgewächse

Im Übergang vom Altertum zum Mittelalter hiess das Harz der kleinen dornenlosen *Commiphora* Mekkabalsam, auch *Balsamum de Mecca* oder *Balsamum gileadensis*, eine Bezeichnung, die wiederum grosse Verwirrung stiftete (vgl. **Tanne**). Die Stammpflanze wächst in Syrien, Ägypten, Arabien und an der Somaliküste. Der Mekkabalsam ist eine braungelbe dickflüssige Masse von angenehmem Geruch und bitterem Geschmack. Seine Samen wurden in ägyptischen Gräbern gefunden.

Im ausgehenden Mittelalter und in der Neuzeit wurde der **Perubalsam** als »Mekkabalsam« verkauft und verwendet. Papst Pius V. hatte durch eine Bulle aus dem Jahre 1551 die Verwendung von Perubalsam anstelle des echten Balsams gestattet (vermutlich aus Kostengründen!).

Der Mekkabalsam enthält zwei Harze, ätherische Öle und Bitterstoffe. Früher war er ein Grundstoff, der in keiner gutsortierten Apotheke fehlen durfte; heute ist er bei keinem Grosshändler mehr erhältlich:

»Offenbar nicht mehr angebaut und gehandelt wird der berühmte Mekka-Balsam, der bereits um 1900 kaum noch rein zu erhalten gewesen sein soll. Seine Wertschätzung in den arabischen Ländern beruhte u.a. darauf, dass er als Mittel gegen weibliche Unfruchtbarkeit eingesetzt wurde. Sonderbarerweise war Mekka-Balsam auch Bestandteil des Salb-Öls für die entsprechenden Riten der christlichen Kirche.« (HINRICHSEN 1994: 31)

Der Mekkabalsam wird heute nur noch in der Homöopathie (unter dem Namen *Amyris gileadensis*) und in der Parfümindustrie verwendet. Sein Duft soll zitronig und krautig sein und an Rosmarin erinnern.

Der Mekkabalsam wurde auch mit dem harzigen Balsam amerikanischer Pappelarten (*Populus balsamifera* L., *Populus candidans*) verwechselt oder verfälscht. Diese Balsame waren auch unter dem Namen *Tacamahaca* bekannt.

Gilead-Balsam

Commiphora gileadensis (L.) ENGL., Balsambaum

Burseraceae, Balsambaumgewächse

Der Name Gilead-Balsam hat praktisch keine Bedeutung mehr, da mit ihm zahlreiche Rohdrogen, Mischungen und Produkte bezeichnet wurden. So wurde u.a. der **Opopanax** sowie das Harz der Balsam-**Tanne** als »Gileadbalsam« in den Handel gebracht (vgl. GRIEVE 1982: 78).

Andere Balsame

Im Apothekenhandel wurden auch die dickflüssigen balsamischen Harze des Kopaivabaums (*Co-

Bdellium

Commiphora africana ENGL. (syn. *Balsamodendron africanum* ARN.), Afrikanisches Bdellium

Burseraceae, Balsambaumgewächse

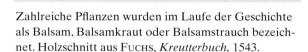

Zahlreiche Pflanzen wurden im Laufe der Geschichte als Balsam, Balsamkraut oder Balsamstrauch bezeichnet. Holzschnitt aus FUCHS, *Kreutterbuch,* 1543.

paifera reticulata DUCKE, *Fabaceae; Balsamum copaivae,* Kopaivabalsam), des Perubalsambaums sowie verschiedener Dipterocarpaceen unter dem Begriff »Balsam« geführt.

Die Stammpflanzen von **Tolubalsam** und **Perubalsam** werden in der deutschsprachigen Literatur oft als Balsambaum bezeichnet (SCHAFFNER 1992). Zudem gibt es das aromatische Balsamkraut *Tanacetum balsamita* L., syn. *Chrysanthemum balsamita* (L.) BAILLON, *Balsamita mayor* DESFONTAINES aus der Familie der Korbblütler *(Asteraceae, Compositae);* vgl. HLAVA und LANSKA 1977.

Literatur: AMBASTA 1994, DITTRICH 1988, ERICHSEN-BROWN 1989, GERMER 1985, GRIEVE 1982, HLAVA und LANSKA 1977, HOOPER 1937, HUNNIUS 1975, MARTINETZ et al. 1989, PAHLOW 1993, WOLLNER 1995, ZOHARY 1986.

Ob es sich beim (afrikanischen) Bdellium der alten Schriften tatsächlich – wie manche Autoren mutmassen – um die mit der **Myrrhe** verwandte Art *Commiphora africana* handelt, ist sehr ungewiss. Tatsache ist, dass heute Bdellium nicht mehr als Räucherstoff gehandelt wird, weil eben die wirkliche Stammpflanze nicht mit absoluter Sicherheit bestimmt ist. Alle Harze, die heute international unter dem Namen Bdellium gehandelt werden, sind **Guggul** oder indisches Bdellium.

In der Antike war Bdellium genauso wie das indische Bdellium oder Guggul gut bekannt. Das Harz wurde als (medizinisches) Räuchermittel verwendet:

»Das Bdellion – einige nennen es Madelkon, andere Bolchon – ist die Träne eines arabischen Baumes; gut davon ist dasjenige, welches bittern Geschmack hat, durchscheinend, dem Stierleim ähnlich, tief nach innen fett ist, leicht weich wird, frei von Holz und Unreinigkeiten, in der Räucherung onyxähnlich [siehe **Onycha**] wohlriechend ist. Es gibt aber auch ein zweites, unreines und schwarzes, in festen Klumpen, getrockneter Feigenmasse ähnlich, welches aus Indien gebracht wird [siehe **Guggul**]. Von Petra kommt auch ein trockenes, harzähnliches, etwas schwärzliches, das an Kraft geringer ist. Verfälscht wird es durch Zumischung von Gummi; aber ein solches hat nicht annähernd den bitteren Geschmack und ist beim Anzünden nicht so wohlriechend. Es hat erwärmende, erweichende Kraft, kann mit nüchternem Speichel angerührt Verhärtungen, Kropfbildungen und Wasserhodenbrüche verteilen, in Zäpfchen und als Räucherung öffnet es auch die Gebärmutter; es zieht den Fötus und alte Feuchtigkeit heraus. Getrunken zertrümmert es den Stein, treibt den Urin und wird mit Nutzen den an Husten Leidenden und von giftigen Tieren Gebissenen gereicht. Gut ist es ferner gegen (innere) Zerreissungen, Krämpfe, Brustschmerzen und verschlagene Winde. Es wird weiter den Salben zugemischt, welche gegen Verhärtungen und Knoten der Sehnen dienen. Gestossen wird es angewandt, indem Wein oder warmes Wasser dazu gegossen wird.« (DIOSKURIDES I, 80)

Plinius fügt noch hinzu, dass das beste Bdellium aus Baktrien (antike Bezeichnung für das nördliche Afghanistan) stamme, das Harz die Beschaffenheit von Gummi habe, wohlriechend und wachsartig sei. Der Baum soll auch in Arabien und Indien gedeihen; sein Harz wird oft mit Mandelkernen und Mandelharz verfälscht (XII, 19, 35f.). Das »Parfümierte Bdellium« stammte vermutlich von der Myrrhenart *Commiphora erythraea* (siehe **Opopanax**). Dafür spricht auch der Eintrag in einem frühneuzeitlichen Kräuterbuch:

»In einem Baum fleusst diss Gummi Bdellium genennt / ist mit der Myrrha beynahe gleicher Gestalt und Wirckung / wird aber mit dem Gummi Arabico verfälscht. Bdellium Indicum / ist das beste und wohlriechend / innwendig weissfarb. (…) // Der Rauch darvon treibt die Geburt / und reinigt die Beermutter. Davon getruncken / bricht es den Stein / treibt den Harn / ist gut fürn Husten / Krampf / Seitenweh und Wind im Leibe.« (LONICERUS 1679: 734)

In Persien waren verschiedene *Commiphora*-Harze unter dem Namen *muql* (= Mukul) bekannt; lediglich von einer Sorte hiess es, sie stamme aus Indien (= **Guggul**).

Im 19. Jahrhundert war unter dem Namen Bdellium auch das balsamische Harz der ägyptischen Palme *Hyphaena crinita* GÄRTNER im Apothekenhandel anzutreffen.

Botanische Darstellung des Myrrhenbaumes. Aus PABST 1887/1889.

Literatur: FAURE 1990, HOOPER 1937, LENZ 1966, MARTINETZ et al. 1989, TUCKER 1986.

Beifuss

Artemisia vulgaris L. (syn. *Artemisia officinalis* Gatteran, *A. latifolia* Fuchs)

Asteraceae (Compositae), Korbblütler

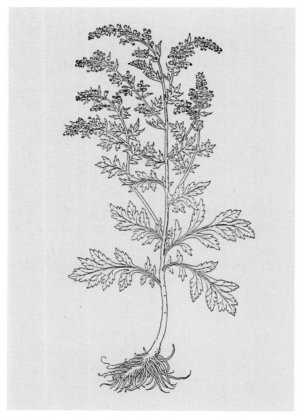

Der Beifuss *(Artemisia vulgaris)* war eine heilige Pflanze der alten Germanen. Mit Beifussbüscheln wurde nicht nur geräuchert, es wurden damit auch bei der Sommersonnenwende die Dämonen des vergangenen Jahres vertrieben. Holzschnitt aus Fuchs, *Kreutterbuch,* 1543.

Der weltweit verbreitete bis zu zwei Meter hoch wachsende Beifuss ist eine der ältesten Ritualpflanzen der Menschheit. Schon die Neandertaler von Shanidar (Irak) haben vor rund 60000 oder 70000 Jahren ihren Toten das Kraut mit ins Grab gegeben. Ob sie die Pflanze bereits zum Räuchern verwendeten, lässt sich aufgrund der archäologischen Befunde nicht sagen; möglich ist es jedoch.

Der älteste überlieferte Name des Beifuss ist *Artemisia.* Er geht auf Artemis, die griechische Göttin der Jagd, Keuschheit und Geburt zurück. Der Beifuss ist eines der bedeutendsten Mittel zur Beförderung der Menstruation und somit der Geburtenkontrolle. Dazu wurde er schon im Altertum, aber auch noch im Mittelalter und in der frühen Neuzeit verwendet. In christlicher Zeit wurde er dann zu einer Hexenpflanze. Im Okkultismus wurde er der Venus zugeordnet. Heute ist er den meisten Menschen nur noch als Gewürz für einen fetten Gänsebraten bekannt.

Das Räuchern mit Beifuss geht auf germanische und keltische Rituale zurück. Manche heutige Bräuche, etwa das Würzen der Weihnachtsgans mit Beifuss, gehen auf diese heidnischen Rituale zurück:

»Der heilige Martin, dessen Namenstag auf den 11. November fällt, nahm nach der Bekehrung der keltischen Völker die Stelle des Totengottes Samain ein. In den neblig grauen, trostlosen Novembertagen besiegt dieser Gott der Unterwelt den Sonnengott, übernimmt die Herrschaft über das Land und bemächtigt sich der Vegetationsgöttin, der Gemahlin der sterbenden Sonne. Mit Klageschreien verkünden die nach Süden ziehenden grauen Wildgänse die Wende der Gezeiten. Nun zieht sich die Pflanzengöttin mitsamt der grünen Vegetation in das finstere unterirdische Gemach ihres schwarzen Gebieters zurück. Dann ist die Zeit des Erntens und Heilkräutersammelns vorbei. Bis auf den grauen Beifuss, der als allerletzter gesammmelt werden darf, sind alle Pflanzen nun ëpuccaí (tabu). Was jetzt noch gepflückt werde, bewirke Unheil anstatt Heil. Mit diesem letzten Büschel Beifuss werden Haus und Stall geräuchert und die zur Feier der Jahreswende geopferte Gans geweiht.« (Storl 1995: 137)

Der Beifuss war auch für viele andere magische und rituelle Zwecke vorgesehen. Diese auf altgermanische Vorstellungen zurückgehenden Anwendungen waren noch bis ins 19. Jahrhundert vertraut:

»Der Beifuss galt auch als ein treffliches Mittel gegen das Nestelknüpfen und verjagte alle Geister, die den Eheleuten einen Tort anthun wollten. An die Füsse gebunden, schirmte er vor Ermüdung und vor den Bissen der Hunde und Schlangen, aber er musste dazu im Zeichen der Jungfrau gegraben sein. Er vertreibt alle Wibel (Käfer) und anderes Ungeziefer aus den Speichern und sichert Kinder vor Behexung. Behexte Milch und verschrieene Eier werden durch einen Schlag mit dem Beifussstengel entzaubert. Der Teufel fürchtete den Beifuss, und wo Beifusswurzeln an das Haus genagelt sind, können keine bösen Geister herein, und das Gebäude ist vor Feuersgefahr geschützt. Auch um Johannis [Sommersonnenwende] wird Beifuss gegraben; man gürtet sich mit demselben und wirft dann diese Kränze in das Johannisfeuer, um aller Übel ledig zu werden.« (PERGER 1864: 123)

Die germanischen Frauen hielten bei der Geburt ein Beifussbüschel in der Hand. Der Beifuss, der der germanischen Geburtsgöttin Holla (= Frau Holle) geweiht war, sollte den Übergang des Kindes von der jenseitigen in die diesseitige Welt erleichtern. Genauso wurden die Toten wieder mit Beifuss ins Jenseits befördert. Die Germanen legten Beifussbüschel auf die Scheiterhaufen der Verstorbenen.

In England, wo heute noch das häusliche Bierbrauen hoch im Kurs steht, wurde Beifuss zusammen mit **Kalmus**wurzel und Efeu *(Hedera helix)* anstelle von Hopfen zum Haltbarmachen des Bieres verwendet. Dort hat sich auch lange der Brauch gehalten, in der Johannisnacht einen Beifusszweig zu verbrennen oder zu räuchern, um im kommenden Jahr geschützt zu sein. In England heisst die Pflanze auch heute noch *Witch herb*, »Hexenkraut«. Im englischen Okkultismus wird eine Beifussräucherung nach folgendem Rezept zur Divination verwendet:

1 Teelöffel	Fünffingerkraut *(Agrimonia eupatoria* L.)
3 Teelöffel	Beifuss
4 Teelöffel	**Mastix**
1 Tropfen	Patchouli-Öl
1 Tropfen	**Sandelholz**öl

Zuerst werden die Kräuter zerkleinert und mit dem Mastix zusammen im Mörser zermahlen; dann wird das Pulver mit den Ölen verbunden.

Der vermutlich nach Nordamerika eingeschleppte europäische Beifuss wurde von den Indianern auch als **Sage** angesehen und ebenso verwendet (SCHULTES 1937: 139).

Im Himalaya wächst der Beifuss *(Himalayan sage)* bis in Höhen über 3000 Metern. Durch die hohe Sonneneinstrahlung bildet er sehr viel mehr ätherisches Öl aus als die »Flachlandbewohner«. Dieser Beifuss ist für viele Himalaya-Völker von grosser ritueller Bedeutung. In Nepal ist die Pflanze unter dem Namen *pati*[17] gut bekannt und wird neben zahlreichen medizinischen Verwendungen als Räucherstoff benutzt. Die Pflanze ist dem Hindugott Shiva geweiht; vermutlich, weil sie an den Blütenständen Blätter ausbildet, die an den Dreizack *(trisuli)* des Gottes erinnern. Getrocknete *Pati*-Blätter werden vor allem zur Meditation als Weihrauch in ein offenes Feuer geworfen. Manchmal werden für Feste ganze Bündel von

---

17 Es gibt im Himalaya noch weitere beifussähnliche *Artemisia*arten, z.B. *Artemisia caruifolia* BUCH.-HAM. in ROXB., *Artemisia dubia* WALL. ex DC, die ebenfalls *Pati* genannt und auch zum Räuchern verwendet werden. In Indien trägt der Beifuss auch den Namen *nagdhamani*, »Feind der Schlangen«, und wird als Amulett und Schutzräucherung gegen die *nagas* oder Schlangengeister verwendet.

Beifuss ins Feuer geworfen, so dass riesige Rauchwolken aufsteigen und die Festbesucher einhüllen. Die Tamang und Tibeter hängen oft Beifussbüschel *(chingi)* vor ihr Haus. Beim tibetischen Neujahrsfest werden grosse Mengen Beifuss geräuchert, während neue Gebetsfahnenstangen aufgerichtet werden. Manchmal werden auch Beifussbüschel an den Gebetsfahnen angebracht. Der Beifussduft dient bei den Newari und Nepali als Heilmittel bei Kopfschmerzen.

Beifuss ist im Himalaya aber auch ein Räucherstoff der Schamanen und findet neben **Wacholder** sehr oft bei ihren Ritualen Verwendung:

»Der schamanische Flug ist kein einfaches Unternehmen. Dämonen und drachenartige Unholde hüten die Schwelle zur ›Anderswelt‹. Der Schamane muss rein und seelisch lauter sein, damit er nicht abstürzt oder den Dämonen des Wahnsinns verfällt. Eine der Massnahmen, mit denen er sich schützen kann, ist das Einreiben oder Räuchern mit dem heiligen Kraut, dem Beifuss.« (STORL 1995: 139)

Von allen im Himalaya und in Indien vorkommenden *Artemisia*-Arten gilt der echte Beifuss (auf Sanskrit *nagadamani*, »Schlangen-Edelstein«) in der ayurvedischen Medizin als die wertvollste Species: »Echter Beifuss öffnet und reinigt die Kanäle (Kreislauf und Nervensystem) und lindert Schmerzen.« (LAD und FRAWLEY 1987: 162)

In China wird eine Beifussart (*Artemisia capillaris* oder *Artemisia moxa*) zur Moxabustion verwendet (siehe **Sage**).

Im Beifusskraut sind neben dem ätherischen Öl etwas Harz, Schleim, Zucker, Inulin und Bitterstoffe (Absinthin) enthalten. Das ätherische Öl, bestehend aus Cineol, Thujon, Pinen, Amyrin u.a., ist für den charakteristischen Duft verantwortlich. Es hat stark appetitanregende, aber auch keimtötende Eigenschaften.

Beifuss kann man gut selbst sammeln. Am besten erntet man das Kraut zu Beginn der Blütezeit (Juni), da dann der Gehalt an ätherischem Öl am höchsten ist. Beifuss ist aromatischer, wenn er sehr starker Sonneneinstrahlung, z.B. im Gebirge, ausgesetzt ist. Der Himalaya-Beifuss verbreitet beim Räuchern einen ähnlichen Geruch wie das indianische **Sage**, hat aber eine herbere Note.

Literatur: BRØNDEGAARD 1972 und 1985, BROSSE 1992, HLAVA und LANSKA 1977, HYSLOP und RATCLIFFE 1989, LAD und FRAWLEY 1987, PABST 1887/89, PAHLOW 1993, PERGER 1864, RÄTSCH 1995c, ROTH et al. 1994, SCHULTES 1937, STORL 1995.

Benzoe

Styrax benzoin Dryander (syn. *Laurus benzoin* Houtt., *Benzoin officinale* Hayne, *Lithocarpus benzoin* Blume), Sumatra-Benzoebaum, Benzoe-Storaxbaum

Benzoe tonkinensis (Pierre) Craib ex Hartwich, Siam-Benzoebaum

Styracaceae, Styraxgewächse

Der mittelgrosse Baum, der die Sumatra-Benzoe liefert, wächst auf Sumatra und Java. Der Siam-Benzoe liefernde Baum stammt aus Hinterindien. Beide Bäume sehen sehr ähnlich aus und produzieren sehr ähnliche Harze. Deshalb werden sie in der älteren Literatur oft nicht unterschieden. Der Name Benzoe leitet sich von arabisch *ben*, »Wohlgeruch«, oder hebräisch *ben*, »Zweig«, und *zoa* »Auswurf« ab. In der Tat ist Benzoe einer der wohlduftendsten Räucherstoffe überhaupt. Der arabische Reisende Ibn Batuta (1304–1378) soll als erster Benzoe beschrieben und mit nach Arabien gebracht haben. Seit dem 15. Jahrhundert wird Benzoe als Handelsgut aus Asien nach Europa eingeführt. Man hielt die Benzoe damals allerdings für eine Art von **Myrrhe**, die von den europäischen Apothekern *Myrrha troglodytica* genannt wurde. Manche Europäer hielten sie auch für eine süsse Art des Teufelsdrecks (siehe **Asa foetida**) und nannten sie *Asa dulcis*. Erst der in Goa praktizierende portugisische Arzt Garcia da Orta beschrieb 1563 den Unterschied zwischen der aus Sumatra und der aus Siam stammenden Ware.

Wenn die Rinde der Bäume angeschnitten wird, läuft schnell ein an der Luft erstarrender Harzsaft heraus. Die Benzoe gelangt unter verschiedenen Bezeichnungen in den Handel: Siam-Benzoe in Tränen *(Benzoe in lacrimis)*, Siamesische Mandel-Benzoe *(Benzoe amygdaloides)* und Kalkutta- oder Block-Benzoe *(Benzoe communis)*. Benzoe war früher im Apothekenhandel wegen seiner desinfizierenden Eigenschaften auch unter dem Namen »Wundbalsam« bekannt.

In Südostasien gehört Benzoe zu den wichtigsten Räucherstoffen überhaupt. Es wird fast allen Mischungen für Räucherstäbchen zugesetzt. Bei moslemischen Zeremonien werden Benzoe, **Aloeholz**, **Sandelholz** und Patchouli verbrannt. Durch diese Räucherung sollen die Seelen in den Himmel steigen.

Die Zauberer *(b'lian)* der malayischen Regenwaldstämme benutzen Benzoe bei ihren magischen Ritualen als Räuchermittel. Um ihre Zaubereien auszuführen, verwandeln sie ihre Gestalt. Ein derartiges Ritual wurde von einem dieser Zauberer preisgegeben:

»Du gehst tief in den Dschungel und hier, wenn du ganz allein bist, hockst du nieder und zündest Weihrauch (Benzoe) an. Hierauf formst du deine rechte Hand zu einer Röhre und bläst durch dieselbe in der Höhe deines Gesichtes nach drei Richtungen den aufgefangenen Rauch. Dann wiederholst du den Prozess, indem du jetzt die Hand ganz auf den Boden hältst. Nun sagst du einfach ›ye chöp‹ (›Ich gehe fort‹), und sofort wird deine Haut sich verwandeln, Streifen erscheinen, es wächst dir ein Schwanz, und du wirst ein Tiger. Wenn du dann sagst ›ye wet‹ (›Ich gehe heim‹), so wirst du sofort wieder deine normale Gestalt annehmen.« (Martin 1905: 969)

Benzoe wurde in Europa schon früh als medizinisches Räuchermittel, besonders bei Erkältungskrankheiten und Bronchitis, verwendet. Im *Vollständigen Universallexikon* von 1732–1754 heisst es von der Benzoe:

»es erfreuet mit seiner Lieblichkeit und Geruch das Hertz, das Gehirn und alle Sinnen; trucknet mit seinem Rauch das Haupt, verzehrt die kalten Feuchtigkeiten, tilget die Flüsse, und stillet die Zahn-Schmertzen. Man muss aber wohl zusehen, wenn man Benzoe allein zum Räuchern gebrauchen will, dass man im Brennen nicht zuviel von seinem Rauch empfange, massen er nicht allein nach dem Gehirn gehet, sondern auch die Brust und Lungen mit einer solchen Schärffe und Gewalt angreift, als wollte es einem gleichsam den Athem benehmen und ersticken (…) Es hat auch eine Gifftausziehende Krafft, wenn man es auf gifftiger Thiere Bisse und Stiche leget. Die Ross-Aertzte geben es denen Pferden vor die Würmer ein, und binden es ihnen auf das Mundstück und Gebiss. Asa foetida mit Pfeffer und Essig vermischt, und die flüssigen Augen also damit bestrichen, dass nichts ins Auge komme, soll dieselben Gewiss curieren. Mit Weyhrauch vermischt im Munde gehalten, heilet das Zahn-Weh. Mit Essig vermischt, benimmt das Nasen-Geschwür.« (zit. in HINRICHSEN 1994: 34)

Später wurde Benzoe als Räucherstoff bei spiritistischen Sitzungen verbrannt. Durch den Rauch sollen sich die Geister der Verstorbenen besser beschwören lassen.

Für Räucherungen wird das Benzoeharz oft mit Rosen- und Sandelöl kombiniert. Diese »Liebesräucherung« wurde von Aleister Crowley entwickelt, der sie euphorisch charakterisierte:

»Die sinnliche Verführungskraft von Benzoe ist unmissverständlich … Rose erinnert natürlicherweise an die physischeren Aspekte des weiblichen Symbols … rotes Sandelholz ist durch seinen Geruch intuitiv und durch seine Farbe sensitiv venusisch.« (CROWLEY 1985)

Benzoe ist wegen des angenehmen Wohlgeruchs nach wie vor Hauptbestandteil der meisten Räucherstäbchen, Räucherpulver und Räucherkerzen. Beide Benzoesorten verbreiten beim Räuchern einen sehr angenehmen balsamigen, etwas harzigen Vanilleduft, der sich in Räumlichkeiten sehr lange hält. Die Sumatra-Benzoe ist im allgemeinen etwas süsser, die Siam-Benzoe etwas herber und harziger in der Räucherung.

Die Siam-Benzoe enthält mindestens 20% freie oder gebundene Säuren, bestimmt als Benzoesäure und berechnet auf die getrocknete Droge. Daneben sind Zimtsäure, Harze, Koniferylbenzoat, Siaresinolsäure und Vanillin enthalten. Das ätherische Öl besteht aus Benzoe- und Zimtsäure, Vanillin, Styrol, Benzaldehyd. Das ätherische Öl hat in höheren Dosierungen stimmungsaufhellende, erheiternde und anscheinend leicht psychoaktive Wirkungen.

Die Sumatra-Benzoe enthält eine höhere Konzentration an Zimtsäurederivaten und Koniferyl-Alkoholen und gleichviel Vanillin, entfaltet aber einen etwas gröberen Duft. Beide Benzoesorten haben antimikrobielle, antiphlogistische und expektorierende Wirkungen. Benzoesäure ist ein wichtiges Konservierungsmittel für Nahrungsmittel und Kosmetika. Benzoe ist über den Apothekenhandel erhältlich *(Benzoe siamensis, Benzoe sumatra)*. Das ätherische Öl gibt es im Duftstoffhandel.

Die Benzoehandelsware ist oft verfälscht und mit anderen Harzen gestreckt. Das deutlichste Anzeichen für eine Verfälschung ist ein leichter Terpentingeruch.

Literatur: GRIEVE 1982, DRURY 1989, HINRICHSEN 1994, LONICERUS 1679, MARTIN 1905, MILLER und MILLER 1991, PABST 1887/89, SCHAFFNER 1992.

Bernstein

Succinum, Succinit, Amber, Copalin, Copalit

Bernstein ist das fossile Harz verschiedener Bäume, sowohl Koniferen als auch Laubbäume. Bernstein ist ein sogenanntes Chemofossil; er enthält oft Einschlüsse von prähistorischen Pflanzen und Tieren, die meist perfekt erhalten sind.[18] Bernsteinfundstellen gibt es auf der ganzen Welt; besonders bekannt ist der Baltische Bernstein, der Dominikanische Bernstein, der Burma-Bernstein (Burmit) und der Bernstein aus Chiapas (Mexiko). Bernstein ist meist 25 bis 35 Millionen Jahre alt (Miozän). Das älteste Harz der Welt ist ein Bernstein, genannt *Copalin*, aus der Trias (Karn), gefunden in Niederösterreich, in der Gegend von Lund (225–231 Millionen Jahre alt). Bereits im 19. Jahrhundert wurden über hundert verschiedene Bernsteinarten benannt und beschrieben.

18 Man findet in den tierischen Einschlüssen gelegentlich sogar noch die DNS oder DNS-Bruchstücke. Allerdings lassen sich daraus keine Dinosaurier züchten; vgl. WOLFGANG M. HECKL, »DNA in Bernstein« *Naturwissenschaftliche Rundschau* 46, Heft 12/1993, S. 469ff.

Viele Stammpflanzen, die fossile Harze oder Bernsteine produziert haben, sind mit den heute als Räucherstoff verwendeten Pflanzen identisch oder nahe verwandt **(Copal, Fichte, Mastix, Kiefer, Ocoté, Pinie, Styrax, Tanne, Wacholder, Zeder, Zypresse).**

Bernstein heisst auch »Gold des Nordens« oder Baltisches Gold; die Wikinger stellten daraus Amulette, z.B. Thorshammer oder Seeigel, her. Das deutsche Wort Bernstein kommt von «Brennstein», da dieser leicht entzündlich ist und gut brennt. Wenn er verbrennt, bildet sich nur wenig Duft, wenn er aber auf der Räucherkohle liegt, sondert er einen weissen, dampfartigen Rauch ab, in dem sich ein harziger, pinienähnlicher Duft mit einem etwas unangenehmen gummiartigen Geruch, ähnlich verbrennenden Autoreifen, paart. Insgesamt erinnert der Duft an jenen der **Myrrhe**. Je nach ihrer Herkunft weisen die Bernsteine auch Unterschiede in der Geruchskomposition auf. Einige Sorten sind wohlduftender, andere eher ab-

Bernstein-Typ	Angenommene Stammpflanze(n)
Alaska-Bernstein	*Sequoia, Sequoiadendron*
Atlantischer Bernstein	*Liquidambar* sp.
Baltischer Bernstein	*Pinus succinifera* SCHUBERT (Bernsteinkiefer)
	Pinus spp.; auch *Glyptostrobus, Sequoia, Widdrigtonia, Libocedrus, Thuja*
Bitterfelder Bernstein	*Cupressospermum* sp.
Borneo-Bernstein	diverse *Dipterocarpaceae* (Flügelfruchtgewächse)
Brasilianischer Bernstein	*Hymenaea* sp.
Chiapanekischer Bernstein	*Hymenaea* spp., vermutlich *Hymenaea courbaril* L. (*Leguminosae*)
Clifford-Bernstein	*Dammara, Araucarites, Araucarioxylon, Agathis, Araucaria, Pinus, Picea, Pitoxylon*
Dominikanischer Bernstein	*Hymenaea protera* POINAR (»Bernsteinbaum«)
Ecuador-Bernstein	*Protium* sp.
Israelischer Bernstein	*Pistacia* sp.
Kanadischer Bernstein	*Agathis australis* (syn. *Dammura australis* LAMB.)
Kolumbianischer Bernstein	*Hymenaea* sp. (?)
Kreischerville Amber	*Sequoia heterophylla* VEL., *S. reichenbachi* (GEIN.) HEER, *Widdringtonites reichii* (EH.) HEER, *Juniperus hynoides* HEER, *Dammara microlepis* HEER, *Pinus* sp.
Magothy River Amber	*Prepinus* sp., *Pinus* sp.
Seattle Amber	*Sequoia, Metasequoia, Glyptostrobus*
Washington, D.C. Amber	*Araucariacites australis* COOK

stossend. Die Rauchentwicklung ist von recht langer Dauer. Daher eignet sich Bernstein speziell in Räuchermischungen, die für lange Meditationen zubereitet werden. Bernstein lässt sich gut mit **Benzoe** kombinieren. Dadurch wird ihm der unangenehme Beigeruch genommen, und die süsse Schwere der Benzoe bekommt einen frischeren und herberen Biss.

Der Baltische Bernstein war bereits in der Antike gut bekannt. Die Griechen nannten ihn wegen seiner elektrostatischen Kräfte *Elektron* – daher unser Wort Elektrizität – und erkannten seinen Ursprung und die chemische Verwandtschaft mit den Räucherharzen. So heisst es bei Aristoteles: »Dort am Po seien viele Pappeln, aus welchen der sogenannte Bernstein komme; dieser soll harzähnlich sein, wie Stein hart werden und von den Einheimischen gesammelt zu den Griechen gebracht werden.

(Ktesias behauptet), dass das Sperma der Elefanten beim Eintrocknen so hart werde, dass es dem Bernstein gleichkomme.

Denn auch der Bernstein und alle von Pflanzen ausgeschwitzten Stoffe entstehen durch Kälte, so z.B. Myrrhe, Weihrauch, Gummi; auch der Bernstein ist derartig und verhärtet sich; wenigstens kommen in ihm eingeschlossene Tierchen vor.« (in DIDOT IV, 87)

Der römische Naturkundler Plinius hat sogar seine botanische Herkunft richtig beschrieben:

»Dass er ein Saft eines Baumes sei, haben sogar schon unsere Väter erkannt und ihn deshalb Saftstein genannt. Dass dieser Baum aber zum Fichtengeschlecht gehöre, zeigt der Fichtengeruch beim Reiben; auch brennt er wie ein Kienspan mit Qualm.« (XXXVII, 12)

Die römischen Dichter, so etwa Ovid, sahen im Bernstein die Tränen der Sonnentöchter, die aufgrund einer Strafe in harzliefernde Bäume verwandelt wurden. Gelegentlich kann man sogar Bernsteine finden, die noch die Form der aus dem Stamm hervorgequollenen Träne aufweisen (sogenannte Bernsteintropfen).

Im Mittelalter hatte der Bernstein eine grosse Bedeutung als Heilmittel. Man glaubte, er könne Nierensteine austreiben, die Epilepsie heilen, ja sogar die Pest vertreiben. Diese Vorstellungen haben sich bis in die Neuzeit gehalten:

»wie dann dieser Stein auch innerlich als Artzney eingenommen werden kann, vor viele Kranckheiten dienet, und das beste Räucher-Pulver gegen die Pest ist.« (*Der aufrichtige Juwelier*, 1729, zit. in VAVRA 1987: 7)

Der Bernstein wurde in der frühen Neuzeit den Harzen und Gummis zugeordnet und fehlte in keiner Pharmakopöe und in keinem Kräuterbuch. Er wurde innerlich und äusserlich verwendet:

»Sein Rauch vertreibt die Schlangen / und ist gut den schwangeren Frauen / die Geburt zu erleichtern. So man ihn anzündet / brennet er als Licht.« (LONICERUS 1679: 732)

Bernsteinpulver wurde bis in unsere Zeit hinein in Apotheken zur Herstellung pharmazeutischer Räucherstäbchen verwendet.

In der traditionellen chinesischen Medizin wird Bernsteinpulver bei Schlaflosigkeit, Angstzuständen, Vergesslichkeit, nervösen Krämpfen sowie bei Harnproblemen, Menstruationskrämpfen und Schwellungen verabreicht. Man glaubt, dass Bernstein ganz allgemein den Heilprozess beschleunigt. Pulverisierter Bernstein ist auch eine Zutat chinesischer Räucherstäbchen. Das Pulver eignet sich gut als Bindemittel für flüchtigere Stoffe.

In der islamischen Medizin, wie sie von Sufis und Wanderderwischen betrieben wird, wird Bernsteinpulver *(amber)* sowie eine daraus destillierte Essenz *(attar)* als Aroma verwendet:

»Amber wird besonders bei allen Krankheiten

und Störungen des Herzens empfohlen. Während man die Rose für die Mutter der Düfte hält, wird Amber der Vater (oder der König) der Düfte genannt.« (MOINUDDIN 1984: 158)

Bernstein besteht aus einem komplexen Harz (polymere Makromoleküle), das aus 79% Kohlenstoff, 10,5% Wasserstoff und 10,5% Sauerstoff zusammengesetzt ist, mit der Summenformel $C_{10}H_{16}O$; daneben enthält er Succoxyabietic- sowie Bernsteinsäure (Succinosilvi- und Succinoabietinolsäure). Das Harz des Baltischen Bernsteins ist in seiner Struktur sehr ähnlich aufgebaut wie das Harz aus der rezenten Atlas-**Zeder** *(Cedrus atlanticus)*. In einigen Bernsteinsorten, z.B. dem Tasmanischen Bernstein, ist Schwefel, und zum Teil sind sogar noch ätherische Öle enthalten.

Bernstein wurde schon immer gefälscht; dazu wurden früher Kolophonium und subfossile Harze (z.B. afrikanischer Copal, alte Harze von *Trachylobium* und *Copaifera*), heute werden dafür synthetische Polymere verwendet. Manche Bernsteinarten, wie der Kolumbianische Bernstein, sind gar keine echten fossilen Harze, sondern Copale, die nur ein paar hundert Jahre alt sind. Heutzutage lohnt sich nur noch das Fälschen von Fossilien im Bernstein. Immerhin bringt ein eingeschlossener Skorpion über DM/SFr. 40000.– auf dem Bernsteinsammlermarkt.

Literatur: HILLMER et al. 1992, KRUMBIEGEL 1994, LANGENHEIM 1964 und 1966, LANGENHEIM und BECK 1968, MOINUDDIN 1984, POLUNIN und ROBBINS 1992, RÄTSCH 1995a, VAVRA 1982 und 1987.

Bilsenkraut

Hyoscyamus niger L., Schwarzes Bilsenkraut
Hyoscyamus niger L. ssp. *sinensis* MAKINO, Lang dang
Hyoscyamus albus L., Weisses Bilsenkraut
Hyoscyamus muticus L., Ägyptisches Bilsenkraut

Solanaceae, Nachtschattengewächse

Alte Darstellung des im Mittelmeergebiet weit verbreiteten Weissen Bilsenkrauts *(Hyoscyamus albus)*. Holzschnitt aus GERARD, *The Herbal*, 1633.

»Die Hexen tranken den Absud vom Bilsenkraut und hatten dann jene Träume, für die sie gefoltert und hingerichtet wurden.«

K. RITTER VON PERGER, *Deutsche Pflanzensagen* (1864: 181)

Im spätantiken lateinischen *Codex Vindobonensis 93* wird das Bilsenkraut *symfoniaca*, *insanim*, »Wahnsinnspflanze«, und *pitonionica*, »Drachenpflanze«, genannt. Auch der Name *dioskyamos*, »Bohne der Götter«, ist aufschlussreich. Die Ägypter bezeichneten das Bilsenkraut mit einem aramäischen Lehnwort als *sakran*, »das Trunkene«. Die Assyrer gaben dem Bilsenkraut den Namen *sakiru*. Sie verwendeten das Kraut medizinisch, als berauschenden Bierzusatz und in Verbindung mit **Schwefel** zum Schutz vor Zauberei. In der Bibel erscheint das Bilsenkraut unter der Bezeichnung *shikrona*.[19]

Sehr wahrscheinlich war das *apollinaris,* »Apollonpflanze«, genannte Bilsenkraut das Rauschmittel, mit dem sich die delphische Pythia, die berühmte Orakelpriesterin, in Ekstase versetzte (vgl. **Lorbeer**). Der mysteriöse Rauch von Delphi, den die Pythia inhalierte, bevor sie sich auf den Dreifuss setzte und Prophezeiungen herausstammelte, stammte wohl von geräucherten Bilsenkrautsamen.

Im alten Persien wurde das Bilsenkraut *bangha* genannt, ein Name, der später auf den **Hanf** (und auf andere psychoaktive Kräuter) übertragen wurde. Es hatte neben dem bis heute nicht sicher identifizierten Haoma (vgl. **Steppenraute**) eine religiöse Bedeutung als Ritualdroge. In vielen persischen Quellen werden Jenseitsreisen und Visionen beschrieben, die durch verschiedene Bilsenkrautzubereitungen ausgelöst wurden. Der Fürst Vishtasp, der als Beschützer Zoroasters (= Zarathustra) in die Geschichte einging, trank *mang*, eine Zubereitung aus Bilsenkraut und Wein. Daraufhin verfiel er für drei Tage und Nächte in einen todesähnlichen Schlaf. Während dieser Zeit reiste seine Seele in das Obere Paradies. Gemäss einer späteren Quelle trank er eine Mischung aus *hom* (= Haoma) und Bilsenkraut in Wein. Ein anderer persischer Visionär namens Viraz machte ebenfalls mit Hilfe einer Bilsenkraut-Wein-Mischung eine Jenseitsreise, die wiederum drei Tage dauerte. Am Ende der dritten Nacht »hat die Seele des Gerechten [= Viraz] das Gefühl, inmitten von Pflanzen zu weilen und Düfte einzuatmen. Sie verspürt einen intensiv duftenden Wind, der von Süden her weht. Die Seele des Gerechten saugt diesen Wind durch ihre Nase ein« (COULIANO 1995: 141).

Bei den Kelten hiess das Bilsenkraut *beleno* und war dem Orakelgott Belenos geweiht. Ihm zu Ehren wurde es geräuchert. Der Rauch versetzte die Druiden und Barden in die Anderswelt. Das Bilsenkraut war auch den Germanen bekannt, die damit in erster Linie ihr Bier und ihren Met versetzten.

Im Mittelalter und in der frühen Neuzeit war das Bilsenkraut in Europa allgemein mit Hexerei und Zauberei, vor allem mit dem Orakelwesen und dem Liebeszauber, verbunden. So heisst es bei LONICERUS:

»Die alten Weiber brauchen diss Kraut zu Zaubereyen, sy sagen, wer die wurtzel bei sich trägt, soll unverwundbar bleiben.«

Man glaubte auch, dass der Bilsenkrautrauch unsichtbar machen könne, und rauchte die Blätter in einer Pfeife (HINRICHSEN 1994: 107).

Im ausgehenden Mittelalter waren die Badehäuser die wichtigsten Orte für erotische Vergnügungen. Um die erotische Atmosphäre anzuheizen, wurden Bilsenkrautsamen auf die glühenden Kohlen gestreut. Der Rauch, der sich mit dem Wasserdampf vermischte, hatte offensichtlich stark aphrodisierende Wirkungen.

In Ostafrika hat sich das Hellsehen aus dem Rauch eines Nachtschattengewächses, vermutlich Bilsenkraut, bis in dieses Jahrhundert gehalten. Die Wurzel dieses Gewächses wird zerkleinert in einen Kupferkessel gestreut, der auf glühender Holzkohle steht. Der aufsteigende Rauch hat halluzinogene Wirkung, soll ein Spezialmittel gegen Hexen sein und dient der Divination. Ein Schlangenpriester erklärt das Verfahren:

»Diese Arznei heisst ›Folge dem Vater‹, weil die Ahnengeister den Betreffenden zu seinen Fein-

---

19 Wahrscheinlich ist damit die häufigste der fünf in Israel vorkommenden Arten gemeint: *Hyoscyamus aureus* L. (ZOHARY 1986: 187).

den führen; und der erste Mensch, den er [der Schlangenpriester] in dem Rauch, der von dem Topf aufsteigt, sieht, ist derjenige, der ihm Böses ansinnt.« (CARNOCHAN und ADAMSON 1986: 55)

Mit derselben Medizin wird auch eine hypnotische Befragung durchgeführt:

»Diese Spezialmedizin ist ein Pulver, das man am Eingang der Hütte des Opfers, wenn alles schläft, auf heisse Kohlen streut. Dieses Mittel erzeugt einen Rauch, den der Hexenmeister [*urogi*] in die Hütte bläst. Nach einigen Minuten, vielleicht fünfzehn oder zwanzig, tritt der Zauberdoktor in die Hütte und spricht mit den Bewohnern, die seine Fragen beantworten und seine Befehle ausführen. Aber am nächsten Morgen können sie sich nicht mehr erinnern, dass der Zauberer da war, und wissen nichts von den Geschehnissen der Nacht. Meine begrenzten Forschungen auf diesem Gebiet (…) ergeben, dass die Dämpfe, die diese Medizin verbreitet, wenn man sie einatmet, jenen des Hyoszyamin [sic] ähneln. Mit anderen Worten, das Einatmen dieses Rauchs ruft Halluzinationen hervor.« (CARNOCHAN und ADAMSON 1986: 83)

In Indien wird *Hyoscyamus muticus*, das stärker als *Hyoscyamus niger* wirken soll, anstelle von Opium als Rauschmittel verwendet. In der traditionellen chinesischen Medizin wird der Rauch der Samen des chinesischen Bilsenkrauts *(lang dang zi)* bei Husten, Asthma bronchiale, Rheuma und Magenschmerzen inhaliert. Zum selben Zweck wurde Bilsenkraut bis ins 20. Jahrhundert hinein bei uns geräuchert oder geraucht.

Bilsenkrautrauch wird fast universell zum Töten von »Zahnwürmern« verwendet. Im *Universallexikon* von 1741 wird ein genaues Rezept mitgeteilt:

»Räucherung wider die Zahnschmerzen. Streue Bilsensaamen auf ein Papier, dass er eines Messersrückens dick liege, alsdenn zünde ein Wachslicht an, und halte es auf die Seite, damit das Wachs von der Flamme des Lichts schmeltze, und abtropfe, solche Tropfen lasse hin und wider auf den Bilsensaamen fallen, so werden Klümplein daraus, solcher Klümplein oder Masse nimmt man eins oder zwey, wirft es auf glüende Kohlen, in einer Kohlpfanne, und lässt den Rauch davon durch einen Trichter in den Mund, an den schmertzhaften hohlen Zahn gehen, und wenn solches Räuchern eine Weile getrieben wird, pfleget davon aller Zahnschmertz zu vergehen. Man kan auch Küchlein davon drücken, und solche in den hohlen Zahn thun.« (zit. in HINRICHSEN 1994: 105)

Diese Verwendung ist in einem Arzneibuch der Stadt Hannover von 1547 sogar in gereimter Form belegt:

»Willst du dein' Zähn in gut Behafft,
Nimm Samen des Lauchs und Pilsensaft.
Verbrenn' es und fange den Rauch davon
Und lenk ihn in den bösen Zahn.«

Die narkotische Wirkung des Bilsenkrautrauchs machten sich auch Diebe zunutze. Ursprünglich wurde das »Hinfallen der Hühner« dem schädlichen Einfluss der Hexen zugeschrieben. Die Hexerei stellte sich aber schon bald als pharmakologische Wirkung heraus: die Hühner fielen durch den Rauch von Bilsenkrautsamen betäubt von der Stange. Zum selben Zweck wurden auch **Stechapfel**samen geräuchert.

In England heisst das Schwarze Bilsenkraut auch *Poison tobacco*, »Gifttabak«, und war in gewissen Kreisen ein beliebtes Rauchkraut. In England identifizierte man den aus der Neuen Welt stammenden Tabak *(Nicotiana tabacum* L.) als eine Art des Bilsenkrauts *(Hyoscyamus peruvianus)*. Das Wort Tabak war im 17. Jahrhundert eine Art Synonym für Kräuter, die sich rauchen lassen. Deshalb wurde das kleine Gelbe Bilsenkraut *(Hyoscyamus luteus)*, das in vielen englischen Gärten angepflanzt wurde und sich anscheinend selbst aussäte, *English tobacco* genannt (GERARD 1633: 356). Ein deutlicher Hinweis darauf, dass das in Europa heimische Bilsenkraut schon früher zu den Rauchkräutern gehörte (vgl. GOLOWIN 1982).

Der englische Arzt und Astrologe Nicholas Culpeper (1616–1654) ordnete es dem düsteren Planeten Saturn zu:

»Saturnische Kräuter sind nach astrologischer Auffassung alle Gewächse, die dem Planeten Saturn unterstehen. Unter diesen steht – neben Schierling, Nieswurz, Alraun, Sadebaum, Nachtschatten usw. – das Bilsenkraut an erster Stelle.« (SCHIERING 1927)

Bilsenkrautsamen wurden im modernen Okkultismus zum Beschwören von Geistern, vor allem bei der Nekromantie oder Totenbeschwörung, als Räucherstoff verwendet. Dazu wurde nach folgendem Rezept ein Räucherpulver gemörsert:

1 Teil	Fenchelwurzel (oder -samen)
1 Teil	**Olibanum**
4 Teile	Bilsenkraut
1 Teil	**Koriander**samen
1 Teil	**Kassia**rinde

Mit diesem Weihrauch sollte man in einen gespenstischen dunklen Wald ziehen, auf einem Baumstumpf eine schwarze Kerze anbrennen und die Räucherpfanne entzünden. Man sollte das Pulver solange räuchern, bis plötzlich die Kerze verlösche. Dann sähe man in der Dunkelheit die Geister der Nacht aus dem Rauch erscheinen. Um sie wieder zu vertreiben, sollte eine Mischung aus gleichen Teilen **Asa foetida** und **Olibanum** geräuchert werden (HYSLOP und RATCLIFFE 1989: 15).

Berühmt wurde auch das Bilsenkraut-Räucherrezept des Hofrats Karl von Eckertshausen (1752–1803). Es bestand aus Bilsenkraut, Schierling, Safran, **Aloe**, Opium, **Mohn**samen, **Alraune**, Nachtschatten, Eppichsaft (*Hedera, Sium* oder *Berula*), **Asa foetida** und **Sumpfporst**. Diese an die Hexensalben erinnernde Mischung hat stark bewusstseinsverändernde Wirkungen, die sich nur allzuleicht pharmakologisch erklären lassen. Georg Conrad Horst beschreibt diese Wirkung in seiner voluminösen *Zauberbibliothek* (1821–1826):

»Wir räucherten [Bilsenkraut usw.] und empfanden nach einigen Minuten einige Brustbeklemmungen und Übelkeit, auch fühlten wir die Augen vom Rauch sehr angegriffen. Indem der Rauch verstärkt wurde, rief der junge Mann auf einmal: Nun, bei Gott, dort schweben ja wirklich zwei Figuren, indem er mit dem Finger auf den Fleck deutete. Ich sah für den Augenblick solche nicht, aber indem ich auf die bezeichnete Stelle losging und mich umwandte, meinte ich ganz deutlich vor dem anderen Ende des Zimmers eine menschenähnliche Schattengestalt zu erblicken, die nach mir hinschwebte, während der unerschrockene junge Mann mit zwei Schatten, Phantasmen, oder wie wir nennen wollen, zu tun hatte, von welchen er behauptete, dass sie ihm dicht vor seinen Augen schwebten, und ich neben der ersten und diesen beiden Gestalten eine kleine neue Gestalt zu sehen glaubte oder, die Wahrheit zu sagen, wirklich sah, welche gleichsam aus dem Boden aufstieg und sich vor meinen Augen entwickelte, so dass mir das bekannte Wort: ›Ich sehe Götter aufsteigen aus der Erde!‹ dabei einfiel.« (zit. in SCHIERING 1927)

Einen wahren Hexensabbat hat der Toxikologe Gustav Schenk bei einem Experiment mit geräucherten Bilsenkrautsamen halluziniert (1948: 160ff.). Heute werden Bilsenkrautblätter und -samen vor allem in psychoaktiven Rauchmischungen mit **Hanf**, **Mohn**, **Stechapfel**, Fliegenpilz, **Damiana** usw. kombiniert. Die Bilsenkrautsamen aller Arten zerplatzen, wenn man sie auf die Räucherkohle streut, und springen manchmal regelrecht aus dem Weihrauchfass heraus (fast wie Popcorn). Der Rauch riecht nach verbranntem Laub, nicht unangenehm, aber auch nicht angenehm. Er lässt sich leicht inhalieren.

Alle Pflanzenteile, besonders die Samen, aber auch die Wurzel enthalten die stark psychoaktiven Tropanalkaloide Hyoscyamin, Scopolamin und einige Nebenalkaloide (vgl. **Alraune**, **Stechapfel**). Die Alkaloide haben neben den psychotropen stark muskelerschlaffende Eigenschaften. Hohe Dosen können den Tod durch Atemlähmung bewirken.

Bilsenkraut unterliegt in den meisten Ländern der Giftverordnung und ist über die Apotheke nur auf Rezept erhältlich *(Hyoscyami folium)*. In Deutschland und in der Schweiz ist das seltene Bilsenkraut eine geschützte Pflanze. In Griechenland und an anderen Orten im Mittelmeerraum wächst es »wie Unkraut«.

Literatur: Ambasta 1994, Bauerreiss 1995, Couliano 1995, Germer 1985, Golowin 1982, Grieve 1982, Hinrichsen 1994, Hocking 1947, Hooper 1937, Hyslop und Ratcliffe 1989, Paulus und Ding 1987, Perger 1864, Rätsch 1987, 1991a und 1995a, Roth et al. 1994, Schaffner 1992, Schenk 1948 und 1954, Schiering 1927, Thompson 1949, Vinci 1980, Zohary 1986.

Boldo

Peumus boldus Mol. (syn. *Boldoa fragrans* Gray, *Boldoa chilensis* Juss.), Boldobaum

Monimiaceae, Monimiagewächse

Der Boldo oder Boldu genannte strauchartige Baum, der selten mehr als sechs Meter Höhe erreicht, stammt aus dem trockenen und sonnigen Hochland Chiles. Heute wird er als wichtiges Volksheilmittel überall in Lateinamerika angebaut. Der immergrüne Boldobaum trägt das ganze Jahr über Blüten. Die ledrigen Boldoblätter werden seit mindestens 13000 Jahren rituell und medizinisch verwendet.

Am Monte verde, dem »Grünen Berg«, in der chilenischen Provinz Llanquihue wurde eine späteiszeitliche Siedlung ausgegraben, die mit der Radiocarbonmethode auf das Alter von 13000 Jahren datiert werden konnte. In dieser Siedlung gab es eine Medizinhütte, in der 27 Heilpflanzenteile entdeckt wurden. Ein grosser Teil des geborgenen Pflanzenmaterials bestand aus ausgekauten Boldoblättern. Ob Boldo zu dieser Zeit schon als Räucherstoff verwendet wurde, ist aus den Funden nicht abzulesen, aber durchaus denkbar.

In Chile dienen die getrockneten Blätter als Gewürz und als Volksmedizin. Tinkturen daraus werden bei Leberkrankheiten, Gallensteinen, Verdauungsproblemen, gegen Rheuma und Geschlechtskrankheiten eingenommen. In Bolivien werden die Boldoblätter gegen Zahnschmerzen und Ohrenentzündungen eingesetzt. Die Araukaner sehen im aromatischen Boldoblatt eine Art Universalheilmittel. Indianische Frauen stellen aus Boldoblättern und Pinienharz eine Salbe her, die zur Erleichterung der Geburt um den Bauchnabel aufgetragen wird.

Als die Pflanze in der Kolonialzeit nach Europa gelangte, glaubte man auch hier im Boldo eine wirksame Medizin gegen Syphilis gefunden zu haben. In Europa wurden Boldoblätter auch zur Behandlung von Tripper und Leberleiden eingenommen. Als Räucherung wurden sie bei »Geistesstörungen« verbrannt.

Wenn man Boldoblätter auf die Räucherkohle streut, entsteht ein weisser, aromatischer Rauch, der harzige, aber auch frische, fast zitronenartige, etwas ins bittere gehende Komponenten aufweist.

In den Boldoblättern fand man ein ätherisches Öl mit Ascaridol, Cineol, Eukalyptol und p-Cymol sowie verschiedenen Alkaloiden (1% Boldin in den Blättern), Kampferöl, Rhamnetin, Quercetin ein Glykosid (Boldoglucin) und einige wenige Flavonoide. Boldin steigert die Magensaftsekretion und ist deshalb verdauungsfördernd, ausserdem gallentreibend und krampflösend. Überdosierungen und Daueranwendungen sollen toxische Effekte auslösen können. Das blumig-fruchtig duftende ätherische Öl wirkt wurmtreibend.

Boldoblätter *(Folia boldo)* sind im Apothekenhandel erhältlich. Das ätherische Öl ist wegen der hohen Ascaridol-Konzentration nicht zugelassen, da es zu starken Krämpfen führen kann.

Boldoblätter wurden gelegentlich durch die Blätter anderer Arten (z.B. *Peumus mammosus* MOL., *Boldoa nitidum* PHIL., *Boldoa repens* SPRENZ) verfälscht oder ersetzt.

Literatur: GRIEVE 1982, KRUMM-HELLER 1995, PABST 1887/89, PAHLOW 1993, RÄTSCH 1991b, ROTH et al. 1994, SCHAFFNER 1992, WOLTERS 1994.

Coca

Erythroxylum coca LAMARCK
Erythroxylum novogranatense (MORRIS) HIERONYMUS, Columbian Coca

Erythroxylaceae, Rotholzgewächse

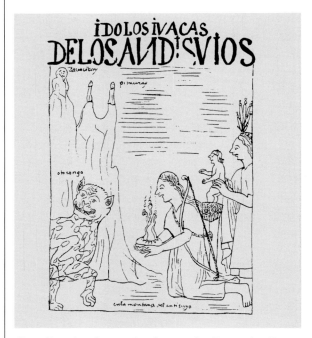

Coca-Rauchopfer vor den *huacas* der Berge. Aus POMA DE AYALA, *Nueva Crónica y Buen Gobierno,* 1613.

»Von zwei Coca-Blättern als Flügel getragen, flog ich durch 77 348 Welten, eine immer prächtiger als die andere.«   PAOLO MANTEGAZZA (1859)

Cocablätter werden in Südamerika seit mindestens 5000 Jahren rituell, magisch und medizinisch benutzt. Es gibt zahlreiche wilde Formen der Coca, die südamerikanischen Indianer kultivierten jedoch hauptsächlich zwei stark kokainhaltige Arten. In Peru und im südlichen Andenraum herrscht die Art *Erythroxylum coca* vor, während im nördlichen Andengebiet, vor allem in Kolumbien, hauptsächlich *Erythroxylum novogranatense* angebaut wird. In allen indigenen Kulturen, die Coca kannten und kennen, wird die Pflanze als ein Geschenk der Liebesgöttin *(Mama Coca)* verehrt. Viele archäologische Entdeckungen bezeugen die kulturelle Bedeutung der Cocapflanze. Cocablätter und Cocaparaphernalia (Kalkmischung, Kalk- und Blättertaschen) waren wichtige Grabbeigaben. Normalerweise werden frische Cocablätter unter Zusatz von Kalk oder Pflanzenasche als stimulierender Priem gekaut. Die Blätter werden aber auch in Form von Tees und Dekokten getrunken oder geräuchert.

Bei den Mochica, einem Volk, das die peruanische Küste bewohnte, war Coca eine wichtige Ritualpflanze, wie aus zahlreichen archäologischen Hinterlassenschaften deutlich wird. Zur »Vermehrung« von Coca dienten die »Cocamamas« (ARRIAGA 1992: 28). Die Cocamamas oder »Coca-Mütter« waren hölzerne Idole, die bei den Cocapflanzungen in die Erde gesteckt wurden. Durch dieses phallische Eindringen in die Mutter Erde sollte die Fruchtbarkeit des Bodens und das Wachstum der Cocapflanzen gefördert werden. Die Mochica benutzten die Cocablätter sehr vielseitig, u.a. als Räucherstoff, wie aus einer kolonialzeitlichen Quelle ersichtlich ist:

»Coca ist eine weitere alltägliche Opfergabe. Manchmal nehmen sie von der, die sie pflanzen oder kaufen, meist aber von der, die sie von den Chácaras [Anpflanzungen] ernten, über die sie sagen, sie gehörten den Huacas [Heiligtümern][20].

---

[20] Folgendes ist unter *huaca* zu verstehen: »Die Hauptbedeutung ist jede bildliche Darstellung einer Gottheit, die Gottheit selbst, jeder geheiligte Gegenstand, silberne oder hölzerne Opferfiguren, die der Sonne oder irgend einer anderen Gottheit dargebracht wurden; jeder Tempel, jeder Ort, wovon die Indianer glaubten, dass ein guter oder böser Geist seinen Sitz habe (in jedem Hause war ein solcher Platz); die Gräber, die Grabstätten; ferner jeder ausserordentliche, durch Schönheit oder Hässlichkeit ausgezeichnete Gegenstand, alles aus den natürlichen Verhältnissen von dem gewöhnlichen Gang der Natur abweichende, (...); Quellen, welche schon als starke Bäche aus den Felsen entspringen; bunte Steinchen, die in den Bächen oder am Meeresufer gefunden werden; hohe Thürme bei den Häusern (besonders den Gemeindehäusern); steile Felswände; hohe Berge; endlich wurde von den Indianern auch die Kette der Cordilleren mit diesem Namen belegt.« (J. J. TSCHUDI, *Die Ketchua-Sprache: Wörterbuch*. Wien 1853, S. 292)

Sie bauen sie für diesen Zweck an und bearbeiten sie gemeinsam. Zwei Leguas [ca. 11 km] vom Ort Caxamarquilla entfernt, am Ufer des Huamanmayu (...) gab es vierzehn kleine Chácaras mit Coca, die den einzelnen Huacas der Gebirgsorte gehörten. Es gibt Indianer, die diese Felder bewachen, die Coca sammeln und sie zur gehörigen Zeit zu den Dienern der Huacas bringen, denn sie dienen als allgemeine Opfergaben für alle Huacas und bei jeder Gelegenheit. (...) Sie opfern auch Mais, einmal ganz, ein anderes Mal gemahlen, und verbrennen ihn mit Coca und Fett.« (ARRIAGA 1992: 42f.)

Heutzutage ist der Gebrauch von Coca in Peru und Bolivien legal. Die Blätter werden als Genussmittel, rituell und medizinisch verwendet. In erster Linie werden sie zusammen mit Kalk (oft aus Meeresschneckenschalen gebrannt) und Quinoaasche *(Chenopodium quinoa)* gekaut. Coca wird von kolumbianischen Indianern auch mit Tabak vermischt geraucht.

Manche peruanische Schamanen inhalieren grosse Mengen Cocarauch, um in Ekstase zu verfallen und in die jenseitige Welt reisen zu können. Dabei überschreiten sie eine »Brücke aus Cocarauch« und betreten das schamanische Universum.

Cocablätter werden auch als Orakel geworfen und dienten gelegentlich als Zahlungsmittel. Der Gebrauch von Coca als Dopingmittel geht auf die laufenden Boten der Inkazeit zurück. Diese »Postläufer« legten im Hochgebirge ungeheure Distanzen zurück, um die in Fadenschnüre geknoteten Botschaften im Inka-Imperium zu verteilen. Ohne Coca wäre dieser Postdienst sicherlich zusammengebrochen.

Die Europäer hatten zu Coca und Kokain immer schon ein ambivalentes Verhältnis. Zum einen verdanken sie dem Kokain die Entdeckung der

Lokalanästhesie, zum anderen verteufeln sie denselben Stoff als »suchterzeugendes Rauschgift«. Die Regierung von Neuspanien verbot Coca bereits in den Jahren 1560–1569, und zwar mit der fadenscheinigen Begründung:

»Die Coca-Pflanze ist nur Abgötterei und Hexenwesen, scheint nur durch Trug des Bösen zu stärken, besitzt keine wahre Tugend, erfordert wohl aber das Leben einer Anzahl von Indianern, die im besten Falle nur mit zerstörter Gesundheit den Wäldern entkommen.« (Voigt 1982: 36)

Im 17. Jahrhundert wurde die Verehrung der Coca von der Inquisition als Zeichen für Hexerei und Zauberei angesehen. Allerdings konnte sie sich an der Coca die Zähne ausbeissen. Für die Indianer, die sie als heilig und nicht als teuflisch betrachten, war ein Leben ohne Coca im sauerstoffarmen Hochgebirge undenkbar. Deshalb hielten sie an ihrer Tradition fest und beachteten die neuspanischen und katholischen Gesetze nicht. Bei der Lösung vom spanischen Mutterland wurde der Gebrauch der Coca wieder normalisiert und schliesslich in Peru und Bolivien legalisiert.

Der volksmedizinische Gebrauch ist derart vielfältig, dass man die Coca schon das »Aspirin der Anden« nannte. Coca wird bei Schmerzen aller Art, Neuralgien, Rheuma, Erkältungen, Grippe, Verdauungsstörungen, Verstopfung, Koliken, verdorbenem Magen, Höhenkrankheit, Ermüdung, Schwächezuständen und zur Erleichterung der Geburt verwendet. Bei Bronchitis, Asthma und Husten werden die Cocablätter geräuchert oder geraucht. Sogar in Deutschland wurde im 19. Jahrhundert in der volksnahen *Encyclopädie der medizinisch-pharmazeutischen Naturalien- und Rohwarenkunde* von Eduard Martiny (1854) der Gebrauch von Cocarauch bei Asthma empfohlen. In England wurden Cocablätter anscheinend oft zu diesem Zweck geraucht, denn sie wurden unter dem Namen *Peruvian tobacco*, »Peruanischer Tabak«, eingeführt.

Cocablätter entfalten beim Räuchern einen feinen, ganz leicht aromatischen Rauch, der etwas an schwelendes Laub und unfermentierten Tabak erinnert. Der Rauch ist angenehm weich und gut zu inhalieren. Die Blätter können für Räucherungen gut mit **Tolubalsam**, **Copal**, **Damiana** und **Hanf** kombiniert werden. Beim Räuchern und Rauchen von Cocablättern tritt sehr schnell eine stimulierende, erregende Wirkung ein.

Die Cocablätter (sowohl von *Erythroxylum coca* als auch von *E. novogranatense*) enthalten je nach Herkunft einen Alkaloidgehalt von 0,5–2,5%. Die Hauptalkaloide sind Kokain und Cuscohygrin. Ausserdem enthalten vor allem die frischen Blätter ein ätherisches Öl mit Methylsalicylat, daneben Flavonoide (Rutin, Quercitrin, Iso-quercitrin), Gerbstoffe, Vitamine (A, B, C), Eiweiss, Fett und Mineralstoffe. Die frischen, aber auch die getrockneten Blätter haben einen hohen Nährwert (305 Kalorien/100 g) – deshalb klassifizieren Indianer Coca als Nahrungsmittel. Das Kokain wirkt stark auf das periphere Nervensystem, wodurch sich die lokalanästhetische Wirkung erklären lässt. Das Kokain wirkt stark stimulierend und gefässverengend. In sehr hohen Dosierungen soll Kokain auch Halluzinationen auslösen können. Doch ist nicht klar, ob dies eine Behauptung der Anti-Drogen-Propaganda ist.

Obwohl die wohltuende Wirkung der Cocablätter gut bekannt und erforscht ist (vgl. Weil 1995) und man sie in Peru auf jedem Markt kaufen kann, unterliegen sie ausser in Peru und Bolivien den Betäubungsmittelgesetzen und sind nicht (oder noch nicht) zugelassen.

Literatur: Arriaga 1992, Bühler 1958, Henman 1981, Martin 1969, Rätsch 1991b, Roth et al. 1994, Towle 1961, Voigt 1982, Weil 1995, Wolters 1994.

Copal

Bursera spp.
Bursera aloexylon, Copal
Bursera bipinnata ENGL., Copal amargo, Copal cimarrón, Copal chino, Copal de santo, Copal de la virgen, Copalio, Pom
Bursera diversifolia ROSE
Bursera excelsa ENGL., Copal, Copal santo
Bursera fragrantissima BULLOCK
Bursera gracilis ENGL., Copal chino, Copal chino colorado, Copal de santo
Bursera graveolens, Copal
Bursera hintoni BULL., Copal manso
Bursera jorullensis (H.B.K.) ENGL., Copal blanco, Copal de penca, Copal de santo
Bursera laxiflora WATS.
Bursera microphylla GRAY
Bursera morelensis GRAY
Bursera nesopola IM. JOHNSTON
Bursera penicillata ENGL., Copal de santo
Bursera rhifolia (ENGL.) STANDLEY
Bursera sessiflora ENGL.
Bursera simaruba (L.) SARG., Chakah, Palo mulato, Touristenbaum, Gommalimi, Gum-Elemi[21]
Bursera submoniliformis ENGL., Copal grueso
Bursera tomentosa, Copalio, Pom
Bursera vejar-vazquezii MIR., Copal espinazo

Protium spp.
Protium copal (SCHL. et CHAM.) ENGL. (syn. *Icica copal* SCHL. et CHAM., Copal de santo), Copal, Copal vero, Pom, Echtes Copal
Protium crassipetalium CUATRECASAS, Ma-mee-ree'-ma
Protium guianense (AUBL.) MARCH. (syn. *Icica guaianeses* AUBL.), Weihrauch von Cayenne, Olibanum americanum
Protium heptaphyllum (AUBL.) MARCH. (syn. *Icica tacamahaca* H.B.K.), Breuzinho, Rotes Animeharz, Conimaharz
Protium schipii LUNDELL, Pom
Protium sp., Breuzinho

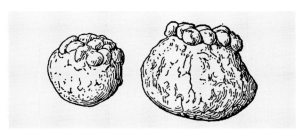

Copalkugeln *(hach pom)* der Lakandonen, die in der Nähe der Ruinen von Piedras Negras lebten. Aus HOUGH, 1912.

Hedwigia balsamifera SW. (syn. *Bursera balsamifera* PERS.), Hedwigia-Balsam

Burseraceae, Balsambaumgewächse
Rhus pachyrrhachis HEMSL.

Anacardiaceae, Sumachgewächse

»Der Duft kommt mit dem Wind des weissen Südhimmels
Darauf sitzend getragen duftet es vom Berge
Er erhebt sich dort beim Copalbaum
Der Duft kommt …
Das Geschenk der Weihrauchkugeln«
Weihrauchlied der Lakandonen (RÄTSCH 1985: 131)

Das Wort Copal wird von aztekisch *copalli, cocopaltic* oder *copalcoahuitl* abgeleitet. Damit wird zum einen ein bestimmter harzliefernder Baum *(Protium copal),* zum anderen auch dessen Harz und zahlreiche andere Gewächse und deren Produkte, die beim Räuchern ähnliche Düfte abgeben, bezeichnet. Das indianische Copal ist in Mesoamerika von ähnlicher Bedeutung wie **Olibanum** im abendländischen Altertum. Neben dem eigentlichen Copalbaum, der recht selten ist, werden vor allem tropische Balsamstrauchgewächse der Gattung *Bursera* als Copallieferanten verwendet. Die amerikanischen *Bursera*-Arten werden

---

21 Im Apothekenhandel wird normalerweise das gelbe Harz der philippinischen Stammpflanze *Canarium luzonicum* (Burseraceae) als *Elemi* oder *Gummi Elemi* bezeichnet (HUNNIUS 1975: 137).

kaum höher als fünfzehn Meter und erinnern an die Weihrauchbäume Arabiens. Die Harze der mexikanischen *Bursera*-Arten haben beim Räuchern einen ähnlichen Duft wie Olibanum.

Die aztekischen Kinder trugen kleine, mit Copalklumpen gefüllte Baumwollbeutel zum Schutz vor Krankheiten bei sich. Beim Fest des Regengottes Tlaloc schmückten die Regenpriester ihre Hüte mit Pyramiden aus Copalharz, das später als Opfer verbrannt wurde. Die Azteken haben *Bursera*-Harze auch medizinisch genutzt. Bei Zahnschmerzen wurden Harzklümpchen in den hohlen oder an den erkrankten Zahn gedrückt. Ein aztekischer Text aus der Kolonialzeit beschreibt die medizinische Wirkung des Copals:

»Copal stammt von einem Baum namens *tepecopalquauitl*. Es wird nur während der Trockenzeit ausgeschwitzt. Im Sommer [d.h. in der Regenzeit] tritt es nicht aus; es wird aufgelöst. Sein Saft ist wie Milch. Es wird hart wie das Gummi für die Tinte. So wird jemand geheilt: Wenn man das Harz zermahlt, nur ein klein bisschen, soviel wie eine Fingerkuppe wird gemahlen. Es wird in Wasser gegeben und mit den Fingern darin zerdrückt. Es ist nicht hart. Jemand, der an Durchfall leidet, trinkt es einmal am Tag; während er fastet, mit lauwarmem Wasser vermischt. Nach dem Essen mit Russ vermischt. Und derjenige, dessen Eingeweide sich entleeren oder der Blut spuckt, wird damit geheilt; dann wird es aber nicht mit Russ vermischt. Derjenige, dessen Körper anschwillt, wird damit behandelt. Man legt [das Harz] auf die geschwollene Stelle, damit die Schwellung aufbricht. [Der Baum] gedeiht nur in heissen Ländern, in der Gegend von Temetzla.« (Şahagun XI, 7)

Die Maya nennen den echten Copalbaum (*Protium copal*) und das aus ihm fliessende weisse Harz normalerweise *pom*, was in der rituellen Geheimsprache »Gehirn des Himmels« bedeutet; es war und ist ihr wichtigster Räucherstoff für alle religiösen, magischen und medizinischen Zwecke. In einem kolonialzeitlichen Manuskript heisst es

»Um einen Fötus, der schon tot ist, aus der Gebärmutter auszutreiben: Nimm eine Schale Holzkohle und erzeuge mit Copal, Kalk und Öl einen Rauch. Damit sollst du sie beräuchern. Sie wird ihn gebären, selbst wenn er tot ist. Du stellst die Schale mit Holzkohle unter die [Scham der] Frau und beräucherst sie so.« (*Yerbas y Hechicerías del Yucatán* 31)

Die Indianervölker Mesoamerikas verwenden Copal als Opfergabe, als »Nahrung für die Götter«, hauptsächlich aber zur rituellen Reinigung vor religiösen Zeremonien und Heilritualen. Deswegen spielt Copal bei entheogenen Ritualen eine grosse Rolle. Besonders beim rituellen Verzehr von psychedelischen Pilzen (*Psilocybe* spp.) werden der Ritualort, der Altar, die Teilnehmer, aber auch die Pilze damit beräuchert:

»Die *veleda* [nächtliche Pilzzeremonie], bei der ich meine Schwester, María Ana, heilte, gestaltete ich so, wie es die alten Mazateken taten. Ich verwendete Kerzen aus purem Wachs und Blumen, Lilien und Gladiolen, man kann aber auch alle anderen Blumenarten verwenden, sie müssen nur Farbe und Duft tragen, ausserdem benutzte ich Copalharz und *San Pedro*. In einem Kohlebecken brannte ich das Copalharz ab, und in den Rauch steckte ich meine Hände, in denen ich die *niños santos* [Pilze der Art *Psilocybe caerulescens* var. *mazatecorum*] hielt. Bevor ich sie ass, sprach ich zu ihnen und bat sie um ihre Gunst. Ich bat sie darum, uns zu segnen, ich bat sie darum, uns den Weg zu zeigen, die Wahrheit, die Heilung, ich bat sie darum, uns die Kraft zu geben, dem Übel nachzuspüren, um ihm ein Ende zu bereiten. Ich sagte zu den Pilzen: ›Ich werde euer Blut trinken, euer Herz werde ich zu mir nehmen, denn mein Gewissen ist rein und sauber wie das eure. Lasst mich die Wahrheit schauen. Mögen San Pedro und San Pablo mir beistehen.‹ Sobald ich mich schwindelig fühlte, löschte ich die Kerzen. Die Dunkelheit hilft einem dabei, auf den Grund der Dinge zu sehen.« (María Sabina in ESTRADA 1980: 60f.)

Das Copalharz wird meist in Taschen aus einheimischem Papier *(amate)*, das aus der Rinde einer Feigenart (*Ficus* spp.) gewonnen wird, aufbewahrt. Es wird nur zum Räuchern hervorgeholt. Die mazatekischen Heiler und Schamanen benutzten das Harz auch zur Divination. Dazu wird es entzündet und in eine mit Wasser gefüllte Schale gelegt. Wenn es verbrannt ist und ins Wasser sinkt, bilden sich unterschiedliche Formen und Gestalten, die dann vom Wahrsager gedeutet werden.

Der Gebrauch von echtem Copal ist im Maya-Tiefland (Yucatán, Belize, Peten) noch heute lebendig. Das Zapfen des Harzes ist recht aufwendig und meist nur sehr wenig ergiebig. Die Einschnitte in der Rinde müssen abgedeckt werden, weil das herausfliessende, sehr flüssige Harz sonst von Bienen und Wespen getrunken wird. Die Maya im südlichen Tiefland (Itzá, Mopan) räuchern das Harz zur Abwehr von schwarzer Magie, bösen Geistern und dem »Bösen Blick«. »Das Harz hat die stärkste Kraft, wenn es in einer Vollmondnacht gezapft wurde. Da der Harzfluss nur gering ist, kann der Sammler den Fluss beschleunigen, indem er nach dem Ritzen der Rinde nach Hause geht und eine Schale mit einem heissen Maismehlgetränk (Atole) trinkt.« (ARVIGO & BALICK 1994: 91) Das Maisgetränk hat die gleiche dickflüssige Konsistenz und weisse Farbe wie das Copalharz.

In der mexikanischen Magie und Volksmedizin wird das nur selten in den Handel gelangende Copal als rituelles Räuchermittel zum Schutz vor der *Brujería* (»Hexerei«) geräuchert. Eine kleine Kugel des weißen Harzes (ca. 1 cm im Durchmesser) wird in einem Glas heissem Wasser gelöst getrunken, um Magen- und Unterleibsschmerzen zu heilen.

In Amazonien gedeihen mehrere *Protium*-Arten, die aromatische, wohlriechende Harze liefern. Sie werden von den verschiedenen Amazonas-Indianern als Heil- und Räuchermittel verwendet. Die Kuripako sammeln das erstarrte Harz von *Protium crassipetalium* und verbrennen es zur Reinigung des Hauses, in erster Linie um eine dort aufgetretene Krankheit zu verbannen. Die Tanimuka-Indianer, die am Caño Peritomé, einem Nebenarm des Río Appaporis, leben, benutzen den Rauch zum Aromatisieren von **Coca**. Dazu wird das Harz verbrannt und mit Hilfe eines Schilfrohrs in die pulverisierte Coca geblasen. Viele Stämme nutzen die *Protium*-Harze zur Behandlung von Nasenerkrankungen. Die Tikunas und Kubeo stopfen sich etwas Harz in die Nasenlöcher, um bei Erkältungen frei atmen zu können (SCHULTES und RAFFAUF 1990: 117). Die in Venezuela lebenden Warao, bei denen bis heute der Schamanismus im rituellen Zentrum steht, benutzen das *carao* genannte Harz von *Protium heptaphyllum* als reinigendes Räuchermittel. Die Warao verbrennen das nach **Olibanum** duftende Harz in Räucherschalen, Pfeifen oder Tabakzigarren. Das *Carate*-Harz wird auch zum Fermentieren und Parfümieren von Tabak, der im südamerikanischen Schamanismus als Ekstasedroge verwendet wird, und ebenfalls zum Aromatisieren von **Coca** gebraucht.

Das Harz von *Protium heptaphyllum* und vermutlich auch anderer *Protium*-Arten heisst in Brasilien *Breuzinho*. Es wird heutzutage ausgiebig bei den Ritualen und Gottesdiensten der verschiedenen Ayahuasca-Kirchen als heiliges Räucherwerk verbrannt. Bevor die Gemeinde den psychedelischen Ayahuasca-Trank (vgl. **Steppenraute**) erhält, wird das pulverisierte Harz auf glühende Holzkohlen gestreut. Sowohl die Teilnehmer an der »entheogenen Kommunion« als auch die Räumlichkeiten werden beräuchert.

Copale werden aber auch von der nicht-indianischen Bevölkerung des tropischen Mittelamerika verwendet. Auf den Bahamas wird aus der harzigen Rinde des Gommalimi *(Bursera simaruba)* zusammen mit wilden Bananen (*Musa sapientum* L. var. *paradisiaca* BAKER), Mahagonirinde (*Swietenia mahagoni* JACQ.) und der Liebeswinde (*Cassytha filiformis* JACQ.) ein Tee gegen »Verlust der Männlichkeit« (Impotenz) gekocht. Im Gummi Elemi wurde ein Stoff gefunden, der den menschlichen Pheromonen analog ist!

Fast alle Copalharze enthalten Resinolsäuren, Resen, verschieden zusammengesetzte ätherische Öle und Bitterstoffe. Die *Bursera*-Harze sind besonders reich an Triterpenen. In den *Protium*-Harzen sind ebenfalls Triterpene und ausserdem Cumarinlignoide festgestellt worden. Das Harz von *Protium heptaphyllum* ist chemisch besser bekannt. Es enthält 30% Protamyrine, 25% Proteleminische Säure, 37,5% Proteleresin und andere Stoffe in geringen Mengen. Manche glauben, dass das *Protium-heptaphyllum*-Harz den psychoaktiven Effekt von Tabak verstärkt, aber diese Ansicht wird nicht von allen Autoren geteilt (WILBERT 1987: 26f.). Es hat beim Räuchern einen der *Bursera* sehr ähnlichen, aber herberen oder holzigeren Geruch.

Das im internationalen Handel Tacamahaca genannte Harz stammt offensichtlich hauptsächlich von *Protium*-Arten. Unter den Bezeichnungen *Copal oro resin* (»Goldenes Copalharz«) und *Copal negro resin* (»Schwarzes Copalharz«) sind aus Mexiko stammende Harze im Handel. Bei beiden ist die Stammpflanze ungewiss. Am häufigsten wird in Europa der philippinische Manila-Copal angeboten. Beim Räuchern erinnert der Manila-Copal sehr an die mexikanischen Harze, ist aber etwas süsser, frischer und ausgesprochen angenehm. Viele mexikanische Copale haben eine etwas bittere und herbe Duftnote. Copalharze bekommt man manchmal in Indianerschmuckläden, seltener in esoterischen Buchhandlungen, meist aber nur im Spezialhandel für Harze. In Mexiko und Guatemala kann man verschiedenste Copale auf allen Märkten erwerben. Leider wissen die Händler praktisch nie, von welcher Stammpflanze die angebotene Ware gezapft wurde. Echtes Copal ist an der weissen Farbe und dem feinen Geruch erkennbar.

Eigentlich bezeichnet Copal (oder Kopal) nur die amerikanischen Harzlieferanten, die vornehmlich in Mittelamerika und in der Karibik verwendet werden. Der Name Copal wird aber auch für verschiedene Apotheken-Handelswaren und bernsteinähnliche fossile oder subfossile Harze verwendet.

Handelsware	Stammpflanze	Herkunft
Manila-Copal	*Agathis dammara* (Araucariaceae)	Sunda-Inseln, Molluken, Philippinen
Sansibar-Copal	*Trachylobium verrucosum* (Leguminosae)	tropisches Ostafrika
Kauri-Copal	fossiles Harz	Westafrika
Kauri-Copal	*Agathis australis* (Araucariaceae)	Neuseeland
Neuseeland-Copal	fossiles Harz von *Agathis australis*	Neuseeland

Literatur: AGUILERA 1985, ARVIGO und BALICK 1994, ELDRIDGE 1975, HAMMOND 1981, HOUGH 1912, JOVANÉ 1994, LANGENHEIM 1964, MARTINETZ et al. 1989, MARTINEZ 1987, RÄTSCH 1985 und 1995c, SATTERTHWAITE 1946, SCHULTES und RAFFAUF 1990, WERNER 1993, WILBERT 1987.

Damiana

Turnera diffusa WILLD. (syn. *Turnera aphrodisiaca* WILLD.)
Turnera diffusa WILLD. var. *aphrodisiaca* URBAN,
Damiana de California
Turnera pumilla L., Bruja (= »Hexe«)
Turnera ulmifolia L., Clave de oro (= »Goldnelke«)

Turneraceae, Safranmalvengewächse

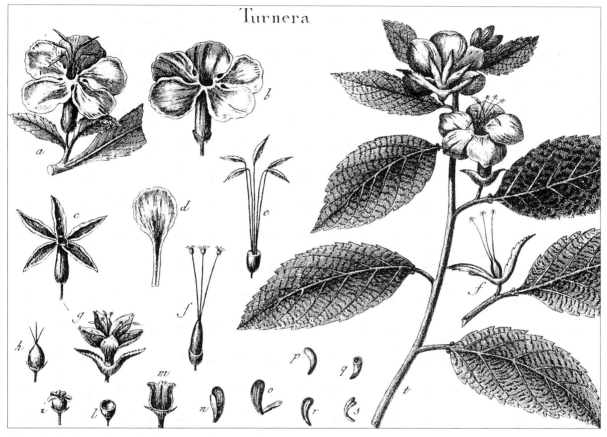

Eine der frühesten botanischen Darstellungen des Damianakrauts *(Turnera).* Aus SEBA, *Histoire Naturelle,* 1765.

Das kleine, gelbblühende, stark aromatische Damianakraut ist in der lateinamerikanischen und indianischen Volksmedizin gut bekannt und wird dort *hierba del pastor* (»Schäferkraut«), *hierba del venado* (»Kraut des Hirsches«), *pastorcita* (»Schäferlein«), *pastorica, mis kok* (»Asthmabesen«), *xmisibkok, oreganillo* (»Oreganolein«) oder *Damiana de California* genannt. Es ist von Südkalifornien bis nach Argentinien verbreitet. Das Hauptverbreitungs- und Produktionsgebiet liegt in Nordmexiko. Aus dem Kraut wird dort auch ein Likör mit angeblich aphrodisischen Wirkungen hergestellt.

In der indianischen Medizin wird das Kraut vor allem als Heilmittel bei Asthma verwendet – daher der Mayaname *mis kok,* »Asthmabesen«, denn damit wird die Krankheit weggefegt. Dazu wird es entweder als Tee getrunken, geräuchert oder geraucht. In Mexiko steht Damiana im Ruf, ein gutes Aphrodisiakum zu sein, und wird deshalb »Hemdauszieher« genannt. Das Kraut wird für aphrodisische Zwecke meist mit Kräutern, die Strychnin enthalten, Sabalpalme *(Serenoa repens)* oder Kolanuss *(Cola nitida)* kombiniert. Bewährt hat sich auch eine Rauchmischung aus Damiana und **Hanf**.

Auf den Bahamas werden von den Volksheilern *(bush doctors)* zwei *Damiana*-Arten als *bush medicine* benutzt. Die *Turnera diffusa* heisst dort *Rosemary*, »Rosmarin«, oder *Old Woman's Broom*, »Besen der Alten Frau«. Bei Kopfschmerzen soll man das frische oder getrocknete Kraut kochen und den mit dem ätherischen Öl des Damiana angereicherten Wasserdampf inhalieren. Bettnässer sollen drei oder vier Tage am Morgen einen Damianatee trinken. Dadurch wird »ihr Rücken gekräftigt«. Die *Turnera ulmifolia* heisst *Buttercup*, »Butterdose«, und wird als Tee aufgebrüht oder in Gin eingelegt bei heranziehenden Erkältungen und Unwohlsein getrunken.

Der Gebrauch von Damianakraut als Räuchermittel ist anscheinend eine moderne Erfindung. Es wird oft sogenannten Pan-, Venus- oder Liebesräucherungen zugesetzt, denn auch als Räucherstoff gilt es als aphrodisierend (vgl. z.B. LEE 1993: 23, 64). Damiana hat eine gewisse Bedeutung als *Legal high*, sozusagen als legaler Marijuana-Ersatz, gewonnen. Geraucht bewirkt es eine subtile Euphorisierung. Beim Räuchern hat es einen angenehm kräuterigen, süssen, aber sehr charakteristischen, leicht wiederzuerkennenden Wohlgeruch. Es verbindet sich sehr gut mit **Copal**.

Das Kraut enthält 0,51% ätherisches Öl von grünlicher Farbe, zwei Harze, 0,7% Arbutin, den Bitterstoff Damianin, Tannin, Zucker und Albuminoide. Das ätherische Öl besteht aus ca. 20 Stoffen, von denen Cineol, Pinen und Cymen identifiziert werden konnten. Umstritten ist die Anwesenheit von Koffein. Das Kraut gilt als tonisierend, diuretisch, stimulierend und aphrodisierend[22]. Es hat sich vor allem bei der Behandlung von Menstruationsschmerzen und -krämpfen bewährt, da es nicht nur entkrampft, sondern auch stimmungsaufhellend wirkt. Für diesen Zweck kann dem Damianatee noch **Kassia** zugesetzt werden.

Das freiverkäufliche Damiana ist über den Apothekenhandel erhältlich *(Damiana folium conc., Herbae damianae)*. Mitunter wird eine »Damiana-Essenz« angeboten, dabei handelt es sich aber um das ätherische Davana-Öl, das von anderen Stammpflanzen (z.B. von *Artemisia pallens*) stammt. Das Kraut von *Haplopappus discoideus* (syn. *Bigelovia veneta* GRAY; *Compositae*) wurde ebenfalls unter dem Namen Damiana in den internationalen Handel gebracht. Die nah verwandte Art *Haplopappus laricifolius* und das mexikanische Kraut *Chrysactinia mexicana* werden in Amerika *False damiana* (»Falsche Damiana«) genannt.

---

[22] Leider liegen hierfür bislang keine pharmakologischen Studien vor (LOWRY 1984: 267).

Literatur: ELDRIDGE 1975, GRIEVE 1982, HUTCHENS 1992, LEE 1993, LOWRY 1984, MARTINEZ 1987, RÄTSCH 1991b.

Drachenblut

Daemonoropos draco BLUME (syn. *Calamus draco* WILLD.), Sumatra-Drachenblut

Arecaceae (Palmae), Palmengewächse

Dracaena draco L., Kanarischer Drachenbaum
Dracaena cinnabari BALF. f. Kinnabari-Drachenblut, Rotangharzbaum

Liliaceae, Liliengewächse

Croton draco SCHL. (syn. *Croton sanguifluus*), *Croton lechleri* (L.) SCHLECHT., Peruanisches Drachenblut

Euphorbiaceae, Wolfsmilchgewächse

Pterocarpus draco und spp., Sangredrago

Leguminosae, Hülsenfruchtgewächse

»Wie Feuer brennt das Blut!
Ist mir doch fast,
als sprächen die Vöglein zu mir!
Nützte mir das des Blutes Genuss?«
RICHARD WAGNER, *Siegfried* (2. Akt)

Bei »Drachenblut« denkt man sofort an die germanische Mythologie um den Drachentöter Siegfried oder Sigurd. Als der angstfreie Held den schätzehütenden Drachen Fafner erlegt hatte, badete er in dessen heraussprudelndem Blut. Das Drachenblut verlieh ihm die berühmte Unverwundbarkeit und machte ihn zu einem Übermenschen. Als die Europäer der frühen Neuzeit, also nur wenige Jahrhunderte nach der mythohistorischen Begebenheit, mit den exotischen Drachenblutbäumen in Berührung kamen, hielten sie den besonderen Saft, der aus den Wunden des Stammes hervorquoll und von den Blüten tropfte, für ebenso magisch und zauberkräftig wie das Drachenblut aus der heimischen Sage.

Die botanische Identität des sagenumwobenen Drachenblutbaumes war lange Zeit ungeklärt. Heute versteht man darunter verschiedene Arten unterschiedlicher Familien.

Auf den Kanarischen Inseln, den Kapverden und Madeira ist der Kanarische Drachenbaum, dort *Drago*, »Drache«, genannt, heimisch. Er ist die berühmteste Pflanze des Ferienlandes und eine gern gesehene touristische Attraktion. Manche Bäume gelten als »vieltausendjährig«, sind aber nur über dreihundert Jahre alt. Das »Drachenblut«, das von ihren Früchten ausgeschwitzt wird, gilt auf den Kanaren als eine Medizin von sagenhafter Wirkung. Der nah verwandte Kinnabari-Drachenbaum kommt nur auf der Insel Socotra

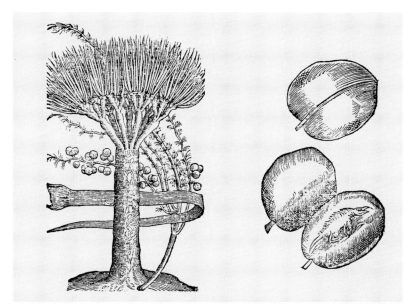

Eine der frühesten Darstellungen des exotischen Drachenbaumes (*Daemonorops draco*). Man glaubte, in den Früchten könnten Drachen entstehen, wie in der Frucht rechts unten angedeutet wird. Holzschnitt aus GERARD, *The Herbal*, 1633.

vor. Von seinem »Blut« weiss schon Dioskurides zu berichten: »Es [das Kinnabari] gibt aber auch eine stark tiefdunkle Farbe, deshalb glauben einige, es sei Drachenblut« (V, 109). Arrian nennt dieses Drachenblut indischen Zinnober; es werde »auf der Insel des Dioskurides [= Socotra] von Bäumen, aus denen er tröpfele, gesammelt« (*Periplus* 18). Plinius nennt das Drachenblut als einen Hauptbestandteil einer kostbaren und medizinisch wirkungsvollen Rosensalbe (XIII, 2, 9). In der frühen Neuzeit wurde es als »rot wie Menschenblut« (LONICERUS 1679: 740) beschrieben. Es wurde ähnlich wie **Gummi Arabicum** verwendet, oft mit diesem vermischt als Grundlage von Räuchermischungen benutzt. Früher glaubte man, dass das Drachenblut tatsächlich Blut sei und »durch die Schwere der sterbenden, von Elefanten zerdrückten Drachen« stamme.

Die asiatische Drachenblutpalme ist ein tropisches Gewächs, das in Afrika, Asien und Australien vorkommt. Das von den Blüten und Früchten abgesonderte Drachenblut ist im Handel auch unter den Namen Rotangharz, Palmdrachenblut oder Indisches Zinnober bekannt. Es wird heute nur noch selten nach Europa gebracht und ist meist nur schwer erhältlich. Im modernen Okkultismus wird es dem Planten Mars zugeordnet und als Zutat für Liebesräucherungen angeführt.

Im tropischen Mittelamerika gibt es ein bis zu zwanzig Metern hohes Wolfsmilchgewächs (*Croton* sp.), das ebenfalls *Sangre de drago*, »Drachenblut«, oder eben Drachblutbaum genannt wird. Es enthält einen roten Milchsaft, der bei Verletzungen der Rinde wie Blut herausfliesst. Dem in Guatemala lebenden Hochlandmayavolk der Quiché ist dieser Baum heilig, denn er spielt in ihrer mythischen Schöpfungsgeschichte, dem *Popol Vuh*, eine wichtige Rolle. Von der Entdeckung seines Saftes heisst es:

»Roter Saft rann aus dem Baum, fiel in die Schale. Zu etwas Rundem wurde er, wie ein Herz geformt. Saft wie Blut rann heraus, wie wirkliches Blut. Dann gerann das Blut, der Saft des roten Baumes, und bedeckte sich mit einer glänzenden Kruste, drinnen in der Schale, wie geronnenes Blut. (…) ›Rotschaumbaum‹ hiess er; seither ›Blutbaum‹ genannt, weil sein Saft Blut geheissen wird. (…) Sogleich warfen sie [den Blutsaft] aufs Feuer, und die von Xibalbá [der Unterwelt] begannen den Duft zu spüren, und alle erhoben sich und traten näher. Wahrlich, köstlich dünkte ihnen der Geruch des Blutes.« (CORDAN 1962: 65)

Der Saft dieses Baumes, der auf Quiché *chuh cakché*, »Schäumender Feuerbaum«, heisst, diente schon früher als Ersatz für echte Blutopfer. Noch heute verwenden die Quiché den eingedickten, blutroten Latex als rituelles Räuchermittel. Ihre Götter, sie sich so gerne am Blut von geopferten Menschen berauschen, halten den aufsteigenden Rauch für Menschenblut und geben sich damit zufrieden. Die Tzeltal-Indianer benutzen den roten Saft als Heilmittel für Wunden, besonders für Wunden in der Nähe der Augen.

Drachenblut – ganz gleich von welcher Stammpflanze – dient in der Räucherkultur, ähnlich wie **Gummi Arabicum**, vor allem als Bindemittel für ätherische Öle und frische Harze. Beim Räuchern verflüchtigt es sich schnell mit einem leichten Gummi- und Harzgeruch. Dabei bleibt ein feiner, angenehmer, fast subtiler Duft im Raum zurück.

Das rote Harz *(Resina draconis)* der asiatischen Drachenblutpalme enthält ein Gemisch verschiedener Ester der Benzoesäure und Benzoylessigsäure sowie Dracoresinotannol, Dracoresen, Dracoalban, Draconin. Es wirkt stark adstringierend und eignet sich deshalb gut zur Behandlung von Durchfallerkrankungen.

Der *Croton draco* enthält in seinem Latex fettes

Öl, *Oleum crotonis,* Crotonharz und einen roten Farbstoff. Das Crotonöl wirkt, innerlich genommen, drastisch abführend. Das Darchenblut des aus dem peruanischen Amazonasgebiet stammenden *Croton lechleri* besteht aus Proanthocyanidinen und enthält das Alkaloid Taspin, das eine aktive Wanderungsbewegung der Zellen bewirkt, sowie die antibiotisch wirkenden Diterpene Korberin A und B. Das peruanische Drachenblut könnte nach dem heutigen Stand der pharmakologischen Forschung zu einem wichtigen Heilmittel bestimmter Krebsarten werden.

Literatur: CALAND 1992, CORDAN 1962, GRIEVE 1982, HINRICHSEN 1994, HOOPER 1937, KUNKEL 1993, LENZ 1966, LONICERUS 1679, MARTINETZ et al. 1989, MARTINEZ 1987, PAHLOW 1993, WOLLNER 1995, WOLTERS 1994.

Eisenkraut

Verbena officinalis L.

Verbenaceae, Eisenkrautgewächse

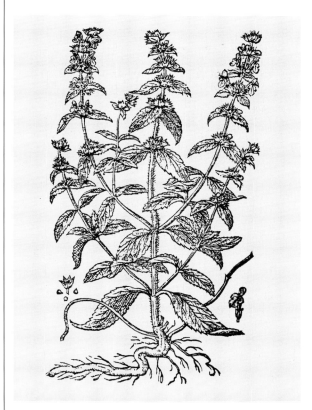

Alte Darstellung des Eisenkrauts (Verbena officinalis). Holzschnitt aus GERARD, *The Herbal,* 1633.

»Bringe Wasser, umgürte mit weichem Band die Altäre [der Venus],
Und verbrenne das Eisenkraut und männlichen Weihrauch …« VERGIL, *Gesänge*

In der Antike gab es zahlreiche Pflanzen und Kräuter, die in ihrem Namen das Wort Eisen trugen. Es geht aber nicht auf den Namen des Metalls zurück, sondern auf die weise Frau Eysen, die wahrscheinlich mit der ägyptischen Isis gleichzusetzen ist. Daher wurde das Eisenkraut – übrigens eine der zwölf magischen Pflanzen der Rosenkreuzer – im deutschen Volkstum auch Isenkraut genannt:

»Das Isenkraut steht in besonderer Beziehung zum Planeten Venus, gibt grosse Liebeskraft und macht bei allen angenehm. Kinder bekommen davon Verstand und Neigung zum Lernen, es bringt Wohlhabenheit und erhält den Reichtum. In den Acker gesteckt, verschafft es eine reiche Ernte, gibt man es einer Wöchnerin ins Bett, so wird weder ihr noch dem Neugeborenen Schaden geschehen. Wer sich die Hände damit salbt, kann alle giftigen Schlangen aufheben, es zeigt in der Georgsnacht die verborgenen Schätze, es verjagt alle Gespenster und Zaubereien, vertreibt die fallende Sucht [= Epilepsie], Kopfweh und Kröpfe, es schützt vor Missgeburten, Pestilenz, kurz es war das Kraut aller Kräuter und keines konnte sich so vieler Kräfte rühmen, keines besass einen so unglaublichen Glauben! Die Pferde liefen schneller, wenn man es ihnen an den Schweif band, und selbst die Hexen konnten es weder zu ihrer Salbe noch zum Gewitterbrauen entbehren.« (PERGER 1864: 146f.)

Das Eisenkraut war eine heilige Pflanze der Kelten. Die Barden bekränzten sich mit ihr, um die göttliche Inspiration zu empfangen. Die Seher tranken einen Eisenkrautsud, um die Zukunft voraussagen zu können. Den Druiden war es eine mächtige Zauberpflanze. Im Mittelalter wurde es zu einem »Hexenkraut«, mit dem Liebestränke gewürzt wurden. Den Hexen sagte man nach, dass sie Strumpfbänder aus geflochtenem Eisenkraut trugen, wenn sie zum Sabbat zogen. In Wales hingegen wurde die Pflanze »Gift für den Teufel« genannt und zum Schutz des Hauses aufgehängt oder geräuchert.

Der Rauch von glimmendem Eisenkraut riecht wie ein herbstliches Laubfeuer. Direkt inhaliert, sticht der etwas herbe Geruch in der Nase. Deshalb ist Eisenkraut allein besser im Freien zu verwenden. Ansonsten ist es ein Zusatzstoff für Räuchermischungen, die vor allem in magischen Zirkeln benutzt werden. In Verbindung mit **Olibanum** soll es einen »hervorragenden Reinigungsweihrauch« abgeben. Das Kraut wird als Räucherstoff dem Planeten Venus und den Göttern Aradia, Cerridwen, Isis, Jupiter, Mars, Thor und Venus zugeordnet.

Das Kraut enthält Iridol-Glykoside (Verbenalin), etwas ätherisches Öl, Gerbstoffe, lösliche Kieselsäure, Bitterstoffe und Schleim. Es gilt als ein Magentonikum.

Das sehr geruchsschwache echte Eisenkraut wird oft mit *vervaine odorante* oder Zitronenkraut *(Lippia citriodaria)* verwechselt. Diese intensiv zitronenähnlich duftende Pflanze stammt aus Chile, ist aber in Südeuropa eingebürgert worden. Ihr Geruch soll seherische Kräfte wecken und als Liebestrank geeignet sein. Das Kraut enthält ein ätherisches Öl mit Lippiol. Dieses wird im Duftstoffhandel oft unter dem Namen »Verbene« oder »Eisenkraut« angeboten. Das ätherische Öl der Verbene besteht aus Citral (bis zu 39%), Methylheptenon, Pyrrol, Carvon, Geraniol, Neroidol, Cedrol, Verbenalin, Furfurol und Essigsäure. Es wird in der Aromatherapie u.a. bei Lustlosigkeit, Müdigkeit und Desinteresse verwendet.

Literatur: CALAND 1992, BELLEDAME 1990, BROSSE 1992, FISCHER-RIZZI 1989, GRIEVE 1982, HYSLOP und RATCLIFFE 1989, LENZ 1966, PERGER 1864, PAHLOW 1993, RÄTSCH 1995a.

Erdrauch

Fumaria officinalis L.

Papaveraceae, Mohngewächse
(früher *Fumariaceae*)

Der Name dieses kleinen Gewächses deutet bereits auf dessen traditionellen Gebrauch hin. Der Erdrauch oder *fumitory* ist ein uraltes keltisch-germanisches Räuchermittel. Die Pflanze wurde im Mittelalter bei exorzistischen Riten zum Austreiben böser Geister und Teufel geräuchert. Berühmt wurde dieser Gebrauch im Kloster von St. Gallen; das Kraut wurde für diesen Zweck in grossem Mass im Klostergarten angebaut. Einer Legende zufolge vermehrt sich das Kraut nicht durch Samen, sondern entsteht dort, wo Rauch aus der Erde hervortritt. Die Pflanze wurde auch oft von dem guten Kräuterkenner William Shakespeare genannt. Das Kraut steht im Volkstum mit der Anderswelt in Verbindung:

»Der Erdrauch oder Elfenrauch (Fumaria), der, wenn er verbrannt wird, ein heftiges Brennen in den Augen verursachen soll, wurde von Zauberern und Hexen benützt, um sich unsichtbar zu machen oder um die Geister der Verstorbenen herbeizurufen, und wenn ihn eine Dirne beim Jäten findet und ihn ins Mieder steckt, so begegnet ihr auf dem Heimweg ihr zukünftiger Bräutigam.« (PERGER 1864: 162)

Erdrauch hat als Räucherstoff vor allem im französischen Okkultismus des 19. Jahrhunderts Bedeutung gewonnen. Der französische Okkultist Sédir (= Yvon de Loup, 1871–1926) verfasste neben zahlreichen mystischen Schriften und esoterischen Bibelstudien eine *Okkulte Botanik* (herausgegeben von BELLEDAME 1990). Er sieht das gesamte Universum als »eine Grosse Magie«, in der das Pflanzenreich als Ganzes mit einer magischen Kraft belebt ist. Vor allem der Einfluss der Planeten auf die Pflanzenwelt stehen im Vordergrund der okkultistischen Betrachtung. Der Erdrauch steht nach Sédir unter dem Einfluss von Jupiter, Saturn und Mars. Deshalb wirkt das Kraut »reinigend und austrocknend« und soll gut bei

Erdrauchkraut (Fumaria officinalis). Holzschnitt aus BOCK, *Kreutterbuch*, 1577.

Ekzemen und Hautleiden sein. Als Räucherung soll Erdrauch mit **Kampfer** und Weihrauch (**Olibanum**) vermischt werden. Eine solche Räucherung ist gut für die Reinigung von Orten. Beim Räuchern entsteht ein unangenehmer stechender Geruch, der die Augen stark reizt.

Die getrockneten Blätter wurden früher in Deutschland anstelle von Tabak geraucht und sollten so bei Kopfweh heilsam sein.

Das fast geruchlose Kraut enthält das Alkaloid Fumarin und Fumarinsäure. Extrakte haben eine leicht tonisierende Wirkung, können unter Umständen aber erregend oder betäubend sein.

Das Kraut *(Fumariae herba)* ist in der Apotheke zu beziehen. Es gibt viele Arten der *Fumaria*, die zum Verfälschen der Ware verwendet wurden.

Literatur: BELLEDAME 1990, GRIEVE 1982, PAHLOW 1993, PERGER 1864, ROTH et al. 1994.

Eukalyptus

Eucalyptus spp.
Eucalyptus globulus Labill., Blue Gum, Tasmanischer Eukalyptus
Eucalyptus odorata, Pfefferminzbaum

Myrtaceae, Myrtengewächse

Es gibt in Australien über 700 Eukalyptusarten. Sogenanntes *Gum* (kristallines Harz) kann praktisch von allen Arten produziert werden. Es tritt nach Verletzungen am Holz an der Rinde heraus. Die Aborigines benutzen Gums, in ihren Sprachen *Mijilypa, Munuun, Arrkiypira, Wokalba, Jior* genannt, zahlreicher Eukalyptusarten für verschiedene, vor allem aber medizinische Zwecke.

Die europäischen Invasoren lernten den medizinischen Gebrauch des Eukalyptus schnell von den australischen Ureinwohnern. Sie benutzten Blätter und Harze bei praktisch allen Krankheiten. Aus dieser Zeit stammt der heute noch berechtigte Ruf des Eukalyptusöls als ausgezeichnetes Heilmittel, vor allem bei Fieber, weshalb der Eukalyptus auch »Fieberbaum« genannt wurde. Eukalyptus kam ursprünglich nur in Australien vor, wird aber heute erfolgreich in vielen Teilen der Welt angepflanzt (z.B. in Kalifornien, Portugal und Griechenland). Die in aller Welt am häufigsten angebaute Art ist der Tasmanische Eukalyptus oder Blaugummibaum *(Eucalyptus globulus)*. Er hat lange bläuliche Blätter, die man sammeln und zum Räuchern trocknen kann.

Viele Eukalyptusarten produzieren ein rotes Harz, wenn die Rinde verletzt wird. Dieses *Red Gum* oder auch *kino* wird manchmal mit **Drachenblut** verwechselt oder an seiner Stelle verwendet. Der Gebrauch von Eukalyptus – von Harz, Blättern oder Früchten – als Räucherstoff ist eine moderne Erfindung. Er wird »zum Schutz vor Geisteskrankheiten, zum Klären der Gedanken und gegen böse Geister verwendet« (Wollner 1995: 80). Beim Räuchern der getrockneten Blätter, die beim Entzünden knisternd verbrennen, wird ein feiner Eukalyptusduft frei, der aber im Gegensatz zum Eukalyptusöl eine harzige Duftnote hat.

Eukalyptus (vor allem der Tasmanische) enthält ein charakteristisches ätherisches Öl mit Eukalyptol (= 1,8-Cineol), Terpineol, Camphen, Fenchen, Phellandren, Eudesmol, Aromadendren und Pinen sowie Bitterstoffe, Gerbstoffe, Flavonoide, Harze, Gummi. Das Eukalyptol gilt als der medizinisch wertvollste Bestandteil. Es hat stark keimtötende Eigenschaften. Man hat festgestellt, dass Eukalyptusöl in der Luft ca. 70% der freischwebenden Staphylokokken tötet! Gegen Husten und Nasennebenhöhlenentzündung ist eine Mischung aus Eukalyptusöl, Latschenkiefernöl (*Oleum pini pumilionis*, vgl. **Kiefer**) und Minzenöl *(Oleum menthae piperitae)* wirksam.

Literatur: Barr 1990, Drury 1989, Grieve 1982, Henglein 1985, Kraus 1990, Krochmal 1984, Macpherson 1939, Pahlow 1983 und 1993, Polunin und Robbins 1992, Rimmel 1985, Roth et al. 1994, Schaffner 1992, Wollner 1995.

Fabiana (Pichi-Pichi)

Fabiana imbricata Ruiz et Pav.

Solanaceae, Nachtschattengewächse

Der an die zwei bis drei Meter hoch wachsende immergrüne Strauch, der äusserlich ganz anders aussieht als die typischen Nachtschattengewächse (vgl. **Alraune**, **Bilsenkraut**, **Stechapfel**), kommt in den Gebirgsgegenden von Chile, aber auch in Peru, Bolivien und Argentinien vor. Der in den Anden am häufigsten benutzte Name des Krautes lautet *Pichi-Pichi*. In England nennt man es *Peru false heath*, »Falsche peruanische Heide«. Im chilenischen Hochgebirge trägt die Pflanze den Namen *k'oa*. Sie ist für die Aymara und andere Gebirgsstämme der wichtigste Lieferant von Räucherstoffen. Die Indianer benutzen Fabiana bei allen religiösen Zeremonien und Festen als Räuchermittel. Auch bei Krankenheilungen werden Patienten und Räume damit ausgeräuchert. Der Rauch soll auch geisterbannend und dämonenabwehrend wirken.

Das getrocknete Kraut wird in Büscheln entzündet. Die glimmenden Zweigspitzen, die ganz ähnlich wie die des amerikanischen **Wacholders** aussehen, entwickeln reichlich harzigen Rauch mit einem feinen, süss-herben, etwas an Pinien erinnernden Duft.

Die ganze Pflanze enthält bis zu 10% Harz, ein ätherisches Öl mit Fabianol, Fabianaresen, Gerbstoffe, Glykoside (Fabiana-Glykotannoid), Fett, Wachs, Phytosterin und das Alkaloid Fabianin. Fabiana wirkt tonisierend und eignet sich zur Behandlung der Luftwege. Medizinisch werden alkoholische Auszüge aus der Rohdroge benutzt. In den Zweigspitzen wurde auch das Cumarinderivat Scopoletin nachgewiesen.

Fabianakrautspitzen *(Fabianae herba, Herba Pichi-Pichi* oder *Summitates fabianae)* sind nur schwer zu bekommen. Fabiana ist im Apothekenhandel meist nur als homöopathische Urtinktur (unter den Bezeichnungen *Fabiana imbricata* oder Pichi-Pichi) erhältlich. Um diese als Räucherstoff zu benutzen, kann man sie auf pulverisiertes **Gummi Arabicum** träufeln und trocknen lassen.

Pichi-Pichi wird manchmal mit den verwandten Arten *Fabiana bryoides* Phil. und *Fabiana friesii* Dammer verwechselt und verfälscht. Diese beiden Arten kommen nur im Hochgebirge (Atacama-Wüste) vor. Sie werden dort *k'oa* genannt und ebenfalls als rituelle Räucherstoffe verwendet. Ihr Rauch hat ähnliche, leicht psychoaktive Wirkungen wie der von Pichi-Pichi.

Literatur: Aldunate et al. 1983, Frerichs et al. 1938, Grieve 1982, Pahlow 1993, Rätsch 1991b, Roth et al. 1994.

Fichte

Picea abies (L.) KARSTEN, Gemeine Fichte, Rottanne

Pinaceae, Föhrengewächse

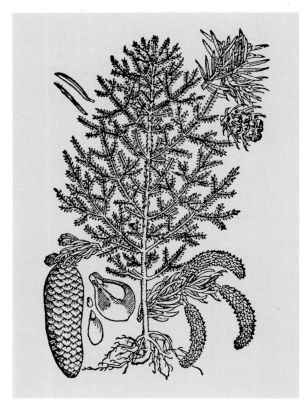

Die Gemeine Fichte oder Rottanne *(Picea abies)* ist an den langen hängenden Zapfen erkennbar. Alle Pflanzenteile enthalten reichlich Harz. Holzschnitt aus TABERNAEMONTANUS, *Kräuter-Buch,* 1731.

»Eine Fichtenräucherung wirkt vermittelnd auf den Körper und lässt ihn wieder seinen Platz am Ort finden.«

RENÉ STRASSMANN, *Baumheilkunde* (1994: 138)

Viele Menschen halten Fichten für **Tannen**. Fichten sind tatsächlich mit Tannen sehr nahe verwandt. Auch als Duft- und Räucherstoffe ähneln sie den Tannen, sind aber nicht so hochwertig. Das Fichtenharz, das sich auf dem Waldboden sammelt, wurde früher »Waldweihrauch« genannt (vgl. **Kiefer**).

Die Fichte ist ein typisch europäischer Baum, der bis zu fünfzig oder sogar siebzig Meter hoch wachsen kann. Sein Holz wird vielfältig genutzt; deshalb wurde der schnellwachsende Baum in grossen Monokulturen angebaut. Aus den geraden Fichtenstämmen wurden unter anderem Schiffsmasten hergestellt. Aus diesem Grund war die Fichte wohl auch Poseidon, dem griechischen Gott der Meere, geweiht. Die Irminssäule, eine Art schamanischer Weltenbaum, war ein Baumheiligtum der Germanen; es war eine Fichte. Im Mittelalter galt der Duft der Fichte als Heilmittel bei Seuchen. Diese Anschauung geht wohl auf antike Gebräuche zurück:

»Die Fichte liebt die Gebirge und die Kälte. Man braucht sie bei Leichenfeierlichkeiten, indem man sie als Zeichen eines Todesfalles vor die Tür stellt und mit ihren frischen Zweigen den Scheiterhaufen schmückt. Übrigens nimmt man sie jetzt auch in die Häuser auf [d.h. pflanzt sie in den Höfen an], weil sie sich gut beschneiden lässt. Sie liefert sehr viel Harz, unter welchem sich auch weisse Tropfen finden, welche dem Weihrauch so ähnlich sind, dass man sie in der Mischung nicht mit den Augen unterscheiden kann; deswegen wird auf dem Markt zu Kapua Betrug mit diesen Tropfen getrieben.« (PLINIUS XVI, 10,18)

Fichtenharze spielen in der Geschichte der Räucherstoffe eigentlich nur eine grössere Rolle als Verfälschungsmittel für exotische Harze (vor allem für **Olibanum**). Hingegen hat das aus der Fichte gewonnene Terpentin in der Medizin- und Pharmaziegeschichte bis heute eine grosse Bedeutung. Möglicherweise war die Fichte aber vor der Einfuhr exotischer Räucherstoffe ein wichtiges ureuropäisches Räuchermittel. Unbestritten ist jedenfalls, dass Nadeln, Zapfen und Harz zur Reinigung und Desinfektion von Räumen geräuchert werden können.

Der Terpentinräucherung werden sogar psychoaktive Wirkungen nachgesagt:

»Wenn man die Terpentindämpfe einatmet, verliert man vorübergehend das Gefühl für Raum und Zeit; der Blick wird trübe, die Welt kommt einem verändert vor. Der aufsteigende Geruch verändert die sinnliche Wahrnehmung, die Welt erscheint einem plötzlich in schillernden Farben. Atmet man zuviel ein, leidet man unter stechenden Nerven- und Kopfschmerzen; lässt die Wirkung nach, fühlt man sich niedergeschlagen. Kurzum, das süssliche, berauschende Terpentinharz wirkte auf Gläubige und Priester wie eine Droge, im doppelten Wortsinn, euphorisierend und betäubend.« (FAURE 1990: 26)

Sowohl Fichtenharz wie Fichtennadeln können in Europa leicht geerntet und gut zum Räuchern verwendet werden. Fichtennadeln verbreiten einen recht angenehmen Duft nach Nadelwald, wenn sie auf die Räucherkohle oder ins Feuer gestreut werden. Das Harz gewinnt man durch einfaches Ritzen oder Abtragen der Rinde. Das Harz gibt, besonders wenn es etwas abgelagert ist, auf der Räucherkohle einen angenehm süsslichen Wohlgeruch ab, der sehr an den Duft von **Olibanum**, **Kiefer** und **Copal** erinnert.

Die Nadeln enthalten 0,2% ätherisches Öl, bestehend aus Bornylacetat, Pinen, Phellandren, Dipenten, Candinen, Santen u.a., daneben Gerbstoffe, Vitamin C, Wachs, Zucker und Ameisensäure. Das ätherische Öl wirkt keimtötend, schleimlösend und entzündungshemmend.

Literatur: FAURE 1990, HECKER 1995, HINRICHSEN 1994, KRAUS 1990, LENZ 1966, STRASSMANN 1991 und 1994.

Galbanum

Ferula gummosa BOISS. (syn. *Ferula galbaniflua* BOISS. et BUHSE, *Peucedanum galbanifluum* BAILL., *Ferulago galbanifera* KOCH)

Apiaceae (Umbelliferae), Doldengewächse

»Galbanum hat einen besonderen Duft, welcher intuitiv an Gefahr oder sogar Böses erinnert. Es gibt einen Hinweis auf verborgene Täuschung, die nichtsdestoweniger verführerisch ist … Es erinnert an den Raub der Persephone durch Hades, oder noch geeigneter passend, das tragische Element in der Liebe.«

ALEISTER CROWLEY, *Liber 777*

Galbanum ist das ölige Harz eines in Persien und Afghanistan beheimateten, ein bis zwei Meter hohen Doldengewächses, das mit Milchsaftkanälen im Stengelmark ausgestattet ist. Die Stammpflanze ist eng mit jener der **Asa foetida** verwandt. Galbanum wird im zweiten Buch Mose neben **Olibanum, Styrax, Räucherklaue** und **Balsam** als Zutat für eine Räucherung zu Jehovas Ehren genannt. Die Assyrer verwendeten es als Heilmittel, oft mit Opium kombiniert oder in Bier getrunken. In Persien wurde es hauptsächlich innerlich als Magenstärkungsmittel eingenommen. Ein Topf voller Galbanumsamen wurde in einem römischen Grab gefunden. Das Harz war in der antiken Welt gut bekannt und wurde sowohl als Räucherstoff wie als Heilmittel vielseitig verwendet:

»Galbanum. Die Chalbane ist der Saft eines in Syrien wachsenden Steckenkrautes, welches einige auch Metopion nennen. Als bestes Galbanum gilt das, welches weihrauchähnlich, kernig, rein, fettig, holzfrei ist und etwas Samen und Steckenkraut untermischt enthält, welches einen scharfen Geruch hat und weder sehr feucht noch aber auch sehr trocken ist. Sie verfälschen es durch Zusatz von Harz, Bohnenmehl und Ammoniakum. Es hat erwärmende, brennende, reizende und verteilende Kraft. Im Zäpfchen und in der Räucherung angewandt befördert es die Menstruation und treibt den Fötus aus. Mit Essig und Natron aufgestrichen vertreibt es Leberflecken. Getrunken wird es aber

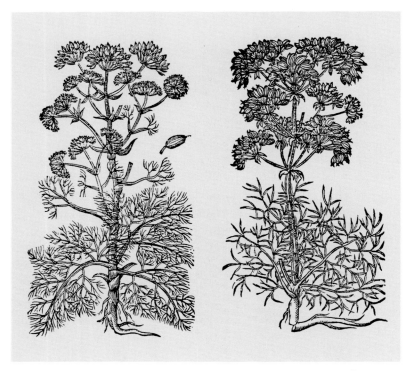

Alte Darstellung der fenchelartigen Doldengewächse *(Ferula* spp.), die das Harz Galbanum liefern. Holzschnitt aus GERARD, *The Herbal*, 1633.

gegen alten Husten, Atemnot, Asthma, innere Rapturen und Krämpfe. Mit Wein und Myrrhe genommen ist es ein Gegenmittel gegen Gift; es wirft auch, in gleicher Weise genommen, den toten Fötus heraus. Ferner wird es bei Seitenschmerzen und Furunkeln aufgelegt. Epileptische, von Mutterkrämpfen und Schwindel Befallene regt es als Riechmittel an. Wilde Tiere verscheucht es, wenn es zur Räucherung angezündet wird, die damit Eingesalbten schützt es vor den Bissen derselben. Schlangen tötet es, wenn es mit Bärenklau und Öl in deren Nähe gebracht wird. Zahnschmerz lindert es herumgestrichen oder in den hohlen Zahn gesteckt. Es scheint aber auch Harnverhaltung zu bewirken. Zu Tränken wird es aber mit bitteren Mandeln und Wasser oder Raute oder Honigmet oder warmem Brot gemischt, anders aber mit Mohnsaft [= Opium], gebranntem Kupfer oder feuchter Galle. Wenn du dasselbe reinigen willst, so gib es in siedendes Wasser; denn wenn es geschmolzen ist, wird der Schmutz obenauf schwimmen, den du so absonderst: Gib es in ein lockeres leinenes Säckchen und hänge dieses in eine eherne Büchse oder ein ehernes Gefäss, so dass der Beutel den Boden des Gefässes nicht berührt, lege einen Deckel darauf und setze es in kochendes Wasser; denn so wird das Brauchbare wie durch ein Seihetuch sich abscheiden, das Holzige aber bleibt im Leinensack zurück.« (DIOSKURIDES III, 87[97])

Auch Plinius schreibt, dass der Geruch des Galbanums bei Epilepsie, Gebärmutterkrampf und Magenbeschwerden hilft und dass die Galbanumräucherung eine festsitzende Fehlgeburt austreibt (XXIV, 22).

Im Mittelalter und in der frühen Neuzeit war Galbanum, das in Deutschland auch als »Mutterharz« bekannt ist, ein wichtiges medizinisches Räuchermittel:

»Wer ein Geschwer im Haupt hat / der lege Galbanum auf glühende Kohlen / und lass den Rauch in die Nasslöcher gehen / es hilft. (…) // Galbanum auf Kohlen gelegt / und den Rauch mit einem Trechter auf einen hohlen Zahn gehalten / und den also darzu gelassen / benimt das Zahnweh.« (LONICERUS 1679: 737)

Mit dem Mutterharz wurden auch Frauen mit Unterleibsproblemen beräuchert.

Galbanumharz ist eine dunkelbraune, klebrige, zum Teil etwas verflüssigte Masse, die beim Räuchern einen unangenehm kräuterig-würzigen Geruch mit einer orientalischen Note liefert. Galbanum ist am besten als Zutat zu Räuchermischungen zu gebrauchen. Das Gummiharz bekommt man nur sehr selten in Apotheken. Es ist fast nur über den Spezialhandel für Harze erhältlich.

Galbanum besteht aus 68% Harzen, 18% Gummisubstanzen, etwas ätherischem Öl (3%; Galbaresensäure, Galbansäure, Candinen, Pinen), Umbelliferon und antibakteriell wirkenden Stoffen. Das ätherische Öl wirkt schleimauswerfend, stimulierend und entkrampfend.

Literatur: CALAND 1992, GERMER 1985, GRIEVE 1982, HENGLEIN 1985, HOOPER 1937, KRAUS 1990, LONICERUS 1679, PAHLOW 1993, THOMPSON 1949, WOLLNER 1995, ZOHARY 1986.

Guajak

Guaiacum (= Guajacum)
Guaiacum coulteri GRAY
Guaiacum officinale L., Franzosenholzbaum, Pockholz
Guaiacum palmeri VAIL.
Guaiacum sanctum L., *Lignum vitae*, Lebensholzbaum

Zygophyllaceae, Jochblattgewächse

Guajak stammt von einem immergrünen, nur bis dreizehn Meter hoch wachsenden Baum mit extrem hartem, harzigem Holz. Alle vier Arten kommen im zirkumkaribischen Raum vor und werden seit Jahrhunderten oder Jahrtausenden von den Indianern medizinisch, rituell und als Werkstoff verwendet. Auf Aztekisch hiess der Baum *chichic patli*. Die Konquistadoren lernten den Gebrauch des Holzes erstmals von den Indianern der Karibikinsel Santo Domingo kennen. Das »Heilige Holz« *(palo santo)* wurde bereits 1508 nach Spanien gebracht. Der Name »Franzosenholz« wurde dem Baum verliehen, als er in der frühen Neuzeit als Heilmittel für die in Europa grassierende Syphilis, damals »Franzosenkrankheit« genannt, verwendet wurde. Wegen der heilsamen Eigenschaften wurde das Holz auch *Lignum vitae*, »Lebensholz«, getauft:

»Nur das Kernholz wird zermahlen; es kann [in Wasser] getrunken werden. Es wird von jemandem, dessen Körper heiss ist, der glaubt, dass er brennt, benötigt; möglicherweise durch einen verdorbenen Magen. Jemand, dessen Magen verdorben ist, trinkt es. Eine Chilischote wird hinzugefügt. Dadurch erholt er sich. (...) Und die Rinde der Wurzel wird getrocknet pulverisiert; Russ wird darunter gemischt. Damit werden die Eiterbeulen, oder Entzündungen, oder Fieber geheilt. Hiermit wird alles eingerieben, was da auch ist. Der Baum gedeiht überall, in den Bergen, in den Wäldern, aber er ist selten.« (SAHAGUN XI, 7)

Das Guajakholz hat bis heute in der indianischen Medizin einen wichtigen Platz als Wurmmittel, als Räucherstoff bei Erkältungen und als Aphrodisiakum behalten. Besonders der Gebrauch als Aphrodisiakum ist weit verbreitet. Dies

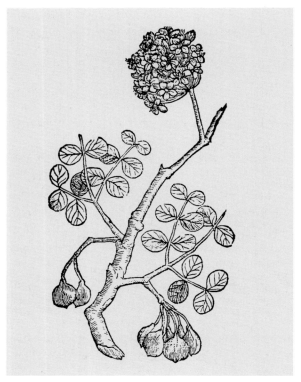

Ein Zweig mit den typischen Blüten und Blättern des amerikanischen Guajakbaums *(Guaiacum sanctum)*. Vermutlich handelt es sich bei diesem Holzschnitt um die erste europäische Darstellung des exotischen Gewächses. Aus GERARD, *The Herbal*, 1633.

ist in erster Linie darauf zurückzuführen, dass das Holz so extrem hart ist. Männer glauben, dass sich die Härte des Holzes sozusagen sympathiemagisch auf ihr schlaffes Glied übertragen lasse. Auf den Bahamas wird zur Heilung »männlicher Schwäche« ein Tee aus dem Lebensholz und der harzigen Rinde des Gommalimi-Baumes (*Bursera simaruba;* siehe **Copal**) gekocht.

Das Guajakholz enthält Harze, ätherisches Öl, Saponine, Guajakharzsäure, Guajaksäure, Guajakonsäure, Gummi und Farbstoff (Guajakgelb). Die Guajaksäure hat einen leichten Vanillegeruch.

Am harzhaltigsten ist das schwere Kernholz des Stammes (spezifisches Gewicht von 1,3!). Das Guajakharz *(Resina Guajaci)* ist eigentlich gelb, oxidiert an der Luft aber leicht und wechselt die Farbe nach Grün oder Bläulich. Das Harz hat stimulierende Eigenschaften. Räucherungen aus Holz oder Harz haben hustenlindernde Wirkung. Das fast geruchlose Holz entwickelt beim Erwärmen oder beim Räuchern einen holzig-würzigen, benzoeähnlichen Duft. Das ätherische Öl, bestehend aus Guajol, Bulnesol, Bulnesen, Patchoulin, soll »eine stark euphorisierende Wirkung« haben (WERNER 1993: 399).

Die Hölzer von *Guaiacum officinale* und *G. sanctum* sind praktisch nicht zu unterscheiden. Sie haben die gleichen Inhaltsstoffe und Wirkungen.

Literatur: ELDRIDGE 1975, GRIEVE 1982, MARTINEZ 1987, PABST 1887/89, PAHLOW 1993, RÄTSCH 1991b, ROTH et al. 1994, WERNER 1993, WOLTERS 1994.

Guggul (Bdellium)

Commiphora spp.
Commiphora mukul (Hook. ex Stocks) Engl.
(syn. *Balsamodendron mukul* Hook. ex Stocks, *Commiphora roxburghii* (Stocks) Engl.), Guggul, Indisches Bdellium
Commiphora roxburghii (Arn.) Engl.
(syn. *Balsamodendron roxburghii* Arn., *Amyris commiphora* Roxb.), Falsches Guggul
Commiphora wightii (Arn.) Bhandari, Guggul
Commiphora caudata (Wight et Arn.) Engl.
(syn. *Balsamodendron caudatum* Wight et Arn.), Bergmango

Burseraceae, Balsambaumgewächse

»Ursprünglich wurde dieses Harz im Feuer verbrannt; es schmilzt in der Sonne und ergibt eine milchige Emulsion, wenn es in heissem Wasser verquirlt wird; es wurde nur für religiöse Zeremonien benutzt. Es wird in den ältesten hinduistischen Ritualanweisungen erwähnt, und es wurde traditionell von indischen Jungfrauen rituell verbrannt, um sich die Liebe eines Mannes zu sichern.«

Naveen Patnaik, *The Garden of Life* (1993: 80)

Der kleine strauchartige Guggulbaum, der durch Einritzen der Rinde reichlich Harz produziert, ist in den trockenen, steinigen Gegenden von Rajasthan, Gujrat, Berar und Mysore in Indien und den pakistanischen Staaten Sind und Baluchistan heimisch. Rajasthan und Gujrat sind allerdings die kommerziellen Zentren der Gewinnung und des Handels mit Guggul.

Das Harz ist seit dem Altertum als Indisches Bdellium (siehe **Bdellium**) in Europa bekannt. Periplus berichtet, dass es bereits im 1. Jahrhundert aus Indien nach Griechenland exportiert wurde. Plinius nennt sie *Indica murra*, »indische Myrrhe«, und hält fest, dass sie von einem Dornstrauch stamme und zum Verfälschen der echten Myrrhe verwendet werde (XII, 35, 71). Sie taucht schon in der frühesten indischen Literatur unter den Bezeichnungen *guggulu, guggula* und *gugal* auf. Es ist ein aromatisch duftendes Harz von weicher Konsistenz und goldgelber Farbe.

Guggul ist in Indien, auch in Nepal und Tibet einer der wichtigsten Räucherstoffe für medizinische und spirituelle, aber auch für magische Zwecke. Es ist das wichtigste Harz im Ayurveda, gilt als Verjüngungsmittel und soll das Nervensystem von Toxinen befreien. Es hat sich in der Behandlung von Rheumatismus, neurologischen Krankheiten, syphilitischen Erscheinungen, Problemen im Harntrakt und bei einigen Hautkrankheiten bewährt. In der indischen und pakistanischen Volksmedizin wird Guggulrauch bei Heuschnupfen, verstopfter Nase, chronischer Laryngitis (Kehlkopf-Schleimhautentzündung), Bronchitis und Phthisis (Schwindsucht) inhaliert.

Das Harz wird auch äusserlich aufgetragen und hat bei Hautverletzungen antiseptische Wirkung. Es kann auch innerlich eingenommen werden, z.B. in einer alkoholischen Lösung (»Magenbitter«); dann wirkt es entblähend und verdauungsfördernd. Guggul wird auch als Aphrodisiakum geschätzt.

In der tibetischen Medizin wird das Guggulharz *Gu-gul Nagpo* genannt und bei Entzündungen, Wunden, Schmerzen, Lepra und vor allem bei *gNyan-rims* – einer Art Vergiftung durch (»dämonische«) Mikroorganismen – verwendet. Es ist auch in psychoaktiven Medizinen und Räucherpulvern enthalten (siehe **Aloeholz**) und ist ein wesentlicher Bestandteil vieler tibetischer, holzloser Räucherstäbchen.

Beim Räuchern verbreitet Guggul einen sehr balsamigen, etwas süssen, fast »sahneartigen« Geruch, der nur entfernt an die nah verwandte **Myrrhe** erinnert.

Das bitter schmeckende ölige Guggulharz enthält 0,37% ätherisches Öl, hauptsächlich bestehend aus Myrcen, Dimyrcen und einigen Polymyrcenen. Im Extrakt des Harzes konnten ein Diterpenkarbonat, ein Diterpenalkohol, Z-Guggulsteron, E-Guggulsteron, Guggusterol-I, Guggusterol-II und -III sowie Sesamin und Cholesterol nachgewiesen werden. Das ölige Harz hat entzündungshemmende, antirheumatische und hypocholesterinanämie-regulierende Wirkungen (ATAL et al. 1975).

Guggul kommt in drei Qualitäten in den Handel: als reines Harz, als Harz mit Rindenstücken vermischt, und als Harz mit Sand und Pflanzenmaterial vermischt. Die billigste Qualität wird oft mit Kampfer vermengt, damit sie ein stärkeres Aroma ausstrahlt und einfacher zu verkaufen ist.

Auch die Harze anderer *Commiphora*-Arten werden in Pakistan und Indien als Guggul bezeichnet und gleich oder ähnlich benutzt. So wird das Harz von *Commiphora roxburghii* genauso wie Guggul verwendet und auch oft damit verwechselt, jenes der Bergmango *(Commiphora caudata)* dient in Indien als Weihrauch. Der Rauch von *Commiphora wightii* wird in Indien bei Typhus, Erkältungen, Schnupfen, Katarrh, Kopfschmerzen und Asthma als Heilmittel inhaliert und zum Vertreiben von Moskitos eingesetzt. Daneben werden auch das Harz von *Commiphora agallocha* ENGL. und der Indische Weihrauch (siehe **Olibanum**) als Guggul in den Handel gebracht.

Es ist noch darauf hinzuweisen, dass in Indien ein starker Raubbau von Guggul betrieben wird, durch den die Bäume schnell absterben, sich nicht regenerieren können und so als Harzlieferanten ausfallen. Wenn es der indischen Forstwirtschaft nicht gelingt, die verbliebenen Bäume zu schützen, wird es bald kein echtes Guggul mehr auf dem Markt geben. Vielleicht würde es sogar zum Aussterben der Art kommen (vgl. ATAL et al. 1975).

Literatur: AMBASTA 1994, ASHISHA und MAHAHRADANATHA 1994, ATAL et al. 1975, DASTUR 1985, JAIN 1991, LAD und FRAWLEY 1987, MARTINETZ et al. 1989, PATNAIK 1993, TSARONG 1991.

Gummi Arabicum

Acacia spp.
Acacia senegal (L.) WILLD. (syn. *Mimosa senegal* L., *Acacia verek* GUILL. et PEROTT, *Acaciasenegalensis*)
Acacia arabica WILLD., Babul

Mimosaceae, Mimosengewächse

Es gibt etwa 130 Akazienarten, von denen viele ein Gummiharz bilden. Dieses enthält ein wohlriechendes Öl (sogenanntes Casiie-Öl), das schon beim Einbalsamieren der ägyptischen Mumien verwendet wurde. In Afrika gelten viele Akazienharze als giftig und werden Pfeil- und Jagdgiften zugesetzt. In vielen australischen und amerikanischen Akazien findet sich das extrem psychedelische Alkaloid DMT. Die Gummis verschiedener Akazien wurden und werden als Gummi Arabicum, »Arabisches Gummi«, bezeichnet.

Gummi Arabicum wird als Sammelname für verschiedene, genauer zu spezifizierende Akazienharze verwendet:

Stammpflanze	Name(n) des Gummiharzes
Acacia adansonii GUILL.	Red Gum, Rotes Gummi
Acacia arabica WILLD. (syn. *Acacia nilotica* L.)	Marokkanisches Gummi, Babul, Braunes Barbaren-Gummi, Ostindisches Gummi
Acacia horrida WILLD.	Cape Gum
Acacia nilotica (L.) subsp. *indica* (BENTH.) BRENAN	Babul Gum
Acacia pycantha BENTH.	Australisches Gummi
Acacia sassa WILLD.	Gum Sassa
Acacia senegal WILLD.	Kordofan, Senegal-Gummi, Weisses Sennaar-Gummi
Acacia seyal var. *fistula*	Suakin, Talha-Gummi
Acacia stenocarpa HOCH	Suakin, Talha-Gummi
Astragalus gummifer LABI	Orientalisches Tragacanth

Wie aus dem zweiten Buch Mose hervorgeht, wurden im Heiligen Land aus Akazienholz Räucheraltäre hergestellt: »Und mache einen Rauchaltar zum Räuchern; aus Akazienholz mache ihn.«

Akazien, die Gummi Arabicum liefern, waren im Altertum bereits gut bekannt. Das Gummi wurde nicht nur als Zusatz zu Räuchermischungen, sondern vor allem medizinisch verwendet:

»Die Akazie wächst in Ägypten. Es ist ein baumartiges, strauchiges Dorngewächs von nicht geradem Wuchs, hat eine weisse Blüte und eine Frucht, wie die Lupine, in Hülsen eingeschlossen;

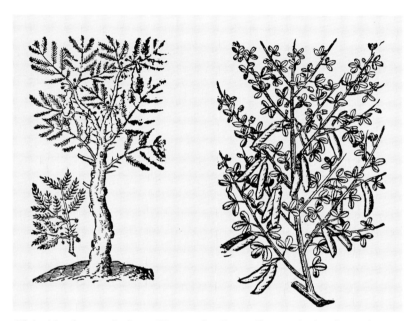

Viele Akazien produzieren Harze oder Gummiharze wie das Gummi Arabicum, aber nur wenige wurden kommerziell zu diesem Zweck genutzt. Holzschnitt aus TABERNAEMONTANUS, *Kräuter-Buch,* 1731.

aus dieser wird auch der Saft gepresst, welcher, im Schatten getrocknet, aus der reifen Frucht schwarz, aus der unreifen aber gelblich ist. Wähle aber den etwas gelblichen, der den Wohlgeruch hat, wie er in der Akazie ist. Einige verwenden zur Saftbereitung auch die Blätter mit der Frucht. Auch Gummi wird von dem Dornstrauche hervorgebracht. Er hat eine adstringierende, kühlende Kraft. Der Saft ist angezeigt bei Augenkrankheiten, roseartigen Entzündungen, kriechenden Geschwüren, Frostschäden, Flügelfell [ein Augenfehler] und bei Geschwüren im Munde. Er hält den Verfall der Augen zurück, stillt den Fluss der Frauen, verhindert den Gebärmuttervorfall und hält den Bauchfluss auf, wenn er im Trank oder im Klistier angewandt wird. Auch färbt er die Haare schwarz. Für die Augenmittel wird er zerrieben mit Wasser gewaschen, wobei das Gerinnsel weggegossen wird, bis das Wasser rein darüber steht, und so wird er zu Pastillen geformt. Er wird auch im reinen rohen Topfe [aus Töpfererde] im Ofen gebrannt; auch wird er auf Kohle geröstet mit Hilfe des Blasebalgs. Die Abkochung der Akazie als Bähung bringt die gelösten Glieder in Ordnung. Dasjenige Gummi des Dornstrauches hat den Vorzug, welches wurmartig, glasig, durchscheinend und holzfrei ist; dann kommt das weisse. Das harzige und schmutzige ist unbrauchbar. Es hat stopfende, die scharfen Arzneien mildernde Kraft, wenn es diesen zugemischt wird. Bei Verbrennungen mit Feuer lässt es keine Blasenbildung aufkommen, wenn es zugleich mit Ei als Salbe angewandt wird.« (DIOSKURIDES I, 133)

Die Hauptstammpflanze *Acacia senegal* ist im östlichen und westlichen Afrika verbreitet. Andere Arten, vor allem *Acacia arabica* (auf Arabisch *Haschab*), sind von Arabien bis nach Indien heimisch. Im Himalayagebiet (Pakistan, Indien, Nepal) heisst es, dass im Babulbaum *(Acacia arabica)* die Seele eines mohammedanischen Heiligen wohne. Niemand darf diesen Baum fällen oder zerstören. Reisende binden Baumwollstreifen an den Baum, um mit ihrer Mission erfolgreich zu sein. Aus ähnlichem Grund werden gelegentlich Dreizacke (Shiva-Symbol) auf seine Rinde gemalt. Manche glauben auch, dass in dem Baum eine Göttin hause, die Frauen fruchtbar und Kranke gesund machen könne. Deshalb werden ihm zahlreiche Opfer dargebracht.

Alle Pflanzenteile werden volksmedizinisch genutzt, besonders aber das Gummi, die Rinde, die Blätter und Knospen. Die jungen Sprosse werden zusammen mit Zucker zu einem Erkältungstee gekocht. Die stark adstringierende Rinde wird bei allen Durchfallerkrankungen als Dekokt getrunken. Der gummihaltige Rindensaft wird zur Behandlung von Wunden gebraucht. Die gebrannte Rinde ergibt ein Zahnpuder. Das Gummi wird als Basis für zahlreiche Medikamente verwendet. Zusammen mit Chinin wird es bei Fieber verabreicht; auch nimmt man es bei Diarrhöe und Dysenterie. Es gilt zudem als Tonikum und Aphrodisiakum. Ausserdem wird das Gummi in Räucherpulvern verwendet.

In der Räucherkultur hat das Gummi Arabicum in erster Linie Bedeutung als Bindemittel für flüchtigere Stoffe, vor allem ätherische Öle und Aromata. Das weisse Gummi, das im Handel meist pulverisiert angeboten wird, hat beim Räuchern fast keinen Eigengeruch; es verbrennt mit wenig Rauchentwicklung und hinterlässt nur einen Hauch von brennendem Holz. Daher ist es als Trägersubstanz ideal geeignet.

Gummi Arabicum fand vielfach als Bindemittel für Mineralfarben Verwendung. Bereits die alten Ägypter kannten dieses Gummi, das sie wie **Olibanum** aus dem Punt bezogen. Sie benutzten es zum Binden ihrer *chesteb* genannten Mineralpigmente. Zum selben Zweck wurde es auch in der frühen Neuzeit verwendet und daher »Malergummi« genannt.

In der Akazienrinde sind neben dem Gummisaft Tannine und Gallsäuren enthalten, die stark adstringierende Kräfte haben. Das eigentliche Gummi Arabicum besteht aus sauren Kalium-, Calcium- und Magnesiumsalzen der Arabinsäure (Arabin, $C_{12}H_{22}O_{11}$). Gummi Arabicum findet in der Pharmazie hauptsächlich Verwendung, um scharfe oder wasserunlösliche Substanzen einzuhüllen und für den inneren Gebrauch einnehmbar zu machen; dies vor allem auch, weil es einen wohlschmeckenden dünnen Schleim bildet. Es wird fast nur zur Herstellung von Pillen, Pasten und Emulsionen gebraucht. Eine ähnliche Funktion hat es bei der Herstellung von Räuchermischungen, die viele ätherische Öle und zerriebene Pflanzenmaterialien enthalten. Durch das Gummi Arabicum, das fast geruchlos abbrennt, werden diese flüchtigen Stoffe gebunden. Gummi Arabicum ist offizinell (DAB 8, Ph. Helv. VI) und über den Apothekenhandel erhältlich.

In Indien wird aus *cutch*, dem harzigen Gummi aus *Acacia catechu* L., das durch Auskochen der Holzstücke entsteht, eine Substanz gewonnen, die dem Gummi Arabicum sehr ähnelt und wie dieses benutzt werden kann. In Indien dient es in erster Linie als Bindemittel für den leicht stimulierenden Betelbissen.

Literatur: Ambasta 1994, Atkinson 1989, Dastur 1985, Germer 1985, Grieve 1982, Hooper 1937, Jain 1991, Lonicerus 1679, Majupuria und Joshi 1988, Millspaugh 1974, Neuwinger 1994, Pabst 1887/89, Storrs 1990.

Hanf

Cannabis sativa L.
Cannabis indica LAMARCK
Cannabis ruderalis JANISCHEWSKY
Cannabis × ssp., zahlreiche Hybride und Züchtungen

Cannabaceae (Moraceae), Hanfartige (Maulbeerbaumgewächse)

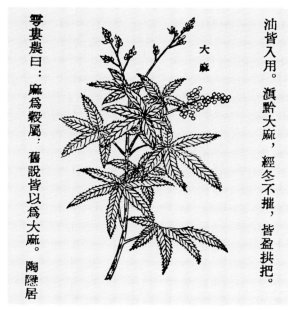

Eine alte chinesische Darstellung des Hanfes (*Cannabis* sp.) aus dem *Chih-wu ming-shih-t'u k'ao.*

»Durch die Düfte des brennenden Hanfes wurden sie in jenseitige Welten entrückt.«
CLAUDE GAIGNEBET, *Le Carnaval,* Paris (1974: 167)

Hanf ist die älteste Kulturpflanze der Welt. Sie wurde bereits in der Steinzeit kultiviert und rituell genutzt. Die Pflanze liefert sehr kräftige Fasern, reichlich Nahrung (Samen, Öl), Heil- und Rauschmittel. Besonders das an den weiblichen Blüten ausgeschiedene Harz (Charas, Haschisch, *Resina cannabina*) – Hanfharz ist das Sekret der weiblichen Geschlechtsorgane der Pflanze – war und ist als euphorisierendes Rauschmittel, aber auch als Räucherstoff in vielen Kulturen bekannt. Hanfprodukte sind seit dem Altertum mit Schamanismus, Zauberei und Wahrsagerei verbunden. Dafür wurden sie meist verbrannt und inhaliert oder mit speziellen Pfeifen geraucht, manchmal auch in Wein getrunken.

Das älteste literarische Zeugnis über die schamanische Verwendung von Hanf bei den Skythen stammt vom griechischen »Vater der Ethnographie«, Herodot (etwa 485–425 v. Chr.):

»Nach dem Begräbnis aber reinigen sich die Skythen auf folgende Art: Nachdem sie sich die Köpfe gewaschen und gesalbt haben, machen sie mit dem Körper folgendes: Nachdem sie drei gegeneinander gekehrte Stangen aufgestellt haben, breiten sie darüber wollene Filzdecken aus, und nachdem sie sie möglichst dicht zusammengestopft haben, werfen sie aus einem Feuer glühende Steine in eine Wanne, die inmitten des durch die Stangen und Filzdecken gebildeten Raumes steht.

Nun wächst in ihrem Lande der Hanf, der ganz das Aussehen von Flachs hat, nur dass er viel dicker und höher ist. Er wächst von selbst, wird aber auch gesät; ja, die Thraker fertigen sich auch Tücher daraus, die den leinenen sehr ähnlich sind, und wer sich nicht genau darauf versteht, würde nur schwer unterscheiden können, ob sie von Flachs oder Hanf sind. Wer aber noch nie Hanf gesehen hat, wird meinen, es sei Leinen.

Vom Samen dieses Hanfes nehmen die Skythen, wenn sie unter das Filzzelt schlüpfen, und werfen ihn auf die glührroten Steine; das gibt dann einen Qualm und einen Dampf, dass kein hellenisches Schwitzbad dagegen ankommt. Die Skythen fühlen dabei ein wohliges Behagen, dass sie vor Lust aufjubeln. Es dient ihnen anstatt eines Bades; denn sie baden nicht im Wasser. Nur ihre Weiber gebrauchen Wasser für eine Mischung aus Zypressen-, Zedern- und Weihrauchholz, das sie an einem rauhen Stein zerreiben. Damit bestreichen sie sich den ganzen Leib und das Gesicht; denn das gibt ihnen einen lieblichen Duft, und wenn sie am folgenden Tag das Pflaster herabnehmen, haben sie eine reine und glänzende Haut.« (IV, 73–75)

Im Altai-Gebirge in der Mongolei wurden sehr viele archäologische Belege für die skythische Kultur ausgegraben. Der russische Archäologe S. I. Rudenko hat verschiedene bronzene Räuchergefässe gefunden, über denen noch ein Gestell mit einer Filzdecke stand (RUDENKO 1970). Im Grabungsbericht heisst es:

»In beiden Gefässen wurde ausser den erwähnten Steinen eine grosse Menge Hanfsamen (*Cannabis sativa* L. der Varietät *C. ruderalis* JANISCH) festgestellt. Hanfsamen fanden sich auch in einer bereits beschriebenen Lederflasche, die an einem der Stäbe des Sechsfusses befestigt war, der über dem Gefäss in Form eines skythischen Kessels stand. Die Steine in den Räuchergefässen waren angeglüht, ein Teil der Hanfsamen verkohlt. Ausserdem waren die Griffe des als Räuchergefäss benutzten Kessels mit Birkenbast umwickelt. Offenbar wurde das Gefäss von den glühenden Steinen so erhitzt, dass man es mit blossen Händen nicht hätte angreifen können. (…) Folglich haben wir hier vollständige Garnituren jener Utensilien vorliegen, die für die Durchführung des Reinigungsrituals notwendig waren, von dem Herodot in bezug auf die Pontischen Skythen so präzise berichtet.« (zit. in JETTMAR 1981: 311)

Im alten China war der Hanf eine heilige Pflanze und wurde neben vielen Verwendungen in der Technologie und Medizin auch als Räucherstoff gebraucht:

»Die Geisteranrufungen, die einmal pro Woche von einem Medium oder Priester vorgenommen wurden, hatten ursprünglich als Grundsubstanz Hanf, dessen halluzinogene Wirkung hier seit mehr als 3500 Jahren bekannt ist.« (WOLLNER 1995: 24)

In den frühesten Quellen zur chinesischen Kräuterkunst heisst es, dass man durch den andauernden Genuss von Ma-fen, »Hanf-Früchten«, »Teufel sieht«, die man sich nutzbar machen kann. Leider wird nicht angegeben, wie der Hanf eingenommen wurde (vgl. TOUW 1981).

Nach einer altindischen Überlieferung heisst es, die Hanfpflanze sei entstanden, als ein Tropfen Amrita (Nektar) vom Himmel fiel und die Erde befruchtete. Auch in Indien und Nepal ist Hanf eine heilige Pflanze (*indracarana*, »Götternahrung«) und dem Gott der Ekstase, Shiva (= *Bhangeri Baba*, »Herr des Hanfes«), geweiht. In den Blättern der Pflanze sollen Schutzengel wohnen. Der Hanf wird nicht nur als Faserlieferant und Nahrungsmittel geschätzt, sondern auch als rituelles Rauschmittel und als psychoaktive Medizin. Gelegentlich wird Hanf Räuchermischungen zugefügt. Allerdings ist diese Verwendung im Vergleich zum Rauchen und Trinken (*Bhang*-Trinken) sehr selten. Im *Mahabharata*, dem grossen indischen Epos, wird ein Räucherrezept erwähnt, das aus Hanf, Lack (ebenfalls ein Naturprodukt aus einem Baum), Harz (vermutlich Indischer Weihrauch; vgl. **Olibanum**) und Butterfett bereitet wird. In Nepal wird Hanfrauch bei Halluzinationen verordnet! Um »Feinde zu besiegen« – ein Name des Hanfs lautet *vijaya*, »Sieger« –, werden Hanfzweige ins Feuer geworfen. In Indien und Pakistan wird der Haschischrauch auch volksmedizinisch verwendet. Bei Vergiftungen soll man ihn inhalieren; bei einer Vergiftung mit Auripigment, einem Arsenmineral, wird der Rauch rektal appliziert. In Kathmandu wurde das im Himalaya legendäre Heilmittel *momea* aus Haschisch, *dhup* (wahrscheinlich **Wacholder**), Öl und menschlicher Lymphflüssigkeit bereitet (TOUW 1981: 27).

Hanf war auch im alten Orient bekannt. Er wird mehrfach in der Bibel genannt und wurde von den Assyrern schon im 9. Jahrhundert v. Chr. als Räucherstoff verwendet (TOUW 1981: 24). Sie räucherten mit Hanf *(azallu)* zur Bewältigung von Trauer, zur Unterdrückung von Geistern und zur Neutralisation von Giften (MANNICHE 1989: 83, THOMPSON 1949: 220ff.). Auch die alten Ägypter haben Haschisch sicherlich schon gekannt und genutzt. Jüngst wurden über 3000 Jahre alte Mumien analysiert. Die Ergebnisse waren erstaunlich. Sowohl im Gewebe als auch in den Haaren, ja sogar in den Knochen konnten die Forscher vom Institut für Anthropologie und Humangenetik der Universität München recht hohe Konzentrationen von THC feststellen (BALABANOVA et al. 1992). Daraus kann eindeutig geschlossen werden, dass diese Menschen zu Lebzeiten Haschischkonsumenten waren. Ob Haschisch auch bei der Mumifizierung (vgl. **Myrrhe**) verwendet wurde, ist bisher unbekannt, aber aufgrund dieser Ergebnisse denkbar.

Auch die alten Griechen kannten das Haschisch und wussten genau über seine Wirkung Bescheid. Im Zeusheiligtum von Dodona wurde bei archäologischen Grabungen eine unterirdische Schicht von angebranntem Haschisch entdeckt. Möglicherweise wurde damit geräuchert, um die Priester und Besucher des Orakels in einen veränderten Bewusstseinszustand zu versetzen.

In galloromanischen Gräbern wurden Pfeifen gefunden, die zum Rauchen von Hanf bestimmt waren (BROSSE 1992: 181). In keltischen und germanischen Gräbern wurden auch Blütenstände entdeckt. Aus mittelalterlichen Quellen geht hervor, dass bei Festen grosse Mengen Hanfkraut ins Feuer geworfen wurden, um die Stimmung zu heben. Ähnliche Räuchereien wurden in Deutschland bis ins 19. Jahrhundert hinein bei der jährlichen Hanfernte durchgeführt. Der deutsche Hanf war und ist genauso wie der indische Hanf von berauschender Wirkung:

»Doch besitzt die frische Pflanze auch bei uns einen äusserst starken, unangenehmen, oft betäubenden Geruch, und es ist bekannt, dass häufig Schwindel, Kopfschmerz und sogar eine Art Trunkenheit eintritt, wenn man längere Zeit in einem blühenden Hanfacker verweilt. Auch hat man beobachtet, dass beim sogenannten Rösten des Hanfes sich ein ähnlicher, betäubender Geruch entwickelt.« (MARTIUS 1855: 31)

Hanf und Hanfprodukte (Haschisch, Marijuana) spielten in der Geschichte der Menschheit vor allem als Rauchdroge eine Rolle. Das Räuchern mit Hanf ist vergleichsweise unbedeutend. Heute sind Hanfprodukte nach dem Tabak weltweit die am meisten gerauchten Substanzen.

Hanf enthält über 400 Wirkstoffe, von denen die Gruppe der im Harz enthaltenen Cannabinoide (vor allem THC) für die psychoaktive und euphorisierende Wirkung verantwortlich ist. Das ätherische Öl, das den charakteristischen Duft der Pflanze ausmacht, hat keine psychoaktive Wirkung und wird zunehmend in der Aromatherapie-Forschung untersucht. Es ist seit einem Jahr auf dem Markt.

Da Haschisch seit den sechziger Jahren illegal war, wurde das ölige Harz gelegentlich gestreckt und verfälscht. Seit sich in den neunziger Jahren die Illegalität von Haschisch und Marijuana auflöst, kommen Verfälschungen praktisch kaum noch vor. Hanfsamen, die auch zum Räuchern verwendet werden können, sind frei verkäuflich und in Hanfläden sowie über den Samen-, Apotheken- und Vogelfutterhandel zu beziehen.

Manche Hersteller von Räucherwaren bieten Räucherstäbchen mit der Duftrichtung »Hemp«, »Cannabis« oder »Mountain Cannabis« an. Beim Verbrennen entfalten sie einen hanfähnlichen Duft, sie enthalten jedoch keine Hanfprodukte.

Literatur: ATKINSON 1989, BALABANOVA et al. 1992, BROSSE 1992, DASTUR 1985, JETTMAR 1981, MAJUPURIA und JOSHI 1988, MARTIUS 1855, PATNAIK 1993, RÄTSCH 1991a, 1992, 1995a und 1995c, RUDENKO 1970, SCHULTES und HOFMANN 1980, VANDENBERG 1979, WILLERDING 1970, WOLLNER 1995.

Kakao

Theobroma cacao L.

Sterculiaceae, Sterkuliengewächse

»Ambrosia, der Götter Trank
Für Menschen Schokolade –
Sie beide machen 's Leben lang
In wunderbarem Grade.« *Volksdichtung*

Man kann sich die Schweiz von heute ohne Schokolade kaum noch vorstellen. Noch weniger kann man sich vorstellen, dass der Kakao, aus dem die Schokolade hergestellt wird, vorübergehend eine illegale Droge war! Vor fünfhundert Jahren gab es in Europa jedoch weder Kakao noch Schokolade. Der Kakaobaum stammt aus dem tropischen Mittelamerika und wurde dort schon in präkolumbianischer Zeit kultiviert. Das Kakaogetränk ist eine Erfindung der Indianer. Der Name *Cacao* kommt aus der Mayasprache und bezeichnet den Baum, die Frucht und das daraus zubereitete Getränk. Das Wort Schokolade kommt vom aztekischen *xocolatl*, womit das Getränk bezeichnet wurde.

Die Azteken schätzten die Kakaobohnen sehr. Sie dienten als Nahrungsmittel, Stimulans, Medizin, ja sogar als Währung (besonders zur Bezahlung von Prostituierten) und wurden ehrfurchtsvoll als »Götterspeise«[23] betrachtet. Die Azteken sahen im Kakaobaum ein Geschenk ihres friedliebenden Gottes Quetzalcoatl (»Gefiederte Schlange«). In einem aztekischen Text aus der frühen Kolonialzeit werden der Baum und das Getränk, das auch berauschend sein konnte, genau beschrieben:

»*Cacaoaquavitl* – Kakaobaum

Er hat breite Äste. Es ist einfach ein runder Baum. Seine Frucht ist wie ein Kolben getrockneten Maises, wie ein Kolben grünen Maises. Ihr Name ist ›Kakaokolben‹. Einige sind rötlich braun, einige weisslich braun, einige bläulich braun. Ihr Herz, das, was ihr Inneres ist, ihr gefülltes Inneres, ist wie ein Maiskorn. Der Name davon, wenn es wächst, ist *cacao*. Dies ist essbar, trinkbar.

Dieser Kakao, wenn man viel davon trinkt, wenn man viel davon zu sich nimmt, besonders von dem, der grün ist, der zart ist, macht einen betrunken, hat eine Wirkung auf einen, macht einen krank, bringt einen durcheinander. Wenn eine normale Menge getrunken wird, macht er einen froh, erfrischt einen, tröstet einen, stärkt einen. So wird gesagt: ›Ich nehme Kakao. Ich befeuchte meine Lippen. Ich erfrische mich.‹« (SAHAGUN, XI)

Die Azteken schätzten nicht nur die Kakaobohnen, sondern auch die köstlich duftenden Blüten[24]:

»*Cacauaxochitl* – Kakaoblüte

Er ist schlank, hoch, wie eine Steinsäule. Er verbreitet eine

Der Kakaobaum *(Theobroma cacao)* war im alten Mexiko ein heiliger Baum, der mit dem Süden assoziiert war; im Süden liegen die Regenwälder, in denen der Kakaobaum heimisch ist. Das Tier, das in der aztekischen Kosmologie mit dem Kakaobaum verbunden ist, ist der Papagei. Ausschnitt einer kosmologischen Darstellung aus dem aztekischen *Codex Féjérváry-Mayer,* Blatt 1.

23 Als Carl von Linné dem Baum einen Gattungsnamen verlieh, übersetzte er Götterspeise ins Griechische (*theos* = Götter; *bromos* = Speise).
24 Wahrscheinlich sind in diesem Text gar nicht die Blüten des eigentlichen Kakaobaums, sondern die des *Quararibea funebris* (LA LLAVE) VISCHER gemeint (vgl. OTT 1985: 39). *Quararibea funebris* wird heute noch in Oaxaca als Gewürz, oft als Zusatz zu Kakaoprodukten verwendet (ROSENGARTEN 1977).

Die früheste botanische Illustration des Kakaobaumes zeigt nicht nur den früchtetragenden Baum, sondern auch die zum Trocknen ausgebreiteten Kakaobohnen sowie eine Indianerin mit einem Kakaoquirlholz.
Aus GIROLANO BENZONI, *Historia del Mondo Nuovo,* Venedig 1572.

Würze; er ist wohlriechend, genau wie *Yolloxochitl.* Seine Blätter, sein Laubwerk sind schlank. Der Name seiner Blüte ist *Cacauaxochitl;* sie ist gelb, gelblich, klein, genauso wie die *Acuilloxochitl.* Ihr Geruch ist sehr dicht; er durchdringt einem die Nase. Sie hat tassenartige Blütenstände; der Name ihrer tassenartigen Blütenstände ist *Poyomatli;* ein wirklich angenehmer Duft ist ihre Würze. Der Baum, die Blüten, sein Laubwerk, alles hat einen angenehmen Duft, alles mit Duft erfüllt, alles würzig.

Ich schneide die Blüten, breite sie aus, ordne sie, bedecke sie mit Blättern, reihe sie auf, mache einen Blumenteppich aus ihnen, mache ein Blumenbett mit ihnen, breite sie über dem Land aus. Der Duft breitet sich über das ganze Land aus, wirbelt, wirbelt ständig, breitet sich ständig wirbelnd aus, breitet sich wogend aus.« (SAHAGUN, XI)

Die Verwendung der Kakaobohnen ist bei den Indianern sehr vielseitig. Erstaunlicherweise werden sie sogar – bis heute – als Weihrauch verwendet. Die Cuna-Indianer, die auf den San-Blas-Inseln (Darien/Panama) leben, haben einen sehr hohen Verbrauch an Kakao und Schokolade (25 g Kakaopulver pro Tag pro Kopf). Kakaobohnen werden bei fast allen rituellen Anlässen und Stammeszeremonien als Weihrauch verbrannt. Der Kakaorauch wird zudem auch medizinisch genutzt. Dazu werden die Bohnen mit Chilischoten *(Capsicum annuum)* vermischt geräuchert. Dieser scharfe Rauch soll bei allen Fiebererkrankungen inklusive Malaria heilsam wirken. Beim Räuchern geben die Kakaobohnen einen erstaunlich angenehmen Geruch ab, der entfernt an frisch gebrühten Kakao erinnert. Auf der Räucherkohle explodieren die Kakaobohnen mit einem lauten Knall.

Kakaobohnen enthalten ausser fettem Öl das stimulierende Alkaloid Theobromin, das mit dem Koffein nahe verwandt ist, aber milder wirkt. Theobromin kann offensichtlich zu einer Abhängigkeit führen (sogenannte Schokoladensucht). Daneben sind noch das ähnlich aufgebaute Theophyllin und echtes Koffein enthalten. Ausserdem finden sich Phenetylamine und Catechin-Gerbstoffe (vor allem in der Schale). Dass Kakaobohnenrauch eine pharmakologische Wirkung hat, ist allerdings kaum anzunehmen.

Da es in Europa schwierig ist, Kakaobohnen zu erhalten, kann man zum Räuchern auch die leichter zu beschaffende Kakaoschale (Kakaohülsen) verwenden. Wie alle exotischen Produkte wurde auch der Kakao verfälscht. Dazu benutzte man die pulverisierten Samenkapseln des Johannisbrotbaumes von Zypern (*Ceratonia siliqua* L.).

Literatur: AGUILERA 1985, BROSSE 1992, BÜHLER 1987, DUKE 1975, HLAVA und LANSKA 1977, OTT 1985, RÄTSCH 1991b, ROSENGARTEN 1977, ROTH et al. 1994.

Kalmus

Acorus spp.
Acorus calamus L. (syn. *Acorus aromaticus* Lam.), Kalmus, Gewürzkalmus, Deutscher Zitwer
Acorus gramineus Soland., Chinesischer Kalmus, Shi chang pu, Rohrkolben
Acorus gramineus Soland. var. *pusillus* (Sieb.) Engl., Shi chang pu

Araceae, Aronstabgewächse (früher *Acoreae*)

Kalmus ist ein Gras, das in Sümpfen, an den Ufern von Teichen und Flüssen anzutreffen ist. Heute ist er fast weltweit verbreitet. In der Antike glaubte man, dass der Kalmus (altägyptisch *kni*, altgriechisch *akoron*, lateinisch *afrodisius, venerea* oder *venaria*) in den sagenumwobenen Gärten von Kolchis (auf der Balkanhalbinsel am Schwarzen Meer) gedeihe. Obwohl er eine alte Kulturpflanze zu sein scheint, war er im Altertum recht unbekannt. Sein Name wird verschieden gedeutet. Manche Autoren glauben, dass sich *acorus* von Acaron (= Ekron), einem Beinamen des semitischen Natur- und Fruchtbarkeitsgottes Baal, ableitet. Baal wurde von den Ägyptern wiederum mit Seth identifiziert. In den ägyptischen Papyri kommt der Kalmus kaum vor. Er wird einmal als Ingredienz eines Mittels gegen Magenverstimmung genannt. Ob Kalmus schon im Altertum als Aphrodisiakum verwendet wurde, wie im heutigen Ägypten, lässt sich nicht mit Bestimmtheit sagen. Die antiken Namen sprechen aber für eine in den Quellen leider nicht beschriebene Verwendung als Aphrodisiakum:

»Das Akoron, einige nennen es *Choros aphrodisias* [= ›Reigen der Venuspflanze‹], die Römer *Venerea* [= ›Venuspflanze‹], auch *Radix nautica* [= ›Schiffswurzel‹], die Gallier *Peperacium* [= ›Wasserpfeffer‹], hat Blätter denen der Schwertlilie ähnlich, aber schmaler und ihr nicht unähnliche Wurzeln, die aber miteinander verflochten und nicht gerade gewachsen sind, sondern schief zu Tage treten und durch Absätze unterbrochen sind, weisslich, mit scharfem Geschmack und nicht unangenehmem Geruch. Den Vorzug verdient das dichte und weisse, nicht zerfressene und duftreiche. Ein solches ist das, welches in Kolchis und Ga-

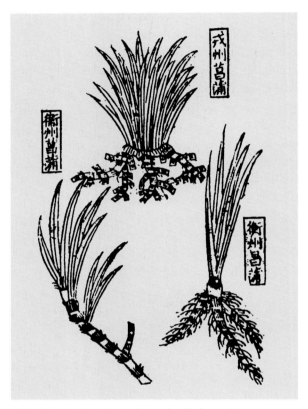

Alte chinesische Darstellung des Kalmus *(Acorus calamus)* aus einem Arzneimittelbuch *(Pen ts'ao).*

latien *Splenion* [= ›Mittel gegen Milzleiden‹] genannt wird. Die Wurzel hat erwärmende Kraft. Eine Abkochung davon getrunken treibt den Harn, ist auch ein gutes Mittel bei Lungen-, Brust- und Leberleiden, bei Leibschneiden, Zerreissungen und Krämpfen. Sie erweicht die Milz, hilft den an Harnzwang Leidenden und den von giftigen Tieren Gebissenen, und eignet sich wie die Schwertlilie zu Sitzbädern bei Frauenkrankheiten. Der Saft der Wurzel vertreibt die Verdunkelungen auf der Pupille; mit Vorteil wird aber auch die Wurzel den Gegengiften zugemischt.« (Dioskurides I, 2)[25]

25 Die Identität von *akoron* und Kalmus ist nicht hundertprozentig gesichert; vgl. Plinius XXV, 157.

In Italien heisst der Kalmus heute noch *Erba di venere*, »Pflanze der Venus« (SAMORINI und FESTI 1995: 33). Der Kalmus ist in Mitteleuropa aber erst im 16. Jahrhundert eingeführt worden. Er hat sich seither an Bächen und langsamfliessenden Gewässern und Seen verwildert.

Im Himalaya gilt Kalmuswurzel als Nerventonikum und wird vielen Räuchermischungen beigefügt. Auf Sanskrit heisst der Kalmus *vacha* und stellt eine bedeutende geistbewegende Heilpflanze der ayurvedischen und tibetischen Medizin dar: »*Vacha* bedeutet wörtlich ›Sprechen‹ und bezeichnet die Kraft des Wortes, der Intelligenz oder des Selbstausdruckes, die von dieser Heilpflanze angeregt wird.« (LAD und FRAWLEY 1987: 175)

Kalmuswurzel hat als Räucherung eine geistig aufhellende und stärkende Wirkung. Sie findet sich oft in tibetischen Räuchermischungen, die als Nervenstärkungsmittel und zur Steigerung der meditativen Konzentration verbrannt werden:

»Kalmus ist eine der geschätztesten Heilpflanzen der alten *wedischen* (sic!) Seher. (…) Diese Pflanze ist ein Verjüngungsmittel für das Gehirn und das Nervensystem, auf die sie eine reinigende und revitalisierende Wirkung ausübt. (…) Kalmus macht die subtilen Kanäle frei und reinigt sie von Toxinen. Die zerebrale Durchblutung wird gefördert, die Sensibilität vermehrt, das Gedächtnis verbessert und die Bewusstheit gesteigert. Kalmus ist sattwischer Natur und ist gemeinsam mit *Hydrocotyle asiatica* [Asiatisches Nabelkraut], mit dem es zu diesen Zwecken kombiniert werden kann, eine der besten Heilpflanzen für den Geist. Kalmus hilft auch die sexuelle Energie umzuwandeln und nährt Kundalini.« (LAD und FRAWLEY 1987: 176)

Im Ayurveda wird auch das Wurzelpulver als Schnupfpulver zur Wiederbelebung bei Schock und Koma verwendet. Das geröstete Wurzelpulver (auch die Rückstände einer Räucherung) wird mit Öl als Heilmittel bei Koliken äusserlich auf den Bauch aufgetragen. Aus Kalmus und **Benzoe** werden die Kalmusräucherstäbchen hergestellt.

In China gehört der Kalmus zu den ältesten glückverheissenden Pflanzen. Vom Daoisten An-ch'i-sheng heisst es, dass er wilden Kalmus als Elixier verwendete und dadurch unsterblich und unsichtbar wurde. Leider ist nicht überliefert, *wie* der Kalmus für diesen Zweck zubereitet und eingenommen wird.

In Nordamerika wird der Kalmus meist *Sweetflag*, gelegentlich aber auch *Sweetgrass* genannt; und deshalb auch mit dem eigentlichen **Sweetgrass** der Prärieindianer verwechselt. Kalmus gehört in den nordamerikanischen Waldlandgebieten und angrenzenden Plains zu den von den Indianern sehr vielseitig eingesetzten Medizinen. Medizinisch wird praktisch immer der Wurzelstock (Rhizom) verwendet. Abkochungen der Wurzel dienen als Heilmittel bei Magen-Darm-Störungen, Verdauungsschwäche und Krämpfen. Bei Kopfschmerzen, Erkältungen, Halsentzündungen und Bronchitis werden frische Wurzelstücke ausgekaut. Die Wurzel wird aber auch getrocknet zu einem medizinischen und rituellen Schnupfmittel verarbeitet (MORGAN 1980).

Vielen Indianern gilt Kalmus als Panazee und Tonikum. Den Irokesen diente die Wurzel zum Aufspüren von Hexen und bösem Zauber. Viele Waldlandindianer halten die Wurzel für apotropäisch und hängen sie deshalb im Haus auf oder nähen sie den Kindern in die Kleidung. Die Geister der Nacht bleiben dann fern. Die Winnebago, Ponca, Pawnee, Omaha und Dakota fertigen aus dem Kalmusgras Girlanden an, die bei geheimen Riten verwendet werden. Die Cheyenne benutzen Kalmuswurzel als Räuchermittel bei ihrer

Schwitzhüttenzeremonie. Dazu werden Wurzelstücke einfach auf die glühenden Steine in der Schwitzhütte gestreut. Der Rauch soll reinigend und gesundheitsfördernd sein. Manchmal werden auch Kalmuswurzelstücke und Kalmusblätter den Rauchmischungen zugesetzt. Medizinisch wird Kalmus bei Kopfschmerzen, Husten und Erkältung geraucht oder geräuchert.

Die Cree benutzten angeblich Kalmuswurzel als Halluzinogen. Es heisst, dazu kauten sie ein fingerlanges Wurzelstück aus. Ich bezweifle die Echtheit dieser Information, die in der psychedelischen Literatur stets kolportiert wird (vgl. MORGAN 1980, OTT 1993, SCHULTES und HOFMANN 1995). Alle Experimente mit Kalmus, auch in sehr hohen Dosen (bis zu 300 g Rhizom!), waren völlig erfolglos. Wenn die Cree tatsächlich ein Halluzinogen besessen haben, dann war es sicherlich nicht *Acorus calamus*. Ein Cree-Name für Kalmus (oder, wie es in der Quelle heisst, einer sehr *ähnlichen* Pflanze) lautet *pow-e-men-arctic*, »Feurige Pfefferwurzel«.

Wenn man Kalmuswurzelstücke auf die Räucherkohle streut, wird sofort ein kräuteriger, zitronig-frischer Duft frei, der im wesentlichen auf das sich verflüchtigende ätherische Öl zurückgeht.

Die Kalmuswurzel ist reich an ätherischem Öl mit Decadienal, Caryophyllen, Humulen, Curcumen und β-Asaron und enthält ausserdem die Bitterstoffe Acoron, Neoacoron und Acorin, Gerbstoffe und Schleim (der chinesische Kalmus enthält neben α-Asaron und β-Asaron noch Eugenol, Safrol, α-Humulen, Sekishon u.a.). Das ätherische Öl wirkt tonisierend, magenstärkend und krampflösend. Das β-Asaron soll angeblich giftige und krebserregende Eigenschaften und auch berauschende Wirkung haben, die vermutlich auf ein Stoffwechselprodukt, das TMA oder Trimethylmetamphetamin, zurückzuführen seien.

Der echte Kalmus wurde schon im Altertum mit dem *Calamus aromaticus* genannten indischen Kamelgras *(Cymbopogon schoenanthus)* verwechselt. Das aromatische Gras wurde erst richtig bekannt durch GARCIA DA ORTA, *Colloquies,* dem diese Abbildung entnommen ist.

Die Behauptung, Kalmus sei ein Halluzinogen, entstammt wohl eher einer Wunschvorstellung als den tatsächlichen Erfahrungen mit der Pflanze. Ich habe auch bei sehr hohen Dosierungen (bis 100 g der ausgekochten getrockneten Wurzel) keinerlei halluzinogene, psychedelische, entheogene oder sonstwie visionäre Wirkungen bemerken können. Ich kenne auch keinen experimentierfreudigen Psychonauten, der von erfolgreichen Versuchen mit Kalmus berichten könnte. Das Asaron hat anscheinend eher sedierende Eigenschaften. Ich denke, man kann den Kalmus aus der Liste der sogenannten *Legal highs* streichen.

Einen Tee (Infusion oder Dekokt) aus dem zerkleinerten Wurzelstock (1 Teelöffel pro Tasse) kann bei Schwächezuständen, Magen-Darm-Krämpfen und als Aphrodisiakum getrunken werden. Ein starkes Dekokt eignet sich auch als Badezusatz. Das Öl ist mit Vorsicht zu geniessen. Asaron kann Aborte auslösen.

Kalmuswurzel *(Rhizoma calami)* ist über den Kräuter- und Apothekenhandel erhältlich. Man kann die Pflanze gut am eigenen Gartenteich anpflanzen.

Die in den antiken Quellen genannte aromatische Duft- und Räucherpflanze *Calamus* konnte bis heute nicht eindeutig identifiziert werden.

Literatur: Dastur 1985, Dittrich 1988, Erichsen-Brown 1989, Germer 1985, Hepper 1992, Hlava und Lanska 1977, Hooper 1937, Hutchens 1992, Lad und Frawley 1987, Li 1979, Manniche 1989, Moerman 1986, Morgan 1980, Ott 1993, Pabst 1887/89, Paulus und Ding 1987, Roth et al. 1994, Samorini und Festi 1995, Schaffner 1992, Schultes und Hofmann 1980 und 1995, Singh et al. 1979.

Kampfer

Cinnamomum camphora (L.) Nees et Eberm.

Lauraceae, Lorbeergewächse

Die Stammpflanze des Kampfers *(Cinnamomum camphora)* blieb in Europa fast unbekannt und ist bei keinem der »Väter der Botanik« abgebildet; dennoch gehörte Kampfer schon im späten Mittelalter zu den beliebtesten Heilmitteln. Holzschnitt aus Michael Herr, *Schachtafelen der Gesundheyt,* 16. Jahrhundert.

Der bis zu vierzig Meter hohe Kampferbaum (auch Kampferlorbeer genannt) hat sein natürliches Hauptverbreitungsgebiet in China (Hubei, Sichuan, Kiangsi), Japan und Taiwan. Er wird aber auch in vielen anderen Gebieten angebaut. Er erreicht gelegentlich einen enormen Stammumfang, hat oft ein knorriges Aussehen und ist immergrün. Der Baum ist vor allem für sein medizinisch wertvolles aromatisches Produkt bekannt und war deshalb von ökonomischer Bedeutung. Heute wird der Weltmarkt mit synthetischem Kampfer beliefert. Der weisse, charakteristisch – eben »kampferartig« – duftende Kampfer kann aus allen Pflanzenteilen, vor allem aus Holz und Rinde, aber auch aus den Blättern destilliert werden.

Der Kampferbaum gehört seit frühester Zeit zu den wichtigsten Medizinalgewächsen der chinesischen *Materia medica.* Das weisse aromatische Kampferharz heisst im Chinesischen *long nao xi-*

ang, »Drachengehirn«[26]. Es wurde schon vom Gelben Kaiser als Heilmittel bei Kopfschmerzen und Hämorrhoiden verwendet:

»Wir wissen nicht, ob das geronnene Harz sie an das Gehirn erinnerte und, weil es so selten und kostbar war, dem König der Tiere zugeschrieben wurde, oder ob der Name daher stammt, dass der Kampfer dem Kaiser, dem ›Drachen‹, vorbehalten war.« (FAZZIOLI 1989: 23)

Der Kampferbaum galt in China und Tibet lange Zeit als »König der fernöstlichen Heilpflanzen«; denn »der Kampfer ist vergleichbar einem ›wilden Mann‹ (Yeti, Schneemenschen des Himalaya)« (KAUFMANN 1985: 106). Warum die »Medizin des wilden Mannes« so hoch geschätzt wurde, hat der grosse Toxikologe Louis Lewin (1850–1929) herausgefunden. In seinem Jahrhundertwerk *Phantastica* (von 1929) erzählt er:

»Tatsächlich begegnet man seit etwa zwei Jahrzehnten in den oberen Kreisen der englischen Gesellschaft Kampferessern und Kampferesserinnen, die das Mittel in Milch, Alkohol, in Pillen usw. nehmen. Das gleiche findet man in den Vereinigten Staaten und in der Slowakei. Frauen behaupten, dadurch einen frischen Teint zu bekommen. Der wahre Beweggrund scheint aber zu sein, einen gewissen Erregungs- bzw. Rauschzustand dadurch zu erlangen, der freilich, wie mir scheint, eine besondere Disposition hierfür erfordert.

Nach Einnehmen von etwa 1,2 g können sich einstellen: angenehm empfundene Hautwärme und eine allgemeine Nervenerregung, Bewegungsdrang, Kribbeln in der Haut und eine eigentümliche, rauschähnliche, ekstatische, geistige Aufregung. ›Klar und deutlich lag einem solchen Selbstversucher seine Bestimmung mit Tendenzen der schönsten Art‹ vor. Dieser Zustand hielt anderthalb Stunden an. Nach Einnehmen von 2,4 g stellte sich Bewegungsdrang ein. Alle Bewegungen waren erleichtert. Im Gehen hoben sich die Schenkel über die Massen. Geistige Arbeit war unmöglich. Ein Gedankensturm stellte sich ein, eine Vorstellung folgte wild der anderen, schnell, ohne dass eine verharrte. *Das Bewusstsein der Persönlichkeit ging verloren*.« (LEWIN 1981: 302f.)

Wenn das Bewusstsein der eigenen Persönlichkeit verlorengeht, steigt wohl der Drache aus den Tiefen des Reptilienhirns auf …

Etwa zu der Zeit, als Lewin seine Forschungen anstellte, wurde der Kampfer auch im französischen Okkultismus als magischer Räucherstoff (und wohl auch als Rauschmittel[27]) benutzt (vgl. **Erdrauch**). Sédir beschrieb in seiner *Okkulten Botanik* den Mondcharakter und den Gebrauch des Kampfers als Räucherstoff:

»Kampfer. – Mond. Der Mondhafte und wässrige Charakter ist sehr ausgeprägt, obwohl das (verbrannte) Harz fälschlicherweise oft für feurig-marsbetont gehalten wird. Neptun-Einfluss. Von daher besitzt der Kampfer die doppelte Eigenschaft, einerseits negative Einflüsse zu zerstören und andererseits hellsichtige Klarheit, aber durchaus auch illusionäre Wirkungen hervorzurufen. Früher verbrannte man Kampfer zur feinstofflichen Reinigung eines Ortes (beispielsweise beim Einzug). Für die Räucherung empfiehlt sich die Verbindung mit Weihrauch [**Olibanum**] und Iris. Während des Räucherns ist es unter Umständen besser, den Raum zu verlassen, damit die Herz-

---

26 In China wurden auch rezente oder versteinerte Algenkolonien *(Collenia sinensis)* als »Drachengehirn« gedeutet und medizinisch benutzt. T'ao Hung-Ching hat diese »fette, weiche Substanz« benutzt, um Diarrhöen zu stoppen (READ 1977: 9).

27 »Es gibt in Berlin wie in allen Grossstädten verbrecherische Existenzen, welche armen Kranken Kampfer, Kokain und andere Sachen zum Riechen verkaufen, welche mit diesen Betäubungsmitteln einen gewissen Rausch hervorrufen.« (KRUMM-HELLER 1934: 104)

In Indien wird der Kampfer mit Shiva, dem Gott des Rausches und der Erotik, assoziiert. Packungsdeckel, Indien, 20. Jahrhundert.

tätigkeit nicht zu sehr beschleunigt wird.« (BELLEDAME 1990: 81)

In Indien und Nepal wird Kampfer (Kapur) hauptsächlich als stimulierender Zusatz in die Betelbissen gegeben und medizinisch verwendet. In der indischen Medizin (Ayurveda) wird Kampfer als Beruhigungsmittel, sozusagen zur Kühlung, bei Hysterie und Nervosität verabreicht:

»Kampfer vermehrt *Prana*, öffnet die Sinne, verleiht dem Geist Klarheit. (...) Eine Prise Kampferpulver wird geschnupft, wenn die Nase verstopft ist, bei Kopfschmerzen und um die Wahrnehmung zu steigern. Während einer *Puja*, einer religiösen Andacht, wird Kampfer als Rauchmittel verbrannt, um die Atmosphäre zu reinigen und die Meditation zu fördern. (...) Zur Behandlung der Atemwege kann Kampferaufguss auch gekocht und die Dämpfe eingeatmet werden. Zum inneren Gebrauch sollte nur roher Kampfer verwendet werden, und nicht der im Handel häufig angebotene synthetische Kampfer.« (LAD und FRAWLEY 1987: 179f.)

Kampfer als Räucherstoff hat vor allem in Südindien eine grosse rituelle Bedeutung. Im Gebiet von Nord-Arcot liegt ein heiliger Berg namens Arunachala, »Roter Berg«, der innen hohl und von Wesen mit aussergewöhnlichen geistigen Fähigkeiten bewohnt sein soll. Dort gibt es einen grossen Tempel, der einer Göttin desselben Namens geweiht ist:

»Einmal im Jahr feiern die Priester ihr grosses Fest. Sowie es im Tempel seinen Anfang nimmt, wird auf dem Gipfel des Berges eine riesige Flamme entfacht, die von grossen Mengen Butter und Kampfer genährt wird. Sie brennt tagelang und ist meilenweit sichtbar.« (BRUNTON 1983: 153)

Dieser Kult ist eng mit Shiva, dem der Kampfer ebenfalls heilig ist, verbunden:

»Unseren heiligen Legenden zufolge erschien der Gott Shiva einmal als feurige Flamme auf dem Gipfel des Heiligen Roten Berges. Daher zünden die Priester des Tempels einmal im Jahr zur Erinnerung an dieses Ereignis, das sich vor Tausenden von Jahren zugetragen haben muss, das grosse Feuer an. Ich nehme an, dass der Tempel für dieses Fest gebaut wurde, da Shiva noch heute den Berg beschirmt.« (ebd.: 165).

In Varanasi (= Benares) gibt es ein Heiligtum des Krishna, in dem eine goldene Statue des jugendlichen Gottes und Liebhabers verehrt wird. Dazu werden Blumen, Früchte und Farben geopfert. Als Räucherstoff wird an dieser Stelle Kampfer verbrannt (BRUNTON 1983: 217).

Kampferrinde, auch reiner Kampfer, kann nicht nur geräuchert, sondern auch geraucht werden. Beim Rauchen haben beide Produkte eine leicht stimulierende Wirkung. Kampfer verflüchtigt sich in Räucherungen sehr schnell und verbreitet den typischen Kampfergeruch.

In Arabien wurden von gewissen Sekten Kampferräucherungen zur Unterdrückung der sexuellen Begierde angewendet. In der frühen Neuzeit wurde der Kampfer mit Sandelöl vermischt zur Unterdrückung der »Lust zur Unkeuschheit« inhaliert (LONICERUS 1679: 735). Wegen der anaphrodisischen Kraft wird der Kampfer heute noch in buddhistischen Klosterräucherstäbchen verarbeitet.

Der Kampferbaum enthält reichlich ätherisches Öl, das sehr kompliziert zusammengesetzt ist; daraus scheidet sich die weisse Substanz Kampfer (Summenformel $C_{10}H_{16}O$) aus. Im ätherischen Öl sind u.a. Azulen, Bisabolon, Cadinen, Camphen, α-Camphoren, Carvacrol, Cineol, p-Cymol, Eugenol, Laurolitsin, d-Limonen, Orthoden, α-Pinen, Reticulin, Safranal, Safrol, Salven und Terpineol festgestellt worden.

Da Kampfer relativ einfach synthetisiert werden kann, bekommt man im Apothekenhandel praktisch nur noch synthetischen Kampfer (*Camphora synthetica* DAB 8). Ob dieser die feinen Qualitäten des natürlichen Produktes hat, sei dahingestellt. Dem im Apothekenhandel erhältlichen Kampferöl ist – trotz des Namens – der Kampfer entzogen worden.

Der sogenannte Borneo-Kampfer stammt von der Stammpflanze *Dryobalanops camphora*, die zur Familie der harzliefernden *Dipterocarpaceae* gehört. Aus seinem Holz wird der Duftstoff Borneol destilliert.

Literatur: AMBASTA 1994, BELLEDAME 1990, BRUNTON 1983, DRURY 1989, GRIEVE 1982, KRAUS 1990, KROCHMAL 1984, KRUMM-HELLER 1934, LAD und FRAWLEY 1987, LONICERUS 1679, MAJUPURIA und JOSHI 1988, PAHLOW 1993, PATNAIK 1993, ROTH et al. 1994, SCHNEEBELI-GRAF 1992, SINGH et al. 1979, STORRS 1990, WOLLNER 1995.

Kaneel

Canella alba MURRAY, Canelobaum
Canella winteriana (L.) GAERTN., Winter's Bark[28]

Canellaceae, Kaneelgewächse

Um die botanische Identität des Kaneels herrschte etliche Verwirrung, die noch dadurch zunahm, dass Garcia da Orta den indischen Tamala-Zimt *(Cinnamomum tamala)* in Europa unter dem Namen Canela bekannt machte. Illustration aus GARCIA DA ORTA, 16. Jahrhundert.

Auf den Westindischen Inseln, in Florida und Südamerika wachsen die Kaneelbäume, die eine eigene Familie bilden. Obwohl ihre Rinde sehr ähnlich wie Zimt oder Kassia riecht, sind sie mit diesen nicht verwandt. Der Kaneelbaum, der im Englischen irreführenderweise *White cinnamon* heisst, wird manchmal verwechselt mit dem brasilianischen Nelkenzimt oder der Nelkenrinde *Dicypellium caryophyllatum* (MARTIUS) NEES, syn. *Persea caryophyllata* MARTIUS, aus der Familie der Lorbeergewächse *(Lauraceae)*.

28 Die echte Winter's Bark stammt von der Stammpflanze *Drimys winteri* FORST. aus der Familie der *Magnoliaceae* (GRIEVE 1982: 850).

Nicht nur die dicke braune Rinde riecht nach Zimt, sondern auch die Früchte. Auf Jamaika gibt es eine Taubenart, die sich speziell von Kaneelfrüchten ernährt. Dadurch nimmt das als Delikatesse hoch geschätzte Fleisch einen köstlichen Zimtgeschmack an.

Die Konquistadoren hielten den westindischen Baum für eine Abart des Zeylonzimtbaumes. Damit begann die Geschichte der botanischen Verwirrungen. Denn auch in England, wo der Baum erstmals um 1600 bekannt wurde, und in Deutschland wurden und werden die Wörter Zimt und Kaneel synonym benutzt.

Die Araukaner oder Mapuche verehren den Kaneel *(Canela)* als heiligen Baum *(Drimys winteri)*. Ihre Schamanen und Schamaninnen *(machi)* räuchern mit Zweigen und Rindenstücken bei allen Heilritualen und religiösen Zeremonien. Zur Wahrsagerei versetzen sich die Schamanen mit dem Kaneelrauch in einen hellsichtigen, tranceartigen Zustand. Zur Divination hocken sie sich in eine abgedunkelte Hütte. In der Mitte pflanzen sie eine Art Modell des Weltenbaums aus Kaneelzweigen ein und reisen, vom Kaneelrauch getragen, in die jenseitige Welt (vergl. RUBEN 1952).

Auf den Bahamas ist der Kaneelbaum unter dem Namen *Cinnamon bark tree* bekannt und ein beliebtes Heilmittel der *Bush medicine*. Eine Abkochung seiner Blätter dient dort als Badezusatz für Heilbäder bei rheumatischen Beschwerden. Das getrocknete Holz und die Rinde werden bei Kopfschmerzen geraucht oder geräuchert.

Bei der schwarzen Bevölkerung der Karibischen Inseln und bei den *Black Caribs* wird die Rinde mit Tabak vermischt geraucht. Oft wird sie auch zum Parfümieren von Räumen geräuchert. Fein zermahlen dient sie als Gewürz von verschiedenen Speisen und alkoholischen Getränken. Mit **Aloe** vermengt gilt sie als innerliches und äusser-

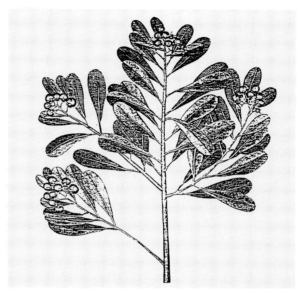

Die vermutlich früheste europäische Darstellung (Kupferstich) des echten Kaneelbaums *(Canella alba)* stammt aus *An Appendix to Culpeper's British Herbal, being an Account of Foreign Plants* von DR. E. SIBLY (1821).

liches stimulierendes Reinigungsmittel. Im afroamerikanischen Santería-Kult steht der Kaneelbaum unter dem Schutz der Yoruba-Göttin Oshún, die der griechischen Aphrodite entspricht. Deshalb ist Kaneel auch dem Planeten Venus zugeordnet.

Kaneel enthält bis zu 1,25% ätherisches Öl, bestehend aus Eugenol, Cineol, l-α-Pinen, Caryophyllen und Terpenen, Gummi, Canellin, 10% Harz, Bitterstoffe, Mannit und Albumen. Kaneel ist magenstärkend und verdauungsfördernd.

Kaneelrinde ist in Europa fast niemals erhältlich. Man kann sie aber bei jedem Karibikurlaub auf Märkten und bei Gewürzhändlern erwerben.

Literatur: ELDRIDGE 1975, GRIEVE 1982, HLAVA und LANSKA 1977, RÄTSCH 1991b und 1992b, RUBEN 1952.

Kassia

Cinnamomum cassia BLUME (syn. *Cinnamomum aromaticum* FR. NEES, *Laurus cassia* C. G. NEES, *Persea cassia* SPR., *Laurus cinnamomum* ANDR.), Chinesischer Zimtbaum
Cinnamomum tamala FR., Tamalazimt, Tejpat

Lauraceae, Lorbeergewächse

»Hinter gemalten Balustraden stehen Zimtkassiebäume,
die Duftwolkenschwaden aussenden.«

LI BO, *Abschiedslied an Hsiao Wu*

Der Chinesische Zimtbaum, auch Zimtkassie genannt, wächst in den subtropischen Zonen Südchinas, aber auch in Burma, Laos und Japan. Der kleine, meist nur etwa drei Meter hohe immergrüne Baum ist kaum vom Zeylonzimt (vgl. **Zimt**) zu unterscheiden und gehört zu den ältesten in China kultivierten Nutzpflanzen.

Die Chinesen sehen im Mond einen Mann, der sich an einem Zimtkassienbaum zu schaffen macht und die schnell nachwachsenden Zweige abbricht. In den alten chinesischen Schriften wird der »betörende Blütenduft« gepriesen und die medizinische Verwendung bei Menstruationsbeschwerden, Erkältungen, Husten, Krebs (!), Schwindelgefühl, Fieber, Durchfallerkrankungen, Kopfschmerzen, Hexenschuss, Rheumatismus und Gelbsucht beschrieben. In der traditionellen chinesischen Medizin gilt die Rinde als das Körperinnere erwärmend, das *yang* stärkend, Kälte zerstreuend und schmerzstillend. Sie wird heute noch bei Impotenz, rheumatischen Erkrankungen und Durchfall verordnet. In der japanischen Kampo-Medizin, die wesentlich auf die altchinesische Kräuterkunst zurückgeht, wird die Kassiarinde bei Kopfschmerzen, Fieber, Schüttelfrost, Leibschmerzen und Tachycardie verwendet. Ausserdem heisst es, Kassia würde das *qi (ch'i)*, die Lebensenergie, steigern. Kassia gehört zu den wenigen in der chinesischen Küche verwendeten Gewürzen (siehe **Sternanis**).

Kassia war in Europa viel früher als der eigentliche Zimt bekannt. Über Arabien gelangte Kassiarinde bereits vor über 4000 Jahren nach Ägypten und Griechenland. Sie wurde in Ägypten in erster Linie als liturgisches Räuchermittel, aber auch zum Einbalsamieren der Mumien verwendet. In Griechenland wurde die Rinde vielseitig als Medikament gebraucht:

»Peri Kassias. Von der Kassie gibt es mehrere Sorten, welche in dem gewürzliefernden Arabien wachsen. Sie hat einen dickrindigen Zweig, Blätter wie der Pfeffer. Wähle die ins Gelbliche spielende, gut aussehende, korallenähnliche, sehr dünne, lange und feste, die voll von Röhren ist, die einen

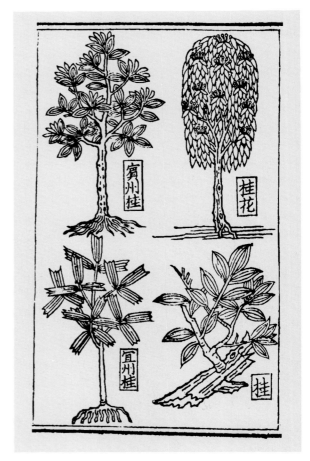

Kuei, der chinesische Kassia-Zimtbaum *(Cinnamomum cassia)* aus dem *Ch'ung-hsiu cheng-ho pen-ts'ao*.

beissenden und zusammenziehenden, zugleich einen einigermassen brennenden, würzigen Geschmack und einen weinartigen Geruch hat. Die so beschaffene wird von den Eingeborenen *Achy* [von hebräisch *ach/achu*, ›Schilf‹] genannt. Bei den Kaufleuten in Alexandrien führt sie den Namen *Nanieik Daphnitis* [›Lorbeerähnlich‹]. Dieser steht aber voran die dunkle und purpurfarbene, dichte, genannt *Zigir*, die einen Rosenduft hat und am besten zum medizinischen Gebrauch sich eignet. An zweiter Stelle dann kommt die vorher genannte. Die dritte ist der sogenannte Mosylitische Zweig, die übrigen aber sind minderwertig, wie die *Aphysemon* genannte dunkle, unangenehm riechende, mit dünner oder auch rissiger Rinde, oder wie die als *Kitto* und *Dakar* bezeichnete.

Es gibt aber auch eine ungeheuer ähnliche falsche Kassia, welche durch den Geschmack erkannt wird, der weder scharf noch gewürzhaft ist; sie hat die Rinde, welche dem Mark angrenzt. Es wird aber auch eine breite Röhre angetroffen, zart, leicht, schlank, welche wohl den Vorzug vor der anderen litt. Verwirf aber die weissliche, krätzig aussehende, die einen bockartigen Geruch hat, und die, welche keine dicke, sondern eine kratzige und schwache Röhre hat. Sie hat erwärmende, harntreibende, austrocknende und gelind adstringierende Kraft. Sie eignet sich sehr zu Augenmitteln für Scharfsichtigkeit und zu Umschlägen. Mit Honig eingesalbt, entfernt sie die Leberflecken, innerlich genommen befördert sie auch die Menstruation und hilft den von der Otter Gebissenen, getrunken ferner hilft sie gegen alle inneren Entzündungen und endlich den Frauen im Sitzbad und in der Räucherung zur Erweiterung des Muttermundes. Die doppelte Menge den Arzneimitteln zugemischt, wenn es an Zimt mangeln sollte, leistet dasselbe. Endlich ist sie zu Vielem nützlich.« (DIOSKURIDES I, 12)

Kassiarindenstücke sind eine hervorragende Rohdroge, mit der man räuchern kann. Die nach Zimt, aber viel süsser und orientalischer duftende Rinde kann leicht entzündet werden und glimmt eine Zeit lang vor sich hin. Dadurch wird der würzige Duft frei und verteilt sich schnell im ganzen Raum und taucht ihn in eine exotische, aber urgemütliche Atmosphäre. Für mich gehört die Kassia zu den angenehmsten und köstlichsten Räucherstoffen überhaupt. In Räucherstäbchen, die nach Zimt duften, ist meist eine ordentliche Portion Kassia enthalten.

Die Kassiarinde enthält 1–2% ätherisches Öl, bestehend zu 70–90% aus Zimtaldehyden sowie Cinnamylacetat und Phenylpropylacetat. Daneben finden sich Diterpenoide (Cinncassiol A, 19-Gucosid, Cinnzeylanol, Cinnzeylanin), Zucker (D-Glukose, D-Fruktose, Sukrose), Benzaldehyde, Cumarin und Tannin. Der Rindenextrakt hat antibiotische Wirkung (vor allem auf Kolibakterien und *Staphylococcus aureus*). In Japan wurde festgestellt, dass das Extrakt auch Pilze und andere Keime abtötet.

Kassia kommt meist in Form von Rindenstücken *(Gui zhi, Cortex cinnamomi chinensis)* in den Gewürzhandel; sehr selten sieht man die getrockneten unreifen Früchte, die duftenden Kassienknospen *(Flores cassiae)*. Da echte Kassiarinde selten im Handel zu finden ist, kann man auch auf andere Arten zurückgreifen. In Indien und Nepal wächst der Tamalazimt oder *tamala patra* (Nepali: *tejpat*, Newari: *daljin*), dessen Rinde dort zu Würz- und Räucherzwecken gesammelt und vertrieben wird. Die Tamalarindenstücke sind vom Aussehen und Geruch her praktisch nicht von der echten Kassiarinde zu unterscheiden. Tamala gelangt oft unter dem irreführenden Namen Kassia in den internationalen Handel. Im Himalaya wird die Tamalarinde zur Herstellung von Räucherstäbchen, aber auch bei der Bereitung von ayurvedischen Medikamenten verwendet. In Darjeeling und Sikkim gilt Tamalazimt als Heilmittel bei Gonorrhöe, Durchfallerkrankungen und Rheumatismus. Die echte Kassia wird manchmal mit dem indonesischen Padangzimt (*Cinnamomum burmanni* BLUME) verwechselt oder verfälscht.

Literatur: ATKINSON 1989, GRIEVE 1982, HLAVA und LANSKA 1977, LI 1979, NORMAN 1991, PATNAIK 1993, PAULUS und DING 1987, SCHNEEBELI-GRAF 1992, STORRS 1990, TSUMURA 1991.

Kiefer (Latschenkiefer)

Pinus sylvestris L., Kiefer
Pinus mugo TURRA ssp. *pumilo,* Latschenkiefer, Bergföhre

Pinaceae, Föhrengewächse

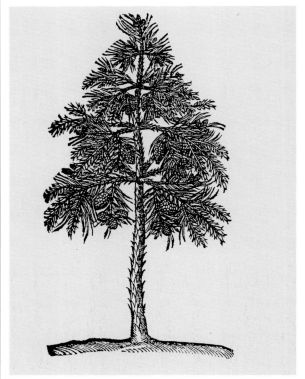

Alte Darstellung der Kiefer oder Wilden Pinie *(Pinus sylvestris).* Holzschnitt aus GERARD, *The Herbal,* 1633.

»Die eigentliche Kiefer gibt mehr und flüssigeres Harz als die Fichte, und man gebrauchst sie auch gern zu Feuern und zu Leuchten bei Opfern.«

PLINIUS, *Naturgeschichte* (XVI, 10,19)

Die Kiefer, die auch unter den Namen Föhre, Feuerbaum und Kienbaum[29] bekannt ist, wird bis zu vierzig Meter hoch und kommt in ganz Europa und Nordasien vor. Manche Bäume erreichen ein Alter von dreihundert Jahren.

Im Volkstum wurden manche Kiefern als »Heiligföhren« verehrt – ein Brauch, der auf den Baumkult der Germanen zurückgeht. Die Kiefer

[29] Das Wort Kiefer soll durch eine Kontraktion von Kien und Föhre entstanden sein (PABST 1887/89: I, 195).

war auch ein Symbol der Langlebigkeit, der Ausdauer und Wiederauferstehung. In mageren Zeiten wurde früher die Innenrinde als Mehlersatz gegessen. Dazu wurde der Rinde weitgehend das Harz entzogen. Aber das Rindenmehl hatte dennoch ein deutliches Kiefernharzaroma. Das aus dem Stamm geflossene Kiefernharz hiess früher »Waldweihrauch«. Plinius schreibt, dass Kiefernharz als »Räucherung die Gebärmutter wieder in Ordnung bringt« (XXIV, 28).

Durch Abtragen oder Einritzen der Rinde tritt das Harz hervor, das unter dem Namen deutsches Terpentin *(Terebinthina communis)* bekannt ist. Das Harz kann in Wasser erhitzt und dadurch vom Terpentinöl befreit werden. Zurück bleibt ein weisses Harz *(Resina alba)*, das früher medizinisch genutzt wurde. Durch trockene Destillation des Kiefernholzes entsteht Holzteer *(Pix liquida)*, der in der alten Pharmazeutik als Grundlage von Heilsalben verwendet wurde. Das frische oder gereinigte Harz wurde früher als Räuchermittel bei chronischem Lungenkatarrh inhaliert. Es dient heute noch zur Herstellung deutscher Räucherkerzen.

Im deutschen Volkstum wurden Kiefernzweige spezifisch als Schutz gegen Hexerei geräuchert. In der modernen Esoterik wird die Kiefer mit den Planeten Saturn und Merkur in Beziehung gebracht. Sie kann, ähnlich wie die Fichte, als Räucherstoff verwendet werden:

»Harz, Holz, Zapfen, Rinde und Nadeln der Kiefer zeigen vordergründig ähnliche, jedoch sanftere Eigenschaften, als wir sie bei der Fichte antreffen. Reinigend und desinfizierend, lösend und öffnend, erleben wir den Einzug einer milden, angenehmen Wärme in unseren Körper. Wo die Fichte jedoch dunkle, zornige Stimmungen in den Räumen reinigt, spüren wir, vermittelt durch die Räucherung der Kiefer, wie sich in wenigen Augenblicken Trauer und Melancholie in eine ruhige, besänftigende Freude verwandeln. Die Seele erwacht allmählich aus dem Schlaf der Trauer und findet wieder den Weg zum Körper, um durch ihn Freude und Zuversicht auszudrücken.« (STRASSMANN 1994: 163)

Die trockenen Nadeln brennen lichterloh. Deshalb sollte man beim Gebrauch dieses Räucherstoffes sehr vorsichtig sein. Das Kiefernharz entwickelt auf der Räucherkohle einen harzig-süssen Wohlgeruch, der an warme Sommernachmittage im Schatten der Kiefer erinnert.

Die Nadeln und Sprossen enthalten 0,2% ätherisches Öl, bestehend aus α-Pinen, β-Pinen, Cadinen, Phellandren, Sylvestren, Limonen, Caren, Cymol, Kampfer und Bornylacetat. Das ätherische Öl wirkt keimtötend, antirheumatisch, hustenlindernd und stimulierend. Es eignet sich zum Inhalieren und als Badezusatz. Das Harz besteht aus 3–5% Terpentinöl, Wasser und den Harzsäuren Sylvin- und Pinensäure. In Stamm und Rinde ist reichlich Harz enthalten. Kiefernöl ist bekannt dafür, unangenehme Gerüche zu neutralisieren.

In Europa gibt es viele Kiefernarten, die der echten Kiefer sehr ähneln und oft mit dieser verwechselt werden (vgl. **Arve**, **Pinie**). Die Latschenkiefer oder Bergföhre ist eine kleinere Unterart der Kiefer, die sich von dieser durch einen knorrigen, niedrigen Wuchs und kürzere Nadeln unterscheidet. Der Duft der Nadeln und des Harzes ist etwas aromatischer, süsser und fruchtiger als bei der gemeinen Kiefer. Beim Räuchern geben die Nadeln einen etwas feineren Geruch ab als gewöhnliche Kiefernnadeln.

Die Nadeln der Latschenkiefer enthalten 0,5% ätherisches Öl, das Latschenkiefernöl. Es besteht u.a. aus Phellandren, Bronylacetat, Pinen, Camphen, Myrcen, Limonen, Cymol und hat antiseptische, schleimlösende und durchblutungsfördernde

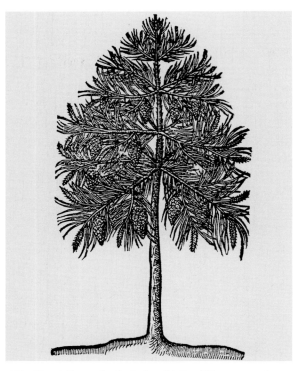

Alte Darstellung der Latschenkiefer *(Pinus mugo)*. Holzschnitt aus GERARD, *The Herbal*, 1633.

Wirkung. Es ist besonders als Dampfinhalation bei Erkältungen und Nasennebenhöhlenentzündungen wohltuend und heilsam.

Kiefernharz wird oft mit Fichtenharz verwechselt oder verfälscht. Das meiste im Handel befindliche »Fichtennadelextrakt« stammt eigentlich von Kiefern.

Literatur: DRURY 1989, GAERTNER 1970, HINRICHSEN 1994, KRAUS 1990, LENZ 1966, PABST 1887/89, PAHLOW 1993, ROTH et al. 1994, SCHAFFNER 1992, STRASSMANN 1994.

Koriander

Coriandrum sativum L.

Apiaceae (Umbelliferae), Doldengewächse

»Und die Israeliten nannten es Manna. Es war weiss wie Koriandersamen und hatte einen Geschmack wie Honigkuchen.«

2 Mose 16,31

Der heute als Küchengewürz gut bekannte Koriander soll schon in den Hängenden Gärten Babylons angepflanzt worden sein. Im Alten Testament wird er als eines der Kräuter für das Passah-Fest erwähnt (Exodus 16,31) und mit dem botanisch nicht identifizierbaren *Manna* verglichen. Die Ägypter legten ihn als Grabbeigabe den Toten zur Seite (Theben, 21. Dynastie) und würzten ihren Wein damit. Die Griechen und Römer stellten aus Koriandersamen Liebestränke her. Der beste Koriander soll laut Plinius aus Ägypten stammen (XX, 20, 82); dort wurden die Samen in Räucherungen gemischt. Die Chinesen wiederum glaubten, dass in den Samen die »Kraft, unsterblich zu machen«, schlummere. Sie müsste nur mit den entsprechenden Ritualen geweckt und nutzbar gemacht werden. Koriander wird gelegentlich auch »Chinesische Petersilie« genannt.

In den Märchen von 1001 Nacht werden Koriandersamen für eine Liebesräucherung verwendet. Auch in der deutschen Volksmedizin gilt Koriander als Aphrodisiakum. In Persien wurden Koriandersamen gegen Zahnschmerzen geraucht. In der ayurvedischen Medizin dient Koriander als Umstimmungsmittel. Und genau das soll er auch in der Räucherung bewirken. Das ätherische Öl wird bei Koliken, Rheumatismus und Neuralgien inhaliert. Koriander soll auch psychoaktive Wirkungen haben:

»Zauberer verbrannten Koriandersamen, um böse Geister zu vertreiben und Halluzinationen zu erzeugen. Die narkotische Wirkung wird von der modernen Wissenschaft bestätigt – sofern der Koriander in grossen Mengen verzehrt wird. Vielleicht wird wegen dieser narkotischen Wirkung aus dem Samen immer noch Gin gemacht ...« (DRURY 1989: 55)

Koriander wurde auch als Heilmittel für das »Antoniusfeuer« (Mutterkornvergiftung, Ergotismus) verwendet, vermutlich in Form von Räucherungen, da die an diesem »heiligen Feuer« Erkrankten meist im Delirium lagen und halluzinierten. In solchen Fällen war das Beräuchern von Patienten eine weitverbreitete Praktik.

Heute ist Koriander noch ein Bestandteil bei der Herstellung deutscher Räucherkerzen. Wenn man die Samen auf die Räucherkohle wirft, verbreiten sie zunächst einen Geruch von angebranntem Essen, anschliessend bleibt ein feiner, an Koriander erinnernder, würziger Duft zurück.

Koriandersamen enthalten ein ätherisches Öl, bestehend aus bis zu 80% Koriandrol (ein Isomer des Borneol) sowie Linalool, Geraniol, Borneol, Pinen, Terpinen, Cymol, aber auch Gerbstoffe, Vitamin C, Sitosterin und fettes Öl. Koriander wirkt krampflösend und entblähend.

Koriandersamen sind im Gewürzhandel erhältlich. Die ebenfalls gelegentlich im Gewürzhandel anzutreffenden »Korianderblätter« kommen meist von einer anderen Stammpflanze (*Eryngium foetidum* L.). Sie sind zum Räuchern nicht geeignet.

Alte Darstellung des früchtetragenden Korianders *(Coriandrum sativum)*. Holzschnitt aus GERARD, *The Herbal*, 1633.

Literatur: DASTUR 1985, DRURY 1989, FAURE 1990, GERMER 1988, GRIEVE 1982, HENGLEIN 1985, HINRICHSEN 1994, HLAVA und LANSKA 1977, HOOPER 1937, KRAUS 1990, LAD und FRAWLEY 1987, LENZ 1966, MORWYN 1995, PAHLOW 1993, PATNAIK 1993, RÄTSCH 1995a, ZOHARY 1986.

Ladanum

Cistus spp.
Cistus ladaniferus L. (syn. *Cistus ladanifer* L.), Lackzistrose
Cistus creticus L. (syn.*Cistus incanus* L. ssp. *creticus* (L.), Kretische Zistrose), Graubehaarte Zistrose

Cistaceae, Zistrosengewächse

Im Mittelmeerraum gehören die rund fünfzig Zistrosenarten zur typischen Flora. Die meisten Arten haben einen harzigen Duft und scheiden an den Stengeln ein Harz aus, das Labdanum, Laudanum oder Ladanum[30] heisst. Besonders zwei Arten sind als Harzlieferant von Bedeutung. Sowohl die Pflanze wie auch die Harzgewinnung waren in der Antike gut bekannt. Das wohlriechende Harz wurde nicht nur für Räucherungen, sondern auch als wichtiges Medikament genutzt:

»Ladanum. Es gibt aber noch eine andere Art Kistos, von einigen Ledon genannt, ein Strauch, welcher unter denselben Verhältnissen wächst wie der Kistos [= *Cistus villosus* L., Rauhes Ziströschen]; er hat aber grössere und dunklere Blätter, welche im Frühjahr eine gewisse Fettigkeit absondern. Die Kraft der Blätter desselben erweist sich als adstringierend, heilsam gegen das, wogegen auch der Kistos wirkt [Dysenterie]. Von ihm wird das sogenannte Ladanum gewonnen. Die Ziegen und Böcke nehmen bekanntlich beim Abweiden der Blätter die Fettigkeit, welche wegen der Klebrigkeit an den Bärten und Schenkeln sich anheftet, auf; diese nimmt man ab, reinigt sie, knetet sie in Stengelchen und bewahrt sie auf. Einige ziehen auch Schnüre über die Zweige hin, schaben das daran klebende Fett ab und kneten es. Am besten davon ist das wohlriechende, grünliche, leicht erweichende, fette, sand- und schmutzfreie, harzige. Ein solches ist das auf Zypern gewonnene, das arabische und libysche ist minderwertiger. Es hat adstringierende, erwärmende, erweichende, eröffnende Kraft. Mit Wein, Myrrhe und Myrtenöl gemischt verhindert es das Ausfallen der Haare, mit Wein eingestrichen macht es die Wundnarben

Alte Darstellung der Zistrose *(Cistus ladaniferus),* die das duftende Harz Ladanum liefert. Holzschnitt aus GERARD, *The Herbal,* 1633.

schön, mit Honigmet oder Rosenöl eingeträufelt heilt es Ohrenschmerzen, als Räucherung dient es zum Herauswerfen der Nachgeburt, den Zäpfchen zugemischt heilt es Verhärtungen in der Gebärmutter; es wird auch mit Erfolg den schmerzstillenden Arzneien und Hustenmitteln zugesetzt. Mit altem Wein getrunken stillt es den Durchfall. Es ist aber auch harntreibend.« (DIOSKURIDES I, 128)

Plinius schrieb, dass sich zwar Arabien eines guten Ladanums rühme, das echte aber nur von Zypern komme und dort auf verschiedene Weise gesammelt werde (XII, 37, 74). Auf Zypern, der Insel der Aphrodite, war die Zistrose und das daraus

---

30 Manche Autoren verwechseln das antike *Ladanum* (das Zistrosenharz) mit dem neuzeitlichen *Laudanum* (einer Opiumtinktur). Ladanum soll sich von arabisch *ladana* ableiten (vgl. ABRAHAMS 1979: 235).

gewonnene Ladanumharz der Liebesgöttin geweiht. Vermutlich war Ladanum auch der Grossen Göttin von Kreta heilig. Es ist jedenfalls bekannt, dass sich die minoischen Frauen und Priesterinnen sehr viel mit Räucher- und Duftstoffen beschäftigten. Viele kretische Räucherstoffe und Duftöle wurden in der gesamten antiken Welt verwendet. Mit Ladanumdampf oder -rauch haben sich jedenfalls die Frauen parfümiert (FAURE 1990: 118).

Das berühmte biblische *Onycha* (vgl. **Räucherklaue**), das sehr wohlduftend gewesen sein soll, ist von einigen Autoren als Ladanum gedeutet worden. Dass Ladanum einen angenehmeren Duft entfaltet als die hornige Räucherklaue, ist eindeutig.

In Europa wurde das Ladanum mit **Styrax**, Traganth (*Astragalus* sp.; vgl. GENTRY 1957) und **Kalmus** zu einer Räucherung namens *Chypre*, »Zypern«, vermischt; als Einzelstoff wurde es schon früh als medizinisches Räuchermittel verwendet: »Ist gut für den Schnupffen. Laudanum im Mund gehalten / benimt das Zahnweh / und heilet das Zahnfleisch. // Welcher Frauen die Mutter herfür gehet / die lasse den Rauch von Laudano unten auf gehen / sie geniesst.« (LONICERUS 1679: 737)

Man hielt Ladanum sogar für eine wirksame Pestschutz-Räucherung (vgl. **Schwefel**). Noch um 1900 wurde es zu diesem Zweck in Ägypten eingesetzt. In Deutschland wird Ladanum heute nur noch als ein Bestandteil bei der Herstellung von Räucherkerzen verwendet.

Ladanum ist eine dunkelbraune oder schwarze klebrige Masse, die einen angenehmen, kräuterigen, vanilleartigen Wohlgeruch hat. Beim Räuchern der Rohdroge überwiegt der Duft nach frischen Kräutern, obwohl das Vanillearoma im Hintergrund deutlich wahrzunehmen ist. Nach dem Verdampfen oder Verbrennen des Harzes bleibt ein angenehmer harziger Vanillegeruch im Raum.

Auf mich hat der Ladanumrauch eine konzentrationsfördernde Wirkung mit einer leicht geistbewegenden Komponente. Ladanum geht eine sehr schöne Verbindung mit **Wacholder** und **Zeder** ein.

Ladanum enthält neben Harzen und Gummi 5% ätherisches Öl, bestehend aus Sesquiterpenen, Phenolen, Acetophenon (Keton), Eugenol, Ledol, Essig- und Ameisensäure. Echtes Ladanum ist als Rohdroge *(Resina ladanum)* sehr schwer erhältlich und nur selten im Handel zu finden. Hingegen ist das aus Ladanum destillierte ätherische Öl im Duftstoffhandel erhältlich.

Literatur: ABRAHAMS 1979, FAURE 1990, FISCHER-RIZZI 1989, HINRICHSEN 1994, KRAUS 1990, LONICERUS 1679, RÄTSCH 1995a, WOLLNER 1995.

Libanonzeder

Cedrus libani Rich. (syn. *Pinus cedrus* L.)
Cedrus libani ssp. *stenocoma* (Schwarz)
Greut. und Burt., Türkische Unterart

Pinaceae, Föhrengewächse

Zweig mit Früchten (Zapfen) der seit dem Altertum hochgeschätzten Libanonzeder *(Cedrus libani)*. Holzschnitt aus Gerard, *The Herbal*, 1633.

»Wie eine Zeder auf dem Libanon wuchs ich in die Höhe (…) Wie Zimt und Würzbalsam duftete ich und verbreitete Wohlgeruch wie erlesene Myrrhe, wie Galbanum, Räucherklaue und wohlriechendes Harz, wie Weihrauchdunst im heiligen Zelt.« *Jesus Sirach 24,13J15*

Das berühmteste botanische Produkt des Libanon – neben dem »Roten Libanesen« (Haschisch) – ist das kostbare Harz und Holz der Libanonzeder. Leider ist im Libanon dieser prächtige bis tausend Jahre lebende Baum fast ausgerottet worden, obwohl die Libanonzeder bei den Ägyptern und Hebräern[31] ein heiliger Baum, die »Herrlichkeit des Libanon«, war. Nur nützte ihm seine Heiligkeit nicht viel … »Tue auf, Libanon, deine Tore, dass Feuer deine Zedern verzehre!« *(Sacharja 11,1)*. Der Baum kommt auch in Syrien vor und ist dort heute noch zu finden.

Schon Theophrast, der griechische Vater der Botanik, lobte das Zedernholz, weil es wohlriechend ist und der Verwesung widersteht. Deshalb wurde es auch zum Bau von Schiffen und Kriegsschiffen, aber auch für Sarkophage, Tempel und Möbel verwendet (vgl. Chaney und Basbous 1978). Viele Tempel in Ägypten und im Nahen Osten wurden aus Zedernholz erbaut (z.B. der Amuntempel von Theben, Salomons Tempel, der Davidturm). Das Holz und seine Produkte wurden von den Phönikern in alle Mittelmeerländer gebracht.

Schon Herodot beschrieb, wie das Öl aus der Libanonzeder zur kostengünstigeren Mumifizierung von Leichen (vgl. **Myrrhe**) verwendet wurde:

»Sie füllen Klistierspritzen mit Zedernöl und füllen damit den Unterleib des Toten, ohne ihn aufzuschneiden und den Magen und die Eingeweide herauszunehmen; sie spritzen es beim Gesäss hinein, aber so, dass das Klistier nicht wieder herausfliesst; dann lassen sie die Leiche die vorgesehenen [70] Tage hindurch in Natron liegen; am letzten Tag aber nehmen sie das Zedernöl, das sie früher hineingetan haben, wieder heraus. Dieses hat eine solche Wirkung, dass es auch den Magen und die Eingeweide mit herausnimmt. Das Fleisch aber wird von dem Natron so aufgelöst, dass von der Leiche nur die Haut und die Gebeine übrigbleiben. Dann geben sie die Leiche so an den Verwandten zurück und tun sonst nichts dazu.« (Herodot)

Auch Plinius beschreibt, dass das Zedernöl *(Succus cedri)* zum Einbalsamieren der Toten

---

31 Die in der Bibel erwähnte »Zeder« wurde auch als *Pinus halepensis* Mill. gedeutet (vgl. Zohary 1986: 104f.).

diente (XXIV, 17). Ebenso wurden Zedernharz und -sägespäne bei der Mumifizierung verwendet.

Als Räucherstoff wird Zedernholz, und sehr wahrscheinlich war dabei die Libanonzeder gemeint, erstmals im Gilgamesch-Epos erwähnt. Als sich der Held Utnapischti für seine Errettung aus der Sintflut bei den Göttern bedankte, verbrannte er ein Räucherwerk aus Myrrhe und Zedernholz. Den Ägyptern war der Baum heilig, denn nach einer ihrer Legenden war Osiris, der Gott der Auferstehung, dereinst in einen Zedernstamm eingeschlossen. Der Name Zeder leitet sich wahrscheinlich von einem altägyptischen Wort ab, das »seufzen« bedeutet. Wenn der Wind in die Zeder fährt, verursacht er oft ein Ächzen und Seufzen. Die ägyptischen Orakelpriester haben aus diesem Getön wahrgesagt.

Als Räucherung wurde vor allem das Holz, vermischt mit **Olibanum,** benutzt. Bei den Römern war die Zeder als heiliger Baum und Räucherstoff dem Göttervater Jupiter zugeordnet. Für medizinische Räucherungen, z.B. bei Bronchitis wurde Zedernholz mit **Salbei**blättern kombiniert.

Libanonzedernholz als Räucherstoff wurde bereits in der Antike der Sonne zugeordnet. Im Okkultismus dient es als Sonnenräucherung, zur Erzeugung übersinnlicher Fähigkeiten und zum Schutz vor Albträumen. In anderen esoterischen Traditionen heisst es, die Libanonzeder trage alle Planetenkräfte vereint in sich. Zudem ist sie ein Symbol der Unsterblichkeit:

»Für Räucherungen wird das Holz und das Harz der Zeder verwendet. Im Rauch dieser Pflanzenteile wohnt der Geist der Unsterblichkeit, des Erhabenen und der Zuversicht. Kaum breitet er sich im Raum aus, wird seine Wirkung spürbar.« (STRASSMANN 1994: 291)

Die Libanonzeder enthält in allen Teilen ein ätherisches Öl mit Terpenen und Borneol. Daneben sind Harze, Bitterstoffe, Farbstoffe und in den Nadeln Chinasäure enthalten. Medizinisch ist die Räucherung von Holz und Zweigen oder bei Erkältungskrankheiten das ätherische Öl brauchbar.

Wegen der starken Dezimierung der Baumbestände ist heute fast kein echtes Libanonzedernholz (oder ätherisches Öl davon) mehr im Handel. Allerdings kann man junge Bäume in Gartenhandlungen erwerben, anpflanzen und abernten. Die Nadeln geben beim Räuchern einen angenehmen, süssen und harzigen Rauch ab, der sehr ähnlich wie der anderer Zedernarten duftet. Im Libanon ist die Zeder – der Staatsbaum – geschützt. Statt der echten Libanonzeder können aber auch die anderen **Zeder**narten verwendet werden.

Literatur: BELLEDAME 1990, CALAND 1992, CHANEY und BASBOUS 1978, GERMER 1985, STRASSMANN 1994, WOLLNER 1995, ZOHARY 1986.

Lorbeer

Laurus nobilis L.

Lauraceae, Lorbeergewächse

Alte Darstellung des Lorbeerbaumes *(Laurus nobilis).* Holzschnitt aus GERARD, *The Herbal,* 1633.

»Wenn der Priester in Delphi ein frisches Opferfeuer entzünden musste, dann durfte er nur glückliche Hölzer verwenden. Lorbeerholz war rein, glücklich und heiss.«   LORE RÜMELIN

»Bäume waren die ersten Tempel der Götter.«
MELAS (1990: 55)

Der immergrüne Lorbeerbaum war den Griechen heilig. Er hiess im Altertum noch Daphne – ein Name, der im Laufe der Geschichte zu erheblichen Verwirrungen geführt hat. Der aromatische Baum war vor allem Apollon, dem Gott der geistigen Ekstase, geweiht. Ursprünglich war das Gewächs, wie so oft in der griechischen Mythologie eine bezaubernde Frau oder Nymphe:

»Daphne (…) hiess die von Apollo geliebte Nymphe. Sie war eine hübsche, wilde Jungfrau, und als Apollo sie begehrte, flüchtete sie zur Mutter Gaia, die sie in einen Lorbeerbaum verwandelte. Seitdem ist der Lorbeer dem Apollo heilig und diente ihm mit seinem kräftigen aromatischen Duft auch als Mittel zur Reinigung. So erzählt die Sage, dass sich Apollo nach der Tötung des Drachen Python im noch heute lorbeerbewachsenen Tempetal reinwusch und mit Lorbeer bekränzt als gereinigter Sieger in Delphi einzog. Daher kündet der Lorbeer als Siegeszeichen Ruhm und Ehre an. Auch das älteste Heiligtum des Apollo soll aus Lorbeerzweigen erbaut gewesen sein.« (PAUSANIAS 10, 5, 9)

Lorbeerblätter waren eines der wichtigsten der in Delphi benutzten Räuchermittel. Am grossen Tempel des Apollon stand ein heiliger Lorbeerbaum, dessen Laub nur für heilige Handlungen oder als Geschenk zur Ehrung wichtiger Gäste gepflückt werden durfte. Die Pythia, die Orakelpriesterin von Delphi, kaute Lorbeerblätter und inhalierte Lorbeerrauch, bevor sie in Trance fiel, ihren Körper für den Gott öffnete und ihn durch ihren eigenen Mund Prophezeiungen aussprechen liess. Wahrscheinlich wurden die Lorbeerblätter in der Räucherung mit **Bilsenkraut**, dem eigentlichen Wirkstoff, und anderen Stoffen (z.B. **Myrrhe**) kombiniert.

Die Sänger, Dichter und Seher, die Lorbeerblätter kauten oder den Rauch inhalierten, wurden Daphnephagen genannt. Die Asklepiospriesterärzte inhalierten Lorbeerrauch, um die wahren Ursachen von Krankheiten erkennen zu können. Daher nannte man diese Divinationsmethode Daphnomantie. Dazu gehörte aber nicht nur das Inhalieren des Rauches, sondern auch die Deutung des Knisterns der verbrennenden Blätter sowie der Struktur und Gestalt des Rauches. Beim

Räuchern verströmen die Lorbeerblätter einen charakteristischen angenehmen Lorbeergeruch.

Für mantische Zwecke soll eine Räucherung aus Lorbeerblättern, **Thymian** und **Olibanum** geeignet sein. Viele Autoren weisen auf die stimmungsaufhellende und klärende Wirkung des Lorbeerrauchs hin. Manche nutzen ihn auch zur Steigerung aussersinnlicher Kräfte. In der okkultistischen Literatur heisst es:

»Der Lorbeer gilt in der modernen Magie als ein die Fähigkeit, Verborgenes zu schauen, verleihendes Mittel und wird in diesem Sinne sowohl als Zusatz zu Rauchwerken als für sich in Blattform unter den Polstern der Schlafstätten verwendet.« (GESSMANN o.J.: 58)

In der antiken Literatur, z.B. bei Dioskurides und Plinius, wird dem Lorbeer eine stark geistbewegende Aktivität zugeschrieben. Alle Versuche, den Lorbeer psychoaktiv zu verwenden, sind bisher fehlgeschlagen. Vermutlich wurden im Altertum noch eine oder mehrere Pflanzen Daphne genannt. Eine Daphneart, deren botanische Identität unbekannt blieb, war vielleicht psychoaktiv.

Die Blätter enthalten 2% ätherisches Öl, bestehend aus Cineol, Pinen, Phellandren, Sesquiterpenen, Eugenol, Terpineol, Linalool, Geraniol und Bitterstoffen. Es hat verdauungs- und durchblutungsfördernde Wirkungen. Äusserlich kann es auch bei rheumatischen Beschwerden aufgetragen werden. Die von den antiken Schriftstellern behauptete psychoaktive Wirkung wurde bisher nicht bestätigt.

Der echte oder auch wohlriechende Lorbeer wird manchmal mit dem giftigen Kirschlorbeer (*Laurus cerasi*) verwechselt. Lorbeerblätter sind im Gewürzhandel gut vertreten.

Literatur: BELLEDAME 1990, GESSMANN o.J., HLAVA und LANSKA 1977, MELAS 1990, PAHLOW 1993, RÄTSCH 1991a und 1995a, ROTH et al. 1994, SEITZ 1993, STRASSMANN 1994, ZOHARY 1986.

Mastix

Pistacia lentiscus L. (syn. *Terebinthus lentiscus* (L.) MOENCH), Mastixpistazie
Pistacia lentiscus L. var. γ *Chia* DC., Chios-Mastixbaum

Anacardiaceae, Sumachgewächse

Mastix ist das Harz aus der Rinde des bis zu fünf Meter hohen Schinos- oder Mastixbaumes, der im Altertum gut bekannt und wegen seiner medizinischen Eigenschaften geschätzt war:

»Schinos: Die Mastixpistazie, ein bekannter Baum, alle seine Teile sind zusammenziehend; denn sowohl die Frucht derselben als auch die Blätter und die Rinde der Zweige und der Wurzel haben dieselbe Kraft. Es wird auch ein Saft aus der Rinde, aus der Wurzel und den Blättern bereitet, wenn sie genügend mit Wasser gekocht sind, indem dann die Flüssigkeit, nachdem die Blätter zu Ende des Kochens beseitigt sind, wieder bis zur Honigkonsistenz eingekocht wird. Als Adstringens wirkt er getrunken gegen Blutsturz, Bauchfluss, Dysenterie sowie gegen Blutfluss aus dem Uterus und gegen Gebärmutter- und Mastdarmvorfall.« (DIOSKURIDES I, 89)

Der Baum kommt in Griechenland, im Mittelmeerraum und auf den Kanaren vor. Die besten Mastixbäume wachsen auf der griechischen Insel Chios. Sie waren nicht nur in der Antike, sondern auch bei den »Vätern der Botanik« legendär:

»Ich hab auch von etlichen / die auss der Insel *Chio* bürtig gewesen / vernomen / dass die Bäum / welche *Mastix* bringen / viel geschlachter und schöner seyn / dann die Wilden / welche doch beyde offt an einem ort zu wachsen pflegen. Wann sie aber den Mastix wöllen samlen / so pflegen sie zuvor an gewissen Tagen die Bäumlin zu vulnerirn, unnd die Erden gar wol zu seubern / als dann tropfft dieser Saft gar weiss herab / welcher bald im Mund zergehet / und essen es die Leut zu stärckung des Magens / je älter er wirdt / je gelber er scheint. Wann er also noch zähe ist / macht man schöne Gefäss darauss / Die grossen Hern brauchen solche zu dem schwachen Magen / dann das Getranck davon ein guten geschmack bekompt.« (MATTHIOLUS 1626: 26)

Alte Darstellung des Mastix- oder Pistazienbaums *(Pistacia lentiscus)*. Holzschnitt aus TABERNAEMONTANUS, *Kräuter-Buch*, 1731.

Mastix ist ein hellgelbes, durchsichtiges, relativ hartes tropfenförmiges Harz, das durch Einschneiden der Rinde gewonnen wird:

»Mastixharz. Von demselben [Baum] stammt auch ein Harz Schinine, von einigen dagegen Mastix genannt, welches mit Vorteil gegen Blutsturz und veralteten Husten im Trank gebraucht wird. Es ist auch dem Magen wohlbekömmlich, da es Aufstossen bewirkt. Ferner wird es den Zahnmitteln und den Gesichtspomaden als glänzendmachendes Mittel zugemischt. Es verklebt auch die Haare in den Augen, bewirkt gekaut Wohlgeruch des Mundes und zieht das Zahnfleisch zusammen. Das beste und meiste wird auf der Insel Chios erzeugt; den Vorzug darunter verdient das glänzende, an Helle dem tyrrhenischen Wachs ähnliche, das volle, feste, leicht zerreibliche und wohlriechende, das grünliche dagegen ist minderwertig. Verfälscht wird es durch Zumischung von Weihrauch und Strobilosharz [vgl. **Arve**].« (DIOSKURIDES I, 90)

Möglicherweise war Mastix eine der geheimen Zutaten zur ägyptischen Kyphi-Räuchermischung. Die Griechen benutzten und benutzen noch heute Mastix zum Harzen des Weins und Aromatisieren von Ouzo. Ausserdem war und ist es ein beliebtes Kaugummi zur Verbesserung des Atems.

Mastix spielt als Duftstoff in der griechisch-orthodoxen Kirche eine wichtige Rolle. Es wird für die Altarweihung zu »Wachsmastix« verarbeitet. Dazu wird pulverisiertes Mastix mit weissem Bienenwachs, Weihrauch aus Smyrna, **Aloe**, **Thymian**, **Fichte**nharz und weissem **Olibanum** hergestellt.

Im europäischen Okkultismus wurde Mastix der Sonne zugeordnet und zur Erweckung des Zweiten Gesichts sowie zur Geisterbeschwörung geräuchert.

Beim Räuchern verdampft Mastix mit einer weissen Rauchentwicklung und verströmt einen angenehmen harzigen, aber keinesfalls süsslichen Duft, der an Weihrauch erinnert.

Mastix besteht aus alkohollöslichen und -unlöslichen Harzsubstanzen (α-Masticoresen, β-Masticoresen), freien Harzsäuren (Masticin-, Masticol-, Masticonsäuren), ätherischem Öl (hauptsächlich d-α-Pinen) und Bitterstoffen.

Mastix *(Mastix electus, Resina mastix)* ist über den Apothekenhandel, manchmal sogar in Drogerien erhältlich. Das Chios-Mastix ist offizinell (ÖAB, Ph. Helv. VI).

Da echtes Mastixharz recht teuer ist, wird die Handelsware oft mit Sandarak gestreckt oder gefälscht. Sandarak oder *Gummi sandaracae* ist das

Harz einer nordafrikanischen Zypresse *(Tetraclinis articulatia* [VAHL] MAST, syn. *Thuja articularis* VAHL, oder *Callitris quadrivalvis* VENT.; *Cupressaceae)*. Die Sandaraktropfen sind geruchlich, farblich und von der Konsistenz her nicht von Mastix zu unterscheiden. Allerdings sind sie nicht rund, sondern eher länglich. Die sicherste Methode zur Unterscheidung ist die Kauprobe. Dazu wird ein Stück in den Mund genommen und durch die Körperwärme angewärmt; lässt sich das Harz dann wie Kaugummi zerkauen, handelt es sich um echtes Mastix; zersplittert die Probe beim Kauen, handelt es sich um Sandarak.

Literatur: CALAND 1992, FRERICHS et al. 1938, GERMER 1985, KRUMM-HELLER 1934, LENZ 1966, PAHLOW 1993, RÄTSCH 1995a, WOLLNER 1995.

Mohn

Papaver somniferum L. (syn. *Papaver officinale* GMEL.)

Papaveraceae, Mohngewächse

»Der Mohn wächst aus den Tränen der Aphrodite.«
THEOKRIT, *Fragment*

Der Mohn oder Schlafmohn kommt in zahlreichen Varianten oder Unterarten vor. Sie unterscheiden sich in erster Linie durch die Farbe der Blüten. So gibt es eine weiss blühende Form (*Papaver somniferum* var. *album* DC., syn. *Papaver officinale* GMEL.), eine bläulich-schwarz blühende (*P. somniferum* var. *nigrum* DC.) sowie violett, rot oder rosa blühende Sorten. Die ältesten archäologischen Funde von Mohnkapseln und -samen wurden bei Ausgrabungen von steinzeitlichen Pfahlbausiedlungen in der Schweiz und am Bodensee gemacht und werden auf das 3. Jahrtausend v. Chr. datiert.

Die Mohnpflanze hiess im alten Orient die »Blume der Freude«; bei den Assyrern *namtilla*, »Pflanze des Lebens«. Die Schönheit ihrer Blüte ist wirklich ein Freude. Der Mohn ist nicht nur eine dankbare Zierpflanze; fast alle Pflanzenteile sind nutzbar. Aus den frischen oder getrockneten Samenkapseln kann ein euphorisierender Tee gekocht, die Blätter können getrocknet geraucht oder geräuchert werden. Der durch Ritzen der reifenden Kapsel hervorquellende Pflanzensaft (Latex) trocknet zu einer braunen Masse, dem Rohopium, ein; diese Technik ist bereits in einem assyrischen Keilschrifttext aus dem 7. Jahrhundert v. Chr. beschrieben worden. Die Samen sind essbar (Mohnkuchen, Mohnbrötchen usw.); aus ihnen kann auch ein kostbares hochwertiges Öl gepresst werden. Bei all diesen Vorzügen wundert es wenig, dass der Mohn früher als eine Pflanze der Götter und Göttinnen verehrt wurde:

»Im Land der Göttinnen der Gesundheit und der Heilung [Kreta] wurde um 1300–1250 v. Chr. Opium inhaliert oder als Räucherwerk verwendet; das beweisen ein Aschehaufen und eine

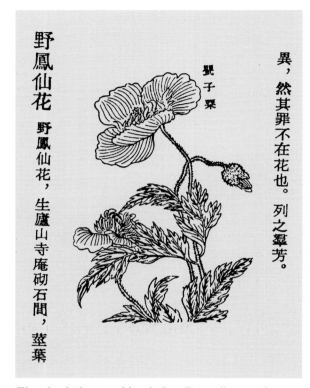

Eine der frühesten chinesischen Darstellungen des opiumliefernden Schlafmohns *(Papaver somniferum)* aus dem *Chih-wu ming-shih-t'u k'ao*.

röhrenförmige Vase mit seitlicher Öffnung, auf die man bei Ausgrabungen (…) bei den göttlichen Idolen von Gazi gestossen ist. (…) Vom Opiumrauch erwartete man die gleiche Wirkung wie später vom Tabakrauch: Heiterkeit, Vergessen oder Ekstase.« (Faure 1990: 123)

Opium war im Altertum sehr gut bekannt. Es gehörte zu den heiligen Substanzen der grossen Göttin Aphrodite. Auf Zypern, ihrer Insel, wurde Opium in grossem Masse produziert und in die gesamte Levante bis nach Ägypten exportiert. In Ägypten wurde es genauso wie heute bei uns das Aspirin als Universalschmerzmittel und Stimmungsaufheller eingesetzt (Merrillees 1962). Es wurde in der minoischen Kultur zur Erzeugung ekstatischer Zustände, die in religiösen Zeremonien erforderlich waren, eingenommen. Im Astartetempel von Kition auf Zypern wurde im innersten Heiligtum eine über 3000 Jahre alte Opiumpfeife entdeckt. Das heisst, Opium war nicht nur als innerliche Medizin und als Räucherstoff, sondern auch als rauchbare Droge bekannt.

Bei den Griechen war der Mohn das heilige Attribut der Kornmutter Demeter. Leider ist über die genaue Bedeutung des Mohns oder des Opiums in den Mysterien der Demeter zu streng Stillschweigen gewahrt worden. Der Mohn wuchs auch im Garten der dunklen Göttin Hekate und war dem Gott des Schlafes, Morpheus, heilig. Thanatos, der Gott des Todes, wurde mit Mohnkapseln in der Hand dargestellt. Mohnsamen wurden in den Orphischen Mysterien dem Hypnos, ebenfalls ein Gott des Schlafes, als Rauchopfer dargebracht.

Auf Sanskrit heisst der Mohn *Ahiphena*, »Gift der Schlange«, und war eine heilige Rauschdroge des Hindugottes Shiva (vgl. **Hanf**). In Indien spielte Opium oder Mohn kaum eine Rolle als Räucherstoff.

In der frühen Neuzeit wurde das Opium mit Hexerei und Magie in Verbindung gebracht:

»Das Opium, ein Körper von schlaferzeugenden, seltsam erregenden und traumerzeugenden Eigenschaften, wurde in der Magie als Bestandteil der Hexensalben und Tränke sowie bei Räucherungen verwendet.« (Gessmann o.J.: 66)

Dennoch konnten die Ärzte nicht auf dieses »magische« Heilmittel verzichten. 1670 wurde vom englischen Arzt Thomas Sydenham das geschichtsträchtige *Laudanum* erfunden. Obwohl damals das **Ladanum** unter demselben Namen bekannt war, haben beide Dinge doch nichts miteinander zu tun. Laudanum ist eine Tinktur, die aus Opium, Safran, **Zimt**, **Nelken**pulver und spani-

Wurzeln

Alraunenwurzelstücke *(Radix mandragorae)* aus dem Apothekenhandel

Kalmuswurzelstücke *(Rhizoma calami)* von *Acorus calamus* aus dem Apothekenhandel

Indische Nagarmotha-Wurzelstücke *(Cyperus scariosus)*, die u.a. zum Verfälschen von Aloeholz benutzt werden.

Nardenwurzelstücke *(Nardostachys jatamansi)* aus dem Himalaya, sogenannter »Schlangenweihrauch«

Vetiverwurzelstock *(Vetiveria zizanioides)* aus Indien

Holz und Rinde

Aloeholz *(Aquilaria agallocha)* aus Indien

Stück aus dem duftenden Kernholz des Weissen Sandelholzbaumes *(Santalum album)*

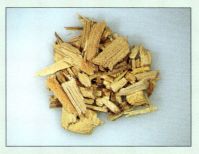

Stücke des Weissen Sandelholzes, wie sie in Indien zur Herstellung von Räucherwerk angeboten werden.

Rotes Sandelholz *(Santali lignum rubri)* aus dem Apothekenhandel

Das mit Harz durchtränkte Holz einer südmexikanischen Pinie *(Pinus sp.)*, sehr gut als wohlduftende Kienspanfackel zu gebrauchen.

Kassia-Rindenstücke vom Zimtkassienbaum *(Cinnamomum cassia)* aus Indien

Rindenstücke des Tamala-Zimtbaums *(Cinnamomum* cf. *tamala)* aus Nepal

Zimtstangen vom Zimtbaum *(Cinnamomum verum)* aus dem Gewürzhandel

Guajakholzstücke *(Guaiaci lignum)* aus dem Apothekenhandel

Guajakholz-Schabrückstände *(Guaiacum sp.)* aus der Selva Lacandona (Chiapas/Mexiko)

Harze und Gummis

Olibanum, Aden

Olibanum, Eritrea

Olibanum, Ogaden

Olibanum minderer Qualität

Indischer Weihrauch *(Boswellia serrata)*

Kirchenweihrauch, ein Gemisch aus (z.T. gefärbten) Harzen und Blüten

Echte Myrrhe *(Resina Myrrha)* von hoher Qualität

Guggul oder Indisches Bdellium von der Stammpflanze *Commiphora mukul*

»Teufelsdreck« *(Asa foetida in massa, DAB 6)*, das ölige Harz des Stinkasants *(Ferula asa-foetida)* aus dem Apothekenhandel

Galbanum mit Rindenrückständen der Stammpflanze *(Ferula galbaniflua),* nach der ersten Destillation des ätherischen Öls; Iran

Das Charas genannte handabgeriebene Harz der weiblichen Hanfblüte *(Cannabis sativa)* aus Nepal

Geritzte Opiumkapsel, thailändisches Ritzmesser und Opiumernte auf einem Mohnblatt

Aloe *(Aloes extractum)* aus dem Apothekenhandel

Arabisches Gummi oder *Gummi Arabicum pulv. subt. (DAB 10,1 Ntr./ Ph. Eur.)* aus dem Apothekenhandel

Drachenblut *(Draconis resina)* aus dem Handel

Gummi Ammoniacum von der Umbellifere *Dorema ammoniacum* D. Don aus dem Iran; ein Produkt, das oft mit Asa foetida und Galbanum verwechselt oder verfälscht wird.

Harzträne des Mandelbaums *(Prunus webbii)* aus Delphi/Griechenland

Gummi Elemi *(Elemi resina)* aus den Philippinen, vermutlich von der Stammpflanze *Canarium luzonicum;* dieses Harz wird oft unter dem Namen »Copal« angeboten.

Sagapenum, das Harz der Stammpflanze *Ferula persica* L.

Baltischer Bernstein von der norddeutschen Ostseeküste

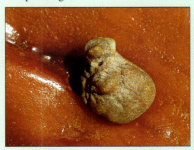
Bernsteinträne (Polen)

Breuzinho-Harz; vermutlich von *Protium* cf. *heptaphyllum,* gesammelt am Río Napo im brasilianischen Amazonas-Gebiet

Harz der nordamerikanischen Piñon Pine *(Pinus edulis)*

Copal oro aus Südmexiko, vermutlich von *Protium* sp.

Copal negro aus Südmexiko, vermutlich ein Pinienharz oder ein Harzgemisch

Copal aus Palenque, vermutlich das Harz einer Burseracee

Copal aus Mexiko (Puebla)

Copal aus Veracruz/Mexiko, vermutlich von einer Burseracee

Manila-Kopal, das Harz der philippinischen Kaurifichte *(Agathis dammara)*

Echtes Copal von *Protium copal* aus Südmexiko

Reines Mastix von hoher Qualität, Harz von der Stammpflanze *Pistacia lentiscus*

Mastix (rund) mit länglichen Sandaraktränen (von der Stammpflanze *Tetraclinis articulata*) verfälscht

Tolubalsam *(Balsamum tolutanum)* aus dem Apothekenhandel

Pom oder Ocoté-Harz von der südmexikanischen Pinie *(Pinus chiapensis)*, wie es von den Lakandonenindianern als Weihrauch verwendet wird.

Harz der nordamerikanischen Monterey Pine *(Pinus monophylla × edulis-Hybrid)* aus Big Sur/Kalifornien

Kiefernharz und Kiefernzapfen von *Pinus sylvestris* aus Norddeutschland

117

Fichtenharz von der Gemeinen Fichte oder Rottanne *(Picea abies)* aus Norddeutschland

Siam-Benzoe *(Benzoe tonkinensis)*

Sumatra-Benzoe, sogenannte Benzoe-Mandeln, von der Stammpflanze *Styrax benzoin*

Sumatra-Benzoe, die mit anderen Harzen und Gummis verfälscht ist.

Sumatra-Benzoe, sogenannte »Mandeln«

Opopanax, das gummiartige Harz von den Umbelliferen *Opopanax chironium* Koch (Echtes Opopanax) oder *Ferula opopanax* Spr. (Breitblättriges Steckenkraut)

Zweigspitzen, Blätter und Nadeln

Boldoblätter *(Boldo folium)* aus Chile

Cocablätter *(Cocae folium)* aus Peru

Lorbeerblätter *(Lauri folium)* aus dem Gewürzhandel

Myrtenblätter *(Myrtili folium)*

Getrocknetes Tulasi-Kraut *(Ocimum sanctum)* aus Indien

Blätter und Stengel des Hochgebirgs-Rhododendrons *(Rhododendron lepidotum)* von einem Dhup-Händler in Bodnath/Nepal

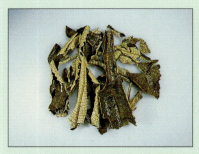
Harzig-glänzende Blätter der kalifornischen Yerba Santa *(Eriodictyon* sp.*)*

Getrocknete Blätter des gemeinen Eisenkrautes *(Verbena officinalis)* aus norddeutschem Anbau

Beifuss *(Artemisia vulgaris)* aus dem Gewürzhandel

Damianakraut *(Damianae herbae conc.)* aus dem Apothekenhandel

Echtes Thymiankraut *(Thymus vulgaris)* aus dem Gewürzhandel

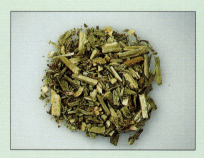
Ysopkraut *(Hyssopi herba)* aus dem Apothekenhandel

Blätter der echten Salbei *(Salvia officinalis)* aus norddeutschem Anbau

Indianisches Räucherbündel aus den Stengeln und Blättern der kalifornischen Weißen Salbei *(Salvia apiana)*

Blätter und Knospen des Sumpfporstes *(Ledum palustre)* aus Norddeutschland

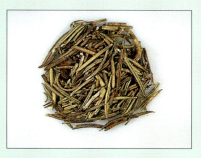
Die nadelartigen Blätter des Rosmarin *(Rosmarinus officinalis)* von Naxos/Griechenland

Zweigspitzen *(Herba Pichi-Pichi)* des südamerikanischen Fabianastrauchs *(Fabiana imbricata)*

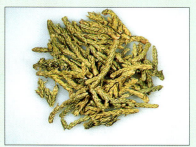
Zweigspitzen der nordamerikanischen Zeder *(Juniperus virginiana)*, wie sie als Räucherstoff in der Peyotezeremonie verwendet werden.

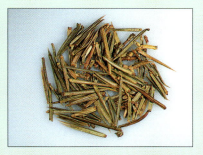
Nadeln des Gemeinen Wacholders *(Juniperus communis)* aus Norddeutschland

Zweigenden des Hochgebirgswacholders *(Juniperus recurva)* aus Langtang/Nepal

Zweigspitze der Weisstanne *(Abies alba)* aus dem Schweizer Jura

Nadeln und Holzstücke der nordamerikanischen Balsamtanne *(Abies balsamea)*, wie sie in indianischen Räuchermischungen verwendet werden.

Fichtennadeln der Echten Fichte oder Rottanne *(Picea abies)* aus Norddeutschland

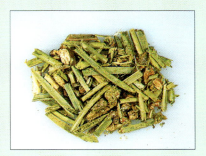
Nadeln und Holzstücke der nordamerikanischen Piñon Pine *(Pinus edulis)*, wie sie in indianischen Räuchermischungen verwendet werden.

Nadeln und Zweigspitze der Libanonzeder *(Cedrus libani)*

Nadeln und Zweigspitze der Zypriotischen Zeder *(Cedrus brevifolia)* aus dem Troodos-Gebirge (Zypern)

Nadeln und Zweigstück der Himalaya-Zeder *(Cedrus deodara)*

Nadeln der marokkanischen Atlas-Zeder *(Cedrus atlanticus)*

Zweigspitzen der Zypresse *(Cupressus sempervirens)* aus Eleusis/Griechenland

Zweig und Zapfen der nordamerikanischen Zypresse *(Cupressus arizonica)*

Zweigspitze der nordamerikanischen Weihrauchzeder *(Calocedrus decurrens)*

Zweigspitze des nordamerikanischen Riesen-Lebensbaums *(Thuja plicata)*

Zweigspitze der Arve *(Pinus cembra)* aus dem Wallis (Schweiz)

Samen und Früchte

Samen und Samenkapselkappen des Schwarzen Bilsenkrauts *(Hyoscyamus niger)* aus norddeutschem Anbau

Samen des Schwarzen Bilsenkrauts *(Hyoscyamus niger)* in starker Vergrößerung

Samen des Gelben Bilsenkrauts *(Hyoscyamus albus)* aus Griechenland

Samen des Schlafmohns *(Papaver somniferum)* aus norddeutschem Anbau

Samen des Gemeinen Stechapfels *(Datura stramonium)* aus norddeutschem Anbau

Samen des Toloache genannten Mexikanischen Stechapfels *(Datura inoxia)* aus norddeutschem Anbau

Samen des Kalifornischen Stechapfels *(Datura wrightii)*

Samen der Steppenraute *(Peganum harmala)*

Kakaobohnen *(Theobroma cacao)* aus dem mexikanischen Regenwald

121

Tonkabohnen *(Semen tonca, Faba tonca)* aus der Karibik; an der Oberfläche sind Cumarin-Kristalle zu erkennen.

Wacholderbeeren aus dem Apothekenhandel

Früchte des *Juniperus oxycedrus* von Naxos/Griechenland

Sternanisfrüchte *(Illicium verum)* mit Samen aus dem Gewürzhandel

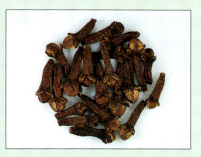
Nelken *(Caryophylli flos)* aus dem Gewürzhandel

Koriandersamen *(Coriandri fructus)* aus dem Gewürzhandel

Tierprodukte

»Räucherklauen«; die hornigen Opercula einer Stachelschnecke *(Murex* sp.*)* von den Philippinen

Ganz oben: Der echte Copalbaum *(Protium copal)* ist nur an seinen Blättern zu erkennen (Naha', Chiapas/Mexiko).

Darunter: Lack-Zistrose *(Cistus ladanifer)*, die das wohlduftende Ladanum absondert.

Rechts: Beifuss ist dem Hindugott Shiva heilig, weil seine Blätter an den heiligen Dreizack (trisuli) des Gottes erinnern. Der Dreizack stellt die Einheit von Vergangenheit, Gegenwart und Zukunft und die in Shiva vereinten Götter Brahma, Vishnu und Shiva dar (Langtang, Himalaya, Nepal).

Wenn die Haut der reifen, aber noch nicht getrockneten Mohnkapsel geritzt wird, tritt ein Milchsaft hervor, der an der Luft zum braunen Rohopium erstarrt.

Unten: Frisch geerntetes Rohopium auf einem Mohnblatt *(Papaver somniferum)*.

Ganz oben: Die aromatische Garten- oder Brautmyrte *(Myrtus communis)*.

Darunter: Der mit der Alpenrose nah verwandte aromatische Hochgebirgs-Rhododendron *(Rhododendron lepidotum)* aus dem Himalaya (Langtang, Nepal, ca. 3500 m Höhe).

Rechts: Sage oder Präriebeifuss *(Artemisia ludoviciana)* in üppiger Blüte (Wyoming, USA).

Rechts: Die sich gerade entfaltende wohlduftende Blüte des mexikanischen Stechapfels *(Datura inoxia)*.

Unten: Opferketten aus Stechapfelfrüchten *(Datura metel)* am Goldenen Shiva-Tempel von Varanasi (Indien).

126   Rechts: Der Sumpfporst *(Ledum palustre)* ist ein uralter Räucherstoff eurasischer Schamanen; seine harzigen Blätter wurden früher auch zum Bierbrauen (»Grutbier«) verwendet.

Unten: Ein Büffelstein (Baculites-Segment) auf einem »Nest« aus Sweetgrass-Zöpfen *(Hirochloe odorata)*.

Oben: Der Stechwacholder *(Juniperus oxycedrus)* war in der Antike ein heiliger Baum (Naxos, Griechenland).

Rechts: Der Hochgebirgswacholder *(Juniperus recurva)* aus dem Himalaya (Langtang, Nepal).

128 Rechts: Die im Troodos-Gebirge endemische Zypriotische Zeder *(Cedrus brevifolia)*.

   Unten: Blühender Ysop *(Hyssopus officinalis)*.

schem Wein besteht. Bis ins 19. Jahrhundert war Laudanum eines der wirkungsvollsten Heilmittel, das von sehr vielen Menschen eingenommen wurde, nicht nur um gesund zu werden, sondern auch um sich zu berauschen. Noch im 18. Jahrhundert wurde die opiumhaltige Laudanumtinktur, zusammen mit Zitwer, Angelikawurzel, **Olibanum**, **Myrrhe**, **Wacholder**beeren, Lavendel und Rosenblättern vermischt, für die Herstellung von Räucherkerzen gegen die Pest verwendet (HINRICHSEN 1994: 105).

Mohnsamen verbrennen prasselnd, wenn man sie auf die Räucherkohle streut. Sie verbreiten einen Geruch nach angebratenem Essen oder verbranntem Kuchen. Opium verbreitet auf der Räucherkohle einen bitter-süsslichen, an Pflanzensäfte, besonders an Aloe, erinnernden Geruch. Beide Gerüche kann man eigentlich nicht zu den Wohlgerüchen zählen.

Opium enthält neben etwas Gummi und Harz die sogenannten Opiumalkaloide. Das Alkaloidgemisch und die Konzentrationen der einzelnen Wirkstoffe können aufgrund der Bodenverhältnisse, der Züchtungen und des Klimas sehr unterschiedlich sein. So produzieren manche Sorten einen Morphingehalt bis zu 15%, während andere kaum (weniger als 1%) Morphin enthalten. Opium ist das beste natürliche Schmerzmittel, das die Menschheit entdeckt hat. Die schmerzstillende Wirkung geht hauptsächlich auf das Morphin (= Morphium) zurück, das deshalb zum wichtigsten Schmerzmittel der europäischen Medizingeschichte wurde. Aus Morphin wird durch eine geringfügige chemische Manipulation Heroin hergestellt. Neben Morphin sind vor allem die Alkaloide Narkotin, Oxynarkotin, Codein, Narcein, Pseudomorphin, Papaverin, Opianin, Rhoeadin, Kryptopin, Codamin, Laudanin, Mekonidin enthalten.

Da Opium ein wertvolles Medikament ist, wurde es schon immer verfälscht. Dazu wurde es mit **Aloe**, **Gummi Arabicum**, **Myrrhe**, Terpentin (siehe **Fichte**, **Tanne**), Tabak, Traganth, Süssholzsaft, Linsenmehl, Aprikosenmark und anderem gestreckt.

Opium unterliegt weltweit den Betäubungsmittelgesetzen und darf nur mit Spezialrezepten verschrieben werden. Es scheint, als ob sowohl die Pharma-Lobby wie auch die Mafia an der Schwierigkeit, Opium zu verschreiben, grosses Interesse hätten. Denn dadurch können die einen ihre teuren synthetischen Opiate auf den Markt werfen, die anderen das illegale Heroin besser an den Mann bringen.

Es gibt mehrere Räucherstäbchen verschiedener Marken, die »Opium« heissen, aber kein Opium enthalten. Beim Verbrennen geben sie aber einen Geruch ab, der entfernt an gerauchtes Opium erinnert.

Literatur: ATKINSON 1989, BROSSE 1992, GANDHI und SINGH 1991, GRIEVE 1982, HINRICHSEN 1994, HLAVA und LANSKA 1977, HOOPER 1937, KRITIKOS und PAPADAKI 1967, LAD und FRAWLEY 1987, MERRILLEES 1962, PABST 1887/89, RÄTSCH 1995a, ROTH et al. 1994, SCHAFFNER 1992, SEEFELDER 1987, SHERRAT 1991, THOMPSON 1949.

Myrrhe

Commiphora molmol ENGL. (syn. *Commiphora myrrha* [NEES] ENGL. var. *molmol* ENGL., *Balsamodendron myrrha* NEES, *Balsamea myrrha* ENGL.), Echter Myrrhebaum, Somalia-Myrrhe *Commiphora abyssinica* ENGL., Arabische Myrrhe

Burseraceae, Balsambaumgewächse

»Wo der Weihrauch eher die geistigen Brücken zu bauen hilft, schafft die Myrrhe in erster Linie die Verbindung zwischen der Seele, dem Fühlen und dem geistigen Menschen. Die Myrrhe reinigt den Körper und die Seele und macht frei und offen, um die Botschaften der göttlichen Welt empfangen zu können. Die Myrrhe ist Ausdruck der Reinheit und Fruchtbarkeit.«

RENÉ STRASSMANN, *Duftheilkunde* (1991: 34)

Es gibt etwa 150 bis 200 Arten der strauchartigen Gattung *Commiphora*, die meist im trockenen Buschland von Ostafrika, Arabien bis nach Indien vorkommen. Alle bilden Harze aus, einige Arten sogar giftige, die traditionell als Jagdgifte verwendet werden. Im Altertum und Mittelalter wurde die Myrrhe auch Smyrna genannt, ein Name, der wie so oft zu erheblichen Verwechslungen und Irrtümern führte. Smyrna war ursprünglich der Name für eine bestimmte Opiumsorte (vgl. **Mohn**). Vielleicht gab es früher Räuchermischungen, die aus Opium und Myrrhe zubereitet wurden und unter dem (verkürzten) Namen Smyrna gehandelt wurden. Denn diese sogenannte Smyrna war ein Aphrodisiakum und Liebeszauber:

»Zauber, um jemanden herbeizuführen, über rauchender Myrrhe zu sprechen: Räuchere [die Myrrhe] über Kohlen und sag den Spruch: Du bist Smyrna, die bittere, die schwere, die Streitende versöhnt, die dörrt und zur Liebe zwingt diejenigen, die den Eros verleugnen. Alle nennen dich Myrrha, ich aber nenne dich Fleischfresserin und Verbrennerin des Herzens …« (*Papyri Graecae Magicae* IV, 1495ff.)

Da reine Myrrhe nicht als Aphrodisiakum gilt, geschweige denn so wirkt, ist es durchaus denkbar, dass Smyrna ein Gemisch aus der aromatischen Myrrhe und dem wirklich aphrodisierend wirken-

Die botanische Herkunft der Myrrhe blieb lange Zeit ein Geheimnis. Dass dem Stecher der deutschen Dioskurides-Ausgabe wirklich ein Zweig vom Myrrhenbaum vorlag, ist zu bezweifeln. Holzschnitt aus DIOSCURIDES, *Kreutterbuch*, 1610.

den bitteren Opium war. Myrrhe war wohl deshalb der ägyptischen Göttin Hathor, der »Herrin der Trunkenheit«, heilig und stand mythologisch auch der Aphrodite nahe.

Die Bezeichnung Myrrhe stammt von dem griechischen Wort *myrrha* ab. Dies war der Name eines Mädchens, das sich in ihren Vater verliebte und ihn – unwissend – zu einem inzestuösen Geschlechtsverkehr verführte. Als der Vater diesen Betrug bemerkt, will er die von ihm geschwängerte Tochter umbringen, sie aber kann fliehen:

»Myrrha flieht, und dank dem Dunkel und der undurchdringlichen Nacht entrinnt sie dem Tode. Sie irrte auf dem weiten Feld umher und verliess das palmentragende Arabien und das panchaeische Land. Neun Monde währte ihre Pilgerschaft, bis sie endlich erschöpft auf Sabas Boden [in Arabien, dem Heimatland des Myrrhenbaumes] ausruhte; kaum konnte sie die Last ihres Leibes noch tragen. Ungewiss, worum sie flehen sollte, sprach sie zwischen Todesfurcht und Lebensüberdruss folgendes Gebet: ›Ihr Götter! Hat einer von euch ein Herz für Menschen, die ihre Schuld bekennen, so hört: Ich habe schwere Strafe verdient und nehme sie auf mich. Aber damit ich nicht, wenn ich überlebe, die Lebenden und, wenn ich sterbe, die Toten kränke, so vertreibt mich aus beiden Reichen, verwandelt mich und verweigert mir so Leben und Tod.‹ Es gibt eine Gottheit für Menschen, die sich schuldig bekennen; die letzten Worte des Gebetes fanden jedenfalls gnädige Götter. Während sie noch sprach, stieg Erde an ihren Waden empor; die Nägel springen auf, und schräg streckt sich eine Wurzel aus, der Halt des langen Stammes. Die Knochen bilden kerniges Holz, in der Mitte bleibt das Mark bestehen, das Blut wird zu Säften, die Arme zu grossen Ästen, die Finger zu kleinen Zweigen. Die Haut verhärtet sich zu Rinde. Und schon hatte der aufspriessende Baum den schwangeren Leib umschlossen, die Brust überwuchert und schickte sich an, den Hals zu bedecken. Myrrha ertrug das Warten nicht länger; dem emporwachsenden Holz entgegen liess sie sich nach unten sinken und vergrub ihr Gesicht in der Rinde. Obwohl sie mit ihrer [neuen] Gestalt auch die früheren Empfindungen verloren hat, weint sie, und aus dem Baum fliessen heisse Tränen. Auch die Tränen haben ihre Würde: Die Myrrhe, die aus dem Holz tropft, trägt den Namen der Herrin, und zu keiner Zeit wird man von ihr schweigen.« (OVID, *Metamorphosen* X, 476–503)

Die Myrrhe beziehungsweise die verschiedenen Myrrhearten waren im Altertum neben **Olibanum** die wichtigsten Räucherstoffe, die auch in der antiken Medizin reichlich angewendet wurden:

»Die Myrrhe ist die Träne eines in Arabien wachsenden, der ägyptischen Akazie ähnlichen Baumes, aus dem nach der Verwundung die Tränen teils auf untergebreitete Matten fliessen, teils aber am Stamm erhärten. Eine Art davon wird die Fette der Ebene genannt, von der durch Auspressen die Stakte gewonnen wird, eine andere die Gabirea, sehr fette, welche auf fruchtbarem fettem Boden wächst, und auch viel Stakte liefert. Alle übertrifft die troglodytische, so genannt von dem Lande, wo sie wächst; sie ist grünlichgelb, beissend und durchsichtig. Eine gewisse feine Art wird auch gesammelt, welche gleich auf die troglodytische folgt, etwas weich wie das **Bdellium,** von üblem Geruch ist und in sonnigen Gegenden wächst. Eine weitere Art wird Kaukalis genannt, sie ist veraltet, dunkel, mager. Die geringste von allen heisst Ergasime, sie ist mürbe und mager, scharf und gummiartig, sowohl dem Aussehen, wie der Kraft nach. Auch die Aminaia genannte wird nicht geschätzt. Es werden aus ihnen Pressauszüge gemacht, nämlich aus den fetten wohlriechende und fette, aus den trockenen aber dürre und geruchlose, sie sind kraftlos wegen des zu ihrer Herstellung hinzugenommenen Öls. Sie [die Myrrhe] wird verfälscht durch Zumischen von Gummi, welches mit einem Aufguss von Myrrhe benetzt ist. Wähle die frische, zerreibliche, leichte, allerseits gleichfarbige, die auf dem Bruch innen weisse, onyxartige, glatte Streifen zeigt, aus kleinen Stücken besteht, bitter, wohlriechend, scharf und erwärmend ist: die schwere und pechfarbige ist unbrauchbar. Sie hat erwärmende, die Flüsse zurückhaltende, betäubende, verklebende, austrocknende, adstringierende Kraft; sie erweicht und öffnet die verschlossene Gebärmutter, befördert rasch die Menstruation und den Fötus, wenn sie mit Wermut und einer Lupinenabkochung oder Rautensaft im Zäpfchen eingeführt wird. Sie wird auch als Pille von Bohnengrösse genommen gegen chronischen Husten, Orthopnoe, gegen Seiten- und Brustschmerzen, gegen starken Durchfall und Dysenterie und Nierenleiden, wie das Bdellium. Sie stellt die Frostschauer, besonders die viertägigen, wenn sie zwei Stunden vor dem Eintritt mit Pfeffer und Wasser bohnengross genommen wird. Die Rauheit der Luftröhre und die Heiserkeit der Stimme benimmt sie, wenn sie verflüssigt und unter die Zunge gelegt wird. Sie tötet ferner die Würmer und wird gegen üblen Geruch des Mundes gekaut. Gegen Erschlaffung der Achseln wird sie mit trockenem Alaun eingesalbt; mit Wein und Öl als Spülung macht sie die Zähne und das Zahnfleisch fest. Aufgestreut verklebt sie auch die Kopfwunden, heilt mit Schneckenfleisch eingestrichen zerschlagene Ohren und blossgelegte Knochen, mit Meconion [= Opium], Bibergeil und Glaukion eiterflüssige und entzündete Ohren. Gegen Finnen wird sie mit **Kassia** und Honig eingesalbt, Flechten vertreibt sie mit Essig, ausfallende Haare befestigt sie eingestrichen mit **Ladanum**, Wein und **Myrte**nöl, chronischen Katarrh lindert sie als Salbe in die Nasenflügel eingestrichen, Geschwüre in den Augen füllt sie aus, vertreibt die weissen Flecken und die Verdunkelungen der Pupille und glättet die Rauheiten. Es wird aus ihr auch wie aus dem Weihrauch ein Russ gemacht, welcher dieselben Wirkungen hat.« (Dioskurides I, 77)

Myrrhe war im griechischen Opferritual von grosser Bedeutung (vgl. **Styrax**). Im Apollontempel von Milet wurde neben **Olibanum** hauptsächlich Myrrhe geräuchert. In Delphi war die Myrrhe neben **Lorbeer** und **Bilsenkraut** der wichtigste Räucherstoff der Pythia:

»Dorrender Myrrhe Duft steigt auf
Zu Phoibos' [= Apollon] Gebälk.
Auf heiligem Dreifuss thront und singt
Den Griechen die delphische Frau
[= Pythia] den Spruch,
Mit dem Apoll sie umtönt.«
(Euripides, *Ion*)

Die Myrrhe wurde bereits von den Assyrern als Räucherstoff benutzt und *murru* genannt. Sie war auch im Kultus der Hebräer von grosser Bedeutung. Sie war Bestandteil der heiligen Salbung (Exodus 30, 23–24) und des heiligen Weihrauchs (Exodus 30, 34). Das Harz war ein Symbol für das Mitleiden. Manche Autoren (z.B. Tucker 1986) glauben, dass die Myrrhe der Bibel von der Stammpflanze *Commiphora erythraea* Engl. kommt (siehe **Opopanax**). Das Harz dieses Gewächses ist im Unterschied zu dem der *Commiphora myrrha* wohlduftend, weswegen man es auch »süsse Myrrhe« nennt. Es wurde von Plinius als »duftende Myrrhe« bezeichnet und ist wahrscheinlich mit dem 'ntyw, »Weihrauch«, der alten Ägypter identisch. Heute wird es meist »parfümiertes Bdellium«, Bisabol-Myrrhe oder Opopanax-Myrrhe genannt.

Myrrhe war für die Ägypter von höchster Bedeutung, denn mit ihr und anderen Räucherstoffen wurden die Mumien einbalsamiert:

»Und solchermassen ist nun die sorgfältigste und teuerste Art der Einbalsamierung: Sie entfernen zuerst mit einem krummen Eisen durch die Nasenlöcher das Gehirn, und zwar teils so, indem sie es herausziehen, teils indem sie Arzneien hineingiessen. Dann öffnen sie mit einem scharfen äthiopischen Steinmesser die Bauchhöhle und nehmen die ganzen Eingeweide heraus; sie reinigen sie, spülen sie mit Palmwein aus und bestreuen sie mit zerriebenem Räucherwerk. Dann füllen sie die Bauchhöhle mit reiner zerriebener Myrrhe, mit **Kassia**blättern und anderem Räucherwerk, untermischt mit Weihrauch [**Olibanum**], und nähen die

Leiche wieder zu. Dann legen sie die Leiche in Natron, 70 Tage lang; länger darf man sie nicht darinnen liegen lassen. Sind diese 70 Tage vorüber, dann waschen sie die Leiche und umwinden sie mit Binden aus feinem Byssosleinen und bestreichen sie mit Gummi [**Gummi Arabicum**], den die Ägypter vielfach statt Leim verwenden. Dann übernehmen wieder die Angehörigen die Leiche und machen einen hölzernen Sarg in Menschengestalt, legen die Leiche hinein und bewahren sie in der Grabkammer auf, wo sie die Leiche an die Wand stellen.« (HERODOT)

Übrigens soll auch die Leiche von Jesus mit Myrrhe (und **Aloe**) haltbar gemacht worden sein. Im Mittelalter und in der frühen Neuzeit blühte in Europa ein schwungvoller Handel mit ägyptischen Mumien *(Mumia vera)*. Das aus den Mumien gewonnene Bitumen und Harz wurde als Medizin, Liebestrank und magisches Räuchermittel verwendet.

Die Myrrhe wurde schon früh unter dem Namen *Bola* nach Indien gebracht und wird auch von der ayurvedischen Medizin hoch geschätzt:

»Myrrhe ist eine der berühmtesten seit alters her verwendeten Substanzen, um dem körperlichen Verfall entgegenzuwirken, den Alterungsprozessen Einhalt zu gebieten und Körper und Geist zu verjüngen. Myrrhe ist mit **Guggul** der ayurwedischen Medizin eng verwandt, ein wichtiger ayurwedischer Rasayana [Lebens-Elixier]. Myrrhe ist in ähnlicher Weise ein Verjüngungsmittel für Vata [das Luftelement im Körper] und Kapha [das Wasserelement im Körper], hat aber eine noch spezifischere Wirkung auf das Blut und das weibliche Genitalsystem, während Guggul stärker auf die Nerven wirkt. Durch die Wirkung von Myrrhe wird altes, gestautes Blut aus der Gebärmutter ausgestossen und die Bildung neuen Gewebes angeregt. Dieses Mittel katalysiert die Heilung von Geschwüren und Wunden und wirkt gleichzeitig schmerzstillend. Myrrhe hilft auch unterdrückte Gefühle zu zerstreuen, da ihre Wirkung sich auf den subtilen Körper erstreckt.« (LAD und FRAWLEY 1987: 192)

Auch in der mohammedanischen Welt war Myrrhe ein geschätzter Räucherstoff. Die Moslems glaubten, dass die Myrrhe aus Mekka stamme und deshalb heilig sei. Für die Sufis zwischen Arabien und Indien war (und ist) die Myrrhe von grosser ritueller Bedeutung und Heiligkeit:

»In alter Zeit wurde Myrrheöl verwendet, um Menschen eine bestimmte innere esoterische Lehre beizubringen, nämlich um ihre geistige Umgebung zu reinigen, so dass die Lehre [des Islam] den richtigen Boden findet, um darein gepflanzt zu werden.« (MOINUDDIN 1984: 159f.)

In Europa wurde die Myrrhe schon im Mittelalter und in der frühen Neuzeit als medizinisches Räuchermittel gebraucht:

»Der Rauch von Myrrha in Mund in die Nase gelassen / stärcket das Hirn. Myrrha ist gut den unfruchtbaren Frauen / mit Wein genüsst / und den Rauch von unten empfangen.« (LONICERUS 1679: 738).

Ausserdem versprach man sich von der Myrrhe eine lebensverlängernde Wirkung:

»Sie lässt keine Fäulung im Menschen geschehen; dahero sie auch unverfaulende Myrrhe genennet wird. Vermöge ihrer Balsamischen Krafft verhindert sie alle Fäulniss, und dahero wird sie von Helmoncio zu Beförderung eines langen Lebens gerühmet.« (*Universallexikon* von 1733–54, zit. in HINRICHSEN 1994: 35)

Die berühmte Myrrhe hat beim Räuchern eigentlich gar kein besonderes Aroma; es ist etwas erdig, nicht spektakulär, leicht nach verbranntem Holz. Deshalb wurde Myrrhe fast niemals alleine geräuchert, sondern immer mit Olibanum und anderen Harzen sowie ätherischen Ölen vermischt. Gelegentlich kommt es vor, dass man eine Myrrhe erhält, die beim Räuchern einen überraschend angenehmen Wohlgeruch entfaltet. Dabei handelt es sich meist um eine Mischware aus verschiedenen Stammpflanzen oder um die süsse Myrrhe (siehe **Opopanax**).

Die Myrrhe enthält 3–10% ätherisches Öl, bestehend aus Pinen, Limonen, Cumin- und Zimtaldehyd, *m*-Cresol, Myrrholsäure, Eugenol, 20–40% Harz, Schleim, Pektine und Gummi. Tinkturen aus Myrrhe werden wegen ihrer adstringierenden und antiseptischen Wirkung bis heute medizinisch, z.B. bei Zahnfleischbluten, genutzt.

Die heute im Handel befindliche Myrrhe stammt fast ausschliesslich von der Stammpflanze *Commiphora myrrha*. Man nennt sie auch Gemeine Myrrhe oder Hirabol-Myrrhe. Die Myrrhe wurde und wird oft mit **Gummi Arabicum** oder ähnlichen Gummis verfälscht. Schon Plinius beschrieb die gewöhnliche Verfälschungsmethode genau:

»Verfälscht wird sie [die Myrrhe] mit Mastixkörnern und Gummi, sowie mit Gurkensaft wegen des bitteren Geschmackes und mit Silberglätte, um das Gewicht zu vermehren.« (XII, 35, 71)

Literatur: GERMER 1991, HINRICHSEN 1994, HOOPER 1937, KRAUS 1990, LAD und FRAWLEY 1987, MANNICHE 1989, MARTINETZ et al. 1989, MOINUDDIN 1984, NEUWINGER 1994, PABST 1887/89, PAHLOW 1993, RÄTSCH 1991a und 1995a, SCHAFFNER 1992, THOMPSON 1949, THULIN und CLAESON 1991, TUCKER 1986, ZOHARY 1986.

Myrte

Myrtus communis L.

Myrtaceae, Myrtengewächse

Alte Darstellung des Myrtenbaums *(Myrtus communis)*. Holzschnitt aus GERARD, *The Herbal*, 1633.

»Als Xerxes über den Hellespont gehen wollte, opferte er mit vielem Räucherwerk und liess die Brücke mit Myrten bestreuen.« HERODOT (7, 54)

Im alten Griechenland war die immergrüne und wohlduftende Myrte, auch Brautmyrte genannt, der Liebesgöttin Aphrodite geweiht. Die Myrte soll der Baum sein, hinter dem sich Aphrodite verbarg, als sie nackt an den Strand von Zypern gelangte. Bei dem orgiastischen Frühjahrsfest der Göttin bekränzte man sich mit Myrten, die als »Mysterienpflanzen« galten. Die Rinde, Blätter, Blüten und Fruchtbeeren des Strauches enthalten ein duftendes Öl, das seit dem Altertum ein begehrtes Parfüm darstellt; in den *Geopontika* heisst es, die »Myrte verbreitet um sich her einen Wohlgeruch« (XI, 7). Der Duft soll auch die Wahrsagerei, d.h. die prophetische Trance, befördern. Der Duft galt als Symbol der Reinheit, Schönheit und Liebe. Das Öl und die frischen Blätter waren und sind ein beliebter Badezusatz. Ein solches aphrodisisches Badewasser wirkt entspannend und ist gut für die Haut. Ausserdem verhindert es Haarausfall und bringt Erleichterung bei allen Erkrankungen der Atemwege.

Myrtenblätter und -zweige gehörten zum Räucherwerk der Aphrodite, die für ihre Liebe zu den Wohlgerüchen von den Dichtern gerühmt wurde. So wie die Römer ihre Liebesgöttin Venus mit der grossen Göttin von Zypern identifizierten, übernahmen sie auch den symbolischen und kultischen Gebrauch ihres heiligen Strauches. Bei Plinius heisst es, »die Ehe und die Myrte stehen beide unter dem Schutze der Venus« (XV, 29, 36). Die Myrte war nicht nur der Venus, sondern auch den römischen Laren, den Göttinnen des Herdes, heilig. Die Pflanze wurde aus Stecklingen gezogen bei den entsprechenden Heiligtümern angepflanzt. Man trug auch Myrtenkränze, um den Weinrausch zu mildern.

Selbst in der Bibel wird die Myrte mehrfach genannt. Die Hebräer benutzen die Blätter als Medizin und zur Konstruktion von Ritualhütten beim sogenannten Laubhüttenfest:

»Ziehet hinaus ins Gebirge und holet Zweige vom edlen und vom wilden Ölbaum, von Myrten, Palmen und anderen dichtbelaubten Bäumen, dass man Laubhütten mache, wie geschrieben steht.« (NEHEMIA 8, 15)

Im alten Ägypten wurden aus den wohlriechenden Myrtenblättern Grabgirlanden, also Totenschmuck, hergestellt. Überhaupt war die Myrte in der Antike ein Totenbaum, der zur Ehrung der Toten ans Grab gepflanzt wurde. Die immergrünen Blätter sollten die Unvergänglichkeit der Seele andeuten.

Zusammen mit **Lorbeer** diente die Myrte den alten Persern, die der Religion des Zoroaster (= Zarathustra) folgten, als rituelles Räucherwerk:

»Wenn die Perser opfern, so legen sie das Fleisch auf Myrten- und Lorbeerzweige, brennen diese an, singen Zauberlieder, und giessen Öl, mit Milch und Honig gemischt, auf den Boden.« (STRABON 15, 3)

Die getrockneten Myrtenblätter und -zweigspitzen entfalten beim Räuchern einen weissen Rauch mit einem angenehmen, ins Herbe gehenden kräuterigen und etwas harzigen Duft Bündel aus frischen Myrtenzweigen, die fest zusammengebunden und im Dunkeln getrocknet wurden, eignen sich gut zum Räuchern.

Myrtenöl spielt in der modernen Aromatherapie eine wichtige Rolle, denn »es lässt die unzerstörbare Reinheit unserer Seele erahnen und öffnet für Schönheit und Liebe; es öffnet gleichsam für kosmische Schönheit und universelle Liebe.« (FISCHER-RIZZI 1989: 128) Der Myrtenduft soll auch gut bei Migräne wirken.

Die Myrtenblätter enthalten neben Gerbstoffen und Säuren 0,3–1% ätherisches Öl mit antiseptischer, wurmtreibender und antirheumatischer Wirkung. Das ätherische Öl besteht aus Pinen, Dipenten, Cineol, Myrtenol, Geraniol, Nerol; Nerol wird im Körper in ein Jonon (Ketonkörper) verwandelt, der als Duftnote in den Urin übergeht. Der Urin nimmt dabei eine leicht violette Färbung an.

Das im Handel erhältliche Myrtenöl stammt nicht immer von der echten Myrte, sondern oft auch von einer in Australien heimischen, *myrtle* genannten Pflanze *(Melaleuca alternifolia)*.

Literatur: BELLEDAME 1990, DITTRICH 1988, DRURY 1989, GERMER 1985, HOOPER 1937, LENZ 1966, RÄTSCH 1990a, 1993, 1995a und 1995e, ROTH et al. 1994, SEITZ 1993, ZOHARY 1986.

Nelke

Syzygium aromaticum (L.) MERR. et PERRY (syn. *Eugenia caryophyllata* THUNBERG, *Caryophyllus aromaticus* L., *Jambosa caryophyllus* [SPRENG.] NIEDENZU, *Eugenia aromatica* BAILL., *Myrtus caryophyllus* SPR.)

Myrtaceae, Myrtengewächse

»Und wenn jemand Kopfschmerzen hat, so dass ihm der Kopf brummt, wie wenn er taub wäre, esse er oft Nelken, und das mindert das Brummen, das in seinem Kopf ist.«
HILDEGARD VON BINGEN, *Physica* I, 27

Die Nelke oder Gewürznelke hat nichts mit der Zierblume gleichen Namens zu tun. Der Name leitet sich von Nagel oder Näglein ab, eine Übersetzung des römischen Wortes *clavus*. Die Gewürznelken sind die getrockneten Blütenknospen eines bis zu zwölf Meter hoch wachsenden immergrünen Baums. Der Baum, der von den Molukken und südlichen Philippinen stammt, wird heute überall im Gebiet des Indischen Ozeans angebaut.

In Asien nennt man die Nelke *(long)* auch »Blume der Götter«, weil sie die Lebensadern stärkt und Lebererkrankungen heilt. Der Gebrauch von Nelkenöl bei Zahnschmerzen ist weit verbreitet, z.B. auch in China und Japan (Kampo). Sie gilt im Ayurveda als mildes Aphrodisiakum und Zahnschmerzmittel. Pulverisiert ist sie ein Bestandteil von indischen, tibetischen und japanischen Räucherstäbchen. Sie ist ein wesentlicher Teil der chinesischen Fünf-Gewürze-Mischung (siehe **Sternanis**) und traditioneller Räucherpulver:

»Zusammen mit Aloe[holz], Elemi, Styrax, Benzoe und Weihrauch gebrauchten die Chinesen Nelken für Räucherungen. Dabei konnte das Räuchern gleichzeitig eine medizinische und religiöse Bedeutung haben. Böse Geister flohen ebenso vor den Schwaden des Räucherwerks wie lästige Insekten und Zahnschmerzen. Einen Nebeneffekt, den man am kaiserlichen Hofe sehr schätzte, hatte das Nelkenkauen. Die Fähigkeit, Unmengen Wein in sich hineinschütten zu können, wurde noch um ein Vielfaches gesteigert!« (HENGLEIN 1985: 154)

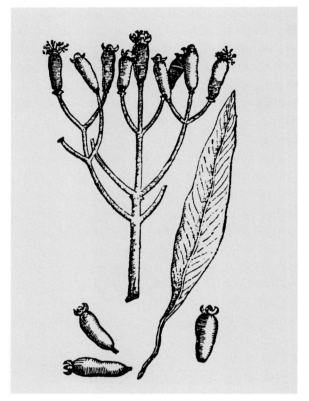

Die Nelken oder Gewürznelken, früher »Näglein« genannt, sind die Knospen des Nelkenbaums *(Syzygium aromaticum).* Holzschnitt aus TABERNAEMONTANUS, *Kräuter-Buch,* 1731.

Wie aus Grabfunden ersichtlich ist, kannten bereits die alten Ägypter die Nelken. Allerdings ist ungewiss, ob sich der griechische Name *karyophyllon,* »Nussblatt«, tatsächlich auf die Gewürznelke oder auf ein anderes botanisches Produkt bezog:

»Ferner gibt es in Indien ein pfefferähnliches Korn, *caryophyllon* genannt, das grösser und zerbrechlicher ist. Es soll auf dem indischen Lotus wachsen; man führt es wegen seines Geruches ein.« (PLINIUS XII, 15, 30)

Marco Polo war auf seiner Asienreise von der Nelke besonders fasziniert und machte sie in Europa bekannt. In der frühen Neuzeit wurden in Europa bei den grossen Pestilenzen reichlich Nelken geräuchert. Im modernen Deutschland ist die Nelke der Hauptbestandteil der Rezeptur der sogenannten »Orangenräucherstäbchen«, die neben Bindemitteln nur noch etwas Muskatnuss und **Zimt** enthalten. Nelke soll sexuell anregend wirken. Im Okkultismus wurde die Nelke als Räucherstoff der Sonne zugeordnet:

»Man verbrennt Nelken als Weihrauch, um Reichtum anzuziehen, feindliche und negative Kräfte zu vertreiben (auch Mücken und Moskitos!), um spirituelle Schwingungen zu erzeugen, den Raum zu reinigen und um dafür zu sorgen, dass andere Menschen aufhören, Gerüchte zu verbreiten.« (CALAND 1992: 152)

Beim Räuchern sondern die Nelken einen intensiven Nelkengeruch ab, der fast mit dem Duft des ätherischen Öls identisch ist. Er erinnert tatsächlich etwas an den Duft von Orangenschalen.

Die Gewürznelken *(Caryophyllis flos)* enthalten zwischen 15 und 22% ätherisches Öl, 8 bis 14% Gerbstoffe, daneben Flavonoide (Rhamnetin, Kaempferol), Triterpene (Oleanolsäure), Tannin, Stereole und ca. 10% fettes Öl. Das ätherische Öl besteht hauptsächlich aus Eugenol, daneben Acetyleugenol, Vanillin, Humulen, Caryophyllen. Es hat stark antiseptische und analgetische Wirkung. Eugenol bewirkt in höheren Dosierungen rauschartige Zustände.

Literaur: BROSSE 1992, DRURY 1989, HENGLEIN 1985, HINRICHSEN 1994, HLAVA und LANSKA 1977, LAD und FRAWLEY 1987, MORITA 1992, PABST 1887/89, PAHLOW 1993, PATNAIK 1993, SCHAFFNER 1992, TSUMURA 1991, WERNER 1993.

Ocoté

Pinus spp.
Pinus ayacahuite EHR., Acalocote, Ocote blanco, Pino real
Pinus chiapensis (MART.) ANDRESEN, Ocote, Pinabete, Pino blanco, Tähte'
Pinus leiophylla SCHL. et CHAM., Ocote chino, Tlacocote
Pinus lumholtzii FERN., Ocote dormido
Pinus michoacana var. *cornuta* MARTINEZ, Ocote escobetón *Pinus michoacana* var. *tumida* MARTINEZ, Ocote gretado
Pinus oocarpa SCHIEDE
Pinus oocarpa ochoterenai MARTINEZ, Ocote de carretilla
Pinus patula SCHL. et CHAM., Ocote colorado
Pinus pseudostrobus LINDL.
Pinus strobus chiapanensis MARTINEZ, Acalocote
Pinus teocote BENTH., Teocote

Pinaceae, Föhrengewächse

Ocoté, der heute in Mexiko gebräuchliche Name für die vielen verschiedenen Pinienarten (vgl. **Pinie**), leitet sich vom aztekischen Wort *ocotl* ab. Die Bäume waren dem aztekischen Feuergott Xiuhtecutli, »Herr des Türkises«, heilig. Der Baum, der als Stammpflanze von Kienspan und Harz diente, wurde wie folgt beschrieben:

»Ocotl; die Pinie, sie ist schlank, sie grünt, sie grünt sehr. Sie hat trockene Harztropfen, überall. Sie hat Zapfen, Pinienzapfen. Sie hat eine Rinde, eine dicke Haut. Darin ist das Pinienharz, ein Harz. Das Holz kann gebrochen werden, zerschmettert werden. Die Pinie ist ergreifend. Sie liefert Licht, ein Mittel zu sehen, eine harzige Fackel. [Wenn sie rottet,] ist sie schwammig, porös, weich. Sie bildet ein Harz; wie Tropfen ist es geformt; es bleibt so wie herausgespritzt. Es spritzt heraus. Es brennt, es erleuchtet die Dinge. [Die Pinie] macht ein Harz; ein Harz tritt hervor. Sie verwandelt sich in Harz. Das Harz ist begehrt.« (SAHAGUN XI, 6)

Die beste Ocoté-Art war – wie so oft bei kostbaren Naturprodukten – der herrschenden Klasse vorbehalten:

»Teocotl. [Sein Holz] brennt rauchlos. Sein Duft

ist angenehm, köstlich zu riechen. Es ist das Holz der Edelleute; ihr Anteil. Es wird zu ihrem Anteil gemacht; es ist ihnen angemessen; es wird ihnen als ihr Anteil gegeben; es wird als das ihrige anerkannt.« (SAHAGUN XI, 6)

Das Harz diente auch der Behandlung von Geisteskrankheiten in der aztekischen Medizin. Eine Person, die an Tobsucht litt, wurde mit einer Räucherung nach folgendem Rezept behandelt:

»Die Haut, die Knochen und die Exkremente [des Ozelots] werden verbrannt, und zusammen zermahlen; dann wird Pinienharz hinzugefügt. Dieses wird nahe bei dem, der tobsüchtig ist, verbrannt. Es wird dieser Weihrauch wirksam.« (SAHAGUN XI, 148)

Noch heute sind die unter dem Namen Ocoté zusammengefassten Pinienarten bei der indianischen Bevölkerung Mexikos und Guatemalas von medizinischer und ritueller Bedeutung. In Chiapas werden von verschiedenen Arten, vor allem *Pinus chiapensis*, von den Lakandonen *tähte'*, »gerader Baum«, genannt, die Harze zum Herstellen von Weihrauch gezapft. Die Lakandonen nennen das sehr aromatische Harz *pom*, im Gegensatz zu dem selteneren Harz des Copalbaumes *(Protium copal)*, das sie *hach pom*, »Echter Weihrauch«, nennen (vgl. **Copal**). Sie verbrennen es bei allen Zeremonien im dorfeigenen Götterhaus oder an den »Häusern der Götter« – so werden Felsen, Höhlen und Mayaruinen genannt.

Die Hochland-Maya von Guatemala glauben, die Pinien seien die ersten Bäume gewesen, die nach der Schöpfung der Erde und der Berge geschaffen wurden. Aus diesem Grund sind sie ihnen heilig, und ihr Harz dient als »Nahrung für die Götter«. Es wird bei religiösen und schamanischen Ritualen geräuchert.

Gelegentlich wird das Harz auch für rein medizinische Zwecke verbrannt. Die Chinanteken inhalieren den Ocoté-Rauch (*ma-hlag, Pinus* sp.), um Krankheiten zu vertreiben.

Die Harze der verschiedenen Ocoté-Pinien sind chemisch ähnlich zusammengesetzt wie andere Pinienharze (vgl. **Arve, Kiefer, Pinie**). Leider sind sie in Europa fast gar nicht zu bekommen. In Mexiko werden sie auf den Märkten meist unter dem Namen *copal* angeboten. Beim Räuchern entwickeln sie einen recht ähnlichen Duft wie **Copal**, **Fichte**nharz, **Olibanum** oder **Pinie**nharz.

Literatur: AGUILERA 1985, MARTINEZ 1987, PERRY 1991, RÄTSCH 1985, SATTERTHWAITE 1946.

Olibanum

Boswellia spp.
Boswellia carteri BIRDW. (syn. *Boswellia bhaudajiana* BIRDW.), Somalia-Olibanum, Aden-Olibanum, Bibel-Weihrauch
Boswellia frereana BIRDW., Afrikanisches Elemi, Elemi-Olibanum
Boswellia papyrifera (DEL.) HOCHST. (syn. *Amyris papyrifera* GAILL. ex DEL.), Äthiopisches Olibanum, Erythrea-Olibanum
Boswellia sacra FLÜCKIGER (syn. *Boswellia thurifera* sensu CARTER), Arabisches Olibanum[32]
Boswellia serrata ROXB. (syn. *Boswellia thurifera* COLEBR., *Boswellia glabra* ROXB., *Canarium balsamiferum* WILLD.), Indischer Weihrauch, Salakhi, Lobhan

Burseraceae, Balsamstrauchgewächse

»Dass es eine Magie des Weihrauchs gibt – genügt nicht die Teilnahme an einer religiösen Zeremonie, um dies zu erfahren? Seine bläulichen Kringel erfüllen das Heiligtum, sie reinigen es und mit ihm die Priester wie die Besucher. Sie steigen zum Himmel auf, ganz wie die Opfergabe, die seit jeher für ihn bestimmt war.«

JACQUES BROSSE, *Magie der Pflanzen* (1992: 271)

Fêng-hsiang (»Süsses Gummiharz«), der Chinesische Weihrauchbaum *(Boswellia thurifera* COLEBR.), in einer Illustration aus dem *Pen-ts'ao.*

Olibanum, der echte Weihrauch, ist das goldgelbe, wohlduftende Harz der strauchartigen Weihrauchbäume, die in grossen Wäldern am Roten Meer, vor allem in Arabien und Somalia, gedeihen. Olibanum wird dort seit mindestens 4000 Jahren durch Einschneiden der Rinde gewonnen. Olibanum war im Altertum das begehrteste Räucherharz. Es wurde in grossen Mengen über die berühmte Weihrauchstrasse, wohl der wichtigste Handelsweg der Antike zwischen Ägypten und Indien, transportiert. Es war für die Assyrer, Hebräer, Araber, Ägypter und Griechen der kultisch und ökonomisch wichtigste Räucherstoff. Bei allen Zeremonien wurde das Harz verbrannt und den Göttern geopfert. Es wurde für Ischtar, die Himmelskönigin; für Adonis, den Gott der wiederauferstehenden Natur; für Bel, den assyrischen Hochgott entzündet. Die assyrischen Könige, die gleichzeitig Hohepriester waren, opferten das Harz dem Baum des Lebens, der beim Beräuchern mit Wein besprenkelt wurde. Die Araber weihten es ihrem Sonnengott Sabis; der gesamte Vorrat musste im Tempel der Sonne aufbewahrt werden. Bei den Hebräern war Olibanum einer der Bestandteile des heiligen Weihrauchs und ein Symbol der Göttlichkeit. In der Bibel wird es als heiliger Räucherstoff, zu verehrender Tribut und Handelsgut beschrieben. Später wurde es zum wichtigsten Räucherstoff der katholischen Kirche. Ägyptische und griechische Magier beschworen mit dem Rauch die Daimonen, die Zwischenwesen, um sie sich dienstbar zu machen. In Ägypten wurde der Weihrauchbaum dem Ammon von Theben geweiht. Auch bei den Römern gab es keine Zeremonie, keinen Triumphzug, keine private Feier, bei der nicht das wohlriechende Harz geräuchert wurde. Von diesem Räucherwerk hiess es, dass es »Gott erkennen lässt«.

Das Wort Olibanum leitet sich von hebräisch *lebona* und arabisch *luban* ab. Diese semitischen

---

[32] *B. carteri* und *B. sacra* sind vermutlich auch synonym. Da alle *Boswellia*-Arten sehr variabel sind, ihre Harze ebenso, ist die botanische Zuordnung oft nur zufällig (vgl. HEPPER 1969).

Wörter bedeuten »Reinheit«. Im Griechischen wurde daraus *libanos* oder *libanotes*. Olibanum ist *der* klassische Weihrauch; sein Duft ist das, was man »weihrauchartig« nennt.

Olibanum war neben seinem Gebrauch als Räucherstoff in der antiken Medizin auch ein wichtiges Heilmittel:

»Der Weihrauch wird in Arabien erzeugt, in der Gegend, welche die weihrauchtragende genannt wird. Den ersten Platz behauptet der männliche, sogenannte Stagonias, von Natur rund. Ein solcher ist klein, weiss und auf dem Bruch innen fett, zum Räuchern angezündet rasch verbrennend. Der indische ist hellgelb bis dunkelfarbig. Er wird aber auch künstlich rund gemacht; sie schneiden ihn nämlich in viereckige Stücke, werfen diese in irdene Töpfe und rollen sie, bis sie die runde Form angenommen haben. Mit der Zeit aber wird er gelb, er wird der geschnittene oder syagrische genannt. An zweiter Stelle kommt der Orobias und der geschnittene, welchen einige Kopiskos nennen, der kleiner und gelber ist. Eine Sorte wird auch Amomites genannt; er ist übrigens weiss und beim Kneten nachgebend wie Mastix. Jeglicher Weihrauch wird künstlich mit Fichtenharz und Gummi verfälscht. Die Untersuchung ist aber leicht zu machen. Das Gummi nämlich brennt beim Anzünden nicht an, das Harz verqualmt in Rauch, der Weihrauch dagegen entzündet sich; aber auch der Geruch tut dasselbe kund. Er hat die Kraft zu erwärmen, zu adstringieren, die Verdunkelungen auf den Pupillen zu vertreiben, die hohlen Stellen der Wunden auszufüllen und diese zu verkleben, blutige Wunden zu verkleben, jeden Blutfluss, auch den aus dem Gehirn, zurückzuhalten. Zerrieben und mit Milch auf Charpie gestrichen, besänftigt er die bösartigen Geschwüre um den After und die übrigen Teile; auch vertreibt er, mit Essig und Pech aufgestrichen, im Anfang die Warzen und Flechten. Mit Schweine- oder Gänseschmalz heilt er ferner die ausgebrannten Geschwüre und die Frostschäden. Bösen Grind heilt er zusammen mit Nitrum (Soda), Paronychie (Nebennägel) mit Honig, Ohrenquetschungen mit Pech aufgestrichen, gegen die übrigen Ohrenleiden hilft er mit süssem Wein eingegossen. Entzündungen der Brüste von der Geburt her heilt er als Salbe mit kimolischer Erde und Rosenöl. Auch wird er mit Nutzen den Arzneien für die Luftröhre und die edlen Eingeweideteile zugesetzt. Genossen hilft er den an Blutspeien Leidenden; dagegen ist er Wahnsinn erregend, wenn er von Gesunden genommen wird, reichlich mit Wein getrunken, wirkt er gar tödlich.

Der Weihrauch wird gebrannt, indem er in eine reine Muschelschale getan und durch ein Korn an der Lampe entzündet wird, bis er ausgebrannt ist. Gegen Ende der vollständigen Verbrennung muss man ihn mit irgend etwas bedecken, bis er ganz ausgelöscht ist, denn auf diese Weise wird er nicht ganz verascht. Einige aber stülpen über das Schälchen ein vertieftes erzenes Gefäss, welches in der Mitte zur Aufnahme des Rauches durchbohrt ist. (…) Andere werfen ihn in einen rohen Topf, den sie mit Lehm verschmieren, und verbrennen ihn im Ofen. Auch wird er in einer neuen Schale über glühenden Kohlen erhitzt, bis er sich nicht mehr aufbläht und weder irgend eine Fettigkeit noch Rauch von sich gibt. Gebrannt lässt er sich leicht zerstossen.« (DIOSKURIDES I, 81)

Neben dem Harz wurde im Altertum auch die vom Baum gezogene Rinde als Räucherstoff und Medizin verwendet:

»Weihrauchrinde. Die Rinde des Weihrauchs wird als vorzüglich angesehen, wenn sie dicht, fett und wohlriechend, frisch und glatt, dabei nicht flechtig und häutig ist. Sie wird verfälscht durch untergemengte Rinde der Fichte und Pinie. Das

Erkennungsmittel für diese ist das Feuer; denn die anderen Rinden, zum Räuchern angezündet, verbrennen nicht, sondern entzündet verqualmen sie ohne Wohlgeruch, die Weihrauchrinde dagegen verbrennt und gibt einen wohlriechenden Rauch. Sie selbst wird aber auch wie der Weihrauch gebrannt. Sie hat dieselbe Kraft wie der Weihrauch, nur ist sie stärker und adstringierender. Deshalb eignet sie sich im Trank mehr für die, welche an Blutspeien, im Zäpfchen für die, welche an Blutflüssen leiden. Sie leistet auch Dienste bei vernarbenden Wunden im Auge, gegen Cavernen und Schmutz; geröstet hilft sie gegen Augenkrätze.« (DIOSKURIDES I, 82)

Eine weitere Handelsqualität, die im Altertum eine gewisse Rolle spielte, war das Weihrauchmanna, das beim Rollen oder beim Transport abfallende harzige Pulver:

»Manna des Weihrauchs. Die Manna des Weihrauchs ist gut, wenn sie weiss, rein und kernig ist. Sie hat dieselbe Kraft wie der Weihrauch, aber viel schwächer. Zur Verfälschung mischen Einige gesiebtes Pinienharz und Weizenmehl oder das Äussere des geschnittenen Weihrauchs darunter; auch dieses tut das Feuer dar, denn niemals wird es einen dem reinen Dampf ähnlichen oder gleichkräftigen Rauch geben, sondern einen unreinen Russ machen. Auch hat der Wohlgeruch einen (fremdartigen) Geruch beigemischt.« (DIOSKURIDES I, 83)

Das Weihrauch-Manna war dem Sonnen- und Orakelgott Apollon heilig. Im Apollontempel von Didyma wurden daneben auch reines Olibanum, **Myrrhe**, **Kassia** und **Zimt** als Räucherstoffe verwendet.

Olibanumharze wurden bereits in der Antike zur Herstellung von Kosmetika und Parfümen benutzt. Die *kohl* genannte schwarze Augenschminke der Ägypterinnen bestand aus Antimo-

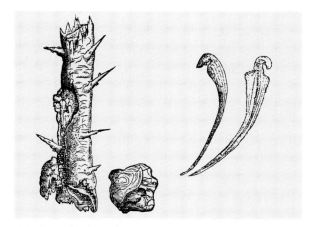

Die Botanik des echten Weihrauchbaums *(Boswellia sp.)* war in Europa bis in die späte Neuzeit praktisch unbekannt. Die Apotheker und die »Väter der Botanik« kannten nur Holzstücke, Harzklumpen und die vermeintlichen Blätter. Holzschnitt aus GERARD, *The Herbal*, 1633.

nit und Olibanum. Das ätherische Öl wird heute noch als Duftstoff in vielen Parfüms verwendet. Die Araber und Araberinnen benutzen Olibanumräucherungen zum Parfümieren des Körpers, vor allem der Geschlechtsorgane. Dadurch sollen sie nicht nur besser duften, sondern auch erotischer wirken.

In der traditionellen chinesischen Medizin wird Olibanum bei Lepra und anderen Hauterkrankungen, bei Menstruationskrämpfen, Husten und Unterleibsschmerzen verschrieben. Der Rauch oder das ätherische Öl wird bei Husten inhaliert. Das Harz gilt allgemein als Stimulans.

In Mitteleuropa wurde das Olibanumharz hauptsächlich durch die katholische Kirche bekannt. Zur Zeit von Karl dem Grossen wurde es nicht nur bei Gottesdiensten, sondern auch bei den damals üblichen »Gottesgerichten« geräuchert. In der frühen Neuzeit wurde es zunehmend medizinisch und sogar »psychiatrisch« als Stimmungsaufheller verwendet:

»Der Rauch Olibani ist gut den schwerenden Augen / darein gelassene. Benimt die Traurigkeit / mehret die Vernunfft / stärcket das Herz / und macht ein frölich geblüt.« (LONICERUS 1679: 738)

Dem Olibanum bzw. dem Kirchenweihrauch wurde schon früh eine berauschende Wirkung nachgesagt. Zu diesem Zweck wurde es nicht nur im Osmanischen Reich und in Arabien (oft in Verbindung mit Opium) geschluckt, geräuchert oder geraucht, sondern auch in Europa. Im *Universallexikon* von 1733–54 heisst es:

»er stärket das Haupt, Vernunft und Sinne jedoch aber, wenn er überflüssig gebrauchet würde, so erweckt er dem Haupte Wehetage, und ist der Vernunft abbrüchig, sonsten reiniget er das Geblüte, stärcket das Hertz, benimmt die Taurigkeit, und machte das Geblüte frölich.« (zit. in HINRICHSEN 1994: 39)

Bis heute sind immer wieder Fälle von »Olibanum-Sucht« beobachtet und in der toxikologischen Literatur beschrieben worden. Die berauschende Wirkung des Olibanums hat in vergangenen Zeiten sicherlich viele Menschen in die Kirchen gezogen. Der Weihrauch wird aber auch im deutschen und Schweizer Volkstum geräuchert:

»Die vier Rauchnächte, nämlich die Nacht vor dem Thomastag und die drei Nächte vor Weihnacht, Neujahr und Dreikönig, sind voll Schauer und Geheimniss, da haben alle Gespenster Macht und alles Böse findet freien Spielraum. Die Rauchnächte erhielten ihren Namen dadurch, weil bei ihrem Hereinbrechen der Geistliche nach dem Abendläuten, eine Glutpfanne in der Linken tragend, das ganze Haus mit Weihrauch ausräuchert, um es vor allen dämonischen Einflüssen zu behüten (…), wodurch alle Hexen und Druden abgehalten und Vieh und Früchte geschützt wurden. Auch die neunerlei Kräuter benützt man in den Rauchnächten, indem man von jedem derselben etwas in die Betten und in die Borne legt, aus welchen Pferde und Rinder gefüttert werden, oder man mengt diese Kräuter mit Wacholderbeeren und Weihrauch, wirft sie auf die Glutpfanne und räuchert damit das ganze Haus, doch erst wenn die Kühe gemolken und die Pferde gefüttert sind, denn nach dem Räuchern darf niemand in den Stall gehen.« (PERGER 1864: 54)

Der Indische Weihrauch (auch *salai, salar, salga, sallaki* genannt) wird nicht nur rituell verwendet, sondern auch als Heilmittel bei Husten, Bronchitis, Erkältungen, Epilepsie, Lungenentzündung, Skorpionstichen, Magenverstimmung, Zahnschmerzen, Wunden, Geschwüren, Fieber. Sein Rauch, oder schon der Duft, soll empfängnisfördernd sein und das Herzchakra öffnen. Die Sufis halten Weihrauch für »ein sehr machtvolles Reinigungsmittel für die Aura und die psychischen Ebenen« (MOINUDDIN 1984: 159). Der Indische Weihrauch entfaltet beim Räuchern einen sehr ähnlichen Duft wie das arabische und afrikanische Olibanum, ist aber etwas frischer und weniger aufdringlich.

Alle Olibanum-Sorten bestehen aus Harz ($C_{30}H_{32}O_4$), Gummi, ätherischem Öl, Bitterstoffen und Schleim. Olibanum enthält 5–10% ätherisches Öl, bestehend aus Pinen, Limonen, Candinen, Camphen, p-Cymen, Borneol, Verbenon, Verbenol, Dipenten, Phellandren, Olibanol u.a. und eignet sich bei Erkältungen als Inhalationsmittel. Die Zusammensetzung der ätherischen Öle der einzelnen Sorten variieren etwas (TUCKER 1986).

Seit Jahren geistert die Auffassung durch Literatur und Presse, dass beim Verbrennen von Olibanum durch pyrochemische Modifikationen und Reaktionen THC entstehe (MARTINETZ et al. 1989: 138; FAURE 1990: 30). THC ist bisher in keiner anderen Pflanze als im **Hanf** festgestellt worden. Neuere Untersuchungen des Pharmazeutischen

Instituts der Universität Basel am Olibanum-Rauch haben gezeigt, dass beim Verbrennen des Harzes kein THC entsteht; es konnte nicht einmal ein Nanogramm davon festgestellt werden (KESSLER 1991). Leider! – Da es aber verschiedene Sorten von Olibanum gibt, könnte es sein, dass einige THC enthalten oder beim Verbrennen produzieren, andere aber nicht. Ausserdem wurde der Rauch nicht auf »andere psychotrope Stoffe untersucht, so dass die letzten Geheimnisse erhalten bleiben« (HESS 1993: 11).

Olibanum (echter Weihrauch) ist schon im Altertum oft verfälscht und gestreckt worden. Dennoch kann man eine Fälschung recht leicht erkennen:

»Der Weyrauch wird gefälscht mit Dannen Hartz und Arabischem Gummi / kunstreich zubereytet. Der Betrug aber wird leichtlich erkannt und erfunden. Denn der Arabisch Gummi / wenn er angezündet wird / gibt er keine flammen von sich / das Harz verschwindet im rauch. Der Weihrauch aber brindt bald / darzu wird der Betrug auch bey dem Geruch erkanndt.« (DIOSKURIDES 1610: 38)

Das heute im Handel befindliche Olibanum stammt hauptsächlich von *Boswellia carteri*, dem Weihrauchbaum, der in Somalia, im Iran und Irak heimisch ist. Das Harz wird durch 4,8 cm lange tiefe Schnitte in der Rinde gewonnen. Dafür wird ein spezielles skalpellartiges Gerät namens *Mengaff* benutzt. Manchmal werden einige Olibanumsorten als »männlich«, andere als »weiblich« bezeichnet (PLINIUS XII, 32, 61).

Literatur: ASHISHA und MAHARADANATHA 1994, BROSSE 1992, DASTUR 1985, FAURE 1990, GROOM 1981, HEPPER 1969, HESS 1993, HINRICHSEN 1994, HOOPER 1937, JAIN 1991, KASTER 1986, KESSLER 1991, KRAUS 1990, LI 1979, MARTINETZ et al. 1989, MOINUDDIN 1984, PABST 1887/89, PAHLOW 1993, POLUNIN und ROBBINS 1992, RÄTSCH 1991a UND 1995a, TUCKER 1986 [enthält eine sehr gute Bibliographie], VONARBURG 1993, ZOHARY 1986.

Opopanax

Opopanax chironium KOCH, Echtes Opopanax
Ferula opopanax SPR., Breitblättriges Steckenkraut

Apiaceae (Umbelliferae), Doldengewächse

Commiphora erythraea (EHRENB.) ENGL. in DC. (syn. *Commiphora erythraea* HOLM. var. *glabrescens* ENGL.), Opopanax-Myrrhe, Bisabol-Myrrhe
Commiphora guidottii CHIOV. (syn. *Commiphora sessiliflora* VOLLESEN), Bissabol, Habak haki
Commiphora kataf ENGL. (syn. *Balsamodendron kataf* KUNTH, *Amyris kataf* FORSK.), Bursaopopanax

Burseraceae, Balsambaumgewächse

Es gibt verschiedenen Stammpflanzen, die Harze produzieren, welche früher und auch heute noch unter dem Begriff Opopanax gehandelt werden.

Echtes Opopanax

Das echte Opopanax stammt von zwei Stammpflanzen, die nahe mit dem Stinkasant (vgl. **Asa foetida**) verwandt sind. Zumindest eine davon war schon Theophrast unter dem Namen *Panakes cheironion* als gutes Heilmittel bekannt. Das ölige Harz wurde auch Panaxgummi oder einfach Panax genannt. Es war in der antiken Medizin von grosser Bedeutung:

»Das herakleische Panakes, von dem das Opopanax gesammelt wird, wächst am meisten in Böotien und zu Psophis in Arkadien, so dass es auch wegen des Gewinns aus seinem Safte reichlich angebaut wird. Es hat rauhe, grüne, denen der Feige sehr ähnliche Wurzelblätter mit fünfteiligem Rande, einen sehr hohen Stengel wie Steckenkraut, mit weisswolligem Überzug und kleineren Blättern, an dessen Spitze eine Dolde wie beim Dill und gelbe Blüten stehen. Der Same ist wohlriechend und brennend; die Wurzeln gehen zahlreich von einer Stelle aus, sind weiss, haben einen durchdringenden Geruch und eine dicke, bitterlich schmeckende Rinde. Es wächst auch zu Kyrene in Libyen und in Makedonien. Aus der Wurzel wird

Früher glaubte man, dass das Opopanax-Harz von der Pflanze *Panax herakleios* stamme, die heute als Breitblättriges Steckenkraut *(Ferula opopanax*, syn. *Opopanax hispidus)* gedeutet wird. Das im Handel übliche Opopanax ist das Harz einer afrikanischen Commiphora-Art. Nach dem *Wiener Dioskurides,* Blatt 281.

aber der Saft gewonnen, indem sie angeschnitten wird, wenn die Stengel eben zu keimen begonnen haben. Sie sondert einen weissen Saft ab, welcher eingetrocknet an der Oberfläche graufarbig ist. Den ausfliessenden Saft fangen sie in Blättern auf, welche sie in einer Grube des Erdbodens vorher darunter ausgebreitet haben, den eingetrockneten nehmen sie weg. Aber auch aus dem Stengel ziehen sie den Saft, indem sie denselben um die Zeit der Weizenernte anschneiden und den ausfliessenden Saft in gleicher Weise auffangen. Die besten Wurzeln sind die glatten, weissen, trockenen, nicht angefressenen, die einen brennenden Geschmack haben und aromatisch sind. Der Same aus der Mitte der Pflanze ist gut zu gebrauchen, der von den Nebenzweigen ist weniger kräftig. Vom Saft hat der den Vorzug, welcher sehr bitter schmeckt, innen weiss bis gelblich, aussen safranfarbig, glatt, fett, leicht zerreiblich ist, schnell zergeht und einen durchdringenden Geruch hat. Der dunkle und weiche ist schlecht. Sie verfälschen ihn nämlich mit Ammoniakum oder Wachs. Er wird aber geprüft durch Reiben zwischen den Fingern in Wasser; der echte zergeht und wird milchig. Er hat erwärmende, erweichende, verdünnende Kraft, deshalb ist er ein gutes Mittel bei Wechselfiebern und Frostschauern, bei Krämpfen, inneren Rapturen, Seitenschmerzen, Husten, Leibschneiden, Harnzwang, Blasengeschwüren, wenn er mit Honigmet oder Wein getrunken wird. Er befördert die Menstruation und tötet den Embryo, vertreibt auch Aufblähen und Verhärtungen der Gebärmutter, wenn er mit Wein verdünnt wird. Auch ist er eine Salbe bei Ischias. Ferner wird er den kräftigenden Salben und den Arzneien für den Kopf zugemischt. Er reisst Karbunkeln rings herum auf, ist auch mit Rosinen als Umschlag ein gutes Mittel bei Podagra. Weiter besänftigt er Zahnschmerzen, wenn er in den hohlen Zahn gesteckt wird, und bewirkt als Einreibung Schärfe der Augen. Mit Pech gemischt bildet er die beste Salbe gegen den Biss des tollen Hundes. Wird die fein geschabte Wurzel an die Gebärmutter gelegt, so treibt sie den Embryo aus. Von guter Wirkung ist sie bei alten Geschwüren und den vom Fleisch entblössten Stellen der Knochen, wenn sie fein gerieben aufgestreut, auch mit Honig aufgestrichen wird. Der Same mit Wermuth genommen befördert die Katamenien, mit Osterluzei dient er gegen giftige Tiere und gegen Gebärmutterkrämpfe, wenn er mit Wein getrunken wird.« (DIOSKURIDES III, 48[55])

In Europa war vermutlich zuerst nur das aus den Umbelliferen gewonnene Opopanax bekannt, das als medizinischer Räucherstoff verwendet wurde:

»Opopanacum, Opopanax ist ein Safft von einer Wurtzeln / so ein Angelica Geschlecht ist / wird aber sehr gefälscht zu uns gebracht / welches am Geschmack wol zu mercken / dann der rechte Opopanax ist fast bitter. (...) Den Rauch von diesem Safft in Haltz gelatten / erhebt das Blat / so für die Keel schiesst / heilet auch die Geschwer im Haltz / und aussen Ibischwurtzelsalb daran geschmiert.« (LONICERUS 1679: 739)

Das Umbelliferen-Harz Opopanax (auch als Medizinal-Opopanax bekannt) enthält Harz, Gummi, Stärke, Wachs, Lignin, Malonsäure, etwas Kautschuk und ein wohlduftendes ätherisches Öl. Es wirkt krampflösend und milchflussfördernd.

Das echte Opopanax entwickelt beim Räuchern einen eher unangenehmen Gummigeruch mit einer gewissen Schärfe und hinterlässt einen Geruch wie verbranntes Essen. Es eignet sich eigentlich nur als Zusatz zu Räuchermischungen.

Opopanax-Myrrhe

Das Harz der Opopanax- oder Bisabol-Myrrhe wurde auch »parfümiertes Bdellium« oder »duftende Myrrhe« genannt (vgl. **Bdellium**, **Myrrhe**). Sie hat ein warmes, balsamiges, süsses, aber frisch und herb durchsetztes Aroma. Lange hat man die Stammpflanze für *Commiphora erythraea* gehalten; nach neuesten Feldforschungen in Somalia handelt es sich jedoch in erster Linie um *Commiphora guidottii*. Aber wie so oft herrscht auch hier eine gewisse Unsicherheit. Häufig werden auch die Harze verschiedener Stammpflanzen vermischt und parfümiert und unter dem Namen Opopanax auf dem internationalen Markt gebracht

In Somalia wird das *habak hadi* oder *xabak hadi* genannte Harz der *Commiphora guidotti* bis heute medizinisch und rituell benutzt. Nach der Initiation der Mädchen, bei der die Schamlippen operativ entfernt werden, benutzte man früher eine Emulsion des Harzes zur Desinfektion der Wunden. Mit derselben Medizin wird der Unterleib der Frau nach einer Geburt gebadet. Mit der aromatischen Rinde wird anschliessend das Haus ausgeräuchert. Überhaupt werden Harz und Rinde in den Häusern zur Desinfektion und wegen des angenehmen Wohlgeruchs geräuchert.

Das aus *Commiphora erythraea* gewonnene Harz enthält 10% ätherisches Öl, bestehend aus Oporesinotannol, Bisabolenen, Cadinen, Curcumen, Santalen, Santal, Furanosesquiterpenoide und Sesquiterpenen; es hat antiseptische, beruhigende, adstringierende und menstruationsfördernde Wirkung (KRAUS 1990: 87f., TUCKER 1986). Das Öl wird heute noch in der Parfümindustrie als Fixativ verwendet. Das Harz der *Commiphora guidotti* ist noch nicht genauer analysiert worden.

Die im Duftstoffhandel angebotene Essenz »Opopanax« wird durch Wasserdampfdestillation aus der *Commiphora erythraea* var. *glabrescens* gewonnen und stammt aus Somalia oder Äthiopien.

Literatur: BIEDERMANN 1972, GRIEVE 1982, KRAUS 1990, LONICERUS 1679, MARTINETZ et al. 1989, STRASSMANN 1991, THULIN und CLAESON 1991, TUCKER 1986, WERNER 1993.

Perubalsam

Myroxylon balsamum (L.) Harms var. *pereira* (Royle) Harms (syn. *Myroxylon pereira* (Royle) Baill.)

Fabaceae (Papilionaceae), Schmetterlingsblütler

Der zähflüssige, nach Vanille duftende Perubalsam stammt genausowenig wie die Stammpflanze *(Myroxylon balsamum* var. *pereira)* aus Peru, sondern aus Mexiko. Holzschnitt aus Tabernaemontanus, *Kräuter-Buch*, 1731.

»Dieser Baum steht bei den Indianern in solchem Ansehen, dass sie ihn wie einen Gott bei ihren heidnischen Riten und Zeremonien verehren.« John Gerard, *The Herbal* (1529)

Der Perubalsambaum wird bis zu sechzehn Meter hoch und ist in den Bergwäldern im Küstengebiet von San Salvador heimisch (sog. Balsamküste). Der nahe mit dem **Tolubalsam** verwandte Baum wurde wahrscheinlich schon in präkolumbianischer Zeit in andere tropische Zonen Mittelamerikas eingeführt und stellt eine wichtige indianische Arznei dar. Der bei Verletzungen aus dem Stamm fliessende Saft wurde bei uns vor allem unter den irreführenden Namen »Indischer Balsam« und *Balsamum peruvianum*, »Peruanischer Balsam«, bekannt. Der letztgenannte Name hat sich bis heute gehalten, obwohl der Baum in Peru gar nicht vorkommt.

In San Salvador hat man bei archäologischen Grabungen viele Tongefässe gefunden, die mit dem Kopf des Mexikanischen Fasans *(pajuil)* verziert waren. Dieser Vogel ist dafür bekannt, dass er sich hauptsächlich von den Früchten des Perubalsambaums ernährt. Das Harz wurde in diesen Gefässen gesammelt und als Tribut an den Kaziquen der Balsamküste geschickt. Möglicherweise dienten die Tongefässe auch als Räucherschalen für den Perubalsam.

Den Azteken waren der Perubalsambaum und sein Produkt unter dem Namen *huitziloxitl* gut bekannt. Der Balsam wurde als Wundmedizin und vermutlich als Räucherstoff verwendet. Die auf der Halbinsel Yucatán lebenden Mayaindianer benutzen das rohe Harz *(naba')* zum Beräuchern von Kranken und blasen den Rauch bei Afterauswüchsen und Hämorrhoiden ins Rectum. Die Maya und ihre Nachbarn benutzen den Perubalsam auch als Räucherstoff oder zur Dampfinhalation bei Erkältungskrankheiten. Die auf den San-Blas-Inseln (Panama) lebenden Cuna-Indianer stellen aus dem duftenden Holz, *paila* genannt, heute noch Perlen für Halsketten her.

Die Spanier hielten den Perubalsam, den sie bei der Vernichtung des indianischen Amerikas kennenlernten, für eine »Wundermedizin«. Die Indianer benutzten ihn in erster Linie als Wundheilmittel. Diesen Gebrauch beobachteten die Konquistadoren und wendeten ihn erfolgreich für ihre eigenen Kriegsverletzungen an.

Im 16. Jahrhundert wurde das als Kirchenweihrauch benutzte **Olibanum** (vor allem in der Neuen Welt) knapp. Daraufhin fand der Perubalsam unter den Namen *Balsamo catolico*, *Balsamito* oder *Balsamum hispanicum* als Ersatzmittel in der katholischen Kirche Verwendung. Hauptproduzent war die Balsamküste. Dort wird der Balsam auch heute noch in grossem Stil geerntet. Es ist ein Zynismus der Geschichte, dass die Kirche, die für die Ausrottung und Unterdrückung der Indianer verantwortlich ist und ihre heiligen Pflanzen dämonisierte, sich einer heidnischen Ritualpflanze bemächtigte, um ihre Stellung zu bewahren.

Der flüssige, fast schwarze Perubalsam entwickelt einen sehr dichten Rauch, wenn er auf die Räucherkohle tropft. Es ist, als ob er verdampft, bevor er verbrennen kann. Der Dampf hat einen intensiven Geruch, der zwar etwas an Lack und Plastik erinnert, dabei aber nicht unangenehm ist. Im Raum verbleibt ein süsses, leicht nach Vanille duftendes Aroma, das trotz intensiven Lüftens tagelang erhalten bleibt. Perubalsam eignet sich sehr gut als Bindemittel für andere Räucherstoffe in Mischungen zur Herstellung von Räucherkegeln.

Perubalsam enthält 50–75% Cinnamein, ein Gemisch aus Benzoesäurebenzylester und Zimtsäurebenzylester, ca. 30% Harz, freie Zimtsäure, Benzoesäure, Nerolidol, Cumarin, Farnesol und Vanillin. Das ätherische Öl hat antiseptische, hustenstillende und angeblich auch aphrodisierende Wirkung. Der Perubalsam wurde früher als Grundlage für eine medizinische Salbe *(Unguentum saturni)* benutzt, die ausserdem noch **Kampfer**, Opium (siehe **Mohn**) und Aluminiumsalze enthielt.

Perubalsam ist in Europa offizinell (DAB 8) und ist auch heute noch über den Apothekenhandel erhältlich. Über Verfälschungen ist nichts bekannt. Früher war auch ein weisslicher Perubalsam im Handel *(Balsamum peruvianum album)*, der aber minderwertiger gewesen sein soll.

Literatur: Duke 1975, Grieve 1982, Kraus 1990, Pabst 1887/89, Pahlow 1993, Rätsch 1991b, Roth et al. 1994, Schaffner 1992, Werner 1993, Wolters 1994.

Pinie

Pinus spp.
Pinus contorta Douglas, Lodgepole Pine
Pinus edulis Engl. (syn. *Pinus cembroides* Zucc.), Piñon Pine
Pinus palustris Mill., Basam-Pinie
Pinus ponderosa Dougl., Ponderosa-Pinie
Pinus pinea L., Echte Pinie
Pinus roxburghii Sargent, Salla-Pinie

Pinaceae, Föhrengewächse

»Am bewundernswertesten ist die Pinie!«
Plinius, *Naturgeschichte* (XVI)

Pinienarten gibt es rund um den Erdball, und fast überall stehen diese oft majestätischen immergünen Bäume in hohem Ansehen, denn sie liefern Baumaterial, Brennholz, Nahrung, Medizin und Räucherstoff. Auch **Arven**, **Kiefern** und **Ocote**s gehören zu den Pinien.

In der Antike war die Echte Pinie ein heiliger Baum und mit den rauschhaften Kulten der Kybele und Demeter, aber auch mit Dionysos und Pan assoziiert. Sie wurde den Ägyptern mit ins Grab gelegt und bei Griechen und Römern als Symbol der Vermehrung und Fruchtbarkeit verehrt. Der Pinienzapfen war die »Signatur des Widders«; seine Kerne waren ein beliebtes Aphrodisiakum. Das Harz »als Räucherung treibt den Embryo und die Nachgeburt aus«, heisst es bei Dioskurides (I, 86). Über rituelle Räucherkulte mit Pinienharz schweigen die antiken Quellen, möglicherweise wurde es aber für Pan-Räucherungen verwendet:

»Die Pinie war einst eine Jungfrau, und ward zu gleicher Zeit vom Pan und vom [Windgott] Boreas geliebt. Sie gab dem Pan den Vorzug, und Boreas, hierüber ergrimmt, stiess sie von einem Felsen, so dass sie starb. Die Erde fühlte Mitleid mit der Jungfrau, und verwandelte sie in einen Baum gleichen Namens *[pityss]*. Noch jetzt hegt dieser die Liebe zum Pan und bekränzt ihn mit seinen Zweigen; den Boreas aber hasst er und weint, wenn es von ihm angehaucht wird.« (*Geopontika* 11, 10)

Viele nordamerikanische Pinien liefern Harze, die von den Wald- und Prärieindianern medizi-

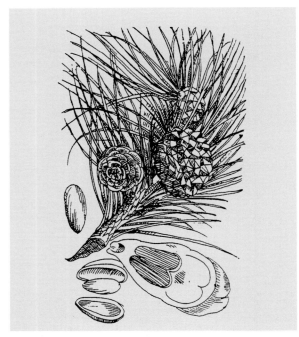

Verschiedenste Pinienharze wurden seit alters her zur Verfälschung von Weihrauch *(Olibanum)* verwendet. Holzschnitt aus DIOSCURIDES, *Kreutterbuch*, 1610.

nisch, vor allem zur Wundbehandlung verwendet wurden. Die Flathead zogen das süsse Harz der Ponderosa-Pinie allen anderen Arten vor. Zur Gewinnung wurde im späten April oder frühen Mai ein Stück Rinde mit dem Rippenknochen eines Büffels oder Hirsches entfernt. An dem freigelegten Holz sammelte sich schnell das begehrte Harz.

Die von den Indianern des Südwestens bevorzugte Pinienart wird in Nordamerika Piñon Pine genannt. Sie spielt in der indianischen Kultur seit mindestens 6000 Jahren eine wichtige Rolle als Nahrungs-, Heil- und Räuchermittel. Die Samen sind essbar und liefern eine hochwertige Nahrung. Die Nadeln und Harze werden vielen Heilmitteln zugesetzt. Die kalifornischen Indianer kauten das Piñon-Pine-Harz bei Halsentzündungen. Das erwärmte Harz wurde bei Insektenstichen und Wunden, bei Krämpfen und Muskelschmerzen aufgetragen. Bei den Zuni wurden die frischen Nadeln zur Behandlung der Syphilis ausgekaut.

Die Navaho glauben, dass die Piñon Pine *(cá'ol)* am Anfang der Schöpfung von einem Eichhörnchen gepflanzt wurde und dass sich die ersten Menschen ausschliesslich von Pinienkernen *(nictc'íi pináa')* ernährten. Sie benutzen das Harz als Weihrauch bei ihrer wichtigsten religiösen Heilzeremonie, dem sogenannten *Night chant* (»Nachtgesang«). Die Pollen wurden bei diesem Ritual in Wasser als Tonikum getrunken. Die Holzasche ergab die bei den Sandmalereien (Heilungsrituale) verwendete schwarze Farbe. Die Tewa- und Santa-Clara-Pueblos halten die Pinie für den ersten Baum überhaupt, ihre Samen für die erste Nahrung *(tô)*. Das Holz diente zum Bauen von Pueblos und Erdhütten. Aus dem gekochten Harz und Tierhufen stellten die Navahos und Hopi einen Klebstoff zum Befestigen von Türkisen und Jet an Muschelschalen usw. her. Das erwärmte Harz wurde zum Dichten von Kochgeschirren verwendet. Das frische Harz taugt auch zum Verkleben von Wunden.

Die Pinie ist das bedeutendste Räuchermittel der Puebloindianer. Die Zuni nennen den Baum *he'sho tsi'tonne*, »Gummizweig«. Die Hopi benutzen hauptsächlich die Piniennadeln zum Räuchern. Manchmal werden sie zerkleinert, mit wildem Tabak (*Nicotiana* sp.) vermischt als Räucherpulver verwendet. Nach einer Begräbniszeremonie wird im Haus der Verbliebenen Pinienharz ins Feuer geworfen, damit sich alle Verwandten beräuchern und reinigen können. Das Harz dient auch dem Schutz vor Zauberei. Dazu schmieren sich die Hopi einen Harztropfen auf die Stirn.

Der Rauch des Harzes oder der Zweigspitzen wird von vielen Indianern des Südwestens bei Erkältungen und Ohrenschmerzen inhaliert. Die

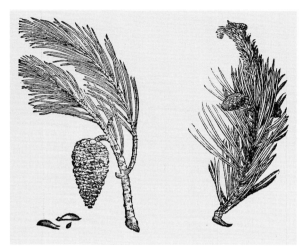

Nadeln, Zapfen, Rinde, Holz und das Harz vieler Pinien wurden und werden als Räucherstoffe in aller Welt geschätzt. Holzschnitt aus GERARD, *The Herbal*, 1633.

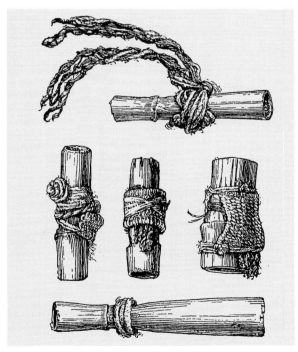

Die Puebloindianer stellen aus Schilfrohr Räucherzigaretten her; sie werden mit einzelnen Räucherstoffen, z.B. Pinienharz, oder Mischungen gefüllt. Aus HOUGH, 1912.

Nadeln und Zweigspitzen der Pinōn Pine haben beim Räuchern ein harziges und angenehmes, aber hölzernes Aroma. Das Harz ist ein kräftiger Räucherstoff, der viel Rauch entstehen lässt; er erinnert etwas an **Olibanum** oder **Copal**, hat im Ausklang aber eine gewisse Vanillenote. Der Duft soll sich positiv auf die biomagnetischen Energiefelder des Körpers auswirken.

In Nepal wird das Harz der im Himalaya verbreiteten langnadeligen Salla-Pinie *(Pinus roxburghii)* als Stimulans, Magenbitter und Heilmittel bei Tripper verwendet. Die Nordinder, Pakistani, Nepali und Tibeter benutzen die Nadeln und das Harz *(gandh-biroza)* dieser Pinie als Räuchermittel und als Zusatz zu Räucherpulvern *(salla-dhup)*. Das Harz gilt als stimulierend. Auch in Japan werden Pinienharze in Räucherstäbchen verarbeitet.

Alle Pinien enthalten Harze, reichlich ätherisches Öl und Gerbstoffe. Aus der Echten Pinie und aus anderen Arten wird in der pharmazeutischen Industrie das Medizinal-Terpentinöl *(Terebinthinae aetheroleum medicinale)* gewonnen, das stark antiseptisch wirkt und zur Verminderung der Bronchialsekretion führt.

Das Harz der Echten Pinie ist praktisch nur durch eigenes Zapfen zu erhalten. Harze und Nadeln der Piñon Pine gibt es gelegentlich Indianerschmuckläden und esoterischen Buchhandlungen. Die einzelnen Pinienharze lassen sich vom Aussehen und dem sich bei der Räucherung entwickelnden Geruch her nur sehr schwer unterscheiden.

Literatur: ATKINSON 1989, BELLEDAME 1990, DASTUR 1985, GRIEVE 1982, HART 1979, HOUGH 1912, KROCHMAL 1984, LANNER 1981, LENZ 1966, MOERMAN 1986, MORITA 1992, RÄTSCH 1995a und 1995c, SCHAFFNER 1992, SINGH et al. 1979, STERNITZKE und NELSON 1970, ZOHARY 1986.

Räucherklaue (Onycha)

Unguis odoratus, Blatta bizantia, Onyx

Verzeichnis der Schneckenarten, deren Opercula als Räucherklauen verwendet wurden/werden:

Name:	Vorkommen:
Ampullaria sp.	weltweit
Babylonia areolata	Südchinesisches Meer
Babylonia spirata	Indischer Ozean
Babylonia zeylanica	Sri Lanka
Charonia spp.	Mittelmeer, Rotes Meer, Indo-Pazifik
Chicoreus ramosus (syn. *Murex inflatus*)	Rotes Meer, Indo-Pazifik
Murex (Bolinus) brandaris	Mittelmeer
Murex trunculus	Mittelmeer
Natica sp.	Mittelmeer, Indo-Pazifik
Nerita sp.	Rotes Meer, Indo-Pazifik
Strombus lentiginosus	Rotes Meer, Indo-Pazifik
Strombus spp.	Rotes Meer, Indo-Pazifik
Turbinella pyrum	Südindien, Sri Lana
Turris babylonia (= *Pleurotoma babyloniae*)	Tropischer Pazifik

Die Räucherklaue wurde vor allem berühmt durch das Rezept des »heiligen Weihrauches« in *Exodus* 30, 34/35 im Alten Testament:

»Und der Herr sprach zu Mose: Nimm dir Spezerei: Balsam [orig. *sipporen* oder *onycha*], Stakte, Galbanum und reinen Weihrauch, vom einen soviel wie vom anderen, und mache Räucherwerk daraus, gemengt nach der Kunst des Salbenbereiters, gesalzen, rein, zum heiligen Gebrauch. Und du sollst es zu Pulver stossen und sollst etwas davon vor die Lade mit dem Gesetz in der Stiftshütte bringen, wo ich dir begegnen werde. Es soll euch ein Hochheiliges sein. Aber solches Räucherwerk sollt ihr für euch nicht machen, sondern es soll dir als dem Herrn geheiligt gelten. Wer es macht, damit er sich an dem Geruch erfreue, der soll ausgerottet werden aus seinem Volk.« (Luther-Übersetzung)

Die Luther-Übersetzung dieser Bibelstelle führt(e) zur vollständigen Verwirrung. Welche Ingredienzien sind gemeint? *Stakte*, ein Wort aus dem alten griechisch-römischen Sprachgebrauch, bezeichnete die aromatische **Myrrhe**. **Galbanum** ist das Harz der Wurzel von *Ferula galbaniflua*. Mit dem *reinen Weihrauch* war sehr wahrscheinlich **Olibanum** gemeint. Wohl in Ermangelung genauer Kenntnisse übersetzte Luther das Wort für den vierten Bestandteil der Mischung, *onycha*, mit »Balsam«. Was aber war *onycha*? Woher kam es? Und was hatte *onycha* für eine Bedeutung?

Viele Exegeten und Bibelübersetzer versuchten dem Rätsel auf die Spur zu kommen (vgl. Waal 1984), scheint *onycha* doch ein heidnisches Überbleibsel aus den Zeiten der archaischen Götterverehrung gewesen zu sein. Selbst die Identität von Stakte, Galbanum und reinem Weihrauch ist nicht eindeutig.

»Im Hinblick auf *onycha* ist die Kontroverse noch grösser. Geddes und Boothroyd setzen es mit Bdellium [dem Harz von *Balsamodendron muskul*] gleich, und Bochartes bringt viele Argumente vor, um zu beweisen, dass es Labdanum gewesen ist, einer der gebräuchlichsten Duftstoffe bei den Arabern. Maimonides erklärt, es sei der Huf oder die Klaue eines Tieres gewesen, und Jarchi hält es für die Wurzel einer Pflanze. Die verbreitetste Version ist jedoch, dass es sich um die Schale eines in indischen Sümpfen vorkommenden Krustentieres handelte, die ihren Duft von der dem Tier als Nahrung dienenden Narde erhielt. Dieses Tier kam auch im Roten Meer vor, woher es die Juden wahrscheinlich bezogen. Seine weisse und transparente Schale hat Ähnlichkeit mit dem Fingernagel eines Menschen, was seinen Namen erklärt.« (Rimmel 1985: 64)

Oft wird *onycha* als Pflanzendroge gedeutet, meist als **Ladanum**[33]. Abrahams (1980) geht davon

---

[33] Harold Abrahams (1980: 234) ist überzeugt davon, dass das biblische *onycha* das aus Kreta stammende Harz der Zistrose (*Cistus ladaniferus*) bezeichnete (wie schon vor ihm vielfach vermutet, z.B. Walker 1958: 158, Vinci 1980: 65f.). Andere Autoren halten *onycha* für das **Benzoe**-Harz (Moldenke und Moldenke 1986).

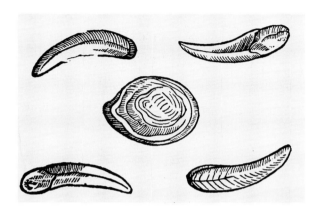

Die hornigen Deckel (Opercula) von verschiedenen Meeresschnecken hiessen früher »Räucherklauen«; sie waren Bestandteil verschiedener Räuchermischungen. Holzschnitt aus CONRAD GESNER, *Fischbuch,* 1670.

aus, dass es unmöglich von einem Mollusk kommen kann, da diese Tiere den Juden als unrein und verwerflich galten (LEVITICUS 11:9, 12). Die offensichtliche sexuelle Konnotation dieser Tiere sollte das heilige Tabernakel nicht beschmutzen. In der Tat werden noch heute in Somaliland die Opercula von verschiedenen *Strombus*-Arten *(S. tricornis, S. fasciatus, S. aurisdianae)* aus dem Roten Meer von Frauen als Aphrodisiaka verwendet (WEDECK 1961: 229). Im Jemen haben sich Rezepte für Räucherstoffe erhalten, die nur von Frauen zubereitet werden dürfen und die *adfar hut* oder *adfar tib,* »Räucherklauen«, enthalten. Dabei handelt es sich um ein Gemisch »hauptsächlich aus Verschlussdeckeln von Schnecken der Gattung Strombus, hinzu kommen Murizidendeckel *(dufri),* Muschelfragmente der Gattung Ostrea, Seetang, Seegras und eingetrocknetes Gewebe der Deckel« (SCHOPEN 1983: 4f.). Ebenso werden in ägyptisch-heidnischen Riten in Oberägypten bis heute Opercula als Räucherstoffe benutzt.

Unter den meisten Gelehrten, Theologen und Räucherstofforschern herrscht die Meinung, *onycha* sei das Operculum einer *Strombus*-Art des Roten Meeres gewesen. In vielen modernen Bibelübersetzungen wird *onycha* als »Räucherklaue«, *aromatic shell, l'ongle odorant* usw. gedeutet. Hauptsächlich beziehen sich die modernen Bibelübersetzer dabei auf die vielen theologischen Dissertationen, die sich mit den biblischen Räucherstoffen beschäftigen.

Der älteste sichere Hinweis, dass es sich bei *onycha* – das Wort bedeutet auf Griechisch »Fingernagel« – um das hornige Operculum einer Schneckenart handelt, findet sich in der *Arzneimittellehre (De Materia Medica)* des Dioskurides (1. Jh. n. Chr.). Er führt in Kapitel 10 des zweiten Buches, in welchem es um die medizinischen Wirkungen der Meerestiere geht, das Arzneimittel *onyxos* oder *onyj, onyx* an[34]. In der deutschen Dioskurides-Ausgabe von 1610 liest sich die Stelle wie folgt:

»Muschelschalen / Onix, Vnguis odoratus

Die Muschelnschalen / welche Griechisch Onix, zu Latein Vnguis odoratus genennt werden / sindt den Schalen ehnlich / damit die Purpur Muscheln umgeben sindt / werden in den Mosslachen Indiae, da der wolriechende Nardus wächst / gefunden / und sindt eines lieblichen Geruchs / dieweil sich die Muscheln daselbst dess Nardi ernehren. Diese Schalen werden im Sommer gesamlet / wenn die Mosslachen ausgedoret sindt. Die allerbeste werden vom rohten Meer zu uns gebracht / und sinst weiss und feist. Die Babylonische sindt schwartz / unnd kleiner: Sie werden beide gelobt ihres lieblichen unnd guten Geruchs halben / wenn sie angezündet werden. Sie haben aber doch ein wenig einen geruch / wie die Bibergeyl. Der Geruch von den angezünden Muschel Schalen / Onix, erweckt

---

34 Plinius gibt an, dass die weiblichen Kammuscheln *(Pecten* sp.) von einigen *onychas* genannt werden *(Nat. Hist.* XXXII, 103).

die Frawen / so vom Aufsteigen der Beermutter in Ohnmacht gefallen sindt / unnd die / welche von der hinfallenden Krankheit werden gestürtzt. Wenn sie getruncken werden / so bewegen sie den Bauch. Die Aesche der verbrennten Schalen / hat die Krafft und Tugendt / welche die Aesche / von den Purpurmuscheln / und Buccinorum Schalen / gebrennt.« (S. 446)

Der medizinische Gebrauch von verschiedensten Opercula war in der frühen Neuzeit recht populär – wie bei Lonicerus (1697) oder Conrad Gesner (1558–1670) belegt – und orientierte sich am griechischen Autor:

»Der Deckel der Purpurschnecken ist bey den Alten in grossem Brauch gewesen / in viel köstliche Artzney gesetzt worden / von ihnen genandt Blattum Bizantium. Solche aus Essig getruncke / sollen die geschwollene Miltz vertreiben / und geräuchert den mutterigen Weibern zu Hülff kommen / und die Nachgeburt bewegen / einen Geschmack sollen sie haben als Bibergeyl / ein wenig Feiste haben / riechen / so sie angezünd / wie Horn. // Item die Asche dess gebrandten Deckels sol die zerschnittenen Nervadern wider zusammen heylen.« (Gesner 1670: VI, 66)

Johann Schröder bezieht sich in seinem *Höchstkostbarem Artzeney-Schatz* (1685) auf Dioskurides, nennt aber erstmals den damals geläufigen Handelsnamen für die Räucherklauen *Blatta bizanzia* (auch *Blatta byzantina*) abgeleitet von der afrikanischen Stadt Byza:

»LXXV. *Blatta bizanzia.* // *Onix. Unguis odoratus.*

Ist die Schale oder Deckel von Ostreen / und hat schier einen Geruch wie Bibergeil.

N.1. Conchylium *(Concha indica)* ist eine Art von langen Muscheln / die in Nardenträchtigen Seen wächset / und von Narden lebet / dahero auch die Schale dergleichen Geruch bekommen.

N.2. Etliche confundiren conchylium und Purpuram oder Duccinam, aber nicht recht / dann jenes zun langen / dieses aber zu runden Muscheln gehöret.

Unguis odoratus laxiret innerlich / erweichet / das Miltz / zertheilet die bösen Feuchtigkeiten. Eusserlich erwecket er in ruchern die Weiber von der Mutter / und schweren Noth / im übrigen hat es mit denen andern Schalen gleiche Krafft.« (Schröder 1685: 1355)

Zur etwa gleichen Zeit erschien die sogenannte Scheuchzer-Bibel (ca. 1680). Diese Bibel war im Stil der deutschen Volksbibeln mit Kupferstichen illustriert und gehörte zu der Gruppe der mehrsprachigen *Polyglotten-Bibeln*. Die Illustrationen waren eine wichtige Erweiterung des Lutherischen Abbildungskanons. Der Kupferstecher G. D. Heüman schuf die Tafeln zu diesem grossangelegten Werk. Heüman hat auch *Exodus* 30, 34/35 illustriert. Auf der Tafel sind verschiedene Opercula samt einer Zibetkatze *(Vicerra civetta)* abgebildet und mit »Unguis odoratus. Moschus. See-Nagel, Zibeth.« untertitelt. Die dargestellten Opercula stammen von vier verschiedenen Schneckenarten. Das den Kopfbalken krönende Operculum könnte von einer *Muricidae* oder *Buccinidae* stammen. Die beiden kleinen Opercula in der linken unteren Ecke könnten kalkig sein und von *Neritiden* oder *Naticiden* stammen. Das grosse Operculum am unteren Rand könnte von einer *Babylonia, Strombus* oder *Charonia* stammen.

Der Gebrauch von Opercula als Räucherklauen und medizinische Amulette war in Mitteleuropa vom 17. bis ins 19. Jahrhundert hinein verbreitet. Sie wurden als Pestamulette (Richter 1952), Aphrodisiaka, Räucherstoffe und innerlich anzuwendende Arzneien gebraucht. Heutzutage werden Räucherklauen nur noch in Asien, hauptsächlich in Indien und Japan, zur Herstellung von Räucherpulvern und Räucherstäbchen verwendet.

Ich habe mit den Opercula verschiedener Schneckenarten experimentiert. Alle Opercula haben einen hornigen, etwas an Meerwasser und Tang erinnernden Geruch, der nicht als Wohlgeruch gelten kann. Die Opercula der Schnecken riechen beim Räuchern sehr ähnlich wie schwelende Tier- oder Menschenhaare. Haare wurden bei vielen Völkern zum Ausräuchern von Dämonen verwendet:

»Die Samojeden und Ostjaken verbrennen zu diesem Zwecke Rennthierhaare, wonach der Besessene in einen stundenlangen Schlaf verfällt. Auf den Kêi-Inseln werden Büffelhaare und abgeschnittene Haare der Papua-Sklaven in Anwendung gezogen, und mit Büffelhaaren räuchert man auch auf dem Seranglao- und Gorong-Archipel den Schatten des Dämon aus dem Kranken heraus.« (BARTELS 1893: 191)

Opercula werden niemals im Handel angeboten. Man muss sie selbst sammeln, z.B. bei einem Badeurlaub, oder sie von frisch gefangenen Schnecken abziehen.

Literatur: ABRAHAMS 1980, DIOSKURIDES 1610, HENGLEIN 1985, LÖHR 1927, LONICERUS 1679, MILLER und MILLER 1991, MOLDENKE und MOLDENKE 1986, MORITA 1992, RÄTSCH 1995b, RICHTER 1952, RIMMEL 1985, SCHRÖDER 1685, VINCI 1980, WAAL 1984, WALKER 1958, WEDECK 1961.

Rhododendron (Hochgebirgsform)

Rhododendron lepidotum WALL. ex DON

Ericaceae, Heidekrautgewächse

Parkanlagen, botanische Gärten und Strassen in aller Welt werden heutzutage von den rot oder weiss blühenden Rhododendronbüschen (*Rhododendron arboreum* SMITH) geziert. Diese Zierpflanzen stammen aus dem zentralen Himalaya und sind die offizielle Blume des hinduistischen Königreichs Nepal. Dort heisst die Wildpflanze *lali guran,* wächst so hoch wie ein Baum und gedeiht nur zwischen 2000 und 3000 Metern Höhe. In Nepal gibt es riesige Wälder, die im Frühjahr (April–Mai) in grösster Pracht erblühen. In Nepal und in anderen Teilen der Welt, sogar in den Alpen, gibt es zahlreiche wenig bekannte, meist kleinere Arten aus derselben Gattung. Die Gattung *Rhododendron* umfasst über 1300 Arten, die hauptsächlich in Ostasien heimisch sind. In Nepal kommen mehrere kleinwüchsige und buschige Arten im Hochgebirge bis auf 4500 Meter Höhe vor.

Besonders in der Gegend von Langtang wachsen Reinbestände des Hochgebirgsrhododendrons oberhalb der Baumgrenze. Auf den ersten Blick sehen die kleinen, dichtgedrängt stehenden Büsche mit ihren weissen, pinkrosa oder leicht violetten Blüten aus wie Almrausch oder Alpenrosen (*Rhododendron ferrugineum* L.). Im Gegensatz zu den meisten anderen Rhododendronarten bildet diese Hochgebirgsform ein stark aromatisch-würzig duftendes Harz aus, das in Stengeln, Rinde und vor allem in den Blättern enthalten ist. Die Blätter stellen im Himalaya einen bedeutenden Räucherstoff dar, der besonders von den Tamang und den Tibetern verwendet wird. Er wird von den Tamang und den Tibetern *balu,* von den Nepali *bhale sun-pate* genannt.

Die Tamang sind ein Hochgebirgsvolk, das ursprünglich aus Tibet stammt, aber weiter in den Süden nach Nepal einwanderte. Die Sprache der Tamang unterscheidet sich kaum vom Tibetischen;

auch ihre Kultur, ihr Aussehen und ihre Kleidung erinnern stark an die tibetische Verwandtschaft. Genauso wie die Tibeter sind die Tamang Buddhisten und folgen einer sehr volkstümlichen Form des tantrischen Vajrayana. Die Tamang haben auch Lamas und Klöster; allerdings ist bei ihnen der archaische Besessenheitsschamanismus nach wie vor von grosser Bedeutung.

In der Tamang-Kultur spielen Räucherstoffe eine grosse Rolle. Sie werden nicht nur im klösterlichen Leben und von den Schamanen *(bombôh)* verwendet, sondern täglich in allen Familien. In jedem Tamang-Haushalt gibt es einen Hausaltar, der meist nur aus ein paar Postkarten des Dalai-Lamas und der zornvollen Gottheit Bhairab, einer Blumenvase und einigen Butterkerzen besteht. Jeden Morgen werden vor dem Altar unter Gesängen meistens von der Frau des Hauses ein paar Zweige des Hochgebirgswacholders oder einige Blätter vom Hochgebirgsrhododendron in einer mit glühenden Holzkohlen gefüllten Tonschale geräuchert (sog. Morgen-*puja*). Der Rauch soll nicht nur das Haus vor negativen Einflüssen schützen, sondern auch Krankheiten vertreiben und den Kontakt zu den Göttern und Geistern herstellen. Das tägliche Räuchern ist ebenfalls gut für das eigene Karma und das Karma der Familie.

Die Tamang-Schamanen, die für ihre Leistungen überall in Nepal bekannt sind, benutzen bei all ihren Ritualen und Heilungszeremonien verschiedenste Räucherstoffe. Für viele Tamang ist der gekonnte Umgang mit Räucherstoffen ein sicheres Zeichen für einen guten Schamanen. Leider ist über den schamanischen Gebrauch des Hochgebirgsrhododendrons bislang nichts bekannt geworden.

Für die Tibter ist *balu* von grosser Bedeutung, denn es wird mit dem Hochgebirgswacholder und einer nahe verwandten zwergförmigen indischen Art vermischt zur Räucherung für Bodnath verwendet. Bodnath (oder Boudha) ist der Name für die grösste Stupa im Himalayagebiet. Eine Stupa stellt die Erleuchtungsflamme Buddhas dar. Das nahe bei Kathmandu (Nepal) gelegene Bodnath ist einer der heiligsten Pilgerorte der tibetischen Buddhisten. Es ist gut für das eigene Karma, diesen Ort mindestens einmal im Leben aufgesucht zu haben. Dort wird das Räucherpulver aus den drei genannten Ingredienzien nicht nur verbrannt, sondern auch zum Verkauf angeboten. Die Pilger nehmen das Räucherpulver (tib. *sang*) mit nach Hause, um es auf dem Hausaltar zu verbrennen. So verbindet der Rauch sie weiterhin mit dem Heiligtum von Bodnath.

Räucherung für Bodnath (Boudha)

Man nehme gleiche Teile von:
balu   *Rhododendron lepidotum*
shupa   *Juniperus recurva*
                (siehe **Wacholder**)
pama (pamo)   *Juniperus indica* BERTOL.
                (Indischer Wacholder)

Alle Zutaten werden vermischt und pulverisiert. Das Pulver *(sang)* wird auf glühende Holzkohle gestreut.

Die getrockneten Blätter des Hochgebirgsrhododendrons sind eingerollt und erinnern an jene des Sumpfporstes. Sie haben ein harziges Aroma; beim Räuchern entfaltet sich ein Duft von frischem Holz mit einer harzig-würzigen Note. Die Räucherung für Bodnath hat durch den hohen (doppelten) Anteil an Wacholder ein weitaus würzigeres Aroma. Allerdings scheint durch den Wacholder der Duft des Rhododendrons deutlicher hervorzutreten.

Der Hochgebirgsrhododendron enthält ein Harz, das bisher noch nicht chemisch untersucht wurde. Möglicherweise enthält die Pflanze Campanulin, ein Wirkstoff, der auch in anderen Rhododendronarten enthalten ist.

Soweit ich weiss, sind die einzigen Möglichkeiten, sich den Hochgebirgsrhododendron zu beschaffen, ihn im Gebirge selbst zu pflücken oder in Bodnath zu kaufen. Die dort angebotene Ware scheint z.T. durch andere Rhododendronarten (z.B. *Rhododendron setosum* DON, *R. ciliatum* HOOK.f.) verfälscht zu sein.

Literatur: HECKER 1995, RÄTSCH 1995d, STORRS 1990.

Rosmarin

Rosmarinus officinalis L.

Lamiaceae (Labiatae), Lippenblütler

Der Echte Rosmarin *(Rosmarinus officinalis)* ist eine alte römische Gartenpflanze und wurde früher auch Libanotis genannt. Holzschnitt aus TABERNAEMONTANUS, *Kräuter-Buch,* 1731.

Das stark aromatisch duftende Rosmarinkraut war einst den römischen Hausgöttern geweiht. Plinius schrieb, dass seine »Blätter wie Weihrauch riechen« (XXIV, 99); der Rauch sollte zudem die »bösen Geister« vertreiben. Deshalb wurde es auch an römischen Gräbern als Weihrauch verbrannt. Bei diesem Totenkult hoffte man auf die Verjüngung des Verstorbenen im Jenseits. Der hauptsächliche Gebrauch des Rosmarins als Räucherstoff klingt noch im französischen Namen des Krautes, *incensier,* an. Es wurde in den französischen Hospitälern allein oder zusammen mit **Wacholder**beeren zur Verbesserung der Luft geräuchert.

Im Mittelalter bemühte sich die Kirche darum, auch die alten heidnischen Ritualpflanzen zu christianisieren. Man erzählte, dass Maria bei ihrer Flucht nach Ägypten die Windeln des kleinen Jesus an einem Rosmarinbusch zum Trocknen aufgehängt habe. Daher hätte der Strauch die Farbe des Himmels angenommen. Rosmarin war dann auch ein Symbol für Treue, Freundschaft und Gedenken. In der Renaissance erkannten die Alchemisten im Rosmarin die Pflanze, die den »Pflanzenstein«, ein Allheilmittel, liefert.

Rosmarin stand auch im Ruf, ein Jungbrunnen zu sein. Berühmt wurde das aus den Blüten gewonnene »Wasser der Königin von Ungarn«, durch das eine siebzigjährige Prinzessin in eine hübsche junge Braut verwandelt worden sei. Rosmarin soll auch das Zaubermittel gewesen sei, mit dem Dornröschen aufgeweckt wurde.

Früher galt der Rosmarinbusch als Wohnort der Feen und Elfen, und es hiess, dass er diese Elementarwesen anlocke. Daher erklärt sich auch der Gebrauch des Rosmarins in der modernen Magie und im Okkultismus, wo er in Räucherungen zur Beschwörung gewöhnlich unsichtbarer Wesen verwendet wird. Wenn man Rosmarin auf die Räucherkohle wirft, verbreitet sich sofort der typische Rosmarinduft, erst im nachhinein verbleibt ein leicht harziger Geruch in der Luft.

Das Kraut enthält neben etwas Harz, Gerb- und Bitterstoffen 2% ätherisches Öl, bestehend aus Pinen, Camphen, Borneol, Kampfer, Cineol, Terpineol, Thymol, Linalool, Pflanzensäuren, etwas Saponin. Es wirkt nervenstimulierend und antiseptisch. In der Aromatherapie wird es zur Stärkung des Gedächtnisses verwendet.

Literatur: BELLEDAME 1990, BROSSE 1992, DRURY 1989, FISCHER-RIZZI 1989, GRIEVE 1982, HENGLEIN1985, HINRICHSEN 1994, HLAVA und LANSKA 1977, KRAUS 1990, PAHLOW 1993, RÄTSCH 1995a, ROTH et al. 1994, SEITZ 1993.

Sadebaum

Juniperus sabina L. (syn. *Sabina officinalis* GARKE)

Cupressaceae, Zypressengewächse

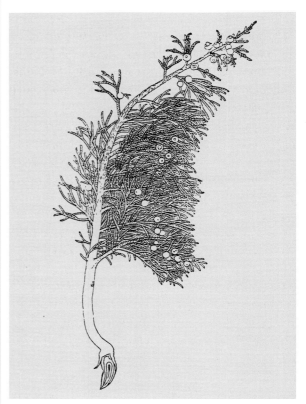

Der mit dem Wacholder nahe verwandte Sadebaum *(Juniperus sabina* L.) war im Altertum ein heiliges Gewächs, dessen Zweigenden nach Dioskurides von »einigen zum Räuchern verwendet werden« (I, 104). Holzschnitt aus FUCHS, *Kreutterbuch,* 1543.

»Mit sabinischem Kraute befriedigt rauchte der Altar …« OVID, *Fastor* III, 337

Der immergrüne, meist flachwüchsige Strauch ist vor allem im Gebirge beheimatet. Grosse natürliche Vorkommen befinden sich z.B. im Wallis (Schweiz). Er ähnelt in Aussehen und Duft dem alpinen Zwerg**wacholder** (*Juniperus communis* ssp. *alpina*) und wird auch Stinkwacholder oder mit volkstümlichem Namen Sebenbaum, Seuenbaum oder Sevenbaum genannt.

In ägyptischen Gräbern der Römerzeit wurden Sadebaumfrüchte gefunden. Überhaupt war dieser Baum bei den Römern ein oft benutztes Räuchermittel. Er wurde meist mit **Lorbeer**, **Salbei**, **Thymian** und Verbene *(Lippia,* vgl. **Eisenkraut**) bei Opferzeremonien verbrannt. Daneben war er auch ein Heilmittel und medizinischer Räucherstoff:

»Den Sadebaum nennen einige Barathron, andere Baryton oder Baron, die Römer Herba Sabina. Es gibt zwei Arten davon; die eine ist nämlich in den Blättern ähnlich der Zypresse, nur borniger, stark duftend, scharf und brennend, der Baum ist aber kurz, gedrungen und mehr in die Breite sich ausdehnend; einige wenden die Blätter zum Räuchern an [*Juniperus sabina* var. *cupressifolia*]. Die andere ist in den Blättern der Tamariske ähnlich [*Juniperus sabina* var. *tamariscifolia* (AIT.) KOEHNE]. Die Blätter beider hemmen um sich fressende Geschwüre und lindern im Umschlag Entzündungen, reinigen, mit Honig aufgeschmiert, von schwarzen Massen und Schmutz und reissen ringsum die Karbunkeln auf. Mit Wein getrunken führen sie auch das Blut durch den Urin ab und treiben den Fötus aus; in Zäpfchen und in der Räucherung wirken sie dasselbe. Sie werden auch den erwärmenden Salbölen zugemischt, besonders dem Mostöl.« (DIOSKURIDES I, 104)

Plinius (XXIV, 102) berichtet, dass die der Zypresse ähnliche Form, die er auch »kretische Zypresse« nennt, »anstelle des Weihrauchs als Räuchermittel genommen« wird und in Heilmitteln eine dem Zimt vergleichbare Wirkung haben soll. Er nennt auch die abtreibende Wirkung der Räucherung und ergänzt:

»Mit dem Rauch dieser Pflanze soll man auch den Pips [= eine Geflügelseuche] der Hühner heilen.«

Wenn man die getrockneten Zweige räuchert, entwickelt sich ein weisser Rauch, der sehr ähnlich wie Wacholder- oder Zedernrauch, aber weniger harzig duftet. Zum Gebrauch des Sadebaums als Räuchermittel liegen nur sehr wenige Erfahrungen vor. Es ist schwer abzuschätzen, ob der Rauch in hoher Dosierung gefährlich werden kann oder nicht. Ich habe das Gefühl, dass es bei starken Inhalationen zu schweren psychotropen Wirkungen kommt. Bekannt ist immerhin, dass sibirische Schamanen den Sadebaum, der in Nordasien weit verbreitet ist, als Räucherstoff zur Einleitung der schamanischen Ekstase abbrennen und tief inhalieren.

Der Sadebaum heisst im deutschen Volksmund »Kindsmörder«, weil er ein sehr wirksames Abtreibungsmittel ist und als solches häufig benutzt wurde. Das brachte den Baum in katholischer Zeit und während der Inquisition in Verruf. Er wurde in den »Hexengarten« verbannt.

Das kampferartig schmeckende ätherische Öl besteht hauptsächlich aus Sabinol, 20% Sabinen, 40% Sabinylacetat, Thujon und Terpenen. Es wirkt hautreizend, abortativ und kann Entzündungen der Niere und Gebärmutter verursachen. Bereits 6 Tropfen des ätherischen Öls können zu tödlichen Vergiftungen führen. Schon 5–20 Gramm der Zweigspitzen können ebenfalls tödlich wirken. Deshalb ist beim Gebrauch des Sadebaums höchste Vorsicht geboten!

Literatur: GERMER 1985, HECKER 1995, KNECHT 1971, KRUMM-HELLER 1995, RIMMEL 1985, ROTH et al. 1994.

Sage (Steppenbeifuss)

Artemisia spp.
Artemisia californica Less., Californian Sage, Romerillo
Artemisia douglasiana Bess. in Hook, Estafiate
Artemisia frigida Willd., Kaksimi, Frauensalbei, Fringed Sage
Artemisia ludoviciana Nutt. (syn. *Artemisia gnaphalodes*), Prairie Sagebrush, Western Mugwort, White Sage
Artemisia mexicana Willd., Mexikanischer Wermut, Hierba maestra, Ixtauhyatl
Artemisia tridentata Nutt., Common Sagebrush, Big Sagebrush

Asteraceae (Compositae), Korbblütler

»Bei jedem Sonnentanz tragen wir Sage-Kränze [mit Adlerfedern] auf unseren Köpfen, denn es ist ein Zeichen, dass unsere Gedanken und Herzen dem Grossen Geist und seinen Mächten nahe sind, weil der Kranz die Dinge des Himmels, die Sterne und Planeten, darstellt, die geheimnisvoll und heilig sind.«

Black Elk (= Schwarzer Hirsch)

Das englische Wort *Sage* bezeichnet eigentlich die Salbei bzw. verschiedene Salbeiarten (vgl. **Salbei**), wird in Nordamerika aber in erster Linie für mehrere Arten der Gattung *Artemisia*, die von den Indianern als Räucherstoffe verwendet werden, benutzt. Diese mit dem **Beifuss** verwandten *Artemisia*-Arten heissen auf Deutsch Präriebeifuss oder Steppenbeifuss, werden aber auch als »Indianische Salbei« bezeichnet.[35] In der deutschsprachigen Literatur wird Sage leider meist fälschlich mit Salbei übersetzt. Deshalb sind Menschen, die mit Salbei räuchern und glauben, es wäre das indianische Sage, herb enttäuscht.

Wer einmal den Duft von glosendem Sage gerochen hat, vergisst ihn nicht mehr. Er ruft Erinnerungen an archaische Rituale, dampfende Schwitzhütten und Reinigungszeremonien wach. Es gibt praktisch kein Ritual der Prärieindianer, bei dem nicht mit Sage geräuchert wird. Ein Lakota sagte einmal zu mir: »Wenn du Sage verbrennst, musst du beten.« Der kräuselnd aufsteigende Rauch ist an sich schon ein Gebet. Er verbindet *maka,* die Mutter Erde, mit *wakan tanka,* dem Grossen Geist, der in allen Geschöpfen am Werk ist. Sage ist eine der heiligsten Pflanzen der Prärieindianer. Es ist heutzutage geradezu ein Symbol für indianische Spiritualität, ein Symbol für die Verehrung der Natur als das wirklich Göttliche geworden.

Aufgrund ethnobotanischer Forschungen wird heute angenommen, dass die Paläoindianer den Gebrauch von Beifuss als Räucherstoff vor ca. 30000 Jahren aus Asien mit in die Neue Welt nahmen (Storl 1995).

Die Prärieindianer verwenden Sage hauptsächlich zur spirituellen Reinigung, zur Vertreibung von Krankheitsgeistern und negativen Kräften, zur Behandlung von Besessenheit und zum Hausschutz. Oft werden die Tipis mit Sagebüscheln behängt und ausgeräuchert. Oft wird auch ein Sagezweig an eine Adlerfeder gebunden, die als Medizin getragen oder als Freundschaftsbeweis verschenkt wird. Auch beim jährlichen Sonnentanz, der wichtigsten Zeremonie im Stammesleben, werden Sagestengel und Adlerfedern zusammengebunden sogar als Kopfschmuck getragen.

Bei den Lakota wird der Gebrauch der Sage auf *ptesan win,* die Weisse Büffelkalbfrau, zurückgeführt. Sie kam dereinst, um die erste heilige Pfeife zu stiften. Als besonderes Geschenk gab sie den Frauen das Wissen um den Gebrauch des Sage als reinigende Einlage bei der Menstruation, als stimulierenden Tee bei Erkrankungen und als heiligstes Räuchermittel für alle Zeremonien und Gebete (Lame Deer und Erdoes 1992: 155).

Die Blackfoot-Indianer unterscheiden eine »männliche« und eine »weibliche« Art Sage (»Männersalbei« und »Frauensalbei«):

---

35 Sage ist nahe mit dem chinesischen Moxakraut (*Artemisia capillaris* Thunb.) verwandt (siehe **Beifuss**).

»Beide Arten wachsen überall auf der Prärie, zusammen oder getrennt. Der Frauensalbei hat kleinere Blätter und viel mehr Samenschoten als der Männersalbei, der buschiger wächst. Beide besitzen graue Blätter und einen bitteren Geschmack. Frauen benutzten diesen Salbei für alle möglichen Arten innerer und äusserer Anwendung. Als Aufguss wurde er bei Erkältungen und Brustbeschwerden sowie bei anderen Erkrankungen verabreicht. Viele von diesen Praktiken wurden einzelnen Heilerinnen in Träumen und Visionen mitgeteilt. Sie benutzten diesen Salbei als Breipackung bei Schnittwunden und Nasenbluten. Sie benutzten ihn als Polsterung in ihren Mokassins gegen Schweissfüsse und in den Achselhöhlen als Deodorant. Sie pflückten die Blätter und stellten daraus eine Binde für die Menstruation her. Diese Binden saugten nicht nur das Blut auf, sondern verhinderten auch, dass die Haut wund wurde. Büschel dieses Salbeis wurden gewöhnlich anstelle von Toilettenpapier benutzt.« (WOLF 1994: 188)

Die Chippewa inhalieren den Rauch der auf Holzkohle gestreuten getrockneten Blätter und Blüten als Gegenmittel bei »schlechter Medizin«. Die Meskwaki räuchern das Kraut zum Vertreiben der Mücken. Ponys werden bei schlechter Laune damit beräuchert. Die Flathead-Indianer stellten einen Schwitzhüttenweihrauch aus den Blättern der *qepqepte* genannten *Artemisia ludoviciana* und den Nadeln der Douglas-**Tanne** (*Pseudotsuga menziesii* (MIRBELL) FRANCO; *Pinaceae*)[36] her (HART 1979: 278).

Sage wird auch in der Peyotezeremonie als Räuchermittel, aber auch als Kissen für den Vater Peyote (der meskalinhaltige Kaktus *Lophophora williamsii*) sowie als Altarbedeckung verwendet. Viele *Artemisia*-Arten werden im Peyotekult als rituelle Räuchermittel und Medizinen verwendet, sogar der aus Europa eingeführte Beifuss *(Artemisia vulgaris)* findet als Sage *(tägyi)* Verwendung (SCHULTES 1937: 139).

Die kalifornischen Chumash-Indianer haben zum einen, vor allem bei Totenfeiern, mit Sagebündeln geräuchert, zum anderen haben sie die von ihnen *apin* oder *molush* genannte *Artemisia douglasiana* genau wie das Moxakraut verwendet. Die »Rauch-Heiler«, auf den Gebrauch von Rauch spezialisierte Schamanen, formten aus den getrockneten Blättern kleine Kegel, die auf den schmerzenden, entzündeten oder verspannten Körperstellen plaziert und abgebrannt wurden. Diese Moxamethode wurde bei Rheuma, Hautkrebs und Muskelschmerzen eingesetzt. Die Behandlung war anscheinend recht schmerzhaft. Alte Leute sollen über und über mit Brandnarben versehrt gewesen sein.[37]

Die schwach psychoaktiv wirksame *Artemisia mexicana*, die auch unter dem Namen Mexikanischer Wermut bekannt ist, wurde schon von den alten Azteken als Räucherstoff verwendet:

»Tlalpoyomatli, ihre Blätter sind rauchig, grau, weich; sie hat viele Blüten. Aus dieser Pflanze wird Weihrauch gemacht: Sie produziert einen angenehmen Geruch; sie produziert ein Parfüm. Dieser Weihrauch verbreitet sich, er verteilt sich über das ganze Land.« (SAHAGUN XI, 6)

Sage wird am besten in Büscheln oder Bündeln geräuchert. Man kann auch Stengelstücke, Blätter

---

36 Die Blackfeet-Indianer verwendeten die Nadeln der Douglas-Tanne als Räuchermittel im Schwitzhaus, wenn Fälle von Rheumatismus behandelt werden sollten (JOHNSTON 1970: 305).

37 Die Omaha und Ponca nennen die Pflanze *Lespedeza capitata* MICHX. *(Fabaceae) te-hunton-hi nuga*, »Männliche Büffel-Lungen-Pflanze«, und verwenden sie als medizinische Räucherkegel, die auf der Haut des Patienten abgebrannt werden – ganz ähnlich wie der Beifuss bei der Moxabehandlung (KINDSCHER 1992: 257).

und Blüten in eine Abalonenschale (*Haliotis* sp.) legen und entzünden. Ausserdem ist Sage ein geeigneter Tabakersatz und als Bestandteil ritueller und medizinischer Rauchmischungen (z.B. mit **Bilsenkraut** und **Hanf**) zu gebrauchen.

Alle Sage-Arten enthalten ätherische Öle von verschiedener Zusammensetzung sowie die Lactonglykoside Santonin und Artemisin, die für die wurmtreibenden Eigenschaften verantwortlich sind. In der *Artemisia ludoviciana* wurde das Sesquiterpen-Lacton Anthemidin gefunden. In *Artemisia frigida* ist Kampfer enthalten (die Pflanze gilt sogar als Kampferlieferant). In manchen *Artemisia*-Arten ist das psychoaktive Thujon enthalten. Ansonsten sind die verschiedenen Sage-Arten phytochemisch bisher nicht besonders gut untersucht.

Sage ist in Europa nicht leicht zu bekommen. Manchmal findet man es in Indianerschmuckläden oder esoterischen Buchhandlungen. In den USA ist es fast überall erhältlich. In den Präriegebieten kann man es in grosser Menge finden und ernten.

Literatur: BRØNDEGAARD 1972 und 1985, EPSTEIN und JENKINS 1979, ERICHSEN-BROWN 1989, HART 1979, HOUGH 1912, JOHNSTON 1970, KINDSCHER 1992, LAME DEER und ERDOES 1992, MARTINEZ 1987, MOERMAN 1986, RÄTSCH 1995c, STORL 1995, TIMBROOK 1987 und 1990, TSUMURA 1991, WOLF 1994.

Salbei

Salvia spp.
Salvia apiana JEPS., White Sage
Salvia columbariae BENTH., Chia
Salvia officinalis L., Echte Salbei, Edelsalbei
Salvia leucophylla, Purple Sage, Ashen leaf sage, Eschenblattsalbei
Salvia mellifer (syn. *Ramona stachyoides*), Black Sage, Schwarze Salbei

Lamiaceae (Labiatae), Lippenblütler

»Wie soll einer sterben, der Salbei in seinem Garten hat?« *Arabisches Sprichwort*

Der deutsche Name Salbei leitet sich aus dem lateinischen *salvia* ab, welches auf *salvare*, »heilen«, zurückgeht. Die Römer kannten und nutzten die Salbei nämlich als eine Art Allheilmittel. Ob allerdings die von den Römern benutzten Salbeiarten mit der Echten Salbei identisch sind, ist zu bezweifeln. Auch die von den keltischen Druiden gelobte »Salbei«, die Tote wieder zum Leben erwecken könne, ist wahrscheinlich ein anderes Gewächs. In Deutschland ist die Echte Salbei als Heilmittel allerdings schon in den Kapitularen Karls des Grossen erwähnt. Das Kloster von St. Gallen (Schweiz) hat sehr zur Verbreitung dieser heute so bekannten Heil- und Gartenpflanze beigetragen. Die Pflanze galt im Volkstum als dämonenverscheuchendes und geisterbannendes Mittel. Im 18. und 19. Jahrhundert hielt man die Salbei vor allem in England, aber auch in Deutschland für »das heilige Kraut«, mit dem sich das menschliche Leben verlängern lasse (HILL 1978).

Manche Autoren nehmen an, dass die Salbei aus Asien stammt und erst in der Antike nach Europa kam, hier aber sofort gut aufgenommen und reichlich kultiviert wurde. In Asien gibt es viele Arten, auch die Echte Salbei. In der ayurvedischen Medizin gilt sie als Umstimmungsmittel mit geistbewegender Qualität:

»Um auf das Gehirn und Nervensystem zu wirken und den Haarwuchs zu fördern, ist eine Mischung mit *Hydrocotyle asiatica* (asiatisches Wassernabelkraut) oder *Bhrigaraj* von guter Wirkung. Salbei hat eine besondere Kraft, den Geist von

Alte Darstellung der Gartensalbei *(Salvia officinalis)*. Holzschnitt aus FUCHS, *Kreutterbuch*, 1543.

kanischen Westküste und wurde schon in präkolumbianischen Zeiten von den kalifornischen Indianern als rituelles Räuchermittel verwendet. Die zu Räucherbündeln verschnürten Blätter und Zweige wurden zur Reinigung von Unterkünften und bei Ritualen geräuchert. Der Rauch verbreitet nach indianischer Auffassung Frieden und Heilung, ist gut zur Begleitung von Gebeten und Danksagungen. Eine Räuchermischung namens *White Buffalo*, die zur friedlichen Zusammenkunft verschiedener Stämme und Völker geräuchert wird, besteht hauptsächlich aus der Weissen Salbei, daneben zu gleichen Teilen aus der Schwarzen Salbei, aus **Sage** und dem Sedona-Wacholder (siehe **Zeder**). Die essbaren Samen der Weissen Salbei wurden bei Erkältungen geraucht, Samen und Blätter wurden in der Schwitzhütte geräuchert und inhaliert. Die Weisse Salbei gibt beim Räuchern einen sehr ähnlichen Duft wie das **Sage** ab.

Die in Südkalifornien, etwa im Gebiet der heutigen Metropole Los Angeles lebenden Chumash-Indianer schätzten die einheimischen Salbeiarten sehr. Von Chia, der Weissen und der Schwarzen Salbei nutzten sie die Samen als Nahrungsmittel. Aus diesen Arten stellten sie zusammen mit **Sage** (*Artemisia* sp.) Räucherbündel her. Die Chia-Samen waren von grosser ritueller Bedeutung als Opfergabe. Die Jäger legten sich bei der Hirschjagd ein Blatt der Weissen Salbei in den Mund, damit die Tiere nicht ihre Witterung aufnehmen konnten. Die frischen Blätter wurden auch bei Kopfschmerzen auf die Stirn gelegt. Nicht nur der Rauch der Blätter galt als reinigend, sondern auch ein Kaltwasserauszug, der für ein rituelles Erbrechen getrunken wurde. Von allen Salbei- und *Artemisia*-Arten war für die Chumash aber die Eschenblattsalbei die heiligste Pflanze und das rituell wichtigste Räuchermittel. Aus den Zweigen banden sie grosse Räucherbündel, mit denen sie

störenden Emotionen zu befreien und Ruhe und Klarheit zu fördern. Der Gebrauch der Pflanze hilft, übermässiges Verlangen und Leidenschaften zu reduzieren.« (LAD und FRAWLEY 1987: 203). Deshalb ist Salbei für Askese und Meditation ein brauchbares Räuchermittel. In Europa wurden Krankenzimmer mit Salbei ausgeräuchert, was sicherlich einen keimtötenden Effekt hatte.

Wenn man getrocknete Salbeibüschel abbrennt, geben sie einen weissen, aromatisch-harzigen Rauch ab, der etwas an das indianische Sage, entfernt an Tanne und Haschisch erinnert.

Die White Sage, »Weisse Salbei«, genannte breitblättrige Salbeiart gedeiht an der nordameri-

162

Darstellung der »Indianischen Salbei«; entweder ist damit eine Art aus Indien oder aus Amerika gemeint. Holzschnitt aus TABERNAEMONTANUS, *Kräuter-Buch*, 1731.

alle heiligen Ort und Kultplätze beräucherten und so von schädlichen Einflüssen befreiten.

Auch von anderen Indianern des Südwestens wurden verschiedene Salbeiarten als rituelle und medizinische Räucherstoffe verwendet. Die Hopi blasen den Salbeirauch Epileptikern bei Anfällen und Ohnmächtigen zur Wiederbelebung ins Gesicht. Die getrockneten Blätter werden von den Washo bei Erkältungen geraucht.

Die Prärieindianer stellen aus Salbei, **Sage**, **Bilsenkraut**, **Stechapfel** *(Datura inoxia)* und Minze *(Mentha* spp.) eine medizinische Rauchmischung gegen Asthma und andere Lungenbeschwerden her. Salbeiblätter eignen sich auch gut als Tabakersatz und lassen sich mit **Hanf** kombinieren.

Die Echte Salbei enthält bis zu 1,4% ätherisches Öl, bestehend aus Thujon, Borneol, Cymol, Cineol u.a., daneben Gerbstoffe, Bitterstoffe, Flavonoide, Harz, Stärke, Eiweiss, Mineralstoffe. Thujon, das auch in den amerikanischen Salbeiarten vorkommt, hat berauschende Wirkung.

Die Echte Salbei lässt sich in Europa gut im Garten oder auf dem Balkon ziehen. Frische oder getrocknete Blätter werden auf Märkten, im Gewürz-, Kräuter- und Apothekenhandel angeboten. Die nordamerikanischen Salbeiarten sind in Europa meist nur in Indianerschmuckläden, dann meist zu Räucherbündeln geschnürt, zu finden.

Literatur: BELLEDAME 1990, BROSSE 1992, CLARKE 1977, GESSMANN o.D., GRIEVE 1982, Hill 1978, HLAVA und LANSKA 1977, KRAUS 1990, LAD und FRAWLEY 1987, MOERMAN 1986, PABST 1887/89, PAHLOW 1993, ROTH et al. 1994, SEITZ 1993, TIMBROOK 1990, WESTRICH 1989, WOLLNER 1995.

Rotes Sandelholz

Pterocarpus santalinus L. f.

Fabaceae (Leguminosae [Papilionaceae]), Schmetterlingsblütengewächse

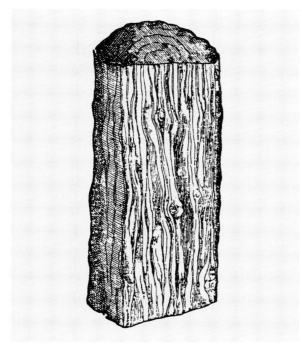

Das Rote Sandelholz *(Pterocarpus santalinus)* wurde schon früh als Färbemittel und verschönender Zusatz zu Kräuter- oder Räuchermischungen benutzt. Holzschnitt aus TABERNAEMONTANUS, *Kräuter-Buch*, 1731.

»Und sende mir Zedern-, Zypressen- und Sandelholz vom Libanon; denn ich weiss, dass deine Leute es verstehen, die Bäume auf dem Libanon zu fällen.« *2. Chronik 2,8*

Der kleine, sechs bis acht Meter hohe Rote Sandelholzbaum, der in Indien und Sri Lanka vorkommt, ist mit dem Weissen Sandelholzbaum botanisch nicht verwandt, heisst in Sanskrit aber *ratachandana*, »Rotes Sandelholz«. Er wird seit der vedischen Zeit als Bruder des Weissen Sandelholzbaumes betrachtet. Es heisst, das Rote habe ähnliche oder sogar dieselben Eigenschaften wie das Weisse Sandelholz. Allerdings soll das Weisse besser innerlich, das Rote aber besser äusserlich wirksam sein. Eine Paste aus dem Holz wird bei Kopfschmerzen auf die Stirn aufgetragen.

Sehr wahrscheinlich ist das Rote Sandelholz bereits in der Bibel unter dem Namen *almug* und *algum* erwähnt. Sein kostbares Holz gelangte über die Seidenstrasse ins Heilige Land und wurde für Tempel und Sakralbauten verwendet.

In der medizinischen Literatur taucht das Rote Sandelholz erstmals bei Avicenna auf. Marco Polo war vermutlich der erste Europäer, der den Baum sah und beschrieb (unter dem Namen *Cendel vermeil*).

Rotes Sandelholz wird meist nur als »Schönmacher« und Farbgeber Räuchermischungen zugesetzt. Im französischen Okkultismus wurde es als Räucherung für den Löwen benutzt und galt als aphrodisierend. In den roten orientalischen Räucherkerzen bildet das Rote Sandelholz den Hauptbestandteil. Aromatisiert werden sie mit **Perubalsam**, **Benzoe** und verschiedenen Essenzen (Sandel, **Nelke**, Orangenblüte). In der Räucherung verbrennt es fast geruchlos, nur mit einem angenehmen Holzfeuerduft.

Das Rote Sandelholz enthält hauptsächlich den feinkristallinen charakteristisch roten Farbstoff Santalin (syn. Santalsäure) und einige Abkömmlinge, die aber praktisch keine pharmakologische Wirkung haben.

Obwohl das Rote Sandelholz relativ billig ist, kommen doch Verfälschungen, hauptsächlich durch Korallenholz (*Pterocarpus indicus* WILLD.) oder rotgefärbte andere Hölzer, vor. Rotes Sandelholz (*Lignum santali rubri*) ist über den Apotheken- oder Kräuterhandel erhältlich.

Literatur: AMBASTA 1994, ATKINSON 1989, BELLEDAME 1990, DASTUR 1985, HINRICHSEN 1994, PABST 1887/89, PAHLOW 1993, WICHTL 1989, ZOHARY 1986.

Weisses Sandelholz

Santalum album L.
Santalum album L. var. *myrtifolium* DC.

Santalaceae, Sandelgewächse

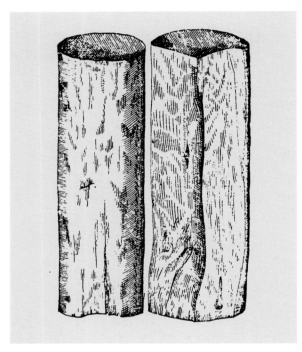

Das Weisse Sandelholz *(Santalum album)* war in Europa viel früher als der eigentliche Baum bekannt. Holzschnitt aus Tabernaemontanus, *Kräuter-Buch,* 1731.

»In moslemischen Ländern wird Sandelholz mit anderen Räuchermitteln zu Füssen der Toten verbrannt, damit der Duft die Seele in den Himmel trägt.«
Richard und Iona Miller, *Das magische Perfum* (1991: 130)

Der bis zu zehn Meter hoch wachsende Sandelholzbaum *(chandan)* ist in Indien heilig und Shiva geweiht. Das duftende Holz, besonders das Kernholz, gehört zu den beliebtesten Räucherstoffen und ist vor allem in den für Shiva bereiteten Mischungen enthalten. Das Holz wird an Shiva-Lingams gerieben; eine Paste daraus tragen sich die Shiva-Verehrer auf die Stirn auf. In der indischen Folklore wird berichtet, der Baum sei immer von Schlangen umlagert, die sich an seinem süssen Duft ergötzen. Allerdings heisst es auch, der Baum neutralisiere das Schlangengift. Deshalb wird das Sandelholzpulver auf Schlangenbisse gestreut.

Das Weisse Sandelholz ist im Yoga dem Wurzelchakra zugeordnet und soll die Kraft besitzen, die Kundalini-Schlange zu erwecken. Daher ist Sandelholz und Sandelöl im Tantra-Kult und Yoga von hervorragender Bedeutung. Denn nur die erweckte Kundalini-Schlange, die gewöhnlich im Becken des Menschen schläft, kann seine Energiezentren zum Blühen bringen und schliesslich zur Erleuchtung führen:

»Sandelholz fördert das Erwachen der Intelligenz. *Prabhava* [die Wirkungsweise] dieses Mittels ist es, das dritte Auge zu öffnen, religiöse Andacht und Hingabe zu steigern und die Meditation zu fördern. Sandelholz hilft auch bei der Umwandlung der sexuellen Energie.« (Lad und Frawley 1987: 205)

Im indischen Volksglauben heisst es, der Sandelduft vertreibe böse Geister. Orte, die nach Sandel duften, können von niederträchtigen Geistern gar nicht erst betreten werden. Deshalb wird viel mit Sandelholz geräuchert. Oft werden Mischungen von zerkleinertem Sandelholz, Gerstenkörnern und Sesam ins Opferfeuer geworfen. Weisses, zu Mehl gemahlenes Sandelholz ist eine der wichtigsten Zutaten für die Herstellung von Räucherstäbchen. Zusammen mit Rose wird Sandelholz am letzen Tag des Hindu-Jahres, zum Dewali-Fest, geräuchert, um die Menschen von allen Sünden reinzuwaschen. Wenn man Sandelholz auf die Räucherkohle streut, entwickelt sich sofort der charakteristische süsse Sandelduft, der sich aber mit einem leicht scharfen Geruch nach brennendem Holzfeuer vermischt. Der Duft gemahnt an die köstlichen Himmelswelten und den unweigerlichen Übergang in die jenseitige Welt.

Reiche Hindus lassen sich am Ganges auf Scheiterhaufen aus dem kostbaren Sandelholz verbrennen. Dadurch wird ihre Seele für die göttlichen Gefilde wohl parfümiert. Ausserdem überdeckt der Sandelgeruch den Gestank des verbrennenden Fleisches. Leichen werden auch oft vor der Verbrennung mit Sandelöl gesalbt. Manchmal wurden die fürstlichen Leichen sogar mit dem Öl einbalsamiert und haltbar gemacht. Dafür waren allerdings riesige Mengen erforderlich.

Sandelholz, Sandelöl und sandelhaltige Räucherungen werden bei der Meditation von Hindus, Buddhisten und Moslems sehr vielseitig benutzt. Auch für die Sufis sind sie von grosser Bedeutung: »Sandelholz wird stets empfohlen, wenn ernsthafte Meditationsübungen und geistige Übungen unternommen werden, denn es beruhigt alle Formen des Egoismus im Körper, besonders die, die mit den geschlechtlichen Energien zusammenhängen.« (MOINUDDIN 1984: 160)

Aus dem gelblichen Holz werden Götterfiguren geschnitzt und Ritualgeräte gefertigt. Im Tantra wird Sandel der männlichen Seite des Universums zugeordnet und bei erotischen Ritualen zur Salbung und Beräucherung des Mannes verwendet.

Das Sandelholz wurde schon früh aus Indien nach Ägypten gebracht. Man hat Splitter des duftenden Holzes in Mumienbinden entdeckt. Möglicherweise benutzten die Ägypter das Sandelholz bei der Mumifizierung als Parfüm und als Zusatz zu ihren Räucherwerken.

Das Holz wird aber auch medizinisch bei Fieber, Schwellungen, Kopfschmerzen eingenommen, bei Hautkrankheiten wird das Öl aufgetragen. Das ätherische Öl (Sandelöl) wird sehr vielseitig in der Aromatherapie verwendet. Es gilt als heilsam bei Erkrankungen der Atemwege und als erotisierend – sein Duft ähnelt dem männlichen Sexuallockduft Androstenol. Im Sandelholzöl ist denn auch eine Substanz enthalten, die mit dem menschlichen Pheromon Androstenol analog ist und eine ähnliche chemische Struktur wie das Sexualhormon Testosteron aufweist. Ausserdem enthält das ätherische Öl den charakteristisch duftenden Stoff Santalol, daneben Santalen, Santen, Santenon, Santalal und Santalon.

In Indien, Südostasien und Ozeanien gibt es etwa 20 nahe verwandte *Santalum*-Arten, von denen viele zur Verfälschung der echten Ware verwendet werden. Einige Arten gelten als gleichwertig und werden dementsprechend bezeichnet:

Ostindisches Sandelholz	*Santalum album* L.
Makassar- oder Fidji-Sandelholz	*Santalum yasi* SEEM.
Hawaiianisches Sandelholz	*Santalum freycinetianum* GAUD., *Santalum pyrularium* A.GREY
Neukaledonisches Sandelholz	*Santalum neucaledonicum* VIEILL
Westaustralisches Sandelholz	*Santalum persicarium* F. v. MÜLL., *Santalum preissianum* MIQ.
Südaustralisches Sandelholz	*Santalum cygnorum* MIQ., *Fusanus acuminatus* R. BR.
Japanisches Sandelholz	botanisch unbekannt
Westindisches Sandelholz	botanisch unbekannt

Weisses Sandelholz kann man in Indien bei allen Tempeln kaufen. In Europa ist das Holz nur schwer zu bekommen, das duftende Sandelholzöl hingegen ist problemlos über den Duftstoffhandel erhältlich. Manchmal wird auch das viel billigere ätherische Öl des myrrhenartigen Strauches *Amyris balsamifera* unter dem Namen »Sandelholz« angeboten. Es ist von schwachem Geruch und erinnert mehr an die Essenz der **Myrrhe** als an echtes Sandelholz.

Literatur: ATKINSON 1989, ASHISHA und MAHARADANATHA 1994, BELLEDAME 1990, DASTUR 1985, GERMER 1985, HINRICHSEN 1994, HOOPER 1937, JAIN 1991, KRAUS 1990, LAD und FRAWLEY 1987, MAJUPURIA und JOSHI 1988, MILLER und MILLER 1991, MOINUDDIN 1984, PABST 1887/89, PATNAIK 1993, ROTH et al. 1994, WICHTL 1989, WERNER 1993.

Schwefel

Sulphur, Sulphuricum, Sulfur, Theion

»Alles räuchert sie dann, was die fremden Mädchen berührten,
Reinigt mit Wasser vom Quell selbst die Schwelle der Tür.
Gibt Befehl mir, total die Kleiderfetzen zu wechseln,
Lässt mich spüren den Brand dreimal des Schwefels am Haupt.« PROPERZ (IV, 8, 83ff.)

Schwefel ist ein Element, das in kristalliner, gediegener, das heisst reiner Form als Mineral in der Natur vorkommt. Die Assyrer benutzten den Schwefel zur Bannung von Zauberern und zum Schutz vor Zauberei. Sie stellten eine Mischung aus Bier, **Bilsenkraut** und Schwefel her. Ob sie damit die Türschwelle bestrichen oder das Gemisch als Grundlage für eine Räucherung verwendeten, geht aus den Keilschrifttexten leider nicht eindeutig hervor (vgl. THOMPSON 1949: 230).

Im Altertum war der Schwefel sehr gut bekannt und wurde rituell und medizinisch verwendet:

»Als bester Schwefel ist der anzusehen, der noch nicht im Feuer gewesen ist, eine glänzende Farbe hat, durchscheinend und steinfrei ist, von dem aber, der mit dem Feuer in Berührung gekommen ist, der gelblichgrüne und sehr fette. Am meisten entsteht er auf Melos und Lipara. Der erstgenannte erwärmt, zerteilt und bringt rasch zur Reife. Er hilft bei Husten, Lungengeschwüren und Asthma, wenn er im Ei genommen und als Räucherung angewandt wird. Ausserdem treibt er als Räucherung auch den Embryo aus. Mit Terpentinharz gemischt nimmt er Aussatz, Flechte und krätzige Nägel weg; auch mit Essig eingeschmiert hilft er bei Aussatz und vertreibt weisse Flecken. Ferner heilt er mit Harz gemischt Skorpionstiche, mit Essig auch den Biss des Meerhasen und des Skorpions. Mit Natron aufgestrichen lindert er am ganzen Körper das Jucken. Weiter hilft er bei

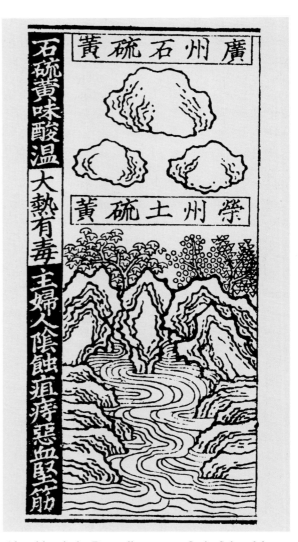

Alte chinesische Darstellung vom »Stein-Schwefel« *(shi-liu-huang,* oben) und dem »Erd-Schwefel« *(t'u-liu-huang,* unten) aus dem *Ch'ung-hsiu cheng-ho pen-ts'ao.*

Gelbsucht, wenn er, einen Esslöffel voll, mit Wasser getrunken oder mit einem weichen Ei genommen wird, wirkt gut gegen Erkältung und Katarrh und hält, aufgestreut, den Schweiss zurück. Mit Natron und Wasser aufgestrichen ist er ein gutes Mittel bei Podagra. Schwerhörigkeit heilt er, wenn sein Dampf durch ein Rohr (ins Ohr) eingeleitet wird, die Schlafsucht ebenfalls als Räucherung. Endlich stillt er Blutungen und heilt Quetschungen an den Ohren, wenn er mit Honig und Wein aufgestrichen wird.« (DIOSKURIDES V, 123–124])

Schon in der Odyssee wird der Schwefel »Heiler der Übel« genannt. Im alten Griechisch hiess er *theion* und wurde volksetymologisch als etwas Göttliches gedeutet. In Rom gab es eine Venus Mefitis, die »Herrin der Übel«, sozusagen eine Schwefelgöttin, denn der Schwefel hatte vor allem als Räuchermittel reinigende Kraft (SIMON 1990: 222). Der »bläuliche Schwefelqualm« (OVID) stieg aber auch bei anderen Tempeln auf.

Im Mittelalter war der Schwefel ein wichtiges Enthexungsmittel und wurde als Schutzräucherung gegen Schadenzauber entzündet:

»Der Schwefel ist warm, und beim Verbrennen wie auch beim Kochen zieht er sich üble Säfte zu, und zu den Heilmitteln taugt er nicht, ausser wenn jemandem ›virginisse‹ oder Zauber bereitet werden, oder wenn jemandem Trugbilder erscheinen, und wenn dort Schwefel angezündet wird, dann ist sein Rauch so stark, dass für ihn alle schwach werden, so dass sie den Menschen um so weniger Schädigungen zufügen, wie dort, wo zwei nichtsnutzige Gesellen sind und der eine den andern durch Verschmähungen überwindet.« (HILDEGARD VON BINGEN, *Physica* I, 188)

Auch Agrippa von Nettesheim wies darauf hin, dass die Räucherung mit Schwefel die »bösen Dämonen vertreibt« (III, 57).

Schwefelrauch wird seit der Antike zum Desinfizieren von Wein- und Essigfässern gebraucht. Auch in Krankenhäusern diente er zur Reinigung und Desinfizierung:

»Mehrere französische Hospitalärzte, u.a. Chaussier, ziehen gemeine Schwefelräucherungen durch auf Kohlen gestreuten Schwefel jenen Morreauschen sauren Dämpfen vor. In dem Krankensaal des Hospitals der Matermité zu Paris wird mit Schwefel geräuchert, selbst ohne die Patienten vorher aus dem Zimmer zu entfernen.« (OSIANDER, zit. in HINRICHSEN 1994: 102)

Schwefel war auch ein wichtiger Bestandteil von Räucherungen gegen die Pest:

»Zur Winterszeit ist Schwefel und Campfer mit Weyrauch und Mastix recht vermischet, sehr nützlich, denn der Campfer hat eine besondere Krafft, der Fäulniss zu widerstehen.« (*Universallexikon* von 1741, zit. in HINRICHSEN 1994: 105)

In London räucherte man während der Pestepidemie von 1665 das Dekanat von Saint Paul mit einer Mischung aus Schwefel, **Olibanum**, Hopfen und Pfeffer aus.

In der neueren Magie gilt der »Schwefel als ein Mittel, die Lösung vom Irdischen anzuregen und Trancezustände zu begünstigen« (ULRICH 1986: 37). Ausserdem soll er fremden Zauber abwehren.

Der stechende Geruch verbrennenden Schwefels wurde schon früh mit dem Teufel assoziiert. Die Christen glaubten, dass es sich dabei um den Geruch der Hölle handle. Es ist klar, dass sie den Geruch von Schwefel dem Dämonischen zuschreiben mussten, denn schliesslich gehörte er vor der Christianisierung zur Venus.

Schwefel ist in Drogerien und in Apotheken erhältlich. Gediegenen, kristallisierten Schwefel erhält man in Mineralienfachgeschäften und Mineralienbörsen.

Literatur: HINRICHSEN 1994, HOOPER 1937, LAUNERT 1985, MORWYN 1995, SIMON 1990, THOMPSON 1949, ULRICH 1986, VINCI 1980.

Stechapfel

Datura stramonium L. (syn. *Datura tatula* L., *Datura loricata* SIEB., *Datura pseudo-stramonium* SIEB., *Stramonium vulgatum* GAERTN., *Stramonium spinosum* LAM., *Stramonium foetidum* SCOP.), Gemeiner Stechapfel, Jimson Weed
Datura innoxia MILL. (syn. *Datura meteloides* DC.), Heiliger Stechapfel, Toloache
Datura metel L. (syn. *Datura alba* NEES; *Datura fastuosa* L.), Metelapfel, Dhatura, Unmatta
Datura wrightii BYE, Toloache, Kalifornischer Stechapfel

Solanaceae, Nachtschattengewächse

»Im Zauberglauben ist der Stechapfel als Mittel zur Erzeugung der Ekstase gebräuchlich (...) Stechapfelextract spielt auch bei den Hexensalben, sowie den narkotischen Zauberräucherungen, eine gewaltige Rolle.«

G. W. GESSMANN, *Die Pflanze im Zauberglauben* (S. 90)

Der aus Asien stammende Stechapfel *(Datura metel)* wurde in Europa zunächst unter dem Namen »Rauchapfelkraut« bekannt; die Namensgebung deutet darauf hin, dass die Pflanze zu Beginn der frühen Neuzeit ein übliches Rauchkraut oder Räucherwerk war. Holzschnitt aus FUCHS, *Kreutterbuch,* 1543.

Es gibt mehrere Stechapfelarten, von denen einige aus Amerika stammen, andere in Asien heimisch sind. Der Gemeine Stechapfel kommt ursprünglich vielleicht aus der Gegend des Kaspischen Meeres. Er ist ein typischer Nachtdufter, seine Blüten öffnen sich in der Abenddämmerung und verströmen einen betörend köstlichen Duft.

In der Antike war diese Pflanze mit grosser Sicherheit unbekannt, obwohl der alte Name *Stramonium* sich möglicherweise auf den thrakischen Fluss Strymon bezieht und damit ein Kraut der thrakischen Hexen und Giftmischerinnen gewesen sein könnte.

Der Gemeine Stechapfel hiess früher »Zigeunerkraut« und wurde mit Hexerei und Hexensalben in Verbindung gebracht. Man warf den Zigeunern vor, dass sie mit dem Rauch von Stechapfelsamen betrügerische Verbrechen begingen. Angeblich benützten sie ihn, um damit die Hühner in den Ställen zu betäuben, um sie dann stehlen zu können (vgl. **Bilsenkraut**).

In der Neuzeit wurde der Stechapfelrauch medizinisch als Inhalation bei Geisteskrankheiten und asthmatischen Beschwerden verabreicht. Bis in die siebziger Jahre des 20. Jahrhunderts gab es in Europa im Apothekenhandel sogenannte Asthmazigaretten, die Asthmatikern verschrieben wurden. Sie wurden aber aus dem Verkehr gezogen, als sie zunehmend »als Halluzinogene missbraucht« wurden.

Toloachi, die heilige Datura

»Das Toloachi, aus den Daturá-Pflanzen gewonnen, wird (...) in der Rauschgiftbranche als Tee oder Rauchware zur Erlangung von Halluzinationen, auch als Aphrodisiakum, verwendet.«

DR. ARNOLD KRUMM-HELLER, *Osmologische Heilkunde* (1955: 124)

In der Neuen Welt hat der Stechapfel, heute meist *Holy Datura* genannt, seit der Steinzeit eine grosse rituelle Bedeutung. In den Zeremonialräumen der Ruinen des nordamerikanischen Südwestens wurden oft Stechapfelsamen und Ritualinstrumente in der Form einer Stechapfelblüte gefunden. Die Apachen, Navajo und andere Stämme des Südwestens verwenden die pulverisierte Wurzel in ihren geheimen Riten; leider ist der genaue Gebrauch nicht bekannt. Die Hopi-Medizinleute kauen die Wurzel aus, wenn sie eine Diagnose zu stellen haben. Die Ramaha-Navaho rauchen eine Mischung der Pflanze mit Pollen, um das Jagdwild zu lähmen! Die Costanoan-Indianer rauchen die getrockneten Blätter als Reinigungsmittel und Halluzinogen; die Samen werden mit Tabak vermischt als Aphrodisiakum geraucht. Die Cherokee rauchen Daturablätter gegen Asthma. Viele Prärieindianer mischen Stechapfelblätter unter ihre zeremoniellen Rauchmischungen *(kinnickinik)* für die legendäre Friedenspfeife und andere Pfeifenzeremonien.

Im alten Mexiko waren die Stechapfelsamen anscheinend ein wichtiger Bestandteil ritueller Räuchermischungen aus **Copal** und anderen Substanzen. Es gibt verschiedene archäologische Funde, die nahelegen, dass Gefässe in der Form der Stechapfelfrucht zum Räuchern dieser Mischungen verwendet wurden. Gut bekannt sind die stechapfelförmigen »Urnen« aus Colima (REYNOLDS 1993: 90) und aus Teotihuacan IV (Metepec). In Piedras Negras wurde ein zweiteiliges Weihrauchbrenngefäss der Maya gefunden, das wie ein naturalistisches Modell einer Stechapfelfrucht aussieht (SATTERTHWAITE 1946: 17).

Die Schamanen der auf der Halbinsel Yucatán lebenden Maya rauchen Mischungen aus Stechapfelblättern und Bauerntabak *(Nicotiana rustica)*, um in eine hellseherische Trance zu verfallen.

Der Metel- oder Rauchapfel

»Wenn die Nahrung mit dem Daturasamen vermischt wird, berauscht es.« *Kama Sutra*

In Indien und Nepal ist der Stechapfel dem Gott Shiva heilig und heisst *dhatur, dhastur, shiva shekhra* oder *unmatta*. Die Samen werden oft mit *bhang* (= **Hanf**) vermischt, um dessen halluzinogene Qualität zu fördern. Sie werden entweder gegessen oder geraucht. Die Samen der violett blühenden Form, die früher unter dem Namen *Datura tatula* bekannt war, gelten den Shiva-Anhängern, aber auch den ayurvedischen Kräuterkennern als stärker und wertvoller. Datura ist das berühmteste Aphrodisiakum.

In der indischen und pakistanischen Volksmedizin werden die getrockneten Blätter und Stengel bei Asthma, Keuchhusten und Bronchitis geraucht oder der Rauch der Räucherung inhaliert. Wenn die Blätter und Stengel nicht stark genug wirken, kann man auch die wirkstoffreicheren Samen zum Rauchen oder Räuchern verwenden.

Wenn man Stechapfelsamen auf die Räucherkohle gibt, schwelen sie mit etwas Rauchentwicklung vor sich hin. Der Geruch erinnert etwas an geröstete Nüsse, entfernt auch an Tabak. Der Rauch lässt sich leicht inhalieren.

In der traditionellen chinesischen Medizin wird der Rauch der Stechapfelblüten *(yang jin hua)* bei Asthma, Husten, Bronchitis und Rheuma inhaliert. Der Gebrauch des asiatischen Stechapfels als Rauch- und Räuchermittel ist in Europa seit dem 16. Jahrhundert bekannt. Deshalb wurde er auch unter dem Namen »Rauchapfel« in den Kräuterbüchern geführt. In Deutschland gab es bis in dieses Jahrhundert hinein Räucherpulver und Asthmakerzen, die aus Stechapfelblättern, Salpeter und Holzkohle bestanden und bei asthmatischen Beschwerden oder Anfällen geräuchert wurden.

Alle Pflanzenteile aller Stechapfelarten, vor allem die Samen und Blätter, enthalten die Tropanalkaloide L-Hyoscyamin, L-Scopolamin (= Hyoscin) und Atropin. Diese Alkaloide haben stark psychoaktive, sogenannte anticholinerge Wirkungen, die je nach Dosierung zu leichter Euphorisierung, aber auch zu extremen Halluzinationen, bei Überdosierungen sogar zum Tod durch Atemlähmung führen können (vgl. **Alraune**, **Bilsenkraut**).

Stechapfelzubereitungen *(Folia stramonii)* unterliegen der Giftordnung und sind im Apothekenhandel nur mit Rezept erhältlich. Allerdings gehört der schöne Stechapfel zu den beliebten Garten- und Balkonpflanzen und ist praktisch auf allen Blumenmärkten vertreten.

Literatur: Baker 1994, Dastur 1985, Dittrich 1988, Gessmann o.D., Hinrichsen 1994, Jain 1991, Krumm-Heller 1995, Majupuria und Joshi 1988, Martinez 1987, Moerman 1986, Patnaik 1993, Pabst 1887/89, Paulus und Ding 1987, Rätsch 1991b und 1992b, Roth et al. 1994, Timbrook 1987 und 1990.

Steppenraute

Peganum harmala L.

Zygophyllaceae, Jochblattgewächse

Alte Darstellung der Steppenraute *(Peganum harmala)*. Holzschnitt aus Gerard, *The Herbal*, 1633.

»Harmel wird oft verwendet, von vielen Leuten, man wirft es auf den Mezmer [Räucherpfanne], atmet es ein und fühlt sich erleichtert und heiter.«
Ein marokkanischer Attar

Die Steppenraute, auch Syrische Raute, kommt am Mittelmeer, in Vorderasien, im Himalayagebiet und in der Mandschurei vor. Überall in diesen Gebieten wird die Pflanze als Heilmittel und Sakraldroge verwendet. Das unscheinbare Kraut mit den kleinen Blüten und schwarzen Samen war in der Antike gut bekannt; von Dioskurides wurde es sogar mit der sagenumwobenen Zauberpflanze *moly* identifiziert. Die Ägypter nannten sie *besasa*, was vermutlich »Pflanze des Bes« bedeutet; Bes war eine volkstümliche Schutzgottheit. Viele Gelehrte sind der Meinung, dass die Steppenraute mit der legendären avestischen Zauberpflanze Haoma identisch ist (vgl. **Bilsenkraut**).

Die Steppenraute ist eine heilige Pflanze des alten Orients. Im Koran heisst es: »Jede Wurzel, jedes Blatt von Harmel wird bewacht von einem Engel, wartend auf einen Menschen der kommt, um seine Heilung zu suchen.« Harmelsamen sollen wegen ihrer berauschenden Wirkung auch von Derwischen in Buchara geschätzt und rituell verwendet worden sein. Möglicherweise war die Steppenraute auch das geheime Rauschmittel im antiken Mysterienkult des Mithras.

Steppenrautensamen werden noch heute beim *Nouruz* (»Neuer Tag«), dem altiranischen, inzwischen islamisierten Frühjahrs- und Neujahrsfest (am 21. März), als Opfergabe geräuchert. Dazu werden aus den Samen kleine Räucherkugeln hergestellt, die *sepetan* heissen. Die Kugeln werden auf glühenden Holzkohlen verbrannt. Der aufsteigende Rauch wird im ganzen Haus verteilt, um alles Unglück fernzuhalten.

Heutzutage ist der Gebrauch von Harmel oder Steppenrautensamen in Marokko am lebendigsten. Die Samen werden im *mezmer*, einer Art Räucherpfanne aus Ton, die mit glühenden Holzkohlen gefüllt wird, geräuchert. Der Rauch soll vor dem bösen Blick schützen, Teufel und Dämonen vertreiben, hellsichtig machen und berauschen. Zum Hellsehen muss der psychoaktive Rauch tief eingeatmet werden. Auch für medizinische Zwecke wird der Rauch inhaliert. Er soll gut für die Atemwege sein, die Geburt erleichtern, den Geist aufklären, allgemein entspannen. Wenn Kinder nicht schlafen wollen, soll ihr Zimmer mit Harmel beräuchert werden. Um der Kleidung einen angenehmen Geruch zu verleihen, soll man sich angezogen über den *mezmer* stellen. Um Dämonen, Teufel und Geister *(djinns)* zu vertreiben, werden die Harmelsamen mit Koriander vermischt geräuchert. Eine Mischung »gegen Teufel« besteht aus Bergraute (*Ruta montana* MILL.), Koriandersamen, Sargina-Wurzelstücken (*Corrigiola telephiifolia*)[38], **Asa foetida**, **Wacholder** (*Juniperus* sp.) und Schwarzkümmelsamen (*Nigella sativa* L.). Ein anderes Rezept nennt Teer, Alaun, *Ruta montana*, **Koriander**, schwarzen Weihrauch *(jaoui kal)* und Harmel (VRIES 1985).

In Indien werden die Samen *(hurmur, lahouri, marmara)* als Weihrauch verbrannt, um die Geburt zu erleichtern. Die Samen *(harmal, is-band)* gelten in der indischen Volksmedizin als Aphrodisiakum, als Asthmamittel und werden zur Linderung bei Menstruationsbeschwerden benutzt. Im Himalaya und den angrenzenden Gebieten dienen die Samen den Schamanen als magisches Räuchermittel. In der Türkei räuchert man mit Harmel gegen die Auswirkungen des bösen Blicks. Harmelsamen wurden früher in Europa zur Desinfektion von Räumen geräuchert. Die Samen verströmen beim Räuchern einen herben, nach Waldbrand riechenden Rauch, der aber angenehm und tief zu inhalieren ist.

Die Samen enthalten die β-Carboline Harmalin und Harmin sowie Vasicin und Desoxyvasicinon. Harmalin und Harmin sind starke MAO-Hemmer und haben stimmungsaufhellende, antidepressive Wirkung. Möglicherweise gehen die β-Carboline in den Rauch über. An der Universität von Lawrence/Kansas wurde nachgewiesen, dass das in den Steppenrautensamen vorhandene Harmin antibiotisch gegen Mikroorganismen (Mikroben) wirkt (AL-SHAMMA et al. 1981). Neben den β-Carbolinen enthält das Kraut der Steppenraute ein

---

[38] Sargina ist auch allein ein wichtiges marokkanisches Räuchermittel gegen Dämonen (VENZLAFF 1977: 91f.).

angenehm duftendes ätherisches Öl, das in Massageölen eine entspannende Wirkung auf die Muskulatur ausübt, sowie Vitamin C und Fettsäuren.

Harmin und andere Harmala-Alkaloide kommen auch in anderen Pflanzen vor. Ursprünglich wurden sie bei der Analyse der Ayahuasca-Liane *(Banisteriopsis caapi)* entdeckt. Die Amazonasindianer stellen aus dieser Liane unter Zusatz anderer, meist DMT-haltiger Pflanzen einen psychedelischen Zaubertrank her, der bei schamanischen und gemeinschaftlichen religiösen Ritualen getrunken wird. Dieser indianische Zaubertrank kann mit anderen Pflanzen, nämlich solchen, die β-Carboline (Harmin, Harmalin, Harman usw.) enthalten, und solchen, die DMT und/oder 5-Methoxy-DMT enthalten, imitiert werden (sogenannte Ayahausca-Analoge; vgl. OTT 1995). Bei der phytochemischen Erforschung der polnischen Heilpflanze *Kochia scoparia* (L.) SCHRAD. *(Chenopodiaceae,* Gänsefussgewächse) konnten beträchtliche Mengen an Harman und Harmin festgestellt werden (DROST-KARBOWSKA et al. 1978). Das bei uns heimische Gras *Phalaris arundinacea* enthält DMT in hoher Konzentration. So kann in Mitteleuropa aus *Kochia* und *Phalaris* ein Ayahuasca-Analog gekocht werden!

Literatur: AL-SHAMMA et al. 1981, DASTUR 1985, DROST-KARBOWSKA et al. 1978, JAIN 1991, OTT 1995, RÄTSCH 1992b und 1995a, ROTH et al. 1994, VENZLAFF 1977, VRIES 1985 und 1989.

Sternanis

Illicium spp.
Illicium anisatum LOUREIRO (syn. *Illicium religiosum* SIEBOLD), Sternanisbaum, Shikimibaum
Illicium verum HOOKER (syn. *Badianifera officinarum* KUNTZE), Echter Sternanisbaum

Illiceaceae, Sternanisgewächse

Der kleine, bis zu vierzehn Meter hohe, immergrüne Sternanisbaum stammt aus Südostasien (Südchina, Vietnam), wird heute aber in ganz Asien angebaut. Fossil wurde er erstaunlicherweise im Rheinland und in der Lausitz nachgewiesen (Tertiär). Der auch Badian genannte Baum bringt eine sternförmige Frucht hervor, die im Chinesischen *ba jiao hui xiang,* »achthörniger Fenchel«, heisst. Die Früchte können normalerweise zweimal pro Jahr geerntet werden.

Die einen Weihnachtsduft verströmenden sternförmigen Früchte werden in Asien seit alters her als Zusatz zu Räucherpulvern und Räucherstäbchen verwendet. Der Rauch hat ein feines und würziges Anisaroma, das sich gut mit anderen feinen Düften kombinieren lässt. Besonders in Japan gehört Sternanis zu den wichtigsten Ingredienzien von Räucherstäbchen.

Die Sternanisfrüchte gehören zu den wenigen Gewürzen, die in der traditionellen chinesischen Küche verwendet werden (vor allem zu Rindfleisch und Huhn). Sie bilden mit Fagara, **Kassia** (oder Zimt), **Gewürznelken** und Fenchelsamen das chinesische Fünf-Gewürze-Pulver[39]. Dieses Pulver ist nicht nur zum Würzen von Speisen, son-

---

Fünf-Gewürze-Pulver

2 Teile Sternanis
2 Teile Fagara (= Szechuan-Pfeffer; *Zanthoxylum piperitum* DC., *Rutaceae,* auch Nepali-Pfeffer)
1 Teil **Kassia** oder **Zimt**
2 Teile Fenchelsamen (*Foeniculum vulgare* MILL.)
1 Teil Gewürz**nelken**

---

[39] Es ist eine alte chinesische Praktik, alles in Fünferkombinationen zu verwenden. So gibt es auch die sogenannte Fünf-Körner-Mischung, die aus **Hanf**, Reis, Gerste, Hirse und Sojabohnen bestand und in der chinesischen Frühzeit das Grundnahrungsmittel darstellte (TOUW 1981: 23).

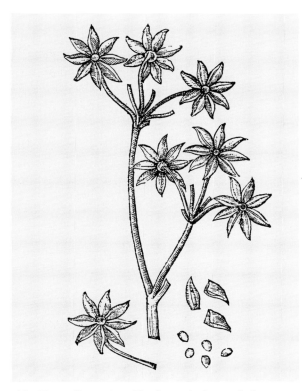

Alte Darstellung eines Zweiges mit den typischen Früchten des Sternanisbaums *(Illicium* sp.). Holzschnitt aus GERARD, *The Herbal*, 1633.

dem Planten Jupiter zugeordnet und zur Steigerung psychischer Fähigkeiten geräuchert:

»Die Samen in Weihrauch verbrennen, um das Hellsehen zu fördern; man kann sie auch in Kräuterpendeln verwenden. Manchmal reiht man sie an einem Faden zusammen mit Muskatnuss, Tonkabohnen zu einer Halskette auf.« (CALAND 1992: 161)

Sternanis enthält 22% Fett, Eiweiss, verschiedene Harze, Anethol, zahlreiche Aromastoffe und 5% ätherisches Öl, bestehend aus Anethol, Limonen, Safrol, Anisketon, Cymol, Pinen, Cineol, Terpineol und Phellandren. Das ätherische Öl (Sternanisöl) hat eine östrogenartige Wirkung und kann als milchtreibendes Mittel eingesetzt werden.

Der echte Sternanis wird gelegentlich mit der japanischen Art *Illicium anisatum (lanceolatum)*, die hochgiftige Substanzen enthält, verfälscht. Deshalb ist der Sternanis in Europa als Gewürz etwas in Verruf geraten.

dern auch als Räuchermittel verwendbar. Es entwickelt beim Räuchern einen kräftigen Geruch, der von Anis- und Fenchelaroma dominiert wird. Der eigentliche Rauch hat einen eher unangenehmen Geruch, die würzigen Aromen bleiben jedoch länger im Raum erhalten.

Sternanis wird in Asien innerlich bei Rheumatismus, Magenkrämpfen, Husten und schlechtem Atem verwendet. Er hat nach den Erfahrungen der traditionellen chinesischen Medizin erwärmende, schmerzstillende und schleimlösende Eigenschaften.

Im modernen Okkultismus und in der *New-Age*-Esoterik wird der Sternanis als Räucherstoff

Literatur: CALAND 1992, HLAVA und LANSKA 1977, HOOPER 1937, KRAUS 1990, NORMAN 1991, ROTH et al. 1994, SCHNEEBELI-GRAF 1992, WERNER 1993.

Styrax (Storax)

Liquidambar spp.
Liquidambar officinalis L. (syn. *Styrax calamitus*), Styrax, Echter Styraxbaum
Liquidambar orientalis MILLER (syn. *Liquidambar imberbe* AIT.), Styrax, Amberbaum
Liquidambar formosana HANCE, Fêng-hsiang
Liquidambar styraciflua L., Sweetgum, Liquidambar

Hamamelidaceae, Hamamelisgewächse

»Eines der am höchsten geschätzten alten Parfums, *Styrax officinalis*, wurde als Räucherwerk auf den Altären verbrannt.«
RICHARD UND IONA MILLER, *Das magische Parfum* (1991: 134)

Das Styrax, seltener Storax[40] genannte Harz (»Festes Styrax«) stammt von einem kleinen, strauchartigen Baum *(Styrax officinalis)*, der vor allem in Syrien, aber auch in Griechenland vorkommt. *Liquidambar* bedeutet »flüssiger Bernstein«. Das Harz war in der Antike einer der wichtigsten Räucherstoffe, der auch vielseitig – wie übrigens alle Räucherstoffe – in der Medizin verwendet wurde:

»Der Styrax ist die Träne eines gewissen, der Quitte ähnlichen Baumes. Den Vorzug verdient der gelbe und fette, harzähnliche, welcher weissliche Körnchen enthält, möglichst lange den Wohlgeruch behält und beim Kneten eine eigene honigähnliche Feuchtigkeit abgibt. Ein solcher ist der gabalitische, pisidische und kilikische. Schlecht ist der schwarze, zerreibliche und kleienartige. Es findet sich aber auch eine Träne, ähnlich dem Gummi, durchscheinend, myrrhenartig; diese bildet sich aber wenig. Sie verfälschen ihn durch Vermischen mit dem Holzmehl des Baumes, welches von Würmern aufgebohrt wird, mit Honig und dem Bodensatze des Schwertlilienöls und anderen Substanzen. Einige parfümieren Wachs und Talg, kneten es in der brennenden Sonnenhitze unter den Styrax und drücken es durch einen weitlochigen Durchschlag in kaltes Wasser, indem sie so

---

40 Das griechische *storax* leitet sich von hebräisch *tzori* her. Damit wurde in der Bibel der »Balsam des Gilead« (vgl. **Balsam**) bezeichnet (ZOHARY 1986: 192).

Alte Darstellung eines (vermutlich) europäischen Storax- oder Styraxbaums *(Liquidambar* sp.). Holzschnitt aus GERARD, *The Herbal,* 1633.

gleichsam Würmchen bilden, und verkaufen es als sogenannten Wurmstyrax. Die Unkundigen lassen einen solchen als echt gelten, indem sie nicht auf die Stärke des Geruches ihr Augenmerk richten, denn der unverfälschte ist sehr scharf. Er hat erwärmende, erweichende, verdauende Kraft, ist wirksam gegen Husten, Katarrh, Erkältung, Heiserkeit und Verlust der Stimme, ist ferner ein gutes Mittel gegen die Verstopfungen und Verhärtungen in der Gebärmutter und befördert, innerlich genommen und in Zäpfchen, die Menstruation, erweicht auch, eine Kleinigkeit mit Terpentinharz genommen, sanft den Leib. Mit Nutzen wird er auch den verteilenden Umschlägen und den stärkenden Salben zugemischt. Er wird aber auch angezündet, gedörrt, verbrannt und zu Russ gemacht, wie der Weihrauch. Sein Russ eignet sich zu alledem, wozu der des Weihrauchs angezeigt ist. Das aus ihm in Syrien bereitete Styraxsalböl erwärmt und erweicht kräftig, jedoch verursacht es Kopfschmerzen, Schwere [der Glieder] und Totenschlaf.« (DIOSKURIDES I, 79)

Der antike Geograph Strabon hat genau beschrieben, wie das beste Styrax entsteht und gesammelt wird:

»Hoch auf dem Rücken des Taurusgebirges, bei der Stadt Selge, wächst der Styraxbaum in grosser Menge. (…) In den Stämmen dieser Bäume wohnt eine Art von Holzwürmern. Diese bohren sich Gänge bis durch die Rinde, und aus diesen fällt dann das Wurmmehl, welches sich an der Wurzel sammelt. Danach tröpfelt auch eine Flüssigkeit heraus, welche wie Gummi leicht zusammenbackt. Sie vermischt sich am Boden mit dem Wurmmehl und mit Erde; ein Teil aber bleibt rein am Stamm. Auch der am Boden liegende unreine Styrax wird gesammelt; er riecht besser als der reine, ist aber in anderer Hinsicht schwächer. Er wird insbesondere zum Räuchern gebraucht.« (XII, 3)

Styrax (Storax) wurde im Altertum aber auch kultisch verwendet. Es war einer der Haupträucherstoffe für die dunkle Göttin Hekate, die Herrin aller Hexen und Zauberinnen, die Göttin der Zauberpflanzen und Giftgewächse. Hekate erinnert sehr an die Hindu-Göttin Kali und wurde gelegentlich ganz ähnlich dargestellt, nämlich mit sechs Armen, umgeben von Schlangen. Sie hatte in Kolchis am Schwarzen Meer ihren Zaubergarten und wurde, besonders in der Spätantike, von Frauen als Orakelgöttin angerufen. Dazu wurde Styrax, mit anderen Stoffen vermischt, als magisches Räuchermittel verwendet. In einem spätantiken Text heisst es:

»Nichts hat jemals Hekate bei den unsterblichen Göttern Unerschrockenes und nichts Vergebliches gesagt den weisen göttlichen Sehern. Aber vom Geiste des allmächtigen Vaters geboren, leuchtet sie immer in Wahrheit und bleibt ihre Klugheit unverrückt und beständig durch gebrochene Weissagungen. Darum ruhe in Fesseln; denn du hältst mich für die grosse Göttin, welche die höchste Welt zu beseelen vermag.

Aber verfertige ein reines Bild, wie ich dich lehren werde, und mache aus der wilden Raute [= **Steppenraute**] einen Körper und schmücke ihn mit kleinen Tieren und Stellionen des Hauses und reibe dazu ein Gemisch von Myrrhen und Storax und Weihrauch [**Olibanum**] mit jenen kleinen Tieren und sammle dies beim Anfang des wachsenden Lichtes und spreche selber darüber folgendes Gebet. So viele Gestalten ich habe, so viele Tiere lege ich dir auf. Und flugs vollende mir dies! Aber von jenem Lorbeer, der von selbst gewachsen ist, sollst du mir den Zufluchtsort meines Hauses machen und sollst über das Bild viele Gebete ausschütten. Dann wirst du mich im Traum erblicken.« (*Orakel der Hekate*, zit. nach RÄTSCH 1991a: 105f.)

Obwohl Styrax so eng mit einer der »heidnischsten« Göttinnen verbunden war, wurde es pikanterweise in der griechisch-orthodoxen Kirche neben **Olibanum** der wichtigste Räucherstoff. In der frühen Neuzeit diente es als medizinisches Räuchermittel:

»Styrax ist auch auss denen Stücken / die da tödten / gleich dem Bilsenkraut. Wie man diese drey nüsset / seynd sie gut den Flüssen dess Haupts / und darvon getruncken / bringet es den Frauen ihre Zeit. Der Rauch Calamite / vergleichet sich dem Rauch dess weissen Weyrauchs. Der Rauch Styracis in die Nase gelassen / trucknet alle Flüss dess Hauptes. Also genüsst / und ausswenig am Leib geschmiert / heilet es den bösen Grind.

Styrax calamita, mit Laudano [= **Ladanum**] und Styrace liquida vermischt / und daran gerochen /

ist gut dem fliessenden Hirn. Oder auf Kohlen gelegt / und den Rauch gerochen / ist besser.« (LONICERUS 1679: 740)

Eine eigentümliche Anwendung der Styraxräucherung ist bei Plinius notiert:

»Die Speisen kochen die Sabäer mit Weihrauchholz, andere mit Myrtenholz, und ihre Städte und Dörfer durchzieht der gleiche Rauch und Duft wie von den Altären. Um nun diesen zu beseitigen, verschaffen sie sich Storax in Bocksfellen und räuchern damit ihre Häuser. Es gibt ja keinen Genuss, der nicht durch Gewöhnung Ekel hervorruft. Denselben [Storax] verbrennen sie auch, um Schlangen zu vertreiben, die in den wohlriechenden Wäldern sehr häufig sind.« (XII, 40, 81)

Das nach Modellbaulack riechende Styrax-Harz ist eine klebrige, dickflüssige, bräunlichgraue Masse, die als Einzelstoff geräuchert ähnlich wie verschmorendes Styropor riecht, dann aber einen leicht nach Vanille duftenden Nachgeruch entwickelt. Deshalb eignet es sich eigentlich nur als Zusatz zu Räuchermischungen. Man kann z.B. eine »Hekate-Räucherung« aus gleichen Teilen **Styrax**, **Olibanum**, **Myrrhe** und **Steppenrauten**samen mischen.

Die Früchte des Styraxbaumes *(Liquidambar orientalis)* enthalten giftige Samen, die seit alters her von Fischern als Gift zum Betäuben der Beute benutzt werden.

Asiatischer Styrax

In Asien, besonders in Südostasien, gibt es mehrere Styraxarten, die alle dem antiken Styrax ähnliche Harze ausscheiden. Diese mit dem Schneeballbaum *(Styrax japonica)* verwandten Bäume und ihre Harze haben seit alters her in China und anderen asiatischen Ländern eine grosse Bedeutung als Zauber- und Räuchermittel.

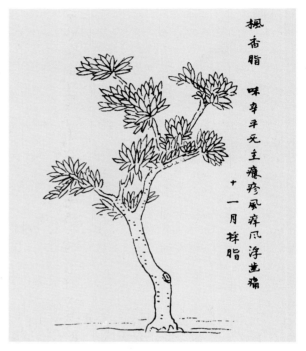

Alte Darstellung des *feng-hsiang-chih*, des chinesischen Storaxbaums *(Liquidambar orientalis)*, aus dem *Shao-hsing pen-ts'ao*.

In einem alten Heilpflanzenbuch aus Südchina heisst es:

»Manchmal bildet der Baum bei brutalen Gewitterstürmen Wucherungen aus, die über Nacht drei bis fünf Fuss wachsen; diese werden Fêng-jên genannt. Die Hexen von Yüeh sammeln diese für ihre Zaubereien und behaupten, dass sie Beweise für ihre übernatürlichen Kräfte hätten. Wenn sie nicht nach dem richtigen Ritual gesammelt werden, können sie plötzlich verschwinden. (…) Der Baum hat ein Harz welches duftet.« (LI 1979: 77)

Diese Zauberbäume werden auch »Geistvolle Bäume« genannt. Sie wurden früher zum Regenmachen benutzt, indem man Schlamm an bestimmten Stellen des Baumes aufbrachte. In den merkwürdigen Wucherungen sollen auch die

Heimstätten von Regen- und Sturmgöttern sein. Möglicherweise handelt es sich bei den schnellwüchsigen Wucherungen um mistelartige Parasiten[41], z.B. *Viscum articulatum* BURM.f. (LI 1979: 79).

Es ist ein alter, aber auch noch heute weitverbreiteter Glaube, dass Pilze die Eigenschaften ihrer Wirtspflanzen oder der Pflanzen, Tiere und Minerale in ihrer Umgebung annehmen. So heisst es, dass Pilze, die in der Nähe der Wohnhöhle einer Schlange wachsen, das Gift der Schlange aufnehmen und selbst zu potenten Giftpilzen werden.[42] Im alten China glaubte man, dass die Pilze, die an den *Fêng* genannten Styrax-Bäumen (*Liquidambar* sp.) gedeihen, beim Verzehr zu unmässigen Lachanfällen führten (LI 1975: 175). Diese Pilze, in »denen der Styrax-Saft fliesst«, konnten als die psychedelisch wirksame Art *Panaeolus papilionaceus* identifiziert werden (SANFORD 1972). Allerdings ist es nicht das Styrax, sondern der im Pilz vorhandene psychedelische Wirkstoff Psilocybin, der »unkontrolliertes, kosmisches« Gelächter bewirkt. Dennoch ist die Volksüberlieferung aufschlussreich, zeigt sie doch, dass man das aromatische Harz für berauschend oder doch für psychoaktiv hielt.

Der Legende nach soll der gutmütige indische König Ashoka (um 250 v. Chr.) einst sehr schwer erkrankt sein. Nach sieben Tagen konnte er mit Hilfe einer Styrax-Räucherung wieder geheilt werden. Aus Freude über die Gesundung des Herrschers wurden Tänze aufgeführt, bei denen die Tänzer Helme aus Styraxholz trugen.

Amerikanischer Styrax

Im östlichen Nordamerika, Mexiko und Zentralamerika ist die *Sweet Gum*, »Süsses Gummi«, genannte Art (auch *Red Gum* oder *Star-leaved Gum*) verbreitet. Dieser Laubbaum wird bis zu vierzig Meter hoch. Durch Einritzen oder durch natürliche Verletzungen der Rinde tritt das duftende Harz hervor, das die nordamerikanischen Indianer als Wundheilmittel und als Fiebermedizin verwendeten. Die frühen Siedler benutzten das Harz zur Behandlung von Herpes und Hautentzündungen. Heutzutage ist der Baum ein wichtiger Holzlieferant in der Timberindustrie. Das Harz wird als Grundstoff in der Parfümerie verwendet (u.a. für Chypre).

Im alten Mexiko war dieser Baum heilig und wurde wegen seines Balsams geschätzt. Auf Aztekisch hiess er *xochiocotzocuahuitl*, sein Balsam *xochiocotzotl*, »Blüte des Pinienharzes«:

»Ocotzoquauitl, Xochiocotzoquauitl, der Amberbaum ist rund, dick, rund. Er hat eine Flüssigkeit, er schwitzt eine Flüssigkeit aus. Seine Rinde wird gespalten; daraus tritt das Harz, der flüssige Amber, heraus.« (SAHAGUN XI, 6)

Noch heute ist er zahlreichen Indianerstämmen bekannt. Auf Tzotzil-Maya heisst er *tzoté*; auf Chol-Maya *nabá*. Auf Maya heisst er *buluch ka'an*, »himmlischer Erguss«; sein harziger Balsam wird *its che'*, »Baumträne« genannt. Im mexikanischen Spanisch (Castellano) wird er *balsamo copalme*, *copalillo* oder *liquidámbar* genannt. Der Name Liquidambar, »flüssiger Bernstein«, geht auf den spanischen Arzt Hernandez zurück, der 1650 schrieb, dass von diesem Baum an der Rinde ein Harz »wie flüssiges Ambra« ausgeschieden werde.

---

41 Misteln gelten auch in der deutschsprachigen Schweiz als »Hexenbesen«. Vielleicht liegt hier ein ähnliches Gedankengut zugrunde.

42 Dieser Glaube wurde durch das verheerende Tschernobyl-Unglück erneut aktiviert. In der Zeit danach hiess es, man solle keine Pilze essen, denn sie würden besonders viel »Gift« aufnehmen und wären radioaktiv stark kontaminiert. Das war zwar richtig, aber viele Menschen essen auch Jahre danach keine Pilze, weil sie sie immer noch für »radioaktiv verseucht« halten. Pilze eignen sich offensichtlich sehr gut dazu, die Natur zu dämonisieren.

Die Schamanen der Maya haben Styrax zur Behandlung von Lepra verwendet. Der Balsam wird ausserdem zum Schutz und zur Behandlung von Insektenstichen auf die Haut aufgetragen. Als Räucherung vertreibt er die lästigen, blutsaugenden Insekten. Styrax hat keimtötende und auswurffördernde Wirkungen.

Der echte Styrax enthält freie Zimtsäure und Ester der Zimtsäure (Cinnamein), Vanillin, Harze (Storesine); er ist von Anfang an wohlduftend. Das Harz von *Styrax orientalis* enthält 7% ätherisches Öl, bestehend aus etwas Styrol, Vanillin, Styrocamphen u.a., Zimtsäure und Acethylcinnamat.

Der amerikanische Styrax enthält sehr viel mehr Styrol als der europäische und der asiatische; daher riecht er (im frischen Zustand) unangenehm nach Benzin und Plastik. Wird ihm aber das ätherische Öl entzogen, so hat er einen angenehmen Geruch, der von dem klassichen Styrax nicht oder nur sehr schwer zu unterscheiden ist.

Literatur: AGUILERA 1985, GERMER 1985, GRIEVE 1982, HOUGH 1912, HUTCHENS 1992, KRAUS 1990, KROCHMAL 1984, LENZ 1966, LONICERUS 1679, MARTINEZ 1987, MILLER und MILLER 1991, MOERMAN 1986, MORITA 1992, PABST 1887/89, PAHLOW 1993, RÄTSCH 1991a, SANFORD 1972, WERNER 1993, ZOHARY 1986.

Sumpfporst

Ledum palustre L.
Ledum palustre L. subsp. *palustre,* Europäischer Sumpfporst

Ericaceae, Heidekrautgewächse

Der aromatische Sumpfporst *(Ledum palustre)* war früher besser unter dem Namen »Wilder Rosmarin« bekannt. Seine Blätter wurden zum Bierbrauen (Grutbier) verwendet, wodurch das Bier noch berauschender wurde. Holzschnitt aus TABERNAEMONTANUS, *Kräuter-Buch,* 1731.

»Amajaj, Grossvater!
Ruhig, ruhig!
Hier sind die Jakuten
Unter den Sumpfporst-Sträuchern ...«
Tungusisches Zauberlied an den Bären

(zit. in RÄTSCH 1991: 17)

Der Sumpfporst ist eine strauchartige Pflanze, die in Hochmooren der nördlichen Hemisphäre heimisch ist. Er kommt, oft mit Kiefern und Birken vergesellschaftet, in den Alpen, aber auch in Sibirien und Ostasien vor. Eine nah verwandte Art wächst in Nordamerika. Der Sumpfporst gilt als eine Reliktpflanze aus der Eiszeit, denn er ist an ein kühles und feuchtes Klima angepasst. Früher nannte man ihn auch Wilden Rosmarin *(Rosmarinum sylvestre)*, denn er erinnert in seiner Gestalt, vor allem in der Struktur der harzigen Blätter, an das Küchengewürz, ist mit ihm aber nicht verwandt (vgl. **Rosmarin**). Im Volksmund heisst er auch Porst, Tannenporst, Kienporst, Kienrost, Brauerkraut, Moorrosmarin, Motten- oder Wanzenkraut.

Obwohl der Sumpfporst in Europa auch als Heilmittel genutzt wurde, war er in erster Linie als berauschender Bierzusatz (»Grutbier«) und Ritualpflanze von Bedeutung. Er war neben Bilsenkraut und Stechapfel der wichtigste psychoaktive Zusatz der germanischen Biere, wie sie vor dem Deutschen Reinheitsgebot (1516) gebraut wurden. Da das Sumpfporstöl aggressives Verhalten stimulieren kann, wird vermutet, dass sich die Berserker mit dem in Skandinavien weit verbreiteten »Porstbier« in die sprichwörtliche Berserkerwut versetzten (vgl. SANDERMANN 1980, SEIDEMANN 1993b).[43]

In Sibirien war der Sumpfporst schon immer eine Heilpflanze und Schamanendroge. Man rieb sich bei Knochen- und Gelenkschmerzen mit dem frischen Kraut die Gelenke ein und verbrannte es halbtrocken oder getrocknet als Insektenschutzmittel. Die Schamanen der Tungusen – aus deren Sprache das Wort »Schamane« stammt – und der benachbarten Giljaken benutzten neben dem **Wacholder** vor allem den Sumpfporst als Räucherstoff. Sie inhalierten den Rauch in tiefen Zügen, um in Trance oder in den schamanischen Bewusstseinszustand zu verfallen. Manchmal wurde zusätzlich zum Inhalieren des Rauches auch die Wurzel ausgekaut. Auch bei den Schamanen der Ainu, der Ureinwohner des nördlichen Japan, wurde dieser Räucherstoff geschätzt.

Der Sumpfporst ist sehr gut allein als Räuchermittel zu verwenden. Der getrocknete Sumpfporst ist leicht entzündlich und brennt mit lichter und prasselnder Flamme. Wenn man die brennenden Zweigspitzen ausbläst, glimmen Blätter und Stengel weiter und sondern einen weissen aromatisch, harzig, würzig und angenehm duftenden Rauch ab, der etwas an Wacholder und Tanne erinnert. Im Raum bleibt ein feiner harziger Duft mit einer schwach herben Note zurück. Für psychoaktive Wirkungen müssen grosse Mengen geräuchert und inhaliert werden.

Das Kraut enthält ein ätherisches Öl, bestehend aus Ledumkampfer (= Ledol), Myrcen, Palustrol und flüchtigen Säuren, Gerbstoffe (Leditanninsäure), Bitterstoffe, Flavonglykoside, Arbutin sowie Spuren von Alkaloiden. Das Ledol hat stark berauschende und narkotische Wirkungen, die einen durchaus aggressiven Charakter annehmen können. Es ist auch ein starkes Abtreibungsmittel. Wegen der narkotischen Wirkung findet der Sumpfporst in der Volksmedizin innerlich eingenommen oder als medizinische Räucherung eingeatmet bei der Behandlung von Keuchhusten Verwendung. Die Samen (»Lappen«) inhalieren den Dampf der Abkochung des Krautes gegen Erkältungen. In der Abkochung baden sie auch schmerzende Glieder und Frostbeulen. Ein Tee davon wird bei Husten getrunken. Die Polen benutzen den Sumpfporst als Räucherstoff bei allen Lungenleiden.

Der nah mit dem Sumpfporst verwandte Labradorteestrauch (*Ledum latifolium* JACQ.) ist etwas

---

[43] Immer noch glauben viele Autoren, dass sich die Berserker mit dem Fliegenpilz in ihre Kampfekstase versetzten. Der Fliegenpilz ist dafür denkbar ungeeignet, denn er hat eher beruhigende, opiumartige Wirkungen, die zum Träumen und Musikhören einladen.

Sweetgrass (Vanillengras)

Hierochloe odorata (L.) BEAUV. (syn. *Savastana odorata* (L.) SCRIBN.)

Poaceae (Gramineae), Gräser

grösser als dieser und wächst in Grönland, Labrador und im nördlichen Nordamerika. Die aromatischen Blätter werden seit Urzeiten als medizinischer Tee bei Asthma und Erkältungen getrunken und als Räucherstoff verwendet. Dazu wird das Kraut mit **Sweetgrass** kombiniert. Aus dem Grönländischen Porst *(Ledum groenlandicum)* gewannen die Kwakiutl-Indianer von der Nordwestküste ein Narkotikum, das sie bei der schamanischen Krankenheilung verwendeten. Die Eskimo benutzten die getrockneten Zweigspitzen des *Ledum decumbens* (möglicherweise ein Synonym von *Ledum latifolium*) als medizinischen Räucherstoff zur Behandlung von Kinderkrankheiten.

In den Blättern des Labradortees wurden Tannin, Gallsäure, Bitterstoff, Wachs, Harz und Salze gefunden. Der würzig schmeckende Blättertee ist tonisierend. In hohen Dosierungen kann der Tee stark berauschend wirken. Die Blätter des Sumpfporsts wirken stärker.

Sumpfporst ist als Urtinktur (Hahnemann selbst führte den Sumpfporst als homöopathisches Mittel ein) im Apothekenhandel unter dem Namen »Ledum« erhältlich. Sie wird aus den getrockneten harzigen Blättern hergestellt. Sie kann mit **Drachenblut** oder **Gummi Arabicum** vermischt als Räucherung benutzt werden. Zum Räuchern eignen sich am besten die Blätter und Zweigspitzen. Diese können selbst gesammelt werden, allerdings ist zu beachten, dass der Sumpfporst in vielen Gebieten eine geschützte Pflanze ist beziehungsweise in geschützten Landschaften wächst.

Literatur: GREVE 1938, GRIEVE 1982, MITSUHASHI 1976, MOERMAN 1986, PAHLOW 1993, RÄTSCH 1990b, 1991 und 1992b, ROTH et al. 1994, SANDERMANN 1980, SEIDEMANN 1993b, VONARBURG 1995, WIRTH 1995.

Das in Europa heimische Ruchgras *(Anthoxanthum odoratum)* – französisch heisst es *Herbe odorante*, »Duftkraut« – ist nah mit dem nordamerikanischen Sweetgrass verwandt und ähnlich verwendbar. Holzschnitt aus MATTHIOLUS, *Kreutterbuch*, 1626.

Das Vanillengras, besser bekannt als *Sweetgrass*, »Süsses Gras«, ist ein duftendes, bis zu neunzig Zentimeter hoch wachsendes Gras, das in feuchten Niederungen in den nordamerikanischen Prärien wächst. In allen Indianersprachen heisst diese Grasart »süsses Gras«. Es hat bei den Prärieindianern eine grosse Bedeutung als Räucherstoff und Medizin und wird oft zusammen oder anstelle von **Sage** benutzt. Sweetgrass wird auch den rituellen Tabakmischungen zugefügt und geraucht.

Die frischen Stengel des Sweetgrass' werden vor dem Trocknen meist zu Zöpfen geflochten. Die Flathead, die das Gras *sxeses´tiye* nennen, legten solche Zöpfe in ihre Kleidung, damit sie besser riecht und schadenstiftende Insekten abgehalten werden. Zum selben Zweck wurde die Kleidung auch mit den brennenden Zöpfen beräuchert. Bei Ritualen wurde fast immer Sweetgrass geräuchert. Das süsse Gras wurde aber auch als Tee aufgebrüht bei Erkältungen, Fieber und inneren Schmerzen getrunken. Ein Erkältungstee wurde aus Sweetgrass und den Samen von *Thalictrum occidentale* bereitet (HART 1979: 270). Die Blackfeet ehren die Gräser ganz besonders, wie es dereinst Häuptling Brings-down-the-Sun ausdrückte:

»Ich wurde im Frühjahr geboren, in dem Monat, da das Gras grün ist [April]. Gras ist der Häuptling von allem. Die Tiere sind vom Gras abhängig; und ohne Tiere könnten unsere Kinder nicht leben.« (JOHNSTON 1970: 306)

Die Blackfeet nennen das Sweetgrass *siputsimo* und flechten es ebenfalls zu Zöpfen zusammen. Diese Zöpfe werden als Weihrauch verbrannt, aber auch als parfümierender Schmuck getragen. Die Frauen wickelten sich die Zöpfe um den Kopf oder flochten sie in das eigene Haar. Das Gras wurde auch in die Fransen der Lederbekleidung geflochten. Beim Sonnentanz wurde der Altar mit Sweetgrass bedeckt. Ausserdem wird es bei der Schwitzhüttenzeremonie geräuchert. Bei zeremoniellen Anlässen wird eine Mischung aus wildem Tabak (*Nicotiana attenuata* TORR.) und Süssgras geraucht. Der Rauch wird bei Erkältungen, vor allem bei Husten inhaliert. Ein Kaltwasserauszug dient der Haarwäsche (JOHNSTON 1970: 307).

Bei den Blackfeet spielt das Sweetgrass eine wichtige Rolle als Bestandteil des wertvollen, magischen Büffelsteinbündels. Ähnlich wie **Tulasi** mit dem Saligram (ein Ammonit) ist erstaunlicherweise auch bei den Blackfeet ein als heilig erachtetes Fossil (ebenfalls ein Ammonit) mit einer als Räucherstoff verwendeten heiligen Pflanze verbunden. Wie so oft beginnt eine kulturelle Errungenschaft der Indianer mit dem Traum einer Person. Folgenden Traum hatte eine alte Blackfoot-Indianerin, nachdem sie auf der Prärie einen seltsamen, sprechenden Stein gefunden hatte:

»In ihrem Traum lernte die Frau verschiedene Lieder, die sie nie zuvor gehört hatte. Der *iniskim* oder Büffelstein erzählte ihr, dass er viele Verwandte auf der Prärie hätte und dass alle davon mit derselben Macht in Verbindung stünden wie er. Er sagte ihr, dass alle Leute, die von dieser Macht Glück erhofften, nach einem seiner Verwandten Ausschau halten, ihn mit nach Hause nehmen und mit Achtung behandeln sollten.« (WOLF 1994: 159)

Die Blackfeet hatten gerade eine Hungersnot zu erleiden. Der Winter war hart, die Büffel blieben aus. Aber dank der Traumvision sollten die Schamanen der Blackfeet in die Lage versetzt werden, mit Hilfe des *iniskim* und der im Traum offenbarten Lieder die Büffel herbeizurufen. Die Stammesältesten versammelten sich zusammen mit der Frau, die den ersten *iniskim*[44] gefunden hatte, im Medizintipi. Sie reichten den magischen Stein langsam im Kreise herum. Wer den sprechenden Stein in Händen hielt, sang eines der an ihn gerichteten Zauberlieder:

»*Iniskim*, er sagt: Büffel ist mein Zauber.
Iniskim, er sagt: Ich bin mächtig!«
(WOLF 1994: 160)

Bald schon kündigte sich die Macht des Steines in einem heranbrausenden Gewitter an. Inmitten der dunklen Wolken erschien die verschwommene Gestalt eines gewaltigen Büffels – das war die Macht des Steines, seine Seele. Als sich am nächsten Morgen der Sturm legte, war die Prärie mit

---

44 *Iniskim* heisst nicht nur »Büffelstein«, das Wort kann auch »Kristall« bedeuten. Die Büffelsteine sind herausgewitterte Segmente von Ammoniten der kreidezeitlichen Gattungen *Baculites* und *Sphenodiscus*.

grasenden Büffeln übersät, so weit das Auge reichte. Die Jäger schwärmten aus und brachten reichlich Beute heim. Die Ältesten waren überzeugt von der Kraft des Steines und dem wahren Gesicht der Frau. Daraufhin wurde der erste Büffelstein in ein heiliges Bündel geschnürt und immer dann als mächtige Medizin benutzt, wenn die Büffel ausblieben. Das Büffelsteinritual war für das Volk der Blackfoot, deren Kultur total vom Büffel geprägt war, sehr wichtig:

»Seitdem war der Iniskim Gegenstand höchster Verehrung. Er wurde in der Regel rot bemalt, in ein Nest aus Büffelhaaren gebettet und in die Haut eines Bisonfötus gewickelt. Dieses Bündel wurde in einem mit Fransen bestickten Säckchen verstaut, in dem sich auch zwei kleine Taschen mit magischen Farben befanden. Der Sack wurde an einem dreibeinigen Gerüst hinter dem Tipi des Besitzers aufgehängt, wo ihm morgens und abends durch Abreiben mit Sweetgrass Ehre erwiesen wurde. (...) Der Besitzer des Iniskim betete in seinem Zelt über dem Stein und führte weitere Beschwörungen durch, um Bisonherden anzulocken.« (KUEGLER 1990: 34)

Büffelsteine wurden auch zusammen mit Sweetgrass-Zöpfen als Amulette im Medizinbeutel getragen. Von Zeit zu Zeit sollten sie mit Sweetgrass beräuchert und rituell gereinigt werden.

Bei den Dakota heisst das Gras *wachanga* oder *peji wachanga*, »süsses Gras«; sie und andere Prärieindianer (Blackfeet, Omaha, Pawnee, Ponca, Winnebago) gebrauchten es bei Friedenszeremonien und zum Herbeirufen positiver Kräfte. Die Cheyenne benutzen Sweetgrass hauptsächlich als Räuchermittel zur rituellen Reinigung und zur Vertreibung negativer Geister aus dem Wohnbereich. Das Gras wird mitunter zusammen mit der Wild Carrot Root (*Leptotaenia multifida* NUTT.) geräuchert.

Die Zuñi (ein Pueblostamm, der heute für seine herausragenden Schmuckstücke und die steinernen Fetische berühmt ist) stellen aus Sweetgrass und **Sage** Räucherbündel her. Manchmal versetzen sie diese Bündel, wenn sie sehr fest gebunden sind, noch mit **Pinien**- oder **Copal**harz.

Aus Sweetgrass kann durch einfaches Aufbrühen ein Tee gewonnen werden. Bei kanadischen Indianern und Waldläufern ist eine Mischung mit verschiedenen Kräutern sehr beliebt. Dem Sweetgrass werden Zitronengras (*Andropogon* sp.), Grönlandtee (*Ledum groenlandicum, Ledum palustre*, vgl. **Sumpfporst**) und Rinde der Roten Weide (*Salix lucida*) zugefügt. Der Tee schmeckt am besten, wenn er mit Ahornsirup gesüsst wird. Dieselbe Mischung kann auch als Tabakersatz geraucht (dann empfiehlt sich der Zusatz von Bärentraubenblättern) oder geräuchert werden (z.B. in der Schwitzhütte).

Der süsse Duft des getrockneten Sweetgrass rührt vom Cumarin her (JOHNSTON 1970: 306f.). Cumarin ist ein in höheren Dosierungen toxischer Duftstoff, der in vielen aromatischen Pflanzen vorkommt, z.B. in der Tonkabohne (*Dipteryx odorata* WILLD.), die wegen ihres angenehmen Duftes als krankheitsabwehrendes Amulett getragen wird. Neben Cumarin enthält das Gras noch Cumar- und Ferulasäure. Angeblich soll Sweetgrass auch in Süddeutschland wild oder verwildert vorkommen und als geschützte Art in der »Roten Liste« geführt werden (ROTH et al. 1994: 402).

Das indianische Sweetgrass ist nahe verwandt mit dem in Europa auf Wiesen und an Wegrändern verbreiteten Wohlriechenden Ruchgras (*Anthoxanthum odoratum* L.). Das Ruchgras enthält Cumaringlykoside, die beim Welken Cumarin abspalten; dadurch sondert das Gras den typischen Heuduft ab (ROTH et al. 1994: 130). Die Halme lassen sich gut sammeln und genau wie das indianische Sweetgrass verwenden. Ruchgras lässt sich auch leicht im eigenen Garten anbauen (KREMER 1988: 98). Vielleicht deutet der Name auf einen früheren Gebrauch als Räucherstoff hin.

Literatur: GRIEVE 1982, HART 1979, JOHNSTON 1970, KINDSCHER 1992, KREMER 1988, MOERMAN 1986, ROGERS 1980, ROTH et al. 1994.

Tanne

Abies spp.
Abies alba MILL. (syn. *Pinus abies* DUR., *Pinus pectinata* LAM., *Abies pectinata* DC, *Pinus picea* L., *Abies excelsa* LK.), Weisstanne
Abies balsamea (L.) MILL. (syn. *Pinus balsamea*), Kanadische Balsamtanne, Balsam of Gilead Fir
Abies fraseri (PURSH.) POIR., Balsam Fir
Abies lasiocarpa (HOOK.) NUTT., Alpine Fir
Abies religiosa (H.B.K.) SCHLECHT et CHAM., Abeto, Heilige Tanne
Abies sibirica LEDEB., Sibirische Föhre, Sibirische Fichte

Pinaceae, Föhrengewächse

»Die Tanne ist mehr warm als kalt und hat viele Kräfte in sich. Und sie bezeichnet die Tapferkeit. Denn an welchem Ort auch immer Tannenholz ist, hassen und meiden es die Luftgeister mehr als andere Orte, und Zauber und Magie haben dort weniger Kraft und herrschen weniger vor als an anderen Orten.«
HILDEGARD VON BINGEN, *Physica* III, 23

Die meisten Tannen produzieren Harze, die in Geruch, Konsistenz und Charakter sehr ähnlich sind. Deshalb wurden sie früher auch Harzbäume genannt. In Europa gehören die Tannenharze wahrscheinlich zu den ältesten Räucherstoffen überhaupt. Der Gebrauch wurde allerdings mit dem aufkommenden Handel exotischer Harze stark zurückgedrängt. In der frühen Neuzeit war das Tannenharz als Räucherstoff noch gut bekannt und wurde oft als Ersatz oder zur Verfälschung des **Olibanum** verwendet:

»Dise beum schwitzen ein wolriechenden lautere Harz / vast wie der Weyrauch an der gestalt und geruch.« (BOCK 1577: 394)

In Deutschland und in der Schweiz waren die bis 65 Meter hoch wachsenden Weisstannen oft heilige Bäume; man hielt sie für »den Wohnsitz der Götter«. Noch heute trifft man in den Wäldern gelegentlich auf Tannen, die als heilig verehrt werden. Meist sind sie an einem Marienbild, seltener an einem angeschlagenen Kruzifix erkenntlich. Die Tanne wurde auch »Kynholz« genannt, weil

Tannenzweig mit Nadeln und »Zapfen« *(Abies* sp.).
Holzschnitt aus GERARD, *The Herbal*, 1633.

das frische oder getrocknete Holz aufgrund seines Harzgehalts leicht entzündlich ist und als Kienspan benutzt wurde. Tannenharz und Tannennadeln werden hauptsächlich zur Herstellung von deutschen Räucherkerzen verwendet. Solche Räucherkerzen werden hauptsächlich in der Vor- und Weihnachtszeit in Räuchermännern abgebrannt. Gerade der Tannenduft ist eine beliebte Weihnachtsräucherung. Der Name Tanne leitet sich vermutlich von *tan* = »Feuer« ab.

Die in Nordamerika verbreiteten Balsamtannen *(Abies balsamea, Abies fraseri)* liefern ein köstlich duftendes, medizinisch wertvolles Harz, das ebenfalls als Räuchermittel verwertbar ist. In der pharmazeutischen Industrie wird aus diesen Tannenarten Terpentin gewonnen, das ein ausgezeichnetes Heimittel bei Wunden (Schnittwunden, Schürfungen) ist. Die Indianer rieben das aus dem angeritzten Stamm gewonnene Harz auf Verbrennungen, Schnittwunden und Schürfungen. Bei Lungenproblemen wurde das Harz auf dem Brustkorb verteilt. Der inhalierte Rauch gilt als gutes Heilmittel bei Erkältungen und Husten. Die Chippewa schmelzen das Gummiharz auf heissen Steinen und inhalieren den aufsteigenden Dampf bei Kopfschmerzen. Ausserdem werden die Nadeln auf die glühenden Steine in der Schwitzhütte gestreut, um rheumatische Beschwerden zu beseitigen. Die Ojibwa inhalieren das geräucherte Harz bei Erkältungen und verbrennen die Nadeln bei ihrer Schwitzhüttenzeremonie. Die Nadeln entfalten beim Räuchern einen ähnlichen Duft wie die der Weisstanne, allerdings mit einer etwas süsseren und balsamigeren Note. Die aromatische Innenrinde ist essbar (vgl. **Kiefer**).

Die Blackfeet benutzen die Nadeln der Bergtanne *(Abies lasiocarpa)*, die sie *katoya, kutoyiskis* oder *kutoyis,* »süsse Pinie« nennen, als rituelles Räuchermittel. Die Nadeln werden auch zu einem Brei zerstossen als Erkältungsmedizin auf den Brustkorb aufgetragen und mit Fett vermischt als kosmetisches Mittel und zur Parfümierung in die Haare geschmiert. Das Harz, das sich in Höhlungen der Rinde sammelt, wird als Wundheilmedizin aufgetragen. Die getrockneten Nadeln, die noch aromatischer duften als die frischen, wurden auch in die Medizinbündel gelegt (JOHNSTON 1970: 304f.).

In Mexiko ist unter dem Namen *abeto* eine grosse Tanne verbreitet, die schon in vorspanischer Zeit ein heiliger Baum war und unter anderem als Räucherstoff verwendet wurde. Auf Aztekisch hiess sie *oyametl.*

»Oiametl, sie ist schlank, gerade; brauchbar zum Schlagen, um daraus Balken zu hauen, zu splitten,

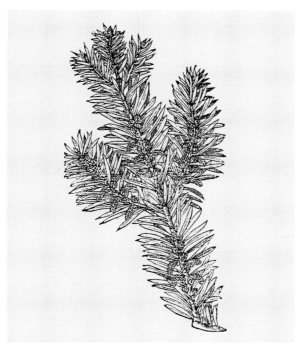

Die frischen oder getrockneten Nadeln und das aus dem Stamm fliessende Harz der Weisstanne *(Abies alba)* eignen sich als wohlriechender Räucherstoff. Holzschnitt aus BOCK, *Kreutterbuch,* 1577.

zu zertrennen, um Häuser zu bauen. Die Zweige sind schlank. Sie sind wie Türkis. Sie hat eine Rinde; die Rinde kann angezogen werden. Es gibt Schösslinge, alte Bäume, starke Bäume, zarte Bäume, ausgewachsene Bäume. Es wird geschlagen, zerbrochen, zu Balken geformt, vom Tischler bearbeitet, verbrannt, gefällt, gebrochen, ausgerichtet.« (SAHAGUN XI, 6)

Von allen Tannen eignen sich zum Räuchern am besten die getrockneten Nadeln. Sie verbrennen laut knisternd und schnell. Es entsteht ein weisser Rauch, der harzig, eben typisch nach Tanne riecht, sich aber schnell verflüchtigt. Deshalb sind Tannennadeln als Räucherstoff bei Schwitzhüttenzeremonien gut geeignet.

Die Weiss- oder Edeltanne enthält in Nadeln und Zapfen 0,5% ätherisches Öl, bestehend aus Bornylacetat, Pinen, Limonen, Santen u.a. Aus allen Tannen kann Terpenthin gewonnen werden (sog. Strassburger Terpentin oder *Terebinthina argentoratensis*). Es besteht zu 34% aus ätherischem Öl und zu 72% aus Harz sowie etwas Bernsteinsäure. Wenn dem Terpentin durch Destillation das ätherische Öl entzogen wird, bleibt Kolophonium zurück. Die Balsamtannen haben sehr ähnliche Inhaltsstoffe.

Tannennadeln kann man einfach selber sammeln. Sie sollten unbedingt im Schatten getrocknet werden, damit nicht zuviel ätherisches Öl entweicht. Die Nadeln der Balsamtanne sind gelegentlich in Indianerschmuckgeschäften und esoterischen Buchhandlungen erhältlich. Das sehr gut duftende Öl der Sibirischen Tanne ist meist unter der Bezeichnung »Fichte« über den Fachhandel für Essenzen zu beziehen. Dieses Duftöl verbreitet ein sehr frisches Tannenaroma und ist bei allen Erkältungskrankheiten heilsam.

Literatur: ATKINSON 1989, GAERTNER 1970, HINRICHSEN 1994, HUTCHENS 1992, JOHNSTON 1970, KRAUS 1990, KROCHMAL 1984, LENZ 1966, MOERMAN 1986, PABST 1887/89, PERGER 1864.

Thymian

Thymus vulgaris L., Echter Thymian

Lamiaceae (Labiatae), Lippenblütler

Wie bei vielen Pflanzen ist auch die botanische Zuordnung des Thymians *(Thymus vulgaris)* zu den in der antiken und mittelalterlichen Literatur genannten Kräutern sehr schwierig. Holzschnitt aus TABERNAEMONTANUS, *Kräuter-Buch,* 1731.

»Ich möchte nicht unerwähnt lassen, dass der Montserrat, der heilige Gralsberg unweit von Barcelona, von Thymianpflanzen übersät ist, deren Heilwirkung ans Wunderbare grenzt.«

A. KRUMM-HELLER, *Vom Weihrauch zur Osmotherapie* (1934: 50f.)

Thymian war einer der frühesten Räucherstoffe, die in Griechenland rituell verbrannt wurden. Sein Name leitet sich von griechisch *thymon,* »ausräuchern«, ab. Die Ethymologie verrät ein archaisches Konzept:

»... *thymos* kommt von *thyos,* ›Holz, das einen angenehmen Duft verströmt, wenn man es verbrennt‹, und vom Verb *thyo,* ›den Göttern ein Opfer darbringen‹. Eigenartigerweise ist dies bis auf einen Akzent das gleiche Wort, welches im Griechischen den Atem bezeichnet, die menschliche Seele, das Herz, den Sitz des Geistes – als würden die Griechen den duftenden Rauch des Thymian mit der Seele gleichsetzen, die mit ihm zu den Göttern aufstieg, um ihnen Dank zu sagen.« (BROSSE 1992: 262)

Weihrauchfässer hiessen zudem *thymiaterion*. Mit Thymianbündeln wurden Tempel und heilige Ort geweiht. Dabei ist es sehr wahrscheinlich, dass in frühester Zeit vor allem der Wilde Thymian (*Thymus serpyllum* L.), erst später der kultivierte Echte Thymian verwendet wurde.

In der Neuzeit galt Thymian als »der Feind des Giftes«. Deshalb wurden mit Thymianbüscheln Krankenzimmer ausgeräuchert. In der frühen Neuzeit wurde in Europa ein »schwarzer Weihrauch« benutzt, der in den Apotheken den Namen *Thymiama* trug und in Räucherpulvern zur Reinigung der »giftigen, faulen Luft« Verwendung fand (LONICERUS 1679: 738). Dabei handelte es sich um ein mit Thymian versetztes Produkt. Ihm wurde **Benzoe**, **Styrax**, **Olibanum**, **Mastix**, **Aloeholz**, Lavendel, Terebinthe und Rosenwasser zugefügt. Diese Mischung wurde auch unter dem Namen »Brandenburger Räucherkerze« bekannt. Wenn man Thymian auf die Räucherkohle streut, verbreitet sich rasch sein typischer Duft, der genau wie die Essenz oder ein Thymiandampfbad riecht.

In modernen Esoterikzirkeln wird Thymian zur Reinigung von Ritualräumen oder Kultplätzen und zur Steigerung der Hellsichtigkeit geräuchert. Das Kraut wird der Venus zugeordnet.

Thymiankraut enthält ein ätherisches Öl mit Thymol (bis zu 50%), Carvacrol, Borneol, Cymol,

Pinen, Menthen, Cineol, Linalool u.a., Gerbstoff und Flavonoide. Das ätherische Öl hat stark antiseptische und antibakterielle Wirkung. Es ist zusammen mit Latschenkiefernöl (vgl. **Kiefer**) und Minzöl hervorragend als Dampfbadinhalation bei Nasennebenhöhlenentzündungen.

Thymian aus dem Gewürzhandel ist oft mit anderen *Thymus*-Arten oder anderen aromatischen Lippenblütlern verfälscht.

Literatur: BROSSE 1992, CALAND 1992, DRURY 1989, FAURE 1990, GRIEVE 1982, HINRICHSEN 1994, HLAVA und LANSKA 1977, KRAUS 1990, KREMER 1988, KRUMM-HELLER 1934, PAHLOW 1983, RÄTSCH 1995a, ROTH et al. 1994, SEITZ 1993.

Tolubalsam

Myroxylon balsamum (L.) HARMS var. *balsamum* (syn. *Myroxylon balsamum* (L.) HARMS var. *genuinum* BAILLON, *Toluifera balsamum* MILLER, *Myrospermum toluiferum* A. RICH, *Myrospermum balsamiferum* RUIZ et PAVON, *Myroxylon punctatum* KLOTZSCH)

Fabaceae (Papilionaceae), Schmetterlingsblütler

»Die Azteken gewannen Peru- bzw. Tolubalsam für kultische Räucherungen und zur Wundheilung. Beide Balsame versetzen in eine träumerische Stimmung und beflügeln die Phantasie.«

MARTIN HENGLEIN, *Die heilende Kraft der Wohlgerüche und Essenzen* (1985: 177)

Der Tolubalsambaum, der im nördlichen Südamerika vorkommt, wird bis zu 26 Meter hoch. Er ist sehr nahe mit dem **Perubalsam** verwandt, hat aber eine grössere natürliche Verbreitung. Seinen Namen erhielt er von der kolumbianischen Hafenstadt Tolu. Er ist aber auch unter den Namen Cartagenabalsam, Hondurasbalsam und Thomasbalsam bekannt geworden. Der Baum wurde schon früh in Kolumbien kultiviert und war in der indianischen Medizin eine hochangesehene Heilpflanze.

Zur Gewinnung des Tolubalsams sollen die kultivierten Bäume besser geeignet sein als die wilden. Sie werden gleichzeitig an vielen (bis zu zwanzig) Stellen angeschnitten. Die Einschnitte haben gewöhnlich die Form eines grossen V. An der unteren Spitze wird ein Kürbisgefäss zum Auffangen des Harzflusses angebracht. Das schnell herausfliessende Harz ist zunächst dickflüssig und blass- oder goldgelb; es erstarrt aber bald an der Luft und wird sehr hart. Es hat einen muscheligen Bruch und einen graubraunen Glanz.

Der in Südamerika *quino-quino* oder *kina* genannte Tolubalsam wurde vermutlich zur Einbalsamierung der Leichname hochgestellter Persönlichkeiten des Inkareiches verwendet. Im Gräberfeld von Ancón bei Lima, das auf 1200–1400 v. Chr. datiert wird, wurde ein Klumpen Tolubalsam in einem Korb neben einer Mumie gefunden.

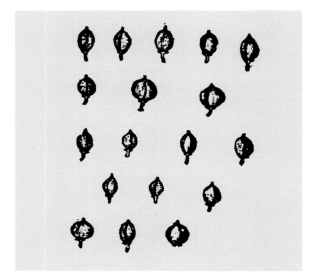

Die botanische Identität des aus dem Altertum bekannten Mekkabalsams war schon in der frühen Neuzeit von Geheimnissen umrankt. Die angeblich von ihm stammenden »Balsamkörner«, die in den Apotheken zu Höchstpreisen angeboten wurden, waren tatsächlich die Samen des Tolubalsambaums *(Myroxylon balsamum* var. *balsamum)*. Holzschnitt aus TABERNAEMONTANUS, *Kräuter-Buch*, 1731.

Tolubalsam wird ganz ähnlich wie der Perubalsam verwendet. Er war früher ein wichtiges Heilmittel bei Wunden, Geschwülsten und Hautkrankheiten und wurde auch bei Kopfschmerzen an den Schläfen aufgetragen. Der Rauch oder Dampf wurde bei Katarrhen inhaliert. Er ist auch ein Grundstoff der Parfümindustrie und wird gerne als wohlduftende Zutat zu Räuchermischungen gegeben.

Der Spanier Vasquez de Espinosa schrieb in der Kolonialzeit (17. Jh.) über den Tolubalsam:

»Vom Baum Quina-Quina entnimmt man ein leberfarbenes Harz, das sehr intensiv riecht und heilsam ist; mit seinem Räucherpulver behandelt man Erkältungen und Rheuma; mit diesem Harz, gemischt mit Öl, kuriert man Entzündungen und Verletzungen, und den gleichen Effekt hat das Öl, das man aus seinen Samen gewinnt, und das mit grösserer Wirksamkeit. Der Baum Quina-Quina ist sehr schön, und sein Holz sehr wohlriechend und fest, die Farbe seines Holzes weiss mit falber Faserung.« (zit. in WOLTERS 1994: 216)

In der indianischen Volksmedizin wird der Tolubalsam bei starken Kopfschmerzen und Katarrhen als Räucherung inhaliert. Er wird zu diesem Zweck auch mit **Copal**, **Olibanum**, **Myrrhe**, Harz vom Pfefferbaum *(Schinus molle)* und Anissamen kombiniert.

Wenn man die harten, kristallinen Stücke auf die Räucherkohle legt, verdunstet der Balsam und entwickelt dabei einen leicht gelben Rauch. Der Duft ist vanilleartig balsamisch und kaum vom Geruch des Perubalsams zu unterschieden. Er eignet sich zur anhaltenden Parfümierung von Räumlichkeiten. Der Duft verbindet sich gut mit Copal, denn er nimmt ihm die Schärfe und erhält eine angenehme Frische.

Tolubalsam enthält mindestens 25% und höchstens 50% freie oder ungebundene Säuren, bestimmt als Zimtsäure und berechnet auf die getrocknete Droge. Daneben wurden auch Benzoesäuren und deren Ester bestimmt. Der Tolubalsam enthält zwei verschiedene Harze und einen flüssigen Kohlenwasserstoff (Tolen). Toluol (Benzylwasserstoff bzw. Methylbenzol), ein wichtiger chemischer Rohstoff, entsteht bei der trockenen Destillation (ähnlich wie bei der Destillation von **Drachenblut** und **Kampfer**). Im (frischen) Tolubalsam sind 7% ätherisches Öl, bestehend aus Farnesol, Phellandren u.a., enthalten. Das ätherische Öl hat stark keimtötende und pilzhemmende Wirkung. Tolubalsam scheint auch das körpereigene Immunsystem zu stimulieren.

Tolubalsam *(Balsamum tolutanum)* ist im Apothekenhandel erhältlich. Er soll häufig verfälscht

Tulasi

Ocimum sanctum L. (syn. *Ocimum tenuiflorum* L.), Indisches Basilikum

Lamiaceae (Labiatae), Lippenblütengewächse

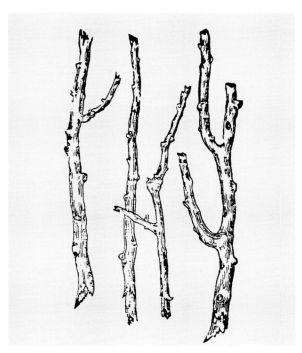

Wahrscheinlich handelt es sich bei dem in der Neuzeit in den europäischen Apotheken geführten Balsamholz um das Holz des Tolubalsambaums *(Myroxylon balsamum* var. *balsamum)*. Holzschnitt aus TABERNAEMONTANUS, *Kräuter-Buch*, 1731.

sein, vor allem durch Untermischen von minderwertigen Harzen, z.B. **Fichte**nharz. Eine Reinheitsprobe ist recht einfach. Fichtenharz und Terpentin sind in Benzin löslich, Tolubalsam aber nicht.

Literatur: GRIEVE 1982, HENGLEIN 1985, KRAUS 1990, PABST 1887/89, RÄTSCH 1991b, SCHAFFNER 1992, WOLTERS 1994.

»Ein Haus, vor dessen Tür eine Tulsipflanze steht, ist ein Pilgerort. Die Boten des Yama, des Herrn des Todes, können so ein Haus nicht betreten. Der Wind, der den Duft des Tulsi trägt, verbreitet Reinheit, wohin er auch weht.« *Hindu-Ausspruch*

Der indische Name des heiligen Basilikums, Tulasi oder Tulsi, bedeutet »die unvergleichliche Eine«.[45] Damit sind ihre wichtigen rituellen Funktionen und ihre medizinischen Qualitäten gemeint. Die Pflanze wird nicht nur als Gottheit verehrt, sondern gilt auch als Lebenselixier. Sie wurde sogar von Kräuterheilern als »Wunderdroge« bezeichnet. In Indien und Nepal wird sie bei praktisch allen Krankheiten verwendet. Sie soll besonders bei Fieber und Malaria wirksam sein und gefährliche Gifte (Schlangenbisse) neutralisieren. Dazu werden die frischen Blätter ausgekaut, oder der frisch gepresste Saft wird getrunken. Auch werden Tees aus dem frischen oder getrockneten Kraut zusammen mit Pfefferkörnern oder Pfefferminzblättern getrunken. Aus den frischen Blättern werden zusammen mit anderen Stoffen (z.B. **Stechapfel**blüten, Gewürzen, **Gummi Arabicum**, **Hanf**blättern) Kräuterpillen gedreht, die in der ayurvedischen Medizin reichlich verwendet werden. Zur Vorbeugung von Krankheiten und zur Abwehr von Unglück soll man jeden Tag ein Tulasi-Blatt kauen. Die heilige Pflanze heisst auch *bhutagni*, »Dämonentöter«. Das Kraut soll, in der Hand gehalten, vor Blitzschlag schützen. Es ist eine der spirituellsten Pflanzen des indisch-hinduistischen Kulturkreises:

»Basilikum öffnet Herz und Geist und spendet die Energie der Liebe und Hingabe *(bhakti)*. Basilikum ist *Vishnu* und *Krishna* geweiht, stärkt

---

[45] Folgende Schreibweisen und volkstümliche Namen kommen vor: *tulsi, vrinda, vishnutulsi, trittaira, tulasa, manjari, thulasi, brinda, gaggera, achanphun, tompahamma.*

Alte Darstellung des Indischen oder Heiligen Basilikums (Ocimum sanctum). Holzschnitt aus GERARD, *The Herbal*, 1633.

Tulasi gilt als Inkarnation der schönen Glücksgöttin Lakshmi, die auch »Mutter Tulsi« genannt wird. So wie Lakshmi die Gemahlin und tantrische Gefährtin des Vishnu ist, so ist die Tulsipflanze dem Gott besonders heilig. Als Vishnu den Urozean verquirlte, um *amrita,* das Unsterblichkeitselixier zu gewinnen, schuf er alle Heilpflanzen. Die erste Pflanze aber, die er schuf, war Tulasi (CHARAKA, *Sutra* 103).

Vishnu wird in Nepal und Indien auch in seiner Inkarnation als Saligram (oder Salagrama) verehrt. Saligrame sind schwarzes Flussgeröll, das versteinerte Ammoniten enthält. In einem puranischen Entstehungsmythos heisst es:

»In den frühen Tagen waren Sarasvati, Lakshmi und Ganga die Frauen von Mahavisnu [= Vishnu]. Eines Tages kam es zu Familienstreitigkeiten unter ihnen. Die drei Devis [= Göttinnen] verfluchten sich gegenseitig. Sarasvati verfluchte Lakshmi und verwandelte sie in die heilige *Tulasi*-Pflanze der Erde. Als Lakshmi dergestalt auf die Erde niederging, wurde sie von Mahavisnu gesegnet: ›Siehe, Lakshmi! Du wirst in der Welt als heilige *Tulasi*-Pflanze leben. Und wenn der Fluch aufgehoben ist, wirst du zu mir zurückkehren. An dem Tag wird deinem Körper, der die Gestalt der heiligen *Tulasi*-Pflanze trägt, ein Fluss namens Gandaki entspringen. Ich werde in dem Flussbett als Steinbildnis bleiben. Dort werden sehr viele Würmer mit starken Zähnen und Hauern sein. Sie werden den Stein in der Form von *Sudarsana cakra* [= der Diskus des Vishnu] zerteilen und so unzählige *Salagramas* erzeugen. Die so gezeugten *Salagramas* werden verschiedene Grössen und Gestalten haben.‹« (*Devi Bhagavata, Skhandha* 9)[47]

Glauben, Mitleid und Klarheit. *Tulsi*-Stengel werden als Rosenkränze getragen und stärken die Energie der Bindung. Basilikum verleiht den Schutz des Göttlichen, indem es die Aura reinigt und das Immunsystem kräftigt. Es enthält natürliches Quecksilber[46], welches, als Samen des Shiva, die Keimkraft reinen Bewusstseins verleiht.« (LAD und FRAWLEY 1987)

---

46 Es ist zu bezweifeln, dass hier materielles Quecksilber gemeint ist. In der tantrischen Alchemie *(rasayana)* gilt »Quecksilber« als *amrita* oder Lebenselixier. Es wird mit tantrischen Techniken als geistige Substanz erzeugt und »getrunken« (vgl. MAHDIHASSAN 1991).

47 Vgl. die volkstümliche moderne Fassung in GANDHI und SINGH 1991.

Beim wichtigsten nepalischen Fest zu Ehren Vishnus, dem *Haribodhini Ekadasi*, der »Rückkehr des Herrn Vishnu«, das am elften Tag der zweiten Woche im *kartika*, im »Wachsenden Mond« (meist Mitte November) abgehalten wird, gibt es ein symbolisches Hochzeitsritual. Dabei wird Vishnu (= Narayan) in seiner Inkarnation als Saligram mit Lakshmi in ihrer Gestalt als heilige *Tulasi*-Pflanze vermählt. Die *Tulasi*-Pflanze wird bei Tempeln und in Hausgärten *(Tulasivrindavana)* angebaut und nicht nur als Inkarnation der Göttin, sondern auch als Heil- und Zauberpflanze verehrt.

Dieser Hochzeit *(bibaha)* liegt folgende Mythe zugrunde: Eine Frau namens Tulasi verehrte Vishnu nicht nur – wie es sich gehört –, sondern begehrte ihn als Ehemann. Sie betete über einen Zeitraum von Jahrhunderten um die Erfüllung ihres Wunsches. Lakshmi, die rechtmässige Gemahlin Vishnus, ertrug den Gedanken nicht, eine Rivalin zu haben. Kurzerhand verwandelte sie Tulasi in eine duftende Pflanze. Vishnu, von der Hingabe der Frau ergriffen, war über Lakshmis Tat erzürnt. Er verwandelte sich in ein Saligram, um in dieser Gestalt für ewig der Gefährte Tulasis zu sein. Aus diesem Grund werden Stein und Pflanze alljährlich miteinander verheiratet (Gandhi und Singh 1991).

In vielen nepalesischen und indischen Tempeln werden Tulasibüsche angepflanzt, die wie Götterbilder verehrt, mit Opfergaben und -farben beworfen und mit Räucherwerk beräuchert werden. Es heisst, dass die Tulasipflanze ganz allgemein Tempel, Haus und Familie schützt. Aber die Pflanze hat auch sehr spezielle Schutzfunktionen, z.B. bei Sonnen- und Mondfinsternissen, die traditionell gefürchtet werden. Die Inder glauben, dass eine (totale) Sonnenfinsternis einen schädlichen Einfluss auf die im Haus aufbewahrten Nahrungsmittel ausübt. Wenn man allerdings auf Fäden gezogene Tulasiblätter in der Küche aufhängt, seien die Nahrungsmittel geschützt und würden nicht verderben. Um frische Milch im Haus zu schützen, streut man ein paar Tulasiblättchen hinein; dann kann sie durch die Sonnenfinsternis nicht sauer werden. Zum eigenen Schutz soll man den Raum, in dem man sich während der Finsternis aufhält, mit Tulsi ausräuchern.

Überhaupt wird Tulasi als Räucherbüschel zum Schutz vor negativen Mächten, aber auch medizinisch und hygienisch verwendet. Der Rauch soll gegen Bronchitis wirken und Moskitos vertreiben. Der Duft, der aufsteigt, wenn man die Blätter in Butterschmalz röstet, wird zur Behandlung von Asthma und Husten inhaliert.

Der Rauch von getrocknetem Tulasi hat ein hölzernes Aroma und erinnert an ein qualmendes oder schwelendes Feuer, das mit feuchtem und minderwertigem Holz gespeist wurde. Ganz entfernt nur ist eine leicht aromatische Brise zu spüren. Obwohl nicht unangenehm, kann dieser »Rauch für die Götter« doch nicht als Wohlgeruch bezeichnet werden.

Die Wirkung des Duftes der frischen Blätter wird wie folgt beschrieben:

»Das göttliche Aroma reinigt das Blut. Das gereinigte Blut erfüllt den Körper mit Licht und gibt ihm so neues Leben. Dieser Wohlgeruch ist sehr wirksam zur Steigerung der Schönheit, Gesundheit und Ausstrahlung des Körpers.« (Rai 1988: 56) Tulsi enthält in allen Pflanzenteilen ein ätherisches Öl, das deutlich anders riecht als echter Basilikum (aber doch irgendwie verwandt). Der Tee hat einen basilikumartigen, aber erdigen Geruch und einen ebensolchen Geschmack. Im ätherischen Öl ist etwas Kampfer enthalten. Das Öl hat nachgewiesenermassen antibakterielle und stimulierende Wirkungen.

In Indien und Nepal ist Tulasi (sprich: Tulsi) leicht erhältlich. Es gelangt fast nie in den internationalen Kräuterhandel. Gelegentlich wird es von Firmen, die auf Räucherstoffe spezialisiert sind, nach Europa importiert.

Es gibt noch weitere Basilikumarten, die als Tulasi oder Tulasi-Verwandte betrachtet werden:

Ram Tulasi »Gott-Tulasi«	*Ocimum gratissinum*
Krishna Tulasi	*Ocimum* sp.
Shyam Tulasi »Schwarzes Tulasi«	*Ocimum canum* SIMS (syn. *O. americanum* L.)
Bubai Tulasi (= Manjariki)	*Ocimum bailiarum*
Kapur Tulasi »Kampfer-Tulasi«	*Merindia bengalensis*, *Ocimum kilimandscharicum* GUERKE

Diese Arten ähneln stark dem echten Tulasi und werden oft mit ihm verwechselt.

Literatur: ASHISHA und MAHAHRADANATHA 1994, DASTUR 1985, DITTRICH 1988, GODHWANI et al. 1987, JAIN 1991, KNECHT 1985, LAD und FRAWLEY 1987, MAJUPURIA und JOSHI 1988, PATNAIK 1993, RÄTSCH 1992b, RAI 1988, SINGH et al. 1979.

Vetiver

Vetiveria zizanoides (L.) NASH (syn. *Andropogon muricatus*)

Poaceae (Gramineae), Gräser

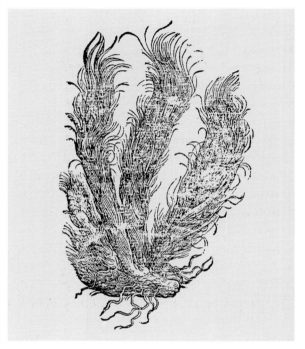

Das duftende Wurzelgeflecht des Vetiver- oder Khusgrases *(Vetiveria zizanoides)* wird zur Herstellung von Tempel-Dhups und ayurvedischen Medikamenten gebraucht. Holzschnitt aus GERARD, *The Herbal*, 1633.

»Vetiver mischt zusammen
die brennend heissen Sommertage
mit den duftenden Kälteschauern
der Winternächte.« BIHARI (1595–1664), *Satasai*

In Indien wird das *jhorr, khas-khas, khus, khus-khus* oder *seenk* genannte Gras, in erster Linie jedoch die aromatisch duftende Wurzel als Räucherstoff, aber auch vielseitig als Heilmittel verwendet. Aus dem Wurzelgeflecht werden fein duftende Matten geflochten, die bei der indischen Landbevölkerung zum Abdecken von Fensteröffnungen und Eingängen benutzt werden. Wenn ein warmer Wind bläst, trägt er etwas vom feinen Geruch ins Haus. Der Name Vetiver leitet sich von dem Tamil-Wort *vettiver*, »ausgegraben«, ab; damit wird die Bedeutung der gegrabenen Wurzel betont. Die indischen Poeten bezeichnen den Duft als den »Geruch des ersten Monsunregens auf ausgedörrten Böden, ein Parfüm der sich erneuernden Erde« (PATNAIK 1993: 171).

Im Ayurveda gehört Vetiver zur Gruppe der Mittel, die Vergiftungen, Juckreiz, Hautunreinheiten und Allergien heilen sollen. Ausserdem soll Vetiver den Wirklichkeitssinn schärfen und dadurch die Meisterung des Lebens fördern. Der Duft wird in der ayurvedischen Medizin bei Herzinfarkt, Kopfschmerzen, Altersvergesslichkeit und Senilität verordnet. Vetiver ist in vielen ayurvedischen Kräftigungsmitteln und Aphrodisiaka als duftender Bestandteil enthalten. Es soll die Hirnfunktionen verbessern und das Herz stärken. Auch soll es bei Wurmbefall, Schwellungen, Epilepsie, Fieber, Kopfschmerzen, Malaria, Skorpionstichen, Schlangenbissen, Entzündungen im Rauchenraum und Zahnschmerzen heilsam sein. Das zerkleinerte Wurzelgeflecht des Grases wird mit **Benzoe** (Siam-Benzoe) vermischt bei Kopfschmerzen geraucht oder geräuchert. Die Wurzel gibt beim Räuchern den typischen Vetivergeruch ab. In Verbindung mit Benzoe entsteht ein neuer Duft, der das Balsamig-Süsse mit dem Herb-Frischen auf köstliche Weise verbindet.

Für die Hindus ist *khus* ein heiliges Gras, das bei allen Weihehandlungen *(puja)* verwendet wird, entweder als *khuspani*, mit Vetiver aromatisiertes heiliges Wasser, oder als Räucherstoff. Bei religiösen Handlungen werden meist die nicht duftenden Blätter benutzt.

Das Vetiveröl wird in der Parfümindustrie und Aromatherapie verwendet. Es hat einen balsamigen, aber leicht bitteren Geruch, ähnlich wie Opium (vgl. **Mohn**). In Indien werden mit dem ätherischen Öl hochwertige Räucherstäbchen parfümiert. Sie entfalten beim Abbrennen einen viel feineren Duft als die verglimmende Wurzel – nicht zuletzt, weil sie mit anderen Stoffen kombiniert sind. Die Vetiveressenz bringt etwas Frisch-Herbes in den Rauch. Deshalb dient es bei der Meditation zur Steigerung der Aufmerksamkeit und klaren Wahrnehmung. In der Aromatherapie wird es in reiner Form verwendet:

»Vetiver ist gut bei starker Nervosität, Erschöpfung oder Magersucht. Es hilft, den Kontakt zum Körper wieder aufzunehmen, um so tiefe Verspannungen zu lösen.« (FISCHER-RIZZI 1989: 163f.)

Die Wurzeln enthalten 2% ätherisches Öl, bestehend aus Vetiveron, Vetiron, Vetivazulen, Furfurol, Benzoesäure und Palmitinsäure. Vetiver hat antiseptische, schweisstreibende, nervenstärkende und verdauungsfördernde Wirkungen. Es wird gerne als aphrodisisches Massageöl verwendet und soll in der Aromatherapie zur Erdung taugen und einen stimmungsaufhellenden Effekt haben.

In Europa wurde Vetiver auch unter dem Namen »Mottenwurzel« bekannt, weil der Duft der Essenz oder Räucherung eine stark insektizide Wirkung hat.

Literatur: ASHISHA und MAHAHRADANATHA 1994, FISCHER-RIZZI 1989, HENGLEIN 1985, HOOPER 1937, JAIN 1991, KRAUS 1990, PATNAIK 1993, VINCI 1980, WERNER 1993.

Wacholder

Juniperus spp.
Juniperus communis L., Gemeiner Wacholder
Juniperus communis L. var. *depressa* PURSH, Amerikanischer Wacholder
Juniperus communis L. var. *saxatilis* PALLAS, Indischer Wacholder
Juniperus excelsa M. BIEB., Himalayan Pencil Cedar, Shukpa
Juniperus oxycedrus L. (syn. *Juniperus rufescens* LINK, *Juniperus tenella* ANTOINE), Zedern-Wacholder, Spanische Zeder, Stechwacholder, Stachelzeder, *Oxykédros*
Juniperus recurva BUCH.-HAM. ex D.DON (syn. *Juniperus macropoda* AUCT.), Hochgebirgswacholder
Juniperus scopulorum SARG., Rocky Mountain Juniper
Juniperus virginiana L., Amerikanischer Wacholder, Cedar, Eastern Redcedar

Cupressaceae, Zypressengewächse

»Durch nichts wird die Stubenluft so gut geräuchert, als durch das Verbrennen von Wacholderholz.«
　　K. RITTER VON PERGER, *Deutsche Pflanzensagen* (1864: 346f.)

Wacholderarten gibt es auf der ganzen Welt; besonders verbreitet sind sie in Europa, Asien und Nordamerika. Praktisch überall werden sie rituell, magisch und medizinisch genutzt. In den meisten Kulturen, die den Schamanismus kennen, steht die Pflanze im Ruf, ein Räucherstoff der Schamanen zu sein. Der Wacholder ist vielleicht eines der ältesten Räuchermittel der Menschheit. Das liegt sicherlich daran, dass seine Blätter bereits im frischen Zustand verbrennen und dabei einen köstlichen und würzigen Duft liefern. Der Wacholder, sogar verschiedene Arten, ist schon in den ältesten schriftlichen Dokumenten aus der Antike bekannt:

　　»Eine Art Wacholder ist gross, eine aber klein. Die einen nennen ihn Arkeuthis, die anderen Mnesitheon [= ›Gotteseingedenk‹], Akatalis, die Afrikaner Zuorinsipet, die Ägypter Libium, die Römer Juniperus, die Gallier Joupikelluson. Der

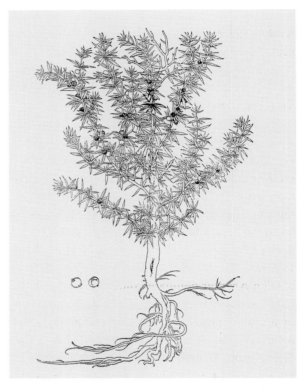

Der Gemeine Wacholder *(Juniperus communis)* ist in Europa und Asien weit verbreitet. In vielen traditionellen und alten Kulturen ist er ein Lebens- oder Schamanenbaum. Holzschnitt aus FUCHS, *Kreutterbuch,* 1543.

grosse ist den meisten bekannt, er ist ähnlich der Zypresse und wächst in rauhen und Meeresgegenden. Beide sind scharf, urintreibend und erwärmend, als Räucherung angezündet vertreiben sie die wilden Tiere. Ihre Frucht wird bei der einen Art von der Grösse einer Nuss gefunden, bei der anderen ist sie gleich einer pontischen Nuss, rund, wohlriechend und beim Zerkauen süss, dabei etwas bitter, sie wird Wacholderbeere [Arkeuthis] genannt, ist mässig erwärmend und zusammenziehend, dem Magen wohlbekömmlich. Getrunken wirkt sie bei Brustleiden, Husten, Blähungen, Leibschneiden und gegen den Biss wilder Tiere.

Sie ist auch urintreibend, daher dient sie auch bei Krämpfen, inneren Zerreissungen und bei Mutterkrämpfen.« (DIOSKURIDES I, 103)

Plinius ergänzt noch, dass Wacholderzweige angezündet die »Schlangen vertreiben« (XXIV, 54). Von der nahe verwandten Art des Stechwacholders oder der Stachelzeder schreibt er:

»Einige nennen sie Zederntanne *[kedreláte]*. Das aus ihr gewonnene Harz wird sehr gelobt. Ihr Holz ist aber von ewiger Beständigkeit, weshalb man gewöhnlich sogar Götterbilder aus ihm anfertigte. Es befindet sich im Tempel zu Rom ein aus [diesem] Zedernholz gefertigter Apollo Sosianus, der aus Seleukeia herbeigeschafft wurde.« (XIII, 11, 53)

Die Ägypter benutzten die Beeren von *Juniperus oxycedrus* zum Parfümieren und als magischen Schutz von Mumien. Man hat in vielen ägyptischen Mumien Wacholderbeeren entdeckt, die in die Wickelung mit eingebunden waren. Eine Mumie aus dem Mittleren Reich hielt sogar Wacholder in der Hand (GERMER 1991: 108).

Der Wacholder hat auch einen alten deutschen Namen, der auf seinen archaischen Gebrauch als Räucherstoff anspielt: *Rauchholter* (= Räucherstrauch). Ähnlich verhält es sich in den slawischen Sprachen:

»Er [*Juniperus communis* und andere Arten] wird von den slawischen Polen ›kadik‹ genannt. Auch die deutsche Landbevölkerung in Ost- und Westpreussen und in der ehemaligen Provinz Posen kennt den würzigen, duftenden Strauch unter diesem Namen. Der Wurzel des slawischen Wortes kadik begegnen wir aber wiederum in den uns hier interessierenden Ausdrücken auf dem ganzen weiten Gebiet, welches von der kirchenslawischen oder, wie die Linguisten sagen, paläobulgarischen Sprache beherrscht wird. Dort heisst das Räucherwerk und das Weihrauchfass ›kadilo‹, räuchern ›kaditj‹ und die Räucherung ›kashdenije‹.« (KRUMM-HELLER 1934: 51)

Der Gemeine Wacholder

»Der Geist des Wacholderrauches vermittelt ebenso wie der Duft Schutz und Sicherheit. Wir spüren das klärende und reinigende Wirken und erfahren zugleich eine innere Stabilität, da der Wacholderrauch uns auch hilft das Getragenwerden durch die Erde zu spüren.«

RENÉ STRASSMANN, *Baumheilkunde* (1994: 262)

Im Mittelalter wurde der Wacholder als »falscher Weihrauch« bei ansteckenden Krankheiten geräuchert. Der Rauch galt auch als Schutz vor Ansteckungen und giftigen Schlangen. Im Engadin wird die Milch zur Konservierung durch Wacholderzweige gesiebt. Bis in die Neuzeit hinein wurden in der Schweiz Schulräume und Krankenhäuser mit Wacholder ausgeräuchert, um die Räume zu desinfizieren, wenn es draussen zu kalt war, um die Fenster zu öffnen. Im späten Mittelalter wurde der Wacholder als Gegenbild des Paradiesbaumes betrachtet und galt als Symbol der Lebenskraft Christi und der Überwindung des Todes. Wacholderbeeren werden auch heute noch in armen Kirchen im slawischen Osten als Weihrauchersatz benutzt.

Das Wacholderharz wurde »deutscher Sandarak« genannt und als Ersatz für **Olibanum** verwendet. Den Blütenstaub des Wacholders nannte man »Blütenrauch«. Auch die Wacholderbeeren, die im Volksmund »heilige Beeren« oder »Weiheicheln« heissen, wurden geräuchert. In deutschsprachigen Landen räucherte man damit bei verschiedenen Krankheiten und Leiden wie Seitenstechen, Rheuma, Asthma, Brustschmerzen, Schlafsucht, Schwermut und »Aberwitzigkeit«.

Der Wacholderrauch soll auch vor bösen Geistern, Hexen, Kobolden, Druden und dem Teufel schützen. In England wurde der Wacholder ganz ähnlich verwendet:

»Im Mittelalter hat man die Beeren bei Begräbnissen verbrannt, um die etwas weniger greifbaren Feinde fernzuhalten – Geister und Teufel, die auf der Lauer liegen konnten. Grüne Zweige wurden verbrannt, um Hexen auszuräuchern und die dunklen Mächte zu vertreiben, während man z.B. in Wales den Wacholderbaum als heilig betrachtete und fürchtete, dass die Verletzung oder der Tod des Baumes auch in die Familie Krankheiten und Tod bringen würde.« (Drury 1989: 90)

Vielleicht steht deshalb der Gin, ein aus Wacholder destillierter Schnaps, in England so hoch im Kurs. In Deutschland gehört der Wacholder zu den wichtigsten Zauberpflanzen überhaupt:

»Die Magie bedient sich des Rauches vom Wacholder zum Vertreiben des Ungeziefers, der Schlangen und der bösen Geister. Ein Decoct aus den Beeren des Wachholder verleiht angeblich prophetischen Blick und soll auch gegen böse Einflüsse schützen. Der Blüthenstand der männlichen Kätzchen ist im Liebeszauber und bei nekromantischen Exorcismen genannt.« (Gessmann o.J.: 93)

Cedar oder Amerikanischer Wacholder

Bei den Prärieindianern spielt der im amerikanischen Englisch irreführenderweise *cedar*, »Zeder«, genannte gemeine amerikanische Wacholder eine grosse Rolle als Medizin und Räuchermittel. Der Baum selbst gilt als besonders heilig, da er zu den ersten Geschöpfen gehört, die der Grosse Geist *(wakan tanka, manitu)* geschaffen hat:

»Sieh die Zedern [= *cedar*], die der Grosse Geist geschaffen hat. Vertraue auf sie, denn sie bleiben immer jung; selbst im Winter sind sie grün. Der Blitz kann ihnen nichts anhaben, denn sie werden nie getroffen. Trag stets ein Stück von der Zeder bei dir. Bei Gewittern aber verbrenne einen Zedernzweig im Tipi, damit dir nichts geschieht. (...) Vergiss nicht den Grossen Geist, von dem alles seinen Anfang nimmt. Sein ist der schwarze Meteor, der vom Himmel fiel, und sein ist auch die Zeder, die niemals alt wird. Zeder und Meteor aber sind wie Mutter und Vater.« (Aus einem Arikara-Märchen; Kontizky 1992: 126)

Wacholderzweige werden oft in Medizinbeutel als Amulette gelegt. Die Flathead räuchern die Nadeln und Zweigenden von Juniperus communis und Juniperus scopulorum auf Holzkohle und halten sie vor die Nase kranker Pferde. Die Zweige werden auch als ritueller Weihrauch verbrannt. Die Blackfeet verwendeten Zweige von Juniperus scopulorum (siksinoko) beim Sonnentanz. Die aromatischen Zweigenden wurden bei diesen und anderen rituellen Anlässen als Weihrauch verbrannt (Johnston 1979: 305). Die Lakota setzen sich bei Erkältungskrankheiten und Lungenleiden unter eine Decke, um den Rauch von den Zweigen des Juniperus virginiana zu inhalieren. Für viele Präriestämme ist dieser Wacholder ein Symbol für den Lebensbaum und wird deshalb in Reinigungsriten und in der Schwitzhütte geräuchert (Kindscher 1992: 132). Die Zweigenden können auch gekocht werden. Den dadurch aromatisierten Wasserdampf soll man bei Lungenleiden und Husten inhalieren.

Die frischen oder getrockneten *Cedar*-Zweigenden spielen in der Peyotezeremonie, die heute bei den meisten nordamerikanischen Stämmen Fuss gefasst hat, eine zentrale Rolle als Reinigungsmittel (vgl. **Beifuss**, **Sage**). Beim Peyoteritual treffen sich die Teilnehmer bei Nacht in einem Tipi und verzehren gemeinsam unter der Anleitung eines Medizinmannes oder eines speziellen

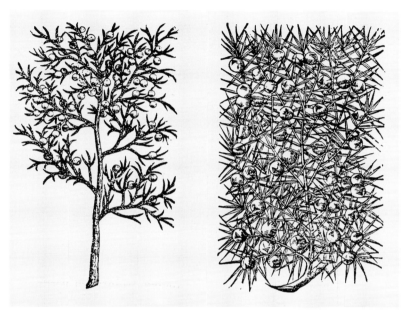

Viele Juniperus-Arten wurden früher unter dem Namen Zeder zusammengefasst. Der »Zederbaum aus Phönizien« ist gar keine Zeder, sondern der Grosse Stachelwacholder *(Juniperus oxycedrus* L.). Holzschnitt aus TABERNAEMONTANUS, *Kräuter-Buch,* 1731.

Leiters *(road man)* den psychedelisch wirksamen, meskalinhaltigen Peyotekaktus *(Lophophora williamsii).* Das Ritual dient zum einen der Heilung Kranker, zum anderen dem spirituellen Fortschritt der Gesunden. Zu Beginn des Rituals, wenn alle Teilnehmer im Kreis sitzen und das Feuer entzündet ist, streut der Ritualleiter Wacholderspitzen *(k'okiädlä)* in die Flammen. Die Teilnehmer fächeln sich – meist mit einem aus Vogelflügeln oder -federn bestehenden Peyotefächer – den aufsteigenden aromatischen Rauch zu, führen ihn über den Körper und reiben sich damit Brust und Gesicht. Alle Ritualgeräte werden ebenfalls damit abgeräuchert und »gereinigt«. Während der Zeremonie, die die ganze Nacht andauert, werden erneut, aber in unregelmässigen Abständen vom Leiter Wacholderspitzen ins Feuer geworfen. Es heisst, der Rauch habe eine reinigende Kraft; er würde Körper und Geist klären und für die visionäre Erfahrung öffnen (SCHULTES 1937: 139). Die Peyoterituale gehören heute zu den bedeutendsten indianischen Heilmethoden.

Hochgebirgswacholder

»Anscheinend haben Dämonen nichts für Düfte übrig, denn sie lassen sich im allgemeinen auf diese Art und Weise ausräuchern.«

EUGENE RIMMEL, *Das Buch des Parfums*

Der Hochgebirgswacholder wächst erst ab 3000 Meter Höhe. Er wird bis zu zwölf Meter hoch und bildet zum Teil grosse Wälder (»Weihrauchwälder«) in den subalpinen Zonen. In Nordindien sagt man, die Wacholderwälder im Himalaya seien die Wohnstatt der Götter. Die Tibeter bezeichnen den aus dem Hochgebirgswacholder gewonnenen Weihrauch als »Nahrung der Götter«. Damit ist ein spezielles, *bsang* (sprich: sʰang) genanntes Ritual zur Reinigung verbunden. Dazu werden die Zweigspitzen des Wacholders unter der Rezitation von Mantras (Beschwörungsformeln) verbrannt. *Bsang* ist ebenfalls ein tibetischer Name für den Wacholder.

Dieser Wacholder heisst auf Tamang, einer tibetoburmesischen Sprache, *shangshing,* »Weihrauchbaum«, auf Nepali *dhupi,* was ebenfalls »Weihrauchbaum« bedeutet. Mit demselben Wort bezeichnen die Nepali aber auch andere *Junipe-*

rus-Arten, auch kultivierte und eingeführte Sorten und Züchtungen. Es gibt an gewissen heiligen Orten, z.B. in Muktinath (oberhalb des Kali-Gandaki-Tales), einzelne Wacholderbäume, die als heilige Bäume verehrt werden.

Den im höheren Gebirge lebenden Buddhisten dienen die Wacholderzweige als Räucherstoff bei der Morgenpuja vor Buddha Shakyamuni. Die Sherpa räuchern bei Exorzismen und bei der Leichenverbrennung mit Wacholder. An den Gebetsfahnenmästen bei Kyangjin Gompa – einem alten Tamang-Kloster – sind an den Spitzen Zweige des Hochgebirgswacholders angebracht.

Alle im Himalaya wachsenden Wacholderarten gehören zu den wichtigsten tibetischen Räucherstoffen und werden in Räucherpulvern und Räucherstäbchen verarbeitet. Dazu werden zum einen die Zweigspitzen, zum anderen aber auch das (Kern-)Holz verwendet.

Die nepalesischen Schamanen *(jhākri)* benutzen viele Räucherstoffe, von denen der Wacholder jedoch der wichtigste ist. Sie verwenden entweder die Zweige oder das Harz. Auch stellen sie aus zermahlenen Juniperuszweigen, **Weissem Sandelholz** und Seidelbastpapier *(nepali kagas)* Räucherzöpfe her, die sie bei ihren Ritualen verbrennen. Es scheint, als ob der Hochgebirgswacholder auf die Schamanen eine psychoaktive Wirkung habe:

»Es war auffallend, dass bei der exorzistischen Handlung der Schamane (jhākri) zu Beginn sich über eine Räucherschale mit glühenden Wacholdernadeln von recurva (andere Arten werden nicht verwendet) und Harzklumpen beugte und den Rauch kräftig inhalierte, bevor er sich mit Hilfe einer grossen Lamatrommel in Trance trommelte.« (KNECHT 1971: 218)

In Darjeeling, das kulturell zu Nepal gehört, aber als Verwaltungsdistrikt Indien untersteht, werden die Zweige zum Vertreiben von Insekten und Moskitos geräuchert. Die reifen Früchte werden in Darjeeling und dem winzigen Himalayaland Sikkim als Geschmacksgeber in das lokal gebraute Hirse- und Reisbier gegeben. In anderen Gebieten nimmt man sie auch zum Parfümieren von selbstgebrannten Hirseschnäpsen *(rokshi)*. Die Wacholderbeeren sollen eine reinigende Wirkung auf die Aura und den subtilen Körper haben und werden deshalb in der ayurvedischen und tantrischen Medizin als Räucherstoff verwendet.

In Pakistan wird der Wacholder als heiliger Baum verehrt und von den Schamanen der Darden als Räucherstoff verwendet. Auch die *Bitaiyo* genannten Schamanen und Trancetänzer der benachbarten Hunza inhalieren den Wacholderrauch:

»Der Zustand echter Trance wird durch das Einatmen des Rauches von Wacholderfeuer, durch Beissen auf Wacholderzweigen und Trinken vom Blut eines abgeschlagenen Kopfes eines männlichen Zickleins erreicht. (…) In wilden Sprüngen läuft der Trancetänzer *(bitan)* umher. (…) Immer wieder durchbricht er seinen rasenden Lauf, (…) lauscht in die Musikinstrumente hinein und singt endlich, über einer Trommel zusammenbrechend, seine Weissagung in einer alten Sprache, die er im Wachzustand weder sprechen, noch verstehen kann.« (zit. in KNECHT 1971: 219)

Bei den Hunza werden die schamanischen Fähigkeiten direkt auf die Einwirkung des Wacholderrauchs zurückgeführt:

»Bitaiyo gelten in Hunza als Menschen mit übernatürlichen Kräften, deren Dienste als Propheten, Zauberer und Heiler in Anspruch genommen wurden. Sie entfalten ihre Fähigkeiten erst nach dem Inhalieren von Rauch brennender Wacholderzweige und dem Genuss warmen Ziegenblutes. Anschliessend tanzten sie zu rhythmischen Trommelschlägen, bis sie den Trancezustand erreichten. Nach der Zukunft befragt, gaben sie dann die Botschaften der Feen in Liedform weiter.« (FELMY 1986: 19)

Um die psychotrope Wirkung zu steigern, wurden Wacholdernadeln mit den Samen der **Steppenraute** vermischt geräuchert.

Alle Wacholderarten entfalten beim Räuchern ähnliche harzige Wohlgerüche, die sehr an den Duft der frischen Nadeln erinnern. Der aromatische Rauch ist einfach zu inhalieren. Die Wacholderbeeren *(Juniperus communis)* verbreiten einen sehr angenehmen, würzigen typischen Wacholderduft, wenn sie auf die Räucherkohle gelegt werden. Die Früchte des Stechwacholders *(Juniperus oxycedrus)* entwickeln auf der Räucherkohle ein völlig anderes Aroma, das kaum noch den Wacholder erahnen lässt. Der Duft ist wärmer, holziger, kaum würzig, aber nicht unangenehm. Den meiner Meinung nach köstlichsten Wacholderduft gibt der Hochgebirgswacholder *(Juniperus recurva)* aus dem Himalaya ab.

Der Gemeine Wacholder ist reich an ätherischen Ölen, besonders konzentriert in den Beeren und im Kernholz. Das Wacholderöl (auch Kadeöl) besteht aus α-Pinen, Sabinen, Camphen, Cadinen, Juniperol, Juniperin, Junen, Terpineol-4 und hat durchblutungsfördernde, menstruationsfördernde und antiseptische Wirkungen.

Die chemische Zusammensetzung des *Juniperus virginiana* ist der des Gemeinen Wacholders ähnlich. *Juniperus virginiana* enthält 3–4% ätherisches Öl (im Handel meist als »Zedernöl« angeboten), bestehend aus Cedren, Cedrol, Cedranol und verschiedenen Terpenen (KRAUS 1990: 129; vgl. **Zeder**).

Der Rauch von *Juniperus recurva* wurde chemisch auf psychoaktive Bestandteile untersucht. Die Gasphase enthält über vierzig Substanzen, deren Hauptkomponenten identifiziert werden konnten: Aceton, Benzol, Toluol, Äthylbenzol, o-Xylol, m-Xylol und wahrscheinlich Limonen (KNECHT 1971: 220). Ein eigentlich psychoaktiver Stoff konnte bislang nicht entdeckt oder isoliert und pharmakologisch erprobt werden.

Der Gemeine Wacholder steht in Deutschland unter Naturschutz; deshalb sollte man nur Wacholdernadeln und -beeren aus dem Gewürz- und Apothekenhandel zum Räuchern verwenden. Den Stechwacholder kann man reichlich in Griechenland sammeln. Das Holz des amerikanischen Wacholders *(Juniperus virginiana)* wird in Deutschland meist unter dem Namen »Zedernholz« angeboten (vgl. **Zeder**). Man bekommt es in esoterischen Buchhandlungen und Indianerschmuckläden. Den himalaischen Wacholder muss man vor Ort selbst sammeln oder in Kathmandu von den Räucherwarenhändlern beim Heiligtum von Bodnath erwerben.

Literatur: ATKINSON 1989, DRURY 1989, FELMY 1986, GERMER 1985, GESSMANN o.D., HART 1979, HINRICHSEN 1994, HLAVA und LANSKA 1977, JAIN 1991, JOHNSTON 1970, KARMAY 1988, KINDSCHER 1992, KNECHT 1971, KONITZKY 1992, KROCHMAL 1984, KRUMM-HELLER 1935 und 1955, KUNKEL 1993, LAD und FRAWLEY 1987, MOERMAN 1986, PABST 1887/89, PERGER 1864, RÄTSCH 1992b und 1995c, ROTH et al. 1994, SCHULTES 1937, STRASSMANN 1994, WERNER 1993.

Yerba Santa

Eriodictyon spp.
Eriodictyon californicum (HOOK. et ARN) TOOR. (syn. *Eriodictyon glutinosum* BENTH.), Mountain Balm
Eriodictyon crassifolium BENTH., Wishap
Eriodictyon crassifolium var. *denudatum* ABRAMS
Eriodictyon traskiae EASTW.

Hydrophyllaceae, Wasserblattgewächse

Die Yerba Santa, von der es mehrere Arten gibt, ist ein buschiges, bis zu zwei Metern hohes immergrünes Kraut mit aromatisch duftenden Blättern. Sie kommt vor allem in Kalifornien vor und gedeiht zwischen Mammutbäumen (Redwoods), Pinien und Joshua Trees. Oft werden die harzhaltigen Blätter von einem Pilz befallen, wodurch sie (einseitig) schwarz werden. Die getrockneten Blätter sehen aus wie lackiert und riechen nach Waldboden. Beim Räuchern entfalten sie einen schwach harzigen, stark kräuterigen Geruch, der entfernt an eine Mischung von **Tanne** und **Sage** erinnert. Der Duft soll das Haus und die Geliebten reinigen und weihen.

Yerba Santa ist ein spanisches Lehnwort und bedeutet »heiliges Kraut«; so wurde die indianische Heilpflanze von den katholischen Missionaren getauft. Die Pflanze ist auch unter den Namen *Mountain balm, Wild balsam* oder *Gum bush* bekannt. Der Name »Bärenkraut« deutet auf eine frühere Verwendung im Bärenschamanismus hin. Die kalifornischen Little-Lake-Indianer nennen sie *sa-tek*, die Concow *wa-sa-goto*, die Yuki *til-at-mil*, die Chumash *wishap* und die Cahuilla *tanwi-vel*.

Die kalifornischen Indianer, die fast ganz ausgerottet oder assimiliert wurden, benutzten das Heilige Kraut als Heil- und Räuchermittel. Es wurde als Medizin bei Grippe (die von den Weissen eingeschleppt worden war), Rheumatismus, Asthma, Schwindsucht, Schnupfen und Erkältungen verwendet. Die zerstossenen frischen Blätter wurden auf schmerzende Gelenke und Stellen an den Gliedern gerieben oder gebunden. Die Blätter wurden auch gegen den Durst ausgekaut. Die weissen Siedler übernahmen den medizinischen Gebrauch von den Indianern weitgehend. Sie benutzten die Blätter darüber hinaus auch dazu, den selbstgebrannten (meist grauenhaft schmeckenden) Whiskey geschmacklich aufzubessern.

Den Chumash dienten die Blätter nicht nur als rituelles Räuchermittel, sondern auch als Zusatz für heisse Bäder. Auch die Atsugewi benutzten Blätter und Stengel in ihren Dampfbädern als Duftstoff und Heilmittel bei Rheumatismus. Die Coastanoan rauchten die getrockneten Blätter bei Asthma. Diese Anwendung wurde auch von den Weissen übernommen.

Die getrockneten Blätter der Yerba Santa dienten den kalifornischen Indianern auch als Tabak oder Zusatz zu Tabakmischungen. Sie wurden auch verschiedenen Räuchermischungen als heilende Medizin beigefügt und sind auch als Badezusatz oder Kräutertee brauchbar.

Die Blätter enthalten ein gelbes ätherisches Öl, ein lackartiges Harz, Phytosterol, Glukose, Fettsäuren und verschiedene Phenole (Eriodictyol, Homaeriodictyol, Chrysocriol, Zanthaeridol und Eridonel). Die Blätter bzw. der daraus gewonnene alkoholische Extrakt haben schleimlösende und entkrampfende Wirkung.

In Europa ist die Yerba Santa fast unbekannt. In den letzten Jahren habe ich aber in Indianerschmuck- und Esoterikläden aus dem Kraut gebundene Räucherbündel *(smudge sticks)* gesehen.

Literatur: CLARKE 1977, GRIEVE 1982, MACHT und BRYAN 1935, MOERMAN 1986, TIMBROOK 1990, WESTRICH 1989.

Ysop

Hyssopus officinalis L., Echter Ysop

Lamiaceae (Labiatae), Lippenblütler

Der bei uns heimische Ysop oder Gartenysop *(Hyssopus officinalis)* ist nicht mit dem biblischen Kraut gleichen Namens identisch. Holzschnitt aus Fuchs, *Kreutterbuch*, 1543.

»Ysop vermittelt Inspiration und Weisheit.«
　　　Susanne Fischer-Rizzi, *Himmlische Düfte* (1989: 172)

Der violett blühende, aromatisch duftende Ysop stammt aus dem Mittelmeergebiet, ist aber schon früh in Burg- und Klostergärten angebaut worden. Einer deutschen Volkssage nach soll das Kraut von Jesus persönlich auf die Erde gebracht und angepflanzt worden sein. In Europa galt der Ysop als Taufsymbol und Zeichen der Unschuld. Im Okkultismus war er eine Sonnenpflanze und stellte zusammen mit der Zeder den Jahreslauf der Sonne von der Wintersonnenwende zur Sommersonnenwende und zurück dar.

Das griechische Wort *hyssop* war in der Antike ein Sammelname für Pflanzen, die alle denselben oder einen sehr ähnlichen Geruch hatten. Ob mit diesem Namen auch der *Hyssopus officinalis* gemeint war, ist bis heute umstritten. Dennoch geht der heutige Gebrauch des Krautes auf die Beschreibung von Dioskurides, den »Vater der Phytotherapie«, zurück:

»Der Hyssopos [die Römer nennen ihn Hyssopus, auch Later oder Kassiola, die Ägypter Pesalem] ist eine bekannte Pflanze in zwei Arten; die eine ist die wildwachsende, die andere die in Gärten gebaute. Am besten ist die in Kilikien wachsende. Sie hat eine verdünnende, erwärmende Kraft. Mit Feigen, Wasser und Honig gekocht und getrunken ist sie ein gutes Mittel bei Lungenentzündung, Asthma, chronischem Husten, Katarrh und Orthopnöe. Sie tötet auch die Würmer; mit Honig als Leckmittel leistet sie dasselbe. Ihre Abkochung mit Sauerhonig getrunken führt den dicken Schleim durch den Bauch ab. Mit fein gestossenen grünen Feigen wird sie auch zum Reinigen des Bauches gegessen; kräftiger reinigt sie aber, wenn ihr Kresse oder Schwertlilie oder Rauke zugemischt wird. Sie bewirkt auch eine gute Farbe. Als Kataplasma mit Feigen und Natron dient sie gegen Milz- und Wassersucht, mit Wein gegen Entzündungen. Mit heissem Wasser aufgelegt verteilt sie Sugillationen unter den Augen, bei Schlundmuskelentzündung ist sie mit Feigenabkochung als Gurgelwasser das beste Mittel. Zahnschmerzen lindert sie mit Essig gekocht als Mundspülwasser. In der Räucherung hebt sie das Getöse in den Ohren auf.« (Dioskurides III, 27 [30])

Manche Autoren schreiben dem Ysoprauch eine klärende Wirkung auf die Gefühle zu, besonders wenn das Kraut mit **Zypresse**, **Olibanum** und **Zeder** (welcher auch immer) verbrannt wird. Ysop als Räucherstoff wurde dem Planeten Jupiter zugedacht. Das Ysopkraut entfaltet beim Räuchern einen leicht stechenden Geruch, der an Tabak und Holzfeuer erinnert. Es ist deshalb besser in Mischungen zu verwenden.

Das Kraut enthält 0,5% ätherisches Öl, bestehend aus Sesquiterpenen, Thujon, Borneol, Phellandren, Geraniol, Limonen, Pinen und Ketonen (Pinocamphen), Gerbstoffe, bittere Flavonoidglykoside, Sitosterin, Ursolsäure sowie den Farbstoff Hyssopin. Das Keton Pinocamphen kann in höheren Dosen epileptische Anfälle auslösen.

Immer noch wird der Ysop mit dem biblischen *azob* (»heilige Pflanze«), dessen Gebrauch als Räucherstoff auf Moses zurückgehen soll, verwechselt. In Psalm 51, Vers 9 heisst es: »Besprenge mich mit *ezop* [*azob*] und ich werde rein, wasche mich, und ich werde weisser als Schnee.« Der *azob* wurde zur Reinigung von Kultstätten geräuchert. Die Israeliten sollen ganze Bündel davon bei Reinigungsriten für Leprakranke verbrannt haben. Diese Pflanze wurde als *za'atar* ins Arabische übersetzt. Mit *za'atar* wurden und werden noch heute Gewürze einer bestimmten Geschmacks- und Duftrichtung benannt: *Satureja thymbra* L., *Thymbra spicata* L., *Coridothymus capitatus* (L.) REICHENB. und *Majorana syriaca* (L.) RAF. All diese Pflanzen enthalten ein ätherisches Öl gleicher bzw. sehr ähnlicher Zusammensetzung; als Hauptduftstoff gilt das Carvacrol. Vermutlich handelte es sich beim biblischen *azob* um die Majoranart *Majorana syriaca*, die noch heute von den Samaritern, die behaupten, sie hätten die alten Rituale bewahrt, als *azob* im Übergangsritual zum reinigenden Räuchern benutzt (FLEISHER und FLEISHER 1987).

Literatur: BELLEDAME 1990, CALAND 1992, DASTUR 1985, DITTRICH 1988, DRURY 1989, FISCHER-RIZZI 1989, FLEISHER und FLEISHER 1987, GRIEVE 1982, HLAVA und LANSKA 1977, PAHLOW 1993, PERGER 1864, SEITZ 1993, WOLLNER 1995, ZOHARY 1986.

Zeder

Cedrus spp.
Cedrus atlantica (ENDL.) MANETTI, Atlas-Zeder[48]
Cedrus brevifolia (HOOK.F.) HENRY, Kurznadelige Zeder, Zypern-Zeder
Cedrus deodara (ROXB. ex D.) G. DON in LOUD. (syn. *Cedrus libani* BARREL. var. *deodara* HOOK.; *Pinus deodara* ROXB.), Himalaya-Zeder, Deodar

Pinaceae, Föhrengewächse

Calocedrus, Juniperus, Thuja
Calocedrus decurrens (TORR.) FLORIN (syn. *Libocedrus decurrens* TORREY), Weihrauchzeder, Rauchzypresse
Juniperus sedona, Sedona Juniper
Thuja plicata DONN, Western Red Cedar, Northwestern Flat Cedar, Riesen-Lebensbaum
Thuja occidentalis L., Yellow Cedar

Cupressaceae, Zypressengewächse

Cedrela mexicana ROEM., Cedro, Cedrón, Mexikanische Zeder
Cedrela odorata L., Cedro rojo

Meliaceae

»Was der Löwe in der Tierwelt, das ist die Zeder unter den Bäumen.«
SUSANNE FISCHER-RIZZI, *Himmlische Düfte* (1989: 175)

Es gibt nur vier echte Zedernarten (Gattung *Cedrus*), nämlich die **Libanonzeder** (siehe dort), die Himalaya-Zeder, die auf Zypern endemische Kurznadelige Zeder und die Atlas-Zeder. Zedern werden oft mit verschiedenen **Wacholder**arten verwechselt. Diese Verwechslung geht aber schon auf römische Zeit zurück, wo *Cedrus* und *Juniperus* mehr oder weniger synonym verwendet wurden. Alle Zedern des Altertums wurden als Heilmittel und Räucherstoffe verwendet. Besonders das Harz war eine hochangesehene Medizin:

»Die Zeder ist ein grosser Baum, aus dem das sogenannte Zedernharz gewonnen wird. Sie hat

---

[48] Mitunter wird diese Zeder als eine Unterart der **Libanonzeder** gesehen: *Cedrus libani* ssp. *atlantica* (ENDL.) BATT. und TRAB.

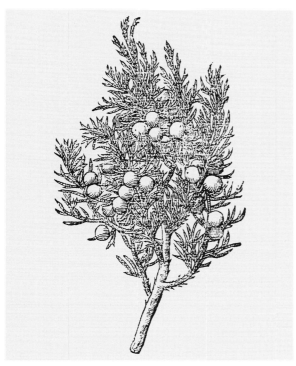

Viele der Nadelbäume, die in der älteren Literatur als Zedern beschrieben wurden, sind heute botanisch nicht mehr zu bestimmen. Holzschnitt aus GERARD, *The Herbal*, 1633.

eine Frucht ähnlich der der Zypresse, aber viel grösser. Es wird auch eine andere Zeder genannt, klein, dornig wie Wacholder, die eine runde Frucht trägt von der Grösse der der Myrte. Das beste Zedernharz ist dicht und durchscheinend, stark riechend, welches beim Ausgiessen in Tropfen bleibt und nicht auseinanderläuft. Es hat die Kraft, lebende Körper in Fäulnis zu bringen, tote dagegen zu konservieren. Deshalb haben einige auch dasselbe das Leben des Todes genannt. Auch Kleider und Pelze zerstört es durch heftiges Erwärmen und Austrocknen. Es eignet sich sehr zu Augenmitteln, indem es eingestrichen das Sehen schärft und Leukome und Narben entfernt. Mit Essig ein-getröpfelt tötet es die Würmer in den Ohren, mit Ysopabkochung eingegossen beseitigt es Ohrenklingen und Ohrensausen. In hohle Zähne gesteckt zerstört es zwar die Zähne, vertreibt aber die Zahnschmerzen, mit Essig als Mundspülwasser tut es dasselbe. Das Schamglied vor dem Beischlafe damit eingesalbt, verhindert es die Empfängnis. Bei Entzündung der inneren Schlundmuskeln ist es ein Einsalbungsmittel und hilft auch bei Mandelentzündungen. Eingeschmiert tötet es Läuse und Wanzen. Gegen den Biss der Hornschlange leistet es als Aufschlag Hilfe. Gegen genossenen Meerhasen [*Aplysia depilans*] hilft es mit süssem Wein genommen, auch den an Elephantiasis Leidenden ist es heilsam. Als Leckmittel oder als Salbe reinigt es die Geschwüre in der Lunge und bringt sie in der Gabe eines Bechers geschlürft zur Heilung. Im Klistier angewandt tötet es Spulwürmer und Askariden, zieht auch den Fötus heraus.

Es wird auch ein Öl daraus gemacht, welches vom Harz durch Wolle abgeschieden wird, die wie beim Pech während des Kochens darüber gespannt wird; es hat dieselbe Wirkung wie das Zedernharz. Insbesondere heilt das Öl, kräftig eingerieben, aber die Räude der Vierfüssler, der Hunde und Ochsen und tötet ihre Zecken, bringt auch die beim Scheeren verursachten Geschwüre zur Vernarbung. Den Russ desselben macht man wie den des Pechs, er hat dieselbe Wirkung wie dieser. Die Früchte desselben werden Kedriden genannt. Sie haben erwärmende Kraft, dem Magen sind sie schädlich. Sie helfen bei Husten, Krämpfen, inneren Zerreissungen, Harnzwang, befördern, mit gepulvertem Pfeffer genommen, die Menstruation und werden auch gegen genossenen Meerhasen mit Wein genommen. Sie verscheuchen die wilden Tiere, wenn der Körper zugleich mit Hirschtalg oder Mark eingerieben ist. Sie werden auch den Gegengiften beigemischt.« (DIOSKURIDES I, 195)

In den antiken Schriften wurde die Libanonzeder botanisch nicht von der vor allem in Nordafrika heimischen Atlas-Zeder unterschieden. Die Atlas-Zeder enthält ein Harz, das ähnlich aufgebaut ist wie der baltische Bernstein, und ein ätherisches Öl, bestehend aus den Sesquiterpenketonen α-Atlanton und γ-Atlanton, D-Cadinen, Thujon und Cedrol. Der Duft ist dem der Libanonzeder sehr ähnlich. Er ist warm, balsamig-harzig und sehr angenehm.

Himalaya-Zeder

Die Himalaya-Zeder oder Deodar wird über dreissig Meter hoch und kommt bis zu 3000 Meter Höhe vor. Der Name leitet sich von Sanskrit *devadáru*, »göttlicher Baum«, ab.[49] Der Baum kann ein Alter bis zu 550 Jahren erreichen. Er liefert ein wohlriechendes Holz und ein ätherisches Öl, das dem der Atlas-Zeder sehr ähnlich ist. Das duftende Holz ist ein hervorragendes Werkmaterial für Möbel, Häuser, Tempel und Brücken, da es gegen Insektenfrass beständig ist.

Der Zedernduft ist ein ausgezeichnetes Mittel, um lästige Insekten zu vertreiben. Das aus dem Holz destillierte ätherische Öl wird in der nepalesischen Volksmedizin und im Ayurveda vielseitig verwendet. Zum Räuchern werden das durch Ritzen gewonnene Harz, meist aber die Zweigenden und Nadeln benutzt. Der Rauch der Himalaya-Zeder soll »Seelenstärke« und »Erdverbundenheit« fördern. Die Nadeln werden unter tibetische und nepalesische Räuchermischungen *(sang* oder *dhup)* gemischt (vgl. **Wacholder**). Das Holzmehl wird zur Fabrikation von Räucherstäbchen verwendet.

---

49 Dieser Name wird gelegentlich auch der Himalaya-**Zypresse** *Cupressus torulosa* gegeben, die auch als Räucherstoff verwendet wird (ATKINSON 1989: 830).

Die Himalaya-Zeder enthält – ebenso wie die Atlas-Zeder, die genauso benutzt werden kann und auch den gleichen Duft entwickelt – ein ätherisches Öl, das unter der Bezeichnung Libanol in den Handel kommt (vgl. **Libanonzeder**). Es enthält u.a. Santal und wirkt lindernd bei Bronchitis. Beim Räuchern verströmen die Nadeln einen angenehmen harzig-süssen Geruch, sehr ähnlich wie die Libanonzeder. Auch die Nadeln der Atlas-Zeder produzieren einen sehr ähnlichen, aber etwas herberen Duft. Die kurzen Nadeln der Zypriotischen Zeder riechen am intensivsten und verbreiten den süssesten Duft.

Nordamerikanische Zedern

Die nordamerikanische »Zeder« *(Cedar)* ist gar keine Zeder im botanischen Sinne, sondern eine Wacholderart *(Juniperus virginiana).* Praktisch alle Produkte, die sich im Handel befinden und als Zeder ausgegeben werden – Zedernholz, Zedernöl usw.– stammen von diesem Wacholder. Dieses »Zedernholz« wurde von nordamerikanischen Indianern zu Herstellung von Einbäumen, als Medizin und Räucherstoff verwendet (siehe unter **Wacholder**). Der Rauch hat einen sehr wacholderähnlichen Geruch, ist aber etwas harziger im Aroma. Er verbleibt auch länger in der Luft. Die Zweigenden sind bei den Peyoteritualen der *Native American Church* der wichtigste Räucherstoff. Durch ihn breitet sich eine erhabene Heiligkeit aus, durch die die Visionen frei fliessen können.

Der Lebensbaum (*Thuja occidentalis* L.), dessen Zweigenden ein ganz ähnlich duftendes Räuchermittel abgeben, wird in Nordamerika *White Cedar* oder *Yellow Cedar* genannt. Der bis zu tausend Jahre lebende Riesen-Lebensbaum *(Thuja plicata)* heisst *Western Red Cedar, Juniperus virginiana* wird auch *Eastern Red Cedar* genannt. Die

Western Red Cedar ist besonders häufig an der Pazifikküste des Nordwestens anzutreffen; sie gilt als ein wertvoller Holzlieferant. Die Küstenstämme dieser Region schnitzten daraus Totempfähle und benutzen seit Jahrhunderten die aromatischen Zweigenden dieses heiligen Baumes als Räucherstoff. Viele Medizinleute halten diesen Stoff für das weibliche Gegenstück zum **Sage**. Der süss-würzige Duft, der beim Abbrennen der Zweige entsteht, soll die »Jagd« nach Heilkräutern fördern und auch beim Pflücken aufgefundener Pflanzen als Opfergabe an den Pflanzengeist verwendet werden. Traditionell werden die Zweige in einer Abalonen-Schale (*Haliotis* sp.) verbrannt. Es heisst, der Rauch würde die vier Elemente Erde, Luft, Feuer und Wasser miteinander vereinen und deshalb auf Körper und Geist harmonisierend wirken. Der Rauch der Weihrauchzeder hat einen sehr ähnlichen, aber etwas süsseren und stechenderen Duft.

Thuja occidentalis enthält den Bitterstoff Pinipicrin sowie eine Gerbsäure, Wachs, Harz und ein kampferartiges ätherisches Öl, bestehend aus Pinen, Fenchon, Thujon u.a. Thuja ist adstringierend und diuretisch, durch den hohen Thujon-Gehalt auch abortativ. Der Gebrauch des ätherischen Öls ist nicht ganz ungefährlich, als Räuchermittel ist Thuja jedoch nicht toxisch.

In Nordamerika werden verschiedene Wacholderarten (*Juniperus scopulorum, J. virginiana, J. occidentalis, J. californica* usw.) zur Gewinnung des »Zedernöls« *(Cedarwood oil)* verwendet (ADAMS 1987). Dazu wird das an ätherischen Ölen reiche Kernholz älterer Gewächse destilliert. Die Zusammensetzung des Öls ist trotz unterschiedlicher Stammpflanzen recht einheitlich. Es enthält α-Cedren, β-Cedren, Thujopsen, Cuparen, Cedrol und Widdrol. Das sogenannte Zedernwachs ist kristallisiertes Cedrol.

Mexikanische Zedern

Aus der mexikanischen Zeder, einem Laubbaum (!), dessen Holz sehr ähnlich wie das der Libanonzeder duftet, lassen sich hervorragende haltbare Einbäume bauen. Die Cuna von Panama (vgl. **Kakao**) stellen daraus sogar seetüchtige Einbäume her.

Die mexikanische Zeder heisst auf Maya *k'uche'*, »heiliger Baum«, auf Aztekisch *tlatzcan*. Die Maya benutzten das wohlriechende Holz zur Herstellung von hölzernen Götterfiguren. Um das Holz für diesen Zweck zu ernten, musste sich der Schnitzer zuerst reinigen, fasten und Gebete sprechen. Dann zog er in den Wald und suchte sich einen geeigneten Baum aus. Vor dem Schlagen wurde ein kleines Ritual ausgeführt: Der Schnitzer musste zunächst **Copal** oder **Ocoté** verbrennen und den Rauch in die vier Himmelsrichtungen blasen, danach musste er Gebete rezitieren, um die Götter gnädig zu stimmen. Erst dann konnte er den erwählten Baum fällen. Die Lakandonen überlieferten zur Verwendung der Zedernholzfiguren eine Geschichte von den Bewohnern von Yaxchilan (Habo'):

»Die Habo' sahen die Götter und darum hatten sie eine Echte Statue des K'ulel, des Wirbelwindes. Die Statue beschützte sie und erlaubte es nicht, dass sie Bauchschmerzen oder Erbrechen bekamen. Nein, zu den Habo' kamen keine Kopfschmerzen. Es kamen keine Krankheiten zu ihnen, nichts. Wenn die Sonne im Zenith stand, drehte sie sich dorthin, wohin die Sonne geht. (…) Die Echte Statue des K'ulel drehte sich selbst. (…) Die Statue des K'ulel, des Wirbelwindes, so heisst es, hatte einen Kopf. Er glich unseren Köpfen. Er hatte Haare und eine Tunika. Genauso war es mit der Echten Statue des [Götterboten] Äkinchob. Auch seine Statue hatte Haare. Genau glich sie einem Menschen. Sie war wie ein Mensch, aber bewegte sich nicht.

So heisst es, die waren aus Holz, aus Zedernholz gemacht. Es war Äkinchob, der sie aus Zedernholz geschnitzt hatte. Er war es, der die Statuen schuf und auf die Erde setzte.« (MA'AX und RÄTSCH 1984: 112f.)

Das duftende Zedernholz wurde bei den Maya in Magie, Medizin und Ritual als Räucherstoff verwendet. Die Lakandonen räuchern das Holz bzw. die Späne erfolgreich gegen Moskitos und andere blutsaugende Insekten. Der aromatische Duft des Rauches erinnert erstaunlicherweise sehr an die echten Zedern.

Die *Cedrela odorata* enthält ein stark insektizid wirkendes ätherisches Öl. Holz und Essenz sind in Europa praktisch nicht erhältlich.

Literatur: ADAMS 1987, AGUILERA 1985, ASHISHA und MAHARADANATHA 1994, ATKINSON 1989, DUKE 1975, ERICHSEN-BROWN 1989, FISCHER-RIZZI 1989, GRIEVE 1982, HECKER 1995, HUTCHENS 1992, JAIN 1991, MA'AX und RÄTSCH 1984, MARTINEZ 1987, RÄTSCH 1992b und 1995c, STORRS 1990, STRASSMANN 1994.

Zimt

Cinnamomum verum PRESL
(syn. *Cinnamomum zeylanicum* BLUME)

Lauraceae, Lorbeergewächse

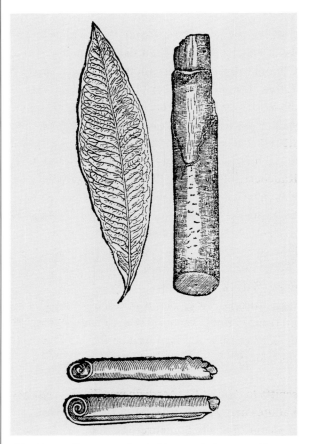

Alte Darstellung von den in Europa bekannten Produkten des Zeylonzimts (Cinnamomum verum): Blatt, Holz, Rinde (Zimtstangen). Holzschnitt aus GERARD, *The Herbal*, 1633.

»Ich habe mein Bett mit Myrrhe besprengt, mit Aloe und Zimt.« *Sprüche 7, 17*

Im Altertum gehörte der Zimt zu den bekanntesten und am häufigsten verwendeten Gewürzen und Aromastoffen. Obwohl den Griechen der Zimtbaum nicht bekannt war, kursierten gewisse Legenden über seine Herkunft. Man glaubte, dass der Zimtbaum in Arabien wachse, aber nicht auf der Erde, sondern in den Nestern der Phönixvögel, die an steilen Felsen klebten. Um an den begehrten Zimt zu gelangen, mussten die Phönixe überlistet werden. Dazu sollten die Zimtsammler die Gliedmassen eines verendeten oder geopferten Tieres in der Nähe der Nester auslegen. Wenn sich die Vögel darauf stürzten, hatten die Sammler gerade genug Zeit, um etwas Zimt aus dem Nest zu stehlen. In der Bibel taucht der Zimt mehrfach unter dem Wort *kinnamon* auf und wird als Duft- und Räucherstoff genannt. Plinius berichtet, dass der Zimt aus der »Gegend, wo Vater Liber [= Bacchus-Dionysos] erzogen worden sei«, stamme (XII, 42, 85). Den Zimt »erntet man nur, wenn es die Gottheit gestattet; einige sehen in ihm Jupiter, jene [Einwohner des Zimtlandes] nennen ihn Assabinus« (XII, 42, 89).

In Europa ist der bis zu zehn Meter hohe, immergrüne Zimt auch als Ceylonzimt bekannt, denn er gehört seit langem zu den wichtigsten Exportgütern Sri Lankas (Ceylon). Vermutlich wurde er von dort schon ins antike Griechenland verschifft. In der antiken Medizin war Zimt ein gut bekanntes und bedeutendes Mittel (vgl. **Kassia**):

»Vom Zimt gibt es mehrere Sorten, welche nach dem Ursprungsland benannt werden. Den Vorzug verdient der Mosylon, weil er eine ziemlich grosse Ähnlichkeit mit der Mosylites genannten Kassia aufweist, und von diesem der frische, dunkelfarbige, auf weinfarbigem Grund aschgraue, der dünne und glatte Zweige und zahlreiche Knoten hat und sehr wohlriechend ist. Denn zunächst hängt die Beurteilung für grösste Güte von der Eigentümlichkeit des Wohlgeruches ab. Es findet sich nämlich bei dem besten und ganz echten, dass der Geruch dem der Raute oder dem des Kardamom ähnlich ist. Ferner noch (verdient Vorzug) auch der beim Kosten brennende und beissende und der zugleich mit Wärme etwas salzig schmeckende, der beim Zerreiben nicht schnell zusammenbackt, beim Zerbrechen stäubt und glatt ist zwischen den Knoten. Prüfe ihn aber, indem du von einer Wurzel den Zweig nimmst, denn eine solche Prüfung ist leicht auszuführen. Man trifft nämlich Mischungen von Bruchstücken, welche, indem sie gleich im Anfange der Untersuchung das Bessere mit ihrem Hauch umgeben und den Geruch vollständig ausfüllen, die Erkenntnis des Schlechteren erschweren. Es gibt aber auch einen Bergzimt, dick, kurz, von hellgelber Farbe; dann einen dritten vom Mosylon ab, dunkel und sehr wohlriechend, gut schlank und ohne viele Knoten. Ein vierter ist weiss, locker, von knollenartigem Aussehen und schwach, dabei leicht zerbrechlich und mit einer grossen, der Kassia etwas ähnlichen Wurzel, der fünfte, mit durchdringendem Geruch, ist hellgelb und hat auch eine Rinde, ähnlich der der gelben Kassia, ist hart anzufühlen, nicht sehr faserig, und hat eine dicke Wurzel. Was von diesen nach Weihrauch, Myrte, Kassia oder Amomum riecht, ist schlechter. (…)

Sämtlicher Zimt hat erwärmende, harntreibende, erweichende, die Verdauung befördernde Kraft. Genossen befördert er die Menstruation und treibt die Frucht ab, und mit Myrrhe aufgelegt hilft er gegen giftbissige und totbringende Tiere; auch entfernt er die Verdunkelungen der Pupille, er erwärmt zugleich und verdünnt. Mit Honig aufgestrichen, vertreibt er Leberflecke und Sommersprossen; er wirkt auch gegen Husten und Katarrh, gegen Wassersucht, Nierenleiden und Harnverhalt. Auch wird er den kostbaren Salben zugemischt, ist überhaupt zu Vielerlei nützlich. Für längere Zeit wird er aufbewahrt, indem er zerstossen in Wein aufgenommen und im Schatten getrocknet wird.« (DIOSKURIDES I, 13)

Sowohl als Gewürz wie auch als Räucherstoff werden die Rindenstücke von Schösslingen abgezogen, die sich an Stümpfen des Zimtbaums bilden. Beim Räuchern geben die Zimtstangen einen köstlichen zimtigen Duft ab, der weniger süss ist als der Rauch der **Kassia**.

In der ayurvedischen Medizin wird Zimt mit Kardamom und Lorbeerblättern zu den »Drei Aromatika« vermischt. Diese Mischung findet nicht nur in verdauungsfördernden Medikamenten, sondern auch in Räucherpulvern Verwendung. Der Duft des Zimtes gilt als heilsam, besonders bei allen Erkrankungen der Atemwege.

Im Okkultismus wurde Zimt als Tonikum und Aphrodisiakum geräuchert, denn er stand unter dem Zeichen der Venus. In den dreissiger Jahren wurden Caneel-Zigaretten wie Marijuana-Joints geraucht und sollen zu ähnlichen Wirkungen geführt haben (ROTH et al. 1994: 235). Ob der Hauptwirkstoff wirklich Zimt oder **Kaneel** war, sei dahingestellt.

Zimtrinde *(Cortex cinnamomi ceylanici)* enthält 2,5–4% ätherisches Öl mit 75% Zimtaldehyd, daneben Furfurol, Benaldehyd, Caryophyllen, Phellandren, Pinen, Cymol und Eugenol sowie Schleim und Gerbstoff. Das Zimtöl wirkt erregend auf Nerven, Muskeln und das kardiovaskuläre System.

Ein sehr hochwertiges Zimtöl stammt von den Seychellen, wo der Zimtbaum in grossem Stil angebaut wird, aber auch verwildert vorkommt. Das Öl wird aus den frischen Blättern destilliert. Man kann es als Zusatz zu Räuchermischungen verwenden, wenn **Gummi Arabicum** oder **Drachenblut** als Bindemittel benutzt werden. Das Zimtöl von den Seychellen ist besonders reich an Eugenol (vgl. **Nelke**).

Literatur: BELLEDAME 1990, BROSSE 1992, DASTUR 1985, FOCK-HENG 1965, GRIEVE 1982, HLAVA und LANSKA 1977, JAIN 1991, KRAUS 1990, LAD und FRAWLEY 1987, MÜLLER-EBELING und RÄTSCH 1989, PAHLOW 1993, PATNAIK 1993, ROTH et al. 1994, STORRS 1990, WOLLNER 1995, ZOHARY 1986.

Zypresse

Cupressus spp.
Cupressus arizonica GREENE, Arizona-Zypresse
Cupressus sempervirens L., Zypresse
Cupressus torulosa D. DON, Himalaya-Zypresse

Cupressaceae, Zypressengewächse

Taxodium mucronatum TEN., Mexikanische Zypresse, Ahuehuetl

Taxodiacea, Taxodiengewächse

»Lieblich ist dein ganzes Wesen wie ein frisches Rosenblatt,
Gleich der Paradieszypresse bist du Glied für Glied schön.« HAFIS, *Ghaselen*

Die immergrüne Zypresse soll ursprünglich aus Asien stammen und von den Phönikern in das Mittelmeergebiet eingeführt worden sein. Zuerst pflanzten sie den Baum auf der Insel Zypern – daher erhielt er seinen Namen Zypresse, »Baum von Zypern«. Aus diesem Grund stand er auch mit Aphrodite, der Göttin von Zypern, in Verbindung. Schon Homer besingt die »wohlriechende Zypresse« in der *Odyssee* (5, 64). Vor Troja lag ein Tempel der Demeter-Ceres, neben dem eine als heilig verehrte Zypresse stand (VERGIL, *Aeneis* 2, 713)

Zypressenzweige wurden als Schutzräucherungen und bei Segnungen verbrannt. Die Zypresse war seit dem Altertum ein Baum, der mit Trauer, Tod und der Unterwelt assoziiert war. Deshalb wurden die Zweige oft bei Totenfeiern geräuchert. Auch wurden Zypressen als Zeichen der Trauer gepflanzt.

Zypressen können über tausend Jahre alt werden und bilden ein äusserst widerstandfähiges und aromatisches Kernholz aus. Laut Hildegard von Bingen bezeichnet die Zypresse »das Geheimnis Gottes« und schützt vor Teufeln und Magie. Deswegen wurden mit Zypressenräucherungen Dämonen vertrieben und Schadenzauber gebannt. Merkwürdigerweise diente die Zypresse aber auch als Bestandteil von Räucherungen antiker Hexenkulte:

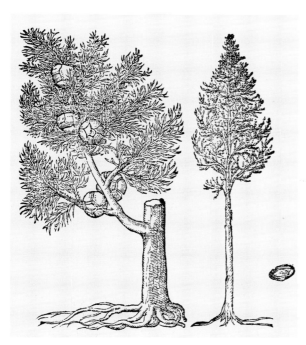

Alte Darstellung einer wilden Zypresse *(Cupressus sempervirens)* und einer kultivierten Gartenzypresse *(Cupressus* sp.*)*. Holzschnitt aus GERARD, *The Herbal*, 1633.

»Als Canidia ihre Hexenkünste betrieb, umwand sie ihr Haupt mit Vipern, liess von den Gräbern wilde Feigenbäume und trauerverkündende Zypressen holen, nahm mit Krötenblut beschmierte Euleneier, nahm Eulenfedern und giftige, aus Kolchis und Iberien gebrachte Kräuter, und machte mit alledem ein Feuer an.« (HORAZ, *Epod.* 5, 16)

In der *Okkulten Botanik* des Sédir heisst es, »das Verbrennen von Zypressenzweigen fördert, getreu nach dem Prinzip des Saturn, die Konzentration auf das Wesentliche, eine stärkere ›Erdung‹« (BELLEDAME 1990: 118f.). Ritualgeräte sollen mit Zypressenholzrauch gereinigt und geweiht werden. Der Rauch wurde mit den Göttern Mithras, Herakles, Persephone, Pluton, Hekate, Venus und Ashtaroth assoziiert. Er ist mit der sprirituellen Reise des Menschen durchs Universum verbunden:

»Die Räucherung mit Zypresse stellt eine ›Durchgangsräucherung‹ dar, die die Pforten zum Heiligtum öffnet. Die Botschaft lauet: ›Erkenne die Trauer, übe dich im Sterben, und wir finden uns wieder.‹« (STRASSMANN 1994: 306)

In Europa war Zypressenholz ein wichtiger Bestandteil medizinischer Räucherpulver. Dazu wurde das aromatische Holz mit **Wacholder**, **Rosmarin**, **Thymian**, **Olibanum** und **Lorbeer** vermischt. Heute wird das Zypressenholz noch bei der Herstellung deutscher Räucherkerzen gebraucht. Das Holz soll mit Huflattichblättern zusammen eine hustenlindernde Räucherung abgeben.

Zypressenzweige verbrennen mit einem feinen weissen Rauch, der aromatisch harzig nach Wald duftet. Der Geruch erinnert stark an andere Nadelgewächse, besonders an die verschiedenen **Wacholder**- und **Zeder**narten. Die Zweige verbrennen lichterloh unter lautem Knistern. Wenn die Flammen ausgeblasen werden, glimmen die Zweige lange weiter. Deshalb lassen sich aus frischen Zypressenzweigen gut Räucherbündel schnüren.

Die Nordamerikanische Zypresse *(C. arizonica)*, die vor allem im Südwesten heimisch ist, wurde früher als Räuchermittel zur Einleitung einer sanften Geburt, zum Austreiben der Nachgeburt und zur Beruhigung der Gebärmutter verwendet (KROCHMAL 1984: 82). Sie hatte auch rituelle Bedeutung als Räucherstoff:

»Die Mide [= Medizingesellschaftler] der Chippeway-Indianer benutzen zum Ausräuchern der Dämonen eine Cypressenart, weil sie glauben, dass die Nadeln der Zweige die bösen Geister stechen und dass die Wirksamkeit der Ausräucherung hierdurch bedeutend erhöht werden würde.« (BARTELS 1893: 191)

Heute wird die Zypresse von manchen Indianern als Räucherstoff in der Schwitzhütte oder als Bestandteil von Räucherbündeln verwendet. Die Zweigspitzen geben einen feinen weissen aromatischen Rauch ab, der geruchlich kaum von der europäischen Zypresse zu unterscheiden ist.

Die Mexikanische Zypresse wurde von den Azteken wegen ihres feinen und angenehmen Duftes geschätzt. Sie glaubten, der Baum sei aus Menschen entstanden und mit dem Kapokbaum (*Ceiba pentandra* GAERTN.), einem schamanischen Weltenbaum, verwandt; diese beiden Bäume waren sozusagen »Mutter und Vater des Schattens« (SAHAGUN XI, 6). Die Zweigspitzen werden gelegentlich zum rituellen und reinigenden Räuchern verwendet.

In Nepal und anderen Himalaya-Ländern wird das Holz der Himalaya-Zypresse oft in Tempeln als Räucherstoff verbrannt. In Räucherpulvern werden die Zweigspitzen mit **Wacholder** kombiniert.

In den Zapfen und Zweigspitzen von *Cupressus sempervirens* sind 1% ätherisches Öl, bestehend aus Pinen, Camphen, Cymen, Sylvestren, d-Campen, Sabinol, Zypressenkampfer u.a., enthalten; es hat adstrigierende, krampflösende, antiseptische und antirheumatische Wirkungen. Im Zypressenöl befindet sich ein Stoff, der chemisch dem weiblichen Sexualhormon analog ist. Das ätherische Öl und der bei der Räucherung entstehende Rauch haben desinfizierende und insektenvertreibende Wirkungen.

Literatur: BARTELS 1893, BELLEDAME 1990, CALAND 1992, DRURY 1989, FISCHER-RIZZI 1989, GERMER 1985, KROCHMAL 1984, LENZ 1966, RÄTSCH 1995a, RIMMEL 1985, STORRS 1990, STRASSMANN 1994, WERNER 1993, WOLLNER 1995.

Zubereitung und Gebrauch

Wer sich genauer mit Pharmazie, Pharmakognostik, Pharmakologie und Chemie der Räucherstoffe beschäftigen möchte, sollte auf die entsprechende pharmakologische Literatur zurückgreifen (Hunnius 1975, Roth et al. 1994, Wagner 1985, *Hagers Handbuch* usw.). Hier seien nur einige der im Text oft auftauchenden Begriffe erläutert.

Pharmazeutisches Glossar

Ätherisches Öl

Auch Ätherischöl, Etherisches Öl, Essenz, Aroma, volatiles Öl genannt. Dabei handelt es sich um komplexe Mischungen von Kohlenwasserstoffen Alkoholen, Ketonen, Säuren und Estern, Äthern, Aldehyden und Schwefelverbindungen, die leicht flüchtig sind, d.h. schon bei geringer Temperatur verdampfen. Die Zusammensetzung der ätherischen Öle kann extrem unterschiedlich sein. Ihre jeweilige Mischung ergibt den ihnen eigenen charakteristischen Duft. Sie werden meist durch verschiedene Destillationsverfahren aus den Rohdrogen und Stammpflanzen gewonnen. Ätherische Öle werden medizinisch in der sogenannten Aromatherapie verwendet. Das Heilsystem wurde von René-Maurice Gattefossé (1881–1950) begründet und geniesst international zunehmend Ansehen.

Alkaloid

Das Wort, das eigentlich »alkali-ähnlich« bedeutet, ist eine Sammelbezeichnung für stickstoffhaltige Substanzen, die in Lebewesen (Pilzen, Pflanzen, Tieren, Mensch) entstehen und einen basischen Charakter haben. Da die chemische Struktur sehr unterschiedlich sein kann, hat man verschiedene Alkaloide in Familien zusammengefasst (z.B. Opiumalkaloide, Tropanalkaloide, Mutterkornalkaloide). In lebenden Organismen haben Alkaloide oft die Rolle von Neurotransmittern (chemischen Botenstoffen des Nervensystems). Deswegen wirken viele pflanzliche Alkaloide auch auf den Menschen, weil sich in dessen Nervensystem Rezeptoren befinden, an die sich die Pflanzenwirkstoffe andocken können. Viele Räucherstoffe enthalten Alkaloide. Allerdings ist nur sehr wenig darüber bekannt, wie und ob sie in den Rauch übergehen, wie sie sich pyrochemisch verändern usw.

Aroma

bezeichnet die Duftnote einer Rohdroge; das Wort wird oft synonym zu ätherisches Öl oder Essenz gebraucht. Allerdings haben auch Harze und andere Stoffe ein oft sehr charakteristisches Aroma.

Balsam

In der Pharmazie werden damit heterogene Gemische lipophiler, flüssiger, wasserdampfflüchtiger (= ätherische Öle) und fester, nichtflüchtiger Harze bezeichnet. Balsame sind immer Pflanzenprodukte, die in der Regel durch Wundreizung abgesondert werden. Die meisten Balsame sind dickflüssig; sie werden erst nach der Wasserdampfdestillation zur Gewinnung des ätherischen Öls fest, z.T. kristallisieren sie dann sogar aus. Die meisten Balsame wurden in der Geschichte der Menscheit als Räucherstoffe verwendet.

Essenz

Mit Essenz, wörtl. »Wesenheit«, werden im Duftstoffhandel reine oder fixierte ätherische Öle bezeichnet.

In der frühen Neuzeit waren Alchemie und Pharmazie noch keine wirklich getrennten Wissenschaften. Zu dieser Zeit wurden alle Apothekerwaren destilliert und die Destillate erprobt. Dabei wurde auch entdeckt, dass man aus zahlreichen Harzen und Gummis ätherische Öle destillieren kann. Holzschnitt aus MATTHIOLUS, *Kreutterbuch,* 1626.

Gummi

Gummi heissen pathologische Produkte pflanzlicher Herkunft, die chemisch als Heteropolysaccharide bezeichnet werden. Sie bilden mit Wasser gemischt meist klebrige Substanzen. Deshalb sind Gummis als Binde- und Trägermittel in der Pharmazie von grosser Wichtigkeit. Das hierfür am meisten benutzte Gummi ist Gummi Arabicum.

Gummiharz

Als Gummiharze bezeichnet man komplexe Gemische pflanzlicher Herkunft, die aus ätherischen Ölen, Gummi, Harz und Schleimstoff bestehen. Manche Gummiharze, z.B. echtes Opopanax, werden erst nach der Destillation hart. Gummiharze sind oft knetbar und haben deshalb auch eine Bedeutung als Werkstoffe.

Harz

Harz, im pharmazeutischen Sprachgebrauch *Resina,* ist ein lipophiles, nicht-flüchtiges, heterogenes, festes Gemisch verschiedener oft polymerer Substanzen, das von Pflanzen bei Verletzungen ausgeschieden wird. Viele Harze enthalten etwas ätherisches Öl. Dadurch sind sie im frischen Zustand weich. Bei Lagerung verdunsten die ätherischen Öle. Dann wird das Harz zu einer amorphen, seltener kristallinen Masse. Fast alle Pflanzenharze sind im Laufe der Geschichte als Räucherstoffe verwendet worden.

Latex

Mit Latex wird einer flüssiger Milchsaft bezeichnet, der in den Milchgeweben des Exkretionsgewebes fliesst. Diese Milchsäfte setzen sich aus Säuren, Salzen, Zuckern, Alkaloiden, Proteinen, Harzen, Fetten und Gerbstoffen zusammen. Im frischen Zustand sind die pflanzlichen Milchsäfte meist recht dünnflüssig. An der Luft erstarren sie zu einer dunklen Masse. Das berühmteste Latex ist das Opium.

Pheromon

Pheromone oder Sexuallockstoffe sind Botenstoffe, die von Lebewesen produziert und in die Luft abgesondert werden, um einen möglichen Geschlechtspartner anzulocken. Manche Pflanzenwirkstoffe, z.B. Vanillin, haben chemisch eine ähnliche Struktur wie die menschlichen Pheromone.

Räucherstoffzubereitungen

Räucherstoffe werden auf verschiedene Art zum Räuchern zubereitet. Die Räuchertechniken reichen vom einfachen Abbrennen von Pflanzenteilen (Rohdrogen) bis zum Entzünden von kompliziert hergestellten, aus vielen Zutaten bestehenden Produkten (Komposita). Getrocknete Zweigspitzen, Blätterbüschel usw. können angezündet und geräuchert oder zerkleinert auf glühende Kohlen oder ins Feuer gestreut werden. Sie müssen nur trocken sein und können durch Zerbröseln, Zerschneiden, Zerstampfen, Zerhacken oder Zermahlen zerkleinert werden.

Räucherbündel

Räucherbündel (englisch *smudge stick*) sind in erster Linie eine Erfindung nordamerikanischer

Indianer. Dazu werden die frischen Zweige oder Stengel von den Räucherpflanzen gepflückt, in gleicher Länge zugeschnitten, zusammengelegt und mit einem Faden (z.B. aus Hanffaser) gebündelt und sehr fest verschnürt. Dieses Kräuterbündel wird zum Trocknen in den Schatten gehängt. Wenn das Bündel trocken ist, kann es verwendet werden. Dazu wird es an einer Seite entzündet. Die meisten getrockneten Räucherpflanzen brennen wegen ihres Gehalts an ätherischen Ölen und Harzen lichterloh. Deswegen muss man die Flamme ausblasen. Das Bündel glimmt dann langsam vor sich hin und gibt so den besten Rauch ab.

Zur Herstellung von Räucherbündeln eignen sich: Beifuss, Damiana, Eisenkraut, Fabiana, Hanf, Myrte, Rosmarin, Sadebaum, Sage, Salbei, Sumpfporst, Sweetgrass, Thymian, Tulasi, Wacholder, Yerba Santa, Ysop, Zeder, Zypresse.

Räucherzopf

Es gibt zwei Arten von Räucherzöpfen, solche, die aus Halmen oder Stengeln von Räucherpflanzen geflochten sind, und solche, die aus Papierrollen, die mit Räucherwerk gefüllt sind, geflochten oder zusammengedreht werden. Am bekanntesten sind die indianischen Räucherzöpfe aus Sweetgrass. Sie werden aus den frisch gesammelten Halmen, von denen immer mehrere (ca. 10 Stück) zu drei Strängen zusammengelegt werden, zu dicken Zöpfen verflochten. Zum Räuchern werden sie an einer Seite entzündet, so dass sie vor sich hin glimmen. Sie können in Händen gehalten oder aufgehängt werden.

Der Gebrauch von Räucherzöpfen aus gefüllten Papierrollen ist typisch nepalesisch. Zur Herstellung benötigt man in breite Streifen geschnittenes nepalesisches Reis- oder Seidelbastpapier. Man streut eine schmale Linie des ausgewählten fein gemahlenen Räucherwerks auf das Papier und rollt es zu einer dünnen Rolle zusammen. Die Mitte der Rolle legt man über einen Haken und zieht beide Hälften stramm, aber nicht zu fest zu sich heran. Die beiden Hälften werden miteinander verzwirbelt, und fertig ist der Räucherzopf. Beim Entzünden glimmt er langsam vor sich hin.

In Nepal werden hauptsächlich Wacholder *(Juniperus recurva)* und Weisses Sandelholz zur Füllung der Räucherzöpfe verwendet. Es eignen sich auch sehr gut mit ätherischen Ölen aromatisierte Bindemittel (Gummi Arabicum, Drachenblut) als Füllung. Zum Füllen kann aber jede beliebige *Dhup*-Mischung verwendet werden. Für manche Andachten müssen die Zöpfe oben, für andere unten entzündet werden.

Räucherpulver (Dhup)

Die meisten rituell verwendeten Räuchermittel sind Mischungen aus verschiedenen Rohdrogen. Diese Mischungen werden normalerweise in grober Form aufbewahrt und erst für den Gebrauch zermahlen. Räucherpulver werden heutzutage hauptsächlich im Himayala-Gebiet verwendet.

In Indien werden Räucherpulver *(dhup)* meist aus 5–7 Zutaten gemischt. Häufig finden sich darin Aloeholz, Gewürznelken, Kampfer, Pinienholz, Rotes und Weisses Sandelholz, Kassia oder Tamala-Zimt und Zedernholz (Deodar, Himalaya-Zeder).

Die Zweigenden des in den Alpen häufig anzutreffenden Zwergwacholders *(Juniperus communis* ssp. *alpina)* eignen sich sehr gut zur Herstellung von Räucherbündeln (sogenannten Smudge sticks). Holzschnitt aus GERARD, *The Herbal*, 1633.

In Bodnath (Boudha/Nepal) gibt es mehrere Händler, die tibetische Räucherstoffe (Rohdrogen) und Mischungen verkaufen. Die Zutaten stammen aus den Bergen. Während tibetische Räucherstäbchen aus sehr vielen (z.B. 31, 32 oder 35) Zutaten hergestellt werden, enthalten die Räucherpulver meist nur 3–4 Pflanzen.

In Nepal werden Räucherpulver oft für bestimmte Zwecke, Orakel, Heilrituale, schamanistische Seancen usw. besonders komponiert:

»Die Therapie des Heilers beginnt bei der Diagnose ›Verhextsein‹ meist mit exorzistischen Techniken: Der Patient wird gebeten, sich über ein mit glimmenden Räucherkügelchen gefülltes, irdenes Gefäss *(makal)* zu beugen. Die Räucherkügelchen *(dhup)* sind aus insgesamt sieben Pulvern und aromatischen Kräutern zusammengesetzt, die jedes für sich bestimmten, meist niederen Gottheiten (z.B. Mahalaksmi, Dankini, Mahankal) geweiht sind. Auf diese Weise wird ein schützendes Reinigungsfeld hergestellt, welches unter anderem verhindern soll, dass die Hexe während der Behandlung wegläuft.« (WIEMANN-MICHAELS 1994: 21)

Räucherkegel

Aus Räucherpulvern werden unter Zusatz von ätherischen Ölen auch Räucherkegel geformt. Sie bestehen meist aus Sandelholzmehl und anderen aromatischen Holzpulvern (Pinie, Wacholder, Zypresse), pflanzlichen Bindemitteln (Öle), Gummis und Harzen. Zum Einfärben wird meist rotes Sandelholzmehl verwendet. Zur Verehrung Shivas werden nicht Kegel, sondern kleine Phallen geformt. Manchmal werden auch Kugeln geformt.

In Deutschland sind Räucherkegel besser unter dem Namen »Räucherkerzen« bekannt. Sie sind ein Harz- und Aromengemisch, mit Holzkohle, Salpeter und einem Bindemittel (Traganth) verbacken und zu einem Kegel geformt. Die deutsche Räucherkerze wurde in der zweiten Hälfte des 18. Jahrhunderts im Erzgebirge erfunden. Zum Abbrennen werden sogenannte Räuchermännchen, ein typisches Produkt der Volkskunst im Erzgebirge, benutzt (HINRICHSEN 1994). In den deutschen Räucherkerzen werden neben den einheimischen Koniferenharzen (Fichte, Tanne, Kiefer, Latschenkiefer) auch exotische Stoffe verwendet: Olibanum, Myrrhe, Ladanum, Perubalsam, Aloeholz, Sandelholz und Ambra. Es gibt verschiedene Duftrichtungen wie »Alpenkräuter«, »Waldduft«, »Weihnachten« usw.

Räucherstäbchen

Die Technik, aus Räucherpulver mit Stützstäbchen (aus Bambus) Räucherstäbchen herzustellen, stammt aus Indien. Es werden meist Holzmehl, Harze, Gummi Arabicum, ätherische Öle und zermahlene Pflanzenteile miteinander vermischt. Gelegentlich setzt man den Mischungen Salpeter zu, damit die Stäbchen besser und gleichmässiger abbrennen bzw. verglimmen. Die Rezepte sind meist das Geheimnis der jeweiligen Hersteller. Auf den Packungen wird in der Regel nur die Duftnote angegeben. Manchmal werden die Hauptbestandteile genannt, fast nie aber die genaue Zusammensetzung angegeben.

Indien ist der Hauptproduzent und Exporteur von Räucherstäbchen *(agarabatti)*. Die meisten indischen Räucherstäbchen werden heutzutage mit künstlichen Aromen hergestellt und mit billigen synthetischen Parfümen verfälscht. Allerdings gibt es auch qualitativ hochwertige Produkte, die mit teuren, wunderbaren Essenzen parfümiert werden. In Indien wird die Tuberosenessenz (von der Nachthyazinthe *Polianthes tuberosa*) zum Parfümieren von kostbaren Räucherstäbchen verwendet.

In Kathmandu (Nepal) werden sehr viele Räucherstäbchen zum Verkauf angeboten. Sie stammen aus nepalesischen, tibetischen oder indischen Fertigungsstätten. Die tibetischen werden entweder in Nepal (z.B. in Boudha) oder Indien (z.B. in Dharamsala) hergestellt. Qualitäten und Preise zeigen zum Teil erhebliche Unterschiede. Ein Brahmane erklärte mir, dass die Leute die Räucherstäbchen nach ihrem Geldbeutel aussuchen. Für die tägliche *Puja* (Andacht) sollen die Reichen die teuersten, die Armen aber die billigsten Räucherstäbchen verwenden. Für beide bringt dies gutes Karma.

Die Tibeter stellen holzlose Räucherstäbchen für rituelle (*zimpua*, »Ritual-Weirauch«) oder medizinische Zwecke her. Die Rezepte sind oft das Geheimnis eines Klosters. Die am meisten in tibe-

Der Traganth *(Astragalus gummifera* LABILL., *Astragalus* sp.) wächst in Asien und liefert ein harziges Gummi, das als Bindemittel für Räucherstoffe ideal ist, da es sich beim Verbrennen geruchsneutral verhält. Traganth ist das wichtigste Bindemittel bei der Herstellung deutscher Räucherkerzen und chinesischer Räucherstäbchen. Illustration aus dem *Ch'ung-hsiu cheng-ho pen-ts'ao*.

tischen Räucherstäbchen verwendeten Zutaten sind: Narde, Safran, Rotes Sandelholz, Weisses Sandelholz, Aloeholz, Guggul, Kampfer, Kardamom, Sal Dhup (Harz der *Shorea robusta*), Muskat, Rhododendron, Vetiver und Wacholder.

Es gibt ein tibetisches Buch, dessen deutscher Titel etwa »Perlenschnur des Kleinods der Weihrauchbereitung« lauten würde. Darin sind zahlreiche Rezepte und Anwendungen beschrieben. Leider ist dieser tibetische Text bisher nicht in eine westliche Sprache übersetzt worden. Tibetische Räucherstäbchen werden, ganz ähnlich wie die tibetischen Heilmittel, oft nach aufwendigen Rezepten hergestellt. Sie bestehen meist aus 35 Zutaten und enthalten fast ausschliesslich Pflanzen und Drogen, die aus dem Himalaya (z.B. aus Kalinpong, Darjeeling) stammen. Ihre Wirkungen sollen – wegen der grösseren Nähe zu den Göttern – reiner und stärker sein als vergleichbare Pflanzen aus anderen Gebieten. Bestimmte Duftrichtungen werden bevorzugt, z.B. Moschus, Jasmin und Sandel. Es gibt eine Reihe medizinischer Räucherstäbchen, z.B. *Tara Healing Incense* gegen Stress und Depressionen.

In Swayambunath (Nepal) werden tibetische Buddha-Meditationsräucherstäbchen hergestellt, die aus Kräutern bestehen, welche nur in der Gegend des Sagarmatha (Mt. Everest) gesammelt werden dürfen. Der Geruch soll bei der Meditation vor einem Buddhabildnis die Konzentration fördern und Frieden, Erlösung und Freude vermitteln.

In China und Japan werden Hunderte von Räucherstäbchenarten verwendet. Sie heissen *joss-sticks*, was soviel wie »Glücks- oder Schicksalsstäbchen« bedeutet. Chinesische Produkte sind oft billig und bestehen meist aus synthetischen Aromata. Die qualitativ hochwertigsten (und teuersten) Räucherstäbchen werden in Japan produziert. Japanische Räucherstäbchen enthalten kein Stützholz. Sie bestehen hauptsächlich aus pulverisiertem Aloeholz. Als Bindemittel wird die pulverisierte Rinde des Japanischen Judasbaumes *(Cercidiphyllum japonicum)* verwendet. Als Duftstoffe dienen vor allem Amber, Kampfer, Nelken, Sternanis, Kassia, Moschus, Patchouli, Benzoe, Olibanum und Vetiver, aber auch Räucherklauen.

Berühmte Rezepte

In der Geschichte der Räucherstoffe sind einige Rezepte sehr berühmt geworden, obwohl sie zum Teil gar nicht genau überliefert sind oder ihre Rohdrogen eindeutig identifiziert werden konnten.

Kyphi

Kyphi war das berühmteste ägyptische Räuchermittel. Es wurde in speziellen Tempelräumen unter der Anleitung von Priestern unter ständigen Gebeten hergestellt. Anscheinend gab es verschiedene Rezepte zur Herstellung. Im *Papyrus Ebers* ist folgendes Rezept, leider ohne jede Mengenangabe, angeführt (dabei ist zu bedenken, dass nicht alle Identifikationen der Ingredienzien gesichert sind):

anti shu	trockene Myrrhe (?)
pert shen	Wacholderbeeren (*Juniperus* sp.)
neter sonter	Weihrauch (Olibanum ?)
kau	Zyperngras (*Cyperus* sp.)
chet en thesheps	Mastixzweige
shebet	Bockshorn (*Trigonella foenum-graecum* L.)
nebat nt tahi	Kalmus aus Syrien (?)
thekuunu t'emten	Rosinen
ken niuben	Styraxsaft

Dioskurides, der offensichtlich von dem ägyptischen Rezept angetan war, gab eine andere Zusammensetzung an:

»Kyphi ist die den Göttern genehmste Räuchermischung, die Priester in Ägypten wenden sie sehr häufig an. Es wird auch den Gegengiften zugemischt und in Tränken den Asthmatikern gegeben. Es werden mehrere Zubereitungsarten desselben angegeben, eine davon ist die folgende: (Nimm) 112 Xestes Cyperngras, ebensoviel reife Wacholderbeeren, 12 Minen entkernte saftige Rosinen, 5 Minen gereinigtes Harz, gewürzhaften Kalmus [möglicherweise *Calamus aromaticus*], Aspalathos [nicht identifiziert], Schoines [= Mastix?], von jedem 1 Mine, 12 Drachmen Myrrhe, 9 Xestes alten Wein, 2 Minen Honig. Die Rosinen stosse nach der Entkernung und verarbeite sie mit Wein und Myrrhe und das andere stosse und siebe und mische es dann diesem zu und lasse es einen Tag auf einander einwirken; nachdem du dann den Honig bis zur Leimkonsistenz gekocht hast, mische vorsichtig das geschmolzene Harz zu, darauf das Übrige, nachdem du es sorgfältig gestossen hast und bewahre es in einem irdenen Gefäss auf.« (DIOSKURIDES I, 24)

Die heute im Handel befindlichen Mischungen, die Kyphi genannt werden, sind meist Variationen der wenigen antiken Angaben, haben aber sicherlich kaum etwas mit dem Original zu tun.

Biblischer Weihrauch

Der in Exodus 30,34 genannte heilige Weihrauch des alten Testaments besteht aus vier Zutaten, die Onycha, Stakte, Galbanum und Olibanum (»reiner Weihrauch«) genannt werden. Von allen vier Zutaten ist die botanische (oder zoologische) Herkunft ungewiss.

Onycha wird gewöhnlich als Balsam, Ladanum oder eine Art der Räucherklaue gedeutet. Stakte ist eine Art der Myrrhe, eventuell entspricht sie den Angaben des Dioskurides:

»Stakte heisst das Fett der frischen Myrrhe, wenn sie mit wenig Wasser angerieben und in der Presse ausgepresst wird. Sie ist sehr wohlriechend und kostbar und wird an und für sich ein Salböl genannt. Am besten ist sie, wenn sie nicht mit Öl gemischt ist und in der geringsten Menge die grösste Kraft besitzt, wenn sie erwärmt und der Myrrhe und den erwärmenden Salben entsprechend wirkt.« (DIOSKURIDES I, 73)

Mit Galbanum ist ziemlich sicher das echte Galbanum oder ein anderes Gummiharz einer *Ferula*-Art gemeint. Welche Art von Olibanum gemeint ist, bleibt unklar. Vielleicht handelt es sich nur um eine besonders gute Qualität. Dieser biblische Weihrauch hat in der Kabbala eine symbolisch-magische Bedeutung erlangt:

»In der Kabbala sind die vier Bestandteile des Räucherwerkes erklärt: Balsam, Räucherklaue, Galban und Weihrauch. Diese vier biblischen Grundstoffe stehen symbolisch für die vier Elemente Wasser, Erde, Luft und Feuer. In der christlichen Umdeutung repräsentieren sie entweder die vier Formen des Gebetes (Bitte, Fürbitte, Lobpreisung und Dank) oder die für das Gebet erforderliche Gemütshaltung (Demut, Glaube, Liebe, Hoffnung.« (LAUNERT 1985: 10f.)

Kirchenweihrauch

Das der Liturgie entsprechende Weihrauchgemisch der römisch-katholischen Kirche (TUCKER 1986: 427) besteht aus 1 Teil Styrax (Storax), 4 Teilen Benzoe und 10 Teilen Olibanum. Manchmal werden diesem Gemisch noch andere Harze oder ätherische Öle hinzugefügt. Oft sind die im Handel erhältlichen Kirchenweihrauchmischungen mit eingefärbten (knallrot, grün usw.) Harzklümpchen durchsetzt.

Neunerlei-Kräuter-Weihrauch

Die »neunerlei« Kräuter sind ein alter germanischer Pflanzenzauber, der aus folgenden Pflanzen besteht:

Odinskopf (Alant)	*Inula helenium* L.
Hirschkraut (Wasserdost)	*Eupatorium cannabinum* L.
Baldrian	*Valeriana officinalis* L.
Beifuss	*Artemisia vulgaris* L.
Eberraute	*Artemisia abrotanum* L.
Wermut	*Artemisia absinthium* L.
Echtes Labkraut	*Galium verum* L.
Alpranken (Bittersüss)	*Solanum dulcamara* L.
Rainfarn	*Tanacetum vulgare* L.

Von diesen werden die Blüten gesammelt und zu gleichen Teilen vermischt. Dazu gibt man Wacholderbeeren und Olibanum.

A-Gar 35 (Eaglewood 35)

Dieses Rezept stammt aus Tibet und wird für ein Räucherpulver bzw. für holzlose Räucherstäbchen benutzt. Es wird bei Geisteskrankheiten, dämonischer Besessenheit und anderen geistigen Störungen verwendet. Leider werden in den traditionellen tibetischen Pharmakopöen und Arzneimittelmanualen niemals Mengen angegeben. Folgende Ingredienzien werden genannt (nach TSARONG 1991: 49):

Die Mischung A-Gar 31 (Eaglewood 31) enthält dieselben Ingredienzien ausser *Aconitum*, *Strychos nux-vomica*, Yakherz und Moschus. Sie wird nur für die Herstellung von Räucherstäbchen verwendet (A-Gar 35 wird auch mit Hirsebier oder Wasser eingenommen). Räucherstäbchen dieser Mischung sind unter dem Namen »Nirvana« im Handel (TSARONG 1986: 5).

Aloeholz	*Aquilaria agallocha*	harziges Holz
Chebul	*Terminalia chebula*	Fruchthülle
Myrobalane	*Terminalia bellirica*	Fruchthülle
Muskatnuss	*Myristica fragrans*	Frucht
Bambus	*Bambusa arundinacea*	Bambus-Manna
Ba-sha-ka	*Veronica ciliata*	ganze Pflanze
Na-ga-ge-sar	*Mesua ferrea*	Blüten
A-gar go-snyod	*Cinnamomum cecicodaphne*	Kernholz
Guggul	*Commiphora mukul*	Harz
Hong-len	*Picrorhiza kurroa*	Rhizom
Granatapfel	*Punica granatum*	Frucht, Samen
Braune Chirata	*Swertia chirata*	ganze Pflanze
Blauer Mohn	*Meconopsis horridula*	Kraut
sNying-zho-sha	*Melia dubia*	Fruchthülle
Sal-Baum	*Shorea robusta*	Harz
Sro-lo dKar-po	*Solms-Laubachia* sp.	Wurzelstock
Färberdistel	*Carthamus tinctorius*	Blüten
Wilde Himbeere	*Rubus idaeopsis*	Innenrinde
Guduchi	*Tinospora cordifolia*	Stengel
Kakola-Kardamom	*Amomum subulatum*	Samen
Kardamom	*Elettaria cardamomum*	Samen
Gewürznelke	*Eugenia caryophyllata*	Knospen
Weisses Sandelholz	*Santalum album*	Kernholz
Rotes Sandelholz	*Pterocarpus santalinus*	Kernholz
Alant (Ma-nu)	*Inula racemosa*	Rhizom
Kostus	*Saussurea lappa*	Rhizom
Wilder Ingwer	*Hedychium spicatum*	Rhizom
gZer-'joms	*Chrysanthemum tatsiense*	Kraut
'ug-pa Lag-pa	*Pulicaria insignis*	Kraut
Brechnuss	*Strychnos nux-vomica*	Samen
Eisenhut	*Aconitum napellus*	Wurzel
Moschus	*Moschus moschiferus*	Moschusbeutel
Wilder Yak	*Bos grunniens*	Herz
Arskya	*Aquilaria* sp.	harziges Holz

Shokoh

Die wichtigste japanische Räucherstoffmischung für buddhistische Andachten und Zeremonien besteht aus fünf bzw. sieben grob zerkleinerten Zutaten. Das Mischungsverhältnis kann beliebig variiert werden. Dadurch entstehen immer neue Duftkompositionen.

Bei der Shokoh-5-Mischung handelt es sich um:
Aloeholz (grundsätzlich der Hauptbestandteil)
Weisses Sandelholz
Nelken
Kassiazimt
Kampfer (möglicherweise handelt es sich hierbei um den japanischen Kampfer, der botanisch nicht eindeutig bestimmt ist)

Bei der Shokoh-7-Mischung kommen zu diesen Substanzen noch Ingwer und Amber hinzu.

Vom richtigen Räuchern

Beim Räuchern muss man immer die mögliche Feuergefahr, vielleicht auch die Erstickungsgefahr bedenken. Es gibt Räucherwerk, das beim Verbrennen spritzt, z.B. die meisten Pinien- und Kiefernharze. In der eigenen Wohnung sollte man auch beachten, dass manche Räucherstoffe mit einer erheblichen Russentwicklung abbrennen (z.B. viele Koniferenharze). Auch ist der Raum reichlich zu belüften.

Brennende Räucherstoffe sondern fast keinen Geruch ab; die Duftentwicklung ist nur dann optimal, wenn der Räucherstoff glimmt. Deshalb sollte Abbrennen vermieden und brennendes Räucherwerk ausgeblasen werden.

Getrocknete Rohdrogen, die sich zum Räuchern durch Glimmen eignen, sind: Aloeholz, Arvenzweige, Beifusskraut, Fabianakraut, Hanfblüten, Kaneelzweige oder -rinde, Kassiarinde, Myrtenzweige, Rosmarinzweige, Sadebaumzweigspitzen, Sage, Salbei, Sandelholzsplitter, Sumpfporstzweige, Sweetgrass-Zöpfe, Tannenzweige[50], Thymianzweige, Tulasikraut, Vetiverwurzeln, Wacholderzweige, Zimtstangen und Zypressenzweigspitzen. Alle diese Stoffe können in der Hand gehalten werden, sofern die verwendeten Teile lang genug sind. Hat man nur kleine Stücke oder zerkleinertes Material zur Hand, kann man diese auch in einer Porzellanschüssel oder einer perlmutternen Schale eines grossen kalifornischen Meerohres (Abalone; *Haliotis* spp.) zum Glimmen bringen. Dabei ist zu beachten, dass Porzellan und Perlmutt sehr heiss werden können; deshalb immer auf einer feuerfesten Unterlage plazieren.

Am besten eignet sich zum Räuchern glühende Holzkohle oder spezielle Räucherkohle. Im Handel werden Räucherkohlen aus Holzkohle und Salpeter angeboten, die sich leicht entzünden lassen, schnell durchglühen und für etwa eine halbe Stunde Glut liefern. Sie werden nicht zu heiss, so dass die Stoffe schnell verbrennen. Glühende Holzkohle oder entzündete Räucherkohle darf

Vasenförmiges Weihrauchgefäss der yucatekischen Maya. Aus HOUGH, 1912.

Geflochtenes Weihrauchgefäss der Hochlandindianer von Chiapas (Mexiko). Aus HOUGH, 1912.

man nur in Gefässe legen, die einen Fuss haben (z.B. tibetische Räucherkelche aus Messing oder arabische Räucherpfannen aus Ton) und sich auf einer feuerfesten Unterlage abstellen lassen.

Um Harze und Räuchermischungen auf die Räucherkohle, auf glühende Holzkohlen oder in ein Opferfeuer zu streuen, eignet sich am besten

---

50 Fichtenzweige (*Picea* spp.) sind ungeeignet, da sie beim Trocknen die Nadeln verlieren bzw. schnell abwerfen. Es eignen sich ausschliesslich Zweige von echten Tannen (*Abies* spp.), da bei diesen die Nadeln haften bleiben.

ein Löffel aus reinem Perlmutt. Daran bleiben praktisch keine Spuren haften. Ausserdem verbrennt oder verändert sich Perlmutt nicht bei der Berührung mit Feuer, Flammen oder glühender Holzkohle.

Zum Räuchern ätherischer Öle ist es besser, diese nicht direkt auf die Räucherkohle zu giessen, da sie meist leicht brennbar sind. Sie sollten immer mit einer Trägersubstanz, am besten mit Gummi Arabicum, vermischt auf die Räucherkohle gegeben werden:

»Das Verbrennen des Öles [bzw. Harzes] ist eine häufige Form der Anwendung, denn dadurch wird die Essenz noch weiter verfeinert und an die Luft abgegeben, so dass sie sich dann leicht über eine grosse Fläche verbreitet. Das ist auch ein wirksames Mittel, Düfte bei Geisteskranken, bei Kindern oder bei anderen Menschen anzuwenden, die sie nicht durch das Riechen an Dufstoffen aufnehmen können.

Wenn eine Essenz in ihrer verdampften Form angewendet wird, dann wandert sie durch das Netzwerk der Essenzen durch den Körper und erreicht so ihr Ziel leichter. Wenn man sie schluckt oder in die Haut einreibt, dann gibt es viele Möglichkeiten, dass sie noch am Erreichen des gewünschten Zieles gehindert wird, besonders wenn sie durch den Magen geht. Die Verdauungssäfte können die Heilwirkungen zunichte manchen, denn bei der gewöhnlichen Verdauung entsteht auch Alkohol als Nebenprodukt.« (MOINUDDIN 1984: 159)

Für Räucherstäbchen braucht man geeignete Halter, für holzlose andere als für solche mit einem Bambuskern. Es gibt in Asien zahlreiche Arten von Räucherstäbchenhaltern (z.B. Räucherschiffchen, Geisterdolche). Auch in Europa werden Halter für Räucherstäbchen produziert. In Nepal habe ich beobachtet, dass bei Ritualen in Tempeln und Privathäusern oft Pomelo-Früchte oder grosse Kartoffeln als Halterung verwendet werden. Dazu steckt man nur die unteren Enden der Stäbchen in die Frucht oder Kartoffel, die durch das Gewicht der Stäbchen aber nicht umfallen dürfen.

Räucherkerzen können entweder auf einer feuerfesten Unterlage, auf Sand oder in speziellen Geräten abgebrannt werden. In Deutschland gibt es eine ganze Industrie zur Herstellung von Räuchermännchen zum Abbrennen von Räucherkerzen.

Räucherstoffe in der Schwitzhütte

Viele Medizinmänner der nordamerikanischen Indianer beschweren sich darüber, dass weisse Amerikaner und Europäer die indianische Schwitzhüttenzeremonie kopieren und selbst, oft mit kommerziellem Interesse, ausführen. Zu Recht. Die Europäer und Einwanderer haben den Indianern fast alles genommen. Ihr Land, ihre Büffel, ihre Freiheit. Jetzt beuten sie auch noch die indianische Kultur und Spiritualität aus – weil sie ihre eigene nicht finden können. Die Schwitzhüttenzeremonie ist ein indianisches Erbe und sollte als solches auch respektiert und geehrt werden (ein Ritual aus einer anderen Kultur lässt sich ohnehin nicht einfach in die eigene verpflanzen). Die Schwitzhüttenzeremonie gehört den Indianern (BRUCHAC 1993). Die Schwitzhütte an sich ist aber ein kulturelles Erbe der gesamten Menschheit. Schwitzhütten temporärer oder bleibender Bauart gab es in den meisten Kulturen. Die damit verbundenen Rituale und Zeremonien waren jedoch speziell nach den jeweiligen kulturellen Gegebenheiten und Bedürfnissen gestaltet.

In der Kaukasusgegend gibt es prähistorische Funde von Schwitzhütten aus der Eiszeit. Sie bestanden aus den Rippenknochen von Mammuts. Die Skythen, indogermanische Reitervölker, die zwischen Osteuropa und Ostasien die Steppen durchstreiften, hatten Schwitzhütten und -zeremonien, die an die indianischen Formen erinnern. Schon Herodot (etwa 485–425 v. Chr.) berichtete in seinen *Büchern der Geschichte* ausführlich über dieses Ritual und die Verwendung von Hanfblüten als Räuchermittel (siehe **Hanf**).

Dampfbäder als feste Einrichtungen, die sicherlich auf die Schwitzhütten zurückgehen, haben sich im alten Orient und in Hellas entwickelt. Auch die Ureinwohner von Irland hinterliessen solche Dampfbäder an Steinkreisen und anderen Heiligtümern. Aus den antiken Dampfbädern hat sich im Laufe der Zeit die moderne Sauna entwickelt, die jedoch im Vergleich zur Schwitzhütte ein Sonntagsvergnügen ist. Ob in der Schwitzhütte, dem Dampfbad oder der Sauna, überall wurde aus spirituellen, medizinischen oder hygienischen Gründen der heisse Wasserdampf mit aromatischen Harzen, Zweigen oder Ölen angereichert.

Die nordamerikanischen Indianer räuchern die Schwitzhütte vor dem Gebrauch kräftig mit Sage aus. Vor und nach der Zeremonie wird jeder Teilnehmer mit Sage beräuchert. Aber auch andere Räucherstoffe werden bei der Zeremonie verwendet. Unter die glühenden Steine legt man die aromatischen Zweige der Virginia-Zeder (*Juniperus virginiana*), die übrigens sehr nahe mit unserem einheimischen Wacholder (*Juniperus communis*) verwandt ist. Während der Zeremonie benutzen die Indianer auch Tabak und *Kinnikinick* (eine Kräutermischung auf der Basis von Bärentraubenblättern) als Räucherstoffe. Sie werden unter Gebeten auf die glühenden Steine gestreut. Der Rauch geht mit dem Wasserdampf eine heilsame Verbindung ein und reinigt Körper und Geist. Der kleine Geist des Menschen geht auf im Grossen Geist der heiligen Natur.

Schwitzhüttenähnliche Einrichtungen gibt es ebenso in Afrika. Auch dort werden Duft- und Räucherstoffe zum Aromatisieren des Wasserdampfes verwendet. Manchmal wird sogar auf den Wasserdampf verzichtet, und die Schwitzhütte besteht lediglich aus einer Räucherung, wie im folgenden Beispiel:

»Im Sudan ersetzt eine aromatische Räucherung selbst diese sehr unvollkommene Badetechnik. In einem neben dem Bett in den Boden gegrabenen Loch steht ein irdener Topf, in dem das wohlriechende Holz des Tulloch [?] verbrannt wird. Die Eingeborenen hocken sich, mit einer dicken Wolldecke bedeckt, darüber und verharren etwa zehn Minuten in der Wolke duftenden Rauches, was zu intensivem Perspirieren führt und einen belebenden und wohltuenden Einfluss auf die Haut ausüben soll. Damen, die davon häufig Gebrauch machen, werden mit der Zeit von einem wohlriechenden Schmelz überkrustet, der hoch im Kurs steht und als sehr flott angesehen wird.« (RIMMEL 1985: 213)

Tipi (»Indianerzelt«) und Schwitzhütte. Die kleine Schwitzhütte dient der rituellen Reinigung, bevor man sich zu gemeinschaftlichen Ritualen im Tipi trifft. (Foto C. Rätsch)

Botanischer Index

Weitgehend ohne veraltete Synonyma und Unterarten.

Abies alba	Tanne
Abies balsamea	Balsamtanne (siehe **Tanne**)
Abies fraseri	Balsamtanne (siehe **Tanne**)
Abies lasiocarpa	Tanne
Abies religiosa	Tanne
Abies sibirica	Sibirische Fichte (siehe **Tanne**)
Acacia adansonii	Gummi Arabicum
Acacia arabica	Gummi Arabicum
Acacia horrida	Gummi Arabicum
Acacia nilotica	Gummi Arabicum
Acacia pycantha	Gummi Arabicum
Acacia sassa	Gummi Arabicum
Acacia senegal	Gummi Arabicum
Acacia seyal	Gummi Arabicum
Acacia stenocarpa	Gummi Arabicum
Acorus calamus	Kalmus
Acorus graminaeus	Kalmus
Aloe ferox	Aloe
Aloe vera	Aloe
Anthoxanthum odoratum	Ruchgras (siehe **Sweetgrass**)
Aquilaria agallocha	Aloeholz
Aquilaria sinensis	Aloeholz
Artemisia californica	Sage
Artemisia douglasiana	Sage
Artemisia frigida	Sage
Artemisia ludoviciana	Sage
Artemisia mexicana	Mexikanischer Wermut (**Sage**)
Artemisia tridentata	Sage
Artemisia vulgaris	Beifuss (auch **Sage**)
Astragalus gummifer	Traganth (siehe **Gummi Arabicum**)
Boswellia carteri	Olibanum
Boswellia frereana	Olibanum
Boswellia papyrifera	Olibanum
Boswellia sacra	Olibanum
Boswellia serrata	Indischer Weihrauch (siehe **Olibanum**)
Bursera aloexylon	Copal
Bursera bipinnata	Copal
Bursera diversifolia	Copal
Bursera excelsa	Copal
Bursera fragrantissima	Copal
Bursera gracilis	Copal
Bursera graveolens	Copal
Bursera hintoni	Copal
Bursera jorullensis	Copal
Bursera laxiflora	Copal
Bursera microphylla	Copal
Bursera morelensis	Copal
Bursera nesopola	Copal
Bursera penicillata	Copal
Bursera rhifolia	Copal
Bursera sessiflora	Copal
Bursera simaruba	Copal
Bursera submoniliformis	Copal
Bursera tomentosa	Copal
Bursera vejar-vazquezii	Copal
Bursera spp.	Copal
Calocedrus decurrens	Weihrauchzeder
Canella alba	Kaneel
Canella winteriana	Kaneel
Cannabis indica	Hanf
Cannabis ruderalis	Hanf
Cannabis sativa	Hanf
Cedrus atlanticus	Atlas-Zeder
Cedrus brevifolia	Zypriotische Zeder
Cedrus deodara	Zeder
Cedrus libani	Libanonzeder
Cedrella mexicana	Zeder
Cedrella odorata	Zeder
Cinnamomum camphora	Kampfer
Cinnamomum cassia	Kassia (Chinesischer Zimt)
Cinnamomum tamala	Tamala-Zimt (siehe **Kassia**)
Cinnamomum verum	Zimt
Cistus creticus	Ladanum
Cistus ladaniferus	Ladanum
Commiphora africana	Bdellium
Commiphora avyssinica	Myrrhe
Commiphora caudata	Guggul
Commiphora erythraea	Opopanax
Commiphora gileadensis	Balsamstrauch
Commiphora guidottii	Opopanax
Commiphora kataf	Opopanax
Commiphora molmol	Myrrhe
Commiphora mukul	Guggul (siehe auch **Bdellium**)
Commiphora opobalsamum	Mekkabalsam (siehe **Balsam**)
Commpiphora roxburghii	Guggul
Commiphora wightii	Guggul
Copaifera reticulata	Balsam
Coriandrum sativum	Koriander
Crataegus monogyna	Weissdorn
Croton draco	Drachenblut
Croton lechleri	Drachenblut
Cupressus arizonica	Arizona-Zypresse
Cupressus sempervirens	Zypresse
Cupressus torulosa	Himalaya-Zypresse
Cyperus scariosus	Nagarmotha (Indisches Nussgras; siehe **Aloeholz**)
Daemonorops draco	Drachenblut
Datura inoxia	Stechapfel
Datura metel	Stechapfel
Datura stramonium	Stechapfel
Datura wrightii	Stechapfel
Dracaena draco	Drachenblut
Dracaena cinnabari	Drachenblut
Drimys winteri	Canelo (siehe **Kaneel**)
Eriodictyon californicum	Yerba Santa
Eriodictyon crassifolium	Yerba Santa
Eriodictyon glutinosum	Yerba Santa
Eriodictyon traskiae	Yerba Santa
Erythroxylum coca	Coca
Erythroxylum novogranatense	Coca
Eucalyptus globulus	Eukalyptus
Eucalyptus odorata	Eukalyptus
Fabiana imbricata	Fabiana (Pichi-Pichi)
Ferula asafoetida	Asa foetida
Ferula gummosa	Galbanum
Ferula narthex	Asa foetida
Ferula opopanax	Opopanax
Fumaria officinalis	Erdrauch

Guaiacum coulteri	Guajak	*Pinus sylvestris*	Kiefer
Guaiacum officinale	Guajak	*Pinus teocote*	Ocote
Guaiacum palmeri	Guajak	*Pistacia lentiscus*	Mastix
Guaiacum sanctum	Guajak	*Populus candidans*	Mekkabalsam
		Protium copal	Copal
Hedwigia balsamifera	Copal	*Protium crassipetalium*	Copal
Hierochloe odorata	Sweetgrass	*Protium guianense*	Copal
Hyoscyamus albus	Bilsenkraut	*Protium heptaphyllum*	Copal
Hyoscyamus muticus	Bilsenkraut	*Protium schipii*	Copal
Hyoscyamus niger	Bilsenkraut	*Protium* sp.	Copal
Hyphaena crinita	Bdellium	*Pterocarpus draco*	Drachenblut
Hyssopus officinalis	Ysop	*Pterocarpus santalinus*	Sandelholz (rot)
Illicium anisatum	Sternanis	*Rhododendron lepidotum*	Rhododendron
Illicium verum	Sternanis	*Rhus pachyrrhachis*	Copal
		Rosmarinus officinalis	Rosmarin
Juniperus communis	Wacholder		
Juniperus excelsa	Wacholder	*Salvia apiana*	Salbei
Juniperus oxycedrus	Wacholder	*Salvia columbariae*	Salbei
Juniperus recurva	Hochgebirgswacholder	*Salvia officinalis*	Salbei
Juniperus sabina	Sadebaum	*Salvia leucophylla*	Salbei
Juniperus sedona	Wacholder (siehe **Zeder**)	*Salvia mellifer*	Salbei
Juniperus scopulorum	Wacholder	*Santalum album*	Sandelholz (weiss)
Juniperus virginiana	Amerikanischer Wacholder	*Styrax benzoin*	Benzoe (Sumatra)
		Styrax tonkinense	Benzoe (Siam)
Laurus nobilis	Lorbeer	*Syzygium aromaticum*	Nelke
Ledum palustre	Sumpfporst	*Succinum*	Bernstein
Lippia citriodaria	Verbene (siehe **Eisenkraut**)		
Liquidambar formosana	Styrax	*Taxodium mucronatum*	Mexikanische Zypresse
Liquidambar officinalis	Styrax	*Theobroma cacao*	Kakao
Liquidambar orientalis	Styrax (Amberbaum)	*Thuja occidentalis*	Lebensbaum (siehe **Zeder**)
Liquidambar styraciflua	Styrax (Sweet Gum)	*Thuja plicata*	Lebensbaum (siehe **Zeder**)
		Thymus vulgaris	Thymian
Mandragora autumnalis	Alraune	*Turnera diffusa*	Damiana
Mandragora officinarum	Alraune	*Turnera pumilla*	Damiana
Myroxylon balsamum var. *balsamum*	Tolubalsam	*Turnera ulmifolia*	Damiana
Myroxylon balsamum var. *pereira*	Perubalsam	*Verbena officinalis*	Eisenkraut
Myrtus communis	Myrte		
Ocimum sanctum	Tulasi		
Opopanax chironium	Opopanax		
Papaver somniferum	Mohn		
Peganum harmala	Steppenraute		
Peumus boldus	Boldo		
Picea abies	Fichte		
Pinus ayacahuite	Ocote		
Pinus cembra	Arve		
Pinus chiapensis	Ocote		
Pinus contorta	Pinie		
Pinus edulis	Pinie		
Pinus leiophylla	Ocote		
Pinus lumholtzii	Ocote		
Pinus michoacana	Ocote		
Pinus mugo ssp. *pumilo*	Latschenkiefer (siehe **Kiefer**)		
Pinus oocarpa	Ocote		
Pinus palustris	Pinie		
Pinus patula	Ocote		
Pinus pinea	Pinie		
Pinus ponderosa	Pinie		
Pinus pseudostrobus	Ocote		
Pinus roxburghii	Pinie		
Pinus strobus	Ocote		

Bibliographie

ADAMS, Robert P.
1987 »Investigation of *Juniperus* Species of the United States for New Sources of Cedarwood Oil«. *Economic Botany* 41(1): 48–54.
ADLY, Abdallah (Hg.)
1982 *The History of Medicinal and Aromatic Plants.* Karachi, Pakistan: Hamdard Foundation Press.
AGRIPPA VON NETTESHEIM, Heinrich Cornelius
1982 *Die magischen Werke.* Wiesbaden: Fourier.
AGUILERA, Carmen
1985 *Flora y fauna mexicana: Mitología y tradiciones.* México, D.F.: Editorial Everest Mexicana.
AL-SHAMMA, A., S. DRAKE, D. L. FLYNN, L. A. MITSCHER, Y.H. PARK, G.S.R. RAO, A. SIMPSON, J.K. SWAYZE, T. VEYSOGLU und S.T.-S. WU
1981 »Antimicrobial Agents from Higher Plants: Antimicrobial Agents from *Peganum harmala* Seeds«. *Journal of Natural Products* 44(6): 745–747.
ALBERT-PUELO, Michael
1978 »Mythobotany, Pharmacology, and Chemistry of Thujone-Containing Plants and Derivatives«. *Economic Botany* 32: 65–74.
ALDUNATE, Carlos, Juan J. ARMESTO, Victoria CASTRO und Carolina VILLAGRÁN
1983 »Ethnobotany of Pre-Altiplanic Community in the Andes of Northern Chile«. *Economic Botany* 37(1): 120–135.
ALIOTTA, Giovanni, Danielle PIOMELLI und Antonio POLLIO
1994 »Le piante narcotiche e psicotrope in Plinio e Dioscoride«. *Annali dei Musei Civici de Rovereto* 9(1993): 99114.
ABRAHAMS, Harold J.
1980 »Onycha, Ingredient of the Ancient Jewish Incence: An Attempt at Identification«. *Economic Botany* 33(2): 233–236.
AMBASTA, Shri S.P. (Hg.)
1994 *The Useful Plants of India.* New Delhi: Publications & Information Directorate.
ARRIAGA, Pablo José de
1992 *Eure Götter werden getötet: »Ausrottung des Götzendienstes in Peru« (1621).* Hrsg. von Karl A. WIPF. Darmstadt: Wissenschaftliche Buchgesellschaft.
ARVIGO, Rosita und Michael BALICK
1994 *Die Medizin des Regenwaldes.* Aitrang: Windpferd.
ASHISHA, Ma Deva und MAHAHRADANATHA
1994 *Duftkräuter und ätherische Öle in der ayurvedischen Heilkunst.* Tostedt: Yogini Verlag.
ATAL, C. K., O.P. GUPTA und S.H. AFAQ
1975 »*Commiphora mukul:* Source of Guggal in Indian Systems of Medicine«. *Economic Botany* 29: 208–218.
ATKINSON, E.T.
1989 *Economic Botany of the Himalayan Regions.* New Delhi: Cosmo Publications.
BAKER, John R.
1994 »The Old Woman and Her Gifts: Pharmacological Bases of the Chumash Use of Datura«. *Curare* 17(2): 253–276.
BALABANOVA, S., F. PARSCHE und W. PIRSIG
1992 »First Identification of Drugs in Egyptian Mummies«. *Naturwissenschaften* 79: 358.
BARR, Andy (Hg./Project Manager)
1990 *Traditional Bush Medicines: An Aboriginal Pharmacopoeia.* Northern Territory of Australia [Publishing].
BARTELS, Max
1893 *Die Medicin der Naturvölker.* Leipzig: Th. Grieben's Verlag.

BAUEREISS, Erwin (Hg.)
1995 *Heimische Pflanzen der Götter: Ein Handbuch für Hexen und Zauberer.* Markt Erlbach: Raymond Martin Verlag.
BAUMANN, B. B.
1960 »The Botanical Aspects of Ancient Egyptian Embalming and Burial«. *Economic Botany* 14: 84–104.
BELLEDAME (Hg.)
1990 *Die persönliche Magie der Pflanzen: Traditionelle Grundlagen der Aromatherapie.* Bad Münstereifel: Edition Tramontane.
BENESCH, Kurt (Hg.)
1985 *Magie der Renaissance.* Wiesbaden: Fourier.
BIEDERMANN, Hans
1972 *Medicina Magica.* Graz: Akademische Druck- u. Verlagsanstalt.
BOCK, Hieronymus
1577 *Kreutterbuch.* Strassburg: Rihel.
BRANDENBURG, Dietrich
1973 *Medizinisches in Tausendundeiner Nacht.* Stuttgart: Fink.
BRØNDEGAARD, V. J.
1972 »Artemisia in der gynäkologischen Volksmedizin«. *Ethnomedizin* 2(1/2): 3–16.
1985 *Ethnobotanik.* Berlin: Mensch und Leben.
BROSSE, Jacques
1990 *Mythologie der Bäume.* Olten, Freiburg: Walter-Verlag.
1992 *Magie der Pflanzen.* Olten, Freiburg: Walter-Verlag.
BRUCHAC, Joseph
1993 *The Native American Sweat Lodge: History and Legends.* Freedom, CA: The Crossing Press.
BRUNTON, Paul
1983 *Von Yogis, Magiern und Fakiren: Begegnungen in Indien.* München: Knaur.
BÜHLER, Margrit
1987 *Geliebte Schokolade.* Aarau, Stuttgart: AT Verlag.
CALAND, Marianne und Patrick
1992 *Weihrauch & Räucherwerk.* Aitrang: Windpferd.
CALDECOTT, Moyra
1993 *Myths of the Sacred Tree.* Rochester, Vermont: Destiny Books.
CARNOCHAN, F. G. und Hans Christian ADAMSON
1986 *Das Kaiserreich der Schlangen.* Berlin: Verlag Clemens Zerling.
CARTER, H. J.
1848 »A description of the Frankincense Tree of Arabia« *Journal of the Royal Asiatic Society* (Bombay Branch) 2: 380–390.
CHANEY, William R. und Malek BASBOUS
1978 »The Cedars of Lebanon: Witnesses of History« *Economic Botany* 32: 118–123.
CLARKE, Charlotte Bringle
1977 *Edible and Useful Plants of California.* Berkeley usw.: University of California Press.
CORBIN, Alain
1984 *Pesthauch und Blütenduft: Eine Geschichte des Geruchs.* Berlin: Wagenbach.
CORDAN, Wolfgang
1962 *Popol Vuh: Mythos und Geschichte der Maya.* Düsseldorf, Köln: Diederichs.
COULIANO, Ioan P.
1995 *Jenseits dieser Welt: Ausserweltliche Reisen von Gilgamesch bis Albert Einstein.* München: Diederichs Verlag.
CROWLEY, Aleister
1985 *Liber 777.* Dumme: Peyn und Schulze.
1988 *Magick.* Dumme: Peyn und Schulze.

1990 *Tagebuch eines Drogenabhängigen.* Berlin: a-verbal Verlag.
CUNNINGHAM, Scott
1994 *The Complete Book of Incense, Oils & Brews.* St.Paul, Minnesota: Llewellyn.
DANIELOU, Alain
1992 *Gods of Love and Ecstasy: The Traditions of Shiva and Dionysus.* Rochester, Vermont: Inner Traditions.
DASTUR, J. F.
1985 *Medicinal Plants of India & Pakistan.* Bombay: Taraporevala.
DIAZ, José Luis
1979 »Ethnopharmacology and Taxonomy of Mexican Psychodysleptic Plants«. *Journal of Psychedelic Drugs* 11(1/2): 71–101.
DIBBLE, Charles E. und Arthur J. O. ANDERSON
1963 *Florentine Codex, Book 11 – Earthly Things.* Santa Fe: The University of Utah.
DIERBACH, Johann Heinrich
1833 *Flora Mythologica.* Schaan/Liechtenstein: Sändig Reprint (1981).
DIOSKURIDES
1610 *Kreutterbuch.* Franckfurt am Mayn: Conrad Corthons.
1902 *Arzneimittellehre.* Stuttgart: Enke.
DITTRICH, Bernd
1988 *Duftpflanzen.* München: BLV.
DIXON, D. M.
1969 »The Transplantation of Punt Incense Trees in Egypt«. *The Journal of Egyptian Archaeology* 55: 55–65.
DOSHI, Saryu (Hg.)
1993 *India and Egypt: Influences and Interactions.* Bombay: Marg Publications.
DROST-KARBOWSKA, K., Z. KOWALEWSKI und J. David PHILILIPSON
1978 »Isolation of Harmane and Harmine from *Kochia scoparia*«. *Lloydia* 41: 289–290.
DRURY, Nevill und Susan
1989 *Handbuch der heilenden Öle Aromen und Essenzen.* Durach: Windpferd.
DUKE, James A.
1973 »Utilization of Papaver«. *Economic Botany* 27: 390–400.
1975 »Ethnobotanical Observations on the Cuna Indians«. *Economic Botany* 29: 278–293.
ELDRIDGE, Joan
1975 »Bush Medicine in the Exumas and Long Island, Bahamas: A Field Study«. *Economic Botany* 29: 307–332.
ELIADE, Mircea
1992 *Schamanen, Götter und Mysterien: Die Welt der alten Griechen.* Freiburg: Herder.
EMBODEN, William
1989 »The Sacred Journey in Dynastic Egypt: Shamanistic Trance in the Context of the Narcotic Water Liliy and the Mandrake«. *Journal of Psychoactive Drugs* 21(1): 61–75.
EPSTEIN, Mark und Lobsang RABGAY
1982 »Mind and Mental Disorders in Tibetan Medicine«. *Tibetan Medicine* 5: 66–82.
EPSTEIN, William W. und Ellen E. Ubben JENKINS
1979 »Anthemidin, a New Sequiterpene Lactone from *Artemisia ludoviciana*«. *Journal of Natural Products* 42(3): 279–281.
ERICHSEN-BROWN, Charlotte
1989 *Medicinal and Other Uses of North American Plants.* New York: Dover.

FAURE, Paul
1990 *Magie der Düfte: Eine Kulturgeschichte der Wohlgerüche von den Pharaonen zu den Römern.* München, Zürich: Artemis.
FAZZIOLI, Edoardo
1989 *Des Kaisers Apotheke.* Bergisch-Gladbach: Gustav Lübbe.
FELMY, Sabine
1986 *Märchen und Sagen aus Hunza.* Köln: Diederichs.
FESTI, Francesco
1995 »Le herbe del diavolo. 2. Botanica, chimica e farmacologia«. *Altrove* 2: 117–141.
FISCHER, Georg und Erich KRUG
1984 *Heilkräuter und Arzneipflanzen* (7. Aufl.). Heidelberg: Haug.
FISCHER-RIZZI, Susanne
1989 *Himmlische Düfte: Aromatherapie.* München: Hugendubel.
FLEISHER, Alexander und Zhenia
1988 »Identification of Biblical Hyssop and Origin of the Traditional Use of Oregano-Group herbs in the Mediterranean Region«. *Economic Botany* 42: 232–241.
1992 »The Odoriferous Principle of Mandrake, *Mandragora officinarum* L. Aromatic Plants of the Holy Land and the Sinai. Part IX«. *Journal of Essential Oil Research* 4: 187–188.
1994 »The Fragrance of Biblical Mandrake«. *Economic Botany* 48(3): 243–251.
FOCK-HENG, Philip A.
1965 »Cinnamon of the Seychelles«. *Economic Botany* 19: 257–261.
FRERICHS, G., G. ARENDS und H. ZÖRNIG (Hg.)
1938 *Hagers Handbuch der pharmazeutischen Praxis.* Berlin: J. Springer.
FRIEDREICH, J. B.
1966 *Zur Bibel: Naturhistorische, anthropologische und medicinische Fragmente.* Bad Reichenhall: Antiquariat Rudolf Kleinert (Reprint von 1848).
FUCHS, Leonhart
1543 *Kreütterbuch.* Basel: Michael Isingrin.
GAERTNER, Erika E.
1970 »Breadstuff from Fir (*Abies balsamea*)«. *Economic Botany* 24(1): 69–72.
GANDHI, Maneka und Yasmin SINGH
1989 *Brahma's Hair: Mythology of Indian Plants.* Calcutta: Rupa.
GARCIA DA ORTA
1987 *Colloquies on the Simple and Drugs of India.* Delhi: Sri Satguru Publications.
GATTEFOSSÉ, René-Maurice
1994 *Aromatherapie.* Aarau: AT Verlag.
GELPKE, Rudolf
1995 *Vom Rausch im Orient und Okzident* (2. Auflage). Mit einem neuen Nachwort von Michael KLETT. Stuttgart: Klett-Cotta.
GENTRY, H. S.
1957 »Gum Traganth in Iran«. *Economic Botany* 11: 40–63.
GERARD, John
1633 *The Herbal or General History of Plants*, Revised and Enlarged by Thomas JOHNSON. London: Norton & Whitaker.
GERMER, Renate
1985 *Flora des pharaonischen Ägypten.* Mainz: Philipp von Zabern.
1988 *Katalog der altägyptischen Pflanzenreste der Berliner Museen.* Wiesbaden: Otto Harrassowitz (Ägyptologische Abhandlungen, Bd. 47).

1991 *Mumien: Zeugen des Pharaonenreiches.* Zürich und München: Artemis & Winkler.
GESSMANN, G. W.
o.J. *Die Pflanzen im Zauberglauben.* Den Haag: Couver.
GODHWANI, Savitri, J. L. GODHWANI und D. S. VYAS
1987 »*Ocimum sanctum:* An Experimental Study Evaluating Its Anti-inflammatory, Analgesic and Antipyretic Activity in Animals«. *Journal of Ethnopharmacology* 21: 153–163.
GOLOWIN, Sergius (Hg.)
1982 *Kult und Brauch der Kräuterpfeife in Europa.* Allmendingen: Verlag der Melusine (Dokumente zur einheimischen Ethnologie).
GREVE, Paul
1938 *Ledum palustre L.: Monographie einer alten Heilpflanze.* Hamburg. Diss.
GRIEVE, M.
1982 *A Modern Herbal.* New York: Dover.
GRIFFITH, F. Ll. und Herbert THOMPSON
1974 *The Leyden Papyrus: An Egyptian Magical Book.* New York: Dover.
GRINDLAY, D. und T. REYNOLDS
1986 »The *Aloe vera* Phenomenon«. *Journal of Ethnopharmacology* 16: 117–151.
GROOM, N. St. J.
1981 *Frankincense and Myrrh.* London: Longman.
HAERKÖTTER Gerd und Marlene HAERKÖTTER
1986 *Hexenfurz und Teufelsdreck.* Frankfurt/M.: Eichborn.
HAMMOND, Norman
1981 »*Pom* for the Ancestors«. *Mexicon* 3(5): 77–79.
HANSEN, Harold A.
1981 *Der Hexengarten.* München: Trikont-Dianus.
HART, Jeffrey A.
1979 »The Ethnobotany of the Flathead Indians of Western Montana«. *Botanical Museum Leaflets* 27(10): 261–307.
HECKER, Ulrich
1995 *Bäume und Sträucher.* München: BLV.
HEISER, Charles B.
1987 *The Fascinating World of the Nightshades.* New York: Dover.
HENGLEIN, Martin
1985 *Die heilende Kraft der Wohlgerüche und Essenzen.* München: Schönbergers.
HENMAN, Anthony [= ANTONIL]
1981 *Mama Coca.* Bremen: Verlag Roter Funke.
HENGSTL, Joachim, G. HÄGE und H. KÜHNERT (Hg.)
1978 *Griechische Papyri aus Ägypten: Zeugnisse des öffentlichen und privaten Lebens.* München: Heimeran.
HEPPER, F. Nigel
1969 »Arabian and African Frankincense Trees«. *Journal of Egyptian Archaeology* (London) 55: 66–72.
1992 *Pflanzenwelt der Bibel.* Stuttgart: Deutsche Bibelgesellschaft.
HESS, Walter
1993 »Weihrauch-Beweihräucherung, Harze und Balsame«. *Natürlich* 13(12): 6–17.
HESSE, Hermann (Hg.)
1986 *Spuk- und Hexengeschichten.* Frankfurt/M.: Insel.
HILL, Johann
1978 *Das heilige Kraut, oder die Kräfte der Salbey zur Verlängerung des menschlichen Lebens.* Freiburg: Aurum (Reprint des Nachdruckes von 1853 nach der Ausgabe von 1778).
HILMER, Gero, Wolfgang WEITSCHAT und Norbert VAVRA
1992 »Bernstein aus dem Miozän von Borneo«. *Naturwissenschaftliche Rundschau* 45(2): 72–74.

HINRICHSEN, Torkild
1994 *Erzgebirge: »Der Duft des Himmels«.* Hamburg: Altonaer Museum.
HIRSCHFELD, Magnus, Richard LINSERT
1930 *Liebesmittel.* Berlin: Man Verlag.
HLAVA, Bohumir und Dagmar LANSKA
1977 *Lexikon der Küchen- und Gewürzkräuter.* Herrsching: Pawlak.
HOCKING, George M.
1947 »Henbane: Healing Herb of Hercules and Apollo«. *Economic Botany* 1: 306–316.
HOOPER, David
1937 *Useful Plants and Drugs of Iran and Iraq.* Chicago: Field Museum of Natural History (Botanical Series IX, 3).
HOUGH, Walter
1912 »Censers and Incense of Mexico and Central America«. *Proceedings U.S. National Museum* Vol.42 (No.1887): 109–137.
HOWARD, Michael
1991 *Incense and Candle Burning.* San Francisco: Aquarian.
HOWES, F. N.
1949 *Vegetable Gums and Resins.* Waltham: Chronica Botanica.
1950 »Age Old Resins of the Mediterranean Region«. *Economic Botany* 1: 307–316.
HUNNIUS, Curt
1975 *Pharmazeutisches Wörterbuch* (5. Aufl.). Berlin, New York: Walter de Gruyter.
HURTON, Andrea
1994 *Erotik des Parfums: Geschichte und Praxis der schönen Düfte.* Frankfurt/M.: Fischer.
HUTCHENS, Alma R.
1992 *A Handbook of Native American Herbs.* Boston, London: Shambala.
HYSLOP, Jon und Paul RATCLIFFE
1989 *A Folk Herbal.* Oxford: Radiation Publications.
JACOB, Irene und Walter (Hg.)
1993 *The Healing Past: Pharmaceuticals in the Biblical and Rabbinic World.* Leiden: Brill.
JACQ, Christian
1985 *Egyptian Magic.* Wiltshire: Aris und Phillips.
JAIN, S. K.
1991 *Dictionary of Indian Folk Medicine and Ethnobotany.* New Delhi: Deep Publications.
JETTMAR, Karl
1981 »Skythen und Haschisch«, in Gisela VÖLGER (Hg.), *Rausch und Realität,* Bd. 1: 310–313, Köln: Rautenstrauch-Joest-Museum
JOHNSTON, Alex
1970 »Blackfoot Indian Utilization of the Flora of the Northwestern Great Plains«. *Economic Botany* 24: 301–324.
JOVANÉ, Ana (Hg.)
1994 *De México al Mundo: Plantas.* México, D.F.: Grupo Azabache.
KARAGEORGHIS, Vasso
1976 »A Twelfth-century BC Opium Pipe from Kition«. *Antiquity* 50: 125–129.
KARMAY, Samten
1988 *Secret Visions of the Fifth Dalai Lama: The Gold Manuscript in the Fournier Collection.* London: Serindia Publications.
KASTER, Heinrich L.
1986 *Die Weihrauchstrasse: Handelswege im alten Orient.* Frankfurt/M.: Umschau.

KAUFMANN, Richard
1985   *Die Krankheit erspüren: Tibets Heilkunst und der Westen.* München, Zürich: Piper.
KESSLER, Michael
1991   *Zur Frage nach psychotropen Stoffen im Rauch von brennendem Gummiharz der Boswellia sacra.* Basel: Inaugural-Dissertation.
KINDSCHER, Kelly
1992   *Medicinal Wild Plants of the Prairie: An Ethnobotanical Guide.* Lawrence: University of Kansas Press.
KNECHT, Sigrid
1971   »Rauchen und Räuchern in Nepal«. *Ethnomedizin* 1(2): 209–222.
1985   »Die heilige Heilpflanze Tulasi«. *Curare Sonderband Ethnobotanik* 3/85: 95–100.
KONITZKY, Gustav A.
1992   *Märchen der nordamerikanischen Indianer.* Reinbek: Rowohlt.
KOTTEK, Samuel S.
1994   *Medicine and Hygiene in the Works of Flavius Josephus.* Leiden: E.J. Brill.
KRAUS, Michael
1990   *Ätherische Öle für Körper, Geist und Seele.* Gaimersheim: Simon & Wahl.
KREMER, Bruno P.
1988   *Duft- und Aromapflanzen.* Stuttgart: Franckh-Kosmos.
KRITIKOS, P. G. und S. N. PAPADAKI
1967   »The History of the Poppy and of Opium and Their Expansion in Antiquity in the Eastern Mediterranean«. *Bull. Narcotics* 19 Nr. 3: 17ff., Nr. 4: 5ff.
KROCHMAL, Arnold und Connie
1984   *A Field Guide to Medicinal Plants.* New York: Times Books.
KRUMBIEGEL, Günter und Brigitte
1994   *Bernstein: Fossile Harze aus aller Welt.* Weinstadt: Goldschneck-Verlag.
KRUMM-HELLER, Arnold
1934   *Vom Weihrauch zur Osmotherapie.* Berlin-Steglitz: Astrologischer Verlag W. Becker.
1955   *Osmologische Heilkunde: Die Magie der Duftstoffe.* Berlin: Verlag Richard Schikowski.
KUEGLER, Dietmar
1990   *Bisonjagd: Geschichte einer Beinahe-Ausrottung.* Wyk auf Föhr: Verlag für Amerikanistik.
KUNKEL, Günther
1993   *Die Kanarischen Inseln und ihre Pflanzenwelt.* 3. Aufl. Stuttgart usw.: G. Fischer.
LAATSCH, Hartmut
1991   »Wirkung von Geruch und Geschmack auf die Psyche«. *Jahrbuch des Europäischen Collegiums für Bewusstseinsstudien* (ECBS) 1991: 119–133, Berlin: VWB.
LAD, Vasant und David FRAWLEY
1987   *Die Ayurveda Pflanzen-Heilkunde.* Haldenwang: Edition Shangrila.
LAME DEER, Archie Fire und Richard ERDOES
1992   *Gift of Power: The Life and Teachings of a Lakota Medicine Man.* Santa Fe, NM: Bear & Co. Publishing.
LANGENHEIM, Jean H.
1964   »Present Status of Botanical Studies of Ambers«. *Botanical Museum Leaflets* 20: 225–287.
1966   »Botanical Source of Amber from Chiapas«. *Ciencia (México)* 24(5 6): 201–210.
LANGENHEIM, Jean H. und Curt W. BECK
1968   »Catalog of Infrared Spectra of Fossil Resins (Ambers): North and South America« *Botanical Museum Leaflets* 22(3): 65–120.

LANNER, Ronald M.
1981   *The Piñon Pine: A Natural and Cultural History.* Reno, Nevada: University of Nevada Press.
LAUNERT, Edmund
1985   *Parfüm und Flakons: Kostbare Gefässe für erlesenen Duft.* München: Callwey.
LE GUÉRER, Annick
1994   *Die Macht der Gerüche: Eine Philosophie der Nase.* Stuttgart: Klett-Cotta (Greif-Bücher).
LEE, Dave
1993   *Magische Räucherungen.* Soltendieck: Boheimer Verlag.
LENZ, Harald Othmar
1966   *Botanik der Griechen und Römer.* Vaduz: Sändig Reprint (von 1859).
LEWIN, Louis
1981   *Phantastica.* Linden: Volksverlag (Reprint von 1929).
LI, Hui-Lin
1975   »Hallucinogenic Plants in Chinese Herbals«. *Botanical Museum Leaflets* 25(6): 161–181.
1979   *Nan-fang ts'ao-mu chuang: A Fourth Century Flora of Southeast Asia.* Hong Kong: The Chinese University Press.
LITZINGER, William
1981   »Ceramic Evidence for Prehistoric *Datura* Use in North America«. *Journal of Ethnopharmacology* 4: 57–74.
1994   »Yucateco and Lacandon Maya Knowledge of *Datura* (Solanaceae)«. *Journal of Ethnopharmacology* 42: 133–134.
LÖHR, Max
1927   *Das Räucheropfer im Alten Testament.* Halle: Max Niemeyer Verlag (= Schriften der Königsberger Gelehrten Gesellschaft 4. Jahr, Heft 4).
LÖWER, Hans-Joachim
1992   *Wir sind noch nicht gestorben.* Nürnberg: DA Verlag Das Andere.
LONICERUS, Adamus
1679   *Kreuterbuch.* Franckfurt: Matthius Wagner.
LOWRY, Thomas P.
1984   »Damiana«. *Journal of Psychoactive Drugs* 16(3): 267–268.
MA'AX, K'ayum und Christian RÄTSCH
1984   *Ein Kosmos im Regenwald: Mythen und Visionen der Lakandonen-Indianer.* Köln: Diederichs (Gelbe Reihe DG 48). [2., überarbeitete Auflage, München 1994]
MACHT, D. I. und H. F. BRYAN
1935   »A Contribution to the Pharmacology of Myrrh, Krameria, and Eriodictyon«. *American Journal of Pharmacology* 107: 500–511.
MACPHERSON, J.
1939   »The *Eucalyptus* in the Daily Life and Medical Practice of the Australian Aborigines«. *Mankind* 2(6): 175–180.
MADHIHASSAN, S.
1991   *Indian Alchemy or Rasayana.* Delhi: Motilal Banarsidass Publ.
MAJUPURIA, Trilok Chandra und D. P. JOSHI
1988   *Religious & Useful Plants of Nepal & India.* Lalitpur: M. Gupta.
MANNICHE, Lise
1989   *An Ancient Egyptian Herbal.* London: British Museum.
MARTIN, Richard T.
1969   »The Role of Coca in the History, Religion, and Medicine of South American Indians«. *Economic Botany* 23: 422–438.
MARTINETZ, Dieter
1994   *Rauschdrogen und Stimulantien.* Leipzig: Urania.
MARTINETZ, Dieter, Karlheinz LOHS und Jörg JANZEN
1989   *Weihrauch und Myrrhe.* Stuttgart: WVG.

Martinez, Maximino
1987 *Catálogo de nombres vulgares y científicos de plantas mexicanas.* México, D.F.: Fondo de Cultura Económica.
Martius, Georg
1855 *Pharmakologisch-medicinische Studien über den Hanf.* Erlangen: Junge & Sohn.
Matthiolus, Pierandrea
1627 *Kreutterbuch.* Franckfurt am Mayn: Jacob Fischers Erben.
Mautner, Uli und Bernd Küllenberg
1989 *Arzneigewürze.* Wiesbaden: Jopp.
Mehra, K. L.
1979 »Ethnobotany of Old World Solanaceae«, in: J. G. Hawkes et al. (Hg.), *The Biology and Taxonomy of the Solanaceae,* 161–170, London usw.: Academic Press.
Melas, Evi
1990 *Delphi: Die Orakelstätte des Apollon.* Köln: DuMont.
Mercatante, Anthony
1980 *Der magische Garten.* Zürich: Schweizer Verlagshaus.
Merrillees, R. S.
1962 »Opium Trade in the Bronze Age Levant«. *Antiquity* 36: 287–292.
Miller, Richard Alan und Iona Miller
1990 *Das magische Parfum.* Braunschweig: Aurum.
Millspaugh, Charles F.
1974 *American Medicinal Plants.* New York: Dover (Reprint von 1892, Originaltitel: *Medicinal Plants*).
Mitsuhashi, Hiroshi
1976 »Medicinal Plants of the Ainu«. *Economic Botany* 30: 209–217.
Moerman, Daniel E.
1986 *Medicinal Plants of Native America* (2 Bde.). Ann Arbor: University of Michigan Museum of Anthropology (Technical Reports, No.19; Research Reports in Ethnobotany, Contribution 2).
Moinuddin, Abu Abdallah Gulam
1984 *Die Heilkunst der Sufis.* Freiburg: Bauer.
Moldenke, Harold N. und Alma L. Moldenke
1986 *Plants of the Bible.* New York: Dover.
Morgan, George R.
1980 »The Ethnobotany of Sweet Flag among North American Indians«. *Botanical Museum Leaflets* 28(3): 235–246.
Morita, Kiyoko
1992 *The Book of Incense: Enjoying the Traditional Art of Japanese Scents.* Tokyo: Kodansha International.
Morwyn
1995 *Witch's Brew: Secrets of Scents.* Atglen, PA: Whitford Press, A Division of Schiffer Publishing.
Müller-Ebeling, Claudia und Christian Rätsch
1986 *Isoldens Liebestrank.* München: Kindler.
1989 *Heilpflanzen der Seychellen.* Berlin: VWB.
Murasaki
1987 *Die Geschichte vom Prinzen Genji.* Frankfurt/M.: Insel.
Namba, Tsuneo
1980 *Colored Illustrations of Wakan-Yaku (The Crude Drugs in Japan, China and the Neighbouring Countries).* 2 Bde. [in Japanisch] Osaka: Hoikusha Publishing Co.
Neuwinger, Hans Dieter
1994 *Afrikanische Arzneipflanzen und Jagdgifte: Chemie, Pharmakologie, Toxikologie.* Stuttgart: Wissenschaftliche Verlagsgesellschaft.
Nielsen, K.
1986 *Incense in Ancient Israel.* Leiden: E.J. Brill.
Norman, Jill
1991 *Das grosse Buch der Gewürze.* Aarau: AT Verlag.

Ott, Jonathan
1985 *The Cacahuatl Eater: Ruminations of an Unabashed Chocolate Addict.* Vashon, WA: Natural Products Co.
1993 *Pharmacotheon.* Kennewick, WA: Natural Products Co.
1995 *Ayahuasca Analoge: Pangæische Entheogene.* Löhrbach: Werner Pieper's MedienXperimente (Edition Rauschkunde).
Pabst, G. (Hg.)
1887/89 *Köhler's Medizinal-Pfanzen.* Gera-Untermhaus: Eugen Köhler.
Pahlow, Mannfried
1983 *Thymian und Lindenblüten.* Stuttgart: J. F. Steinkopf.
1993 *Das grosse Buch der Heilpflanzen.* München: Gräfe und Unzer.
Paszthory, Emmerich
1990 »Salben, Schminken und Parfüme im Altertum«. *Antike Welt* 21. Jg. Sondernummer 1–64.
Patnaik, Naveen
1993 *The Garden of Life: An Introduction to the Healing Plants of India.* New York usw.: Doubleday.
Paulus, Ernst und Ding Yu-he
1987 *Handbuch der traditionellen chinesischen Heilpflanzen.* Heidelberg: Haug.
Perger, K. Ritter von
1864 *Deutsche Pflanzensagen.* Stuttgart und Oehringen: Schaber.
Perry, Jesse P., Jr.
1991 *The Pines of Mexico and Central America.* Portland, Oregon: Timber Press.
Phillips, Roger
1992 *Kosmos-Atlas Bäume.* Stuttgart: Franckh-Kosmos.
Pollio, Antonino, Giovanne Aliotta und E. Giuliano
1988 »Etnobotanica delle Solanaceae allucinogene europee«. *Atti del Congresso Internazionale di Storia della Farmacia,* Piacenza: 217–219.
Polunin, Miriam und Christopher Robbins
1992 *The Natural Pharmacy.* New York: Collier Books/Macmillan.
Preisendanz, Karl
1973 *Papyri Graecae magicae: Die griechischen Zauberpapyri.* Stuttgart: Teubner.
Punithalingam, E. und I. A. S. Gibson
1978 »Phomopsis species from Aquilaria agallocha«. *Nova Hedwigia* 29: 251–255.
Rätsch, Christian
1985 *Bilder aus der unsichtbaren Welt: Zaubersprüche und Naturbeschreibung bei den Maya und Lakandonen.* München: Kindler.
1987 »Der Rauch von Delphi: Eine enthnopharmakologische Annäherung«. *Curare* 10(4): 215–228.
1990a *Die »Orientalischen Fröhlichkeitspillen« und verwandte psychoaktive Aphrodisiaka.* Berlin: VWB.
1990b *Pflanzen der Liebe.* Bern: Hallwag (2. Aufl. Aarau: AT Verlag 1995).
1991a *Von den Wurzeln der Kultur.* Basel: Sphinx.
1991b *Indianische Heilkräuter* (2. erw. Auflage). München: Diederichs.
1992a *Hanf als Heilmittel.* Löhrbach: MedienXperimente.
1992b *The Dictionary of Sacred and Magical Plants.* Santa Barbara, CA: ABC-Clio.
1993 »Mysterien der Aphrodite«, in: ders. (Hg.), *Naturverehrung und Heilkunst,* 191–210, Südergellersen: Bruno Martin.
1994 »Die Alraune in der Antike«. *Annali dei Musei Civici dei Rovereto* 10: 249–296.

1995a *Heilkräuter der Antike in Ägypten, Griechenland und Rom*. München: Diederichs.
1995b »Das Geheimnis von Onycha: Aus der Geschichte der Räucherklaue«. *Club Conchylia Informationen* 27(1): 34–40.
1995c »Nahrung für die Götter«. *Esotera* 11/95: 70–74.
1995d »Einige Räucherstoffe der Tamang«. *Jahrbuch für Ethnomedizin und Bewusstseinsforschung* 4: 153–161.
1995e *Pflanzen der Venus: Aphrodisiaka und Liebestränke*. Hamburg: Ellert & Richter.
RAI, Yash
1988 *Holy Basil: Tulsi (A Herb)*. Ahmedabad, Bombay: GALA Publ.
READ, Bernard E.
1977 *Chinese Materia Medica*. Taipei: Southern Materials Center.
RENFREW, Jane M.
1973 *Palaeoethnobotany*. New York: Columbia University Press.
REYNOLDS, Richard D.
1993 *The Ancient Art of Colima, Mexico*. Walnut Creek, CA: Squibob Press.
RICHTER, E.
1952 »Riechschnecke als Pestschutzamulett«. *Deutsche Gaue* 44: 82–87.
RIMMEL, Eugene
1985 *Das Buch des Parfums*. Dreieich: Hesse & Becker (Reprint von 1864).
ROGERS, Dilwyn S.
1980 *Edible, Medicinal, Useful, and Poisonous Wild Plants of the Northern Great Plains South Dakota Region*. Sioux Falls, SD: Augustana College.
ROTH, Lutz, Max DAUNDERER und Kurt KORMANN
1994 *Giftpflanzen – Pflanzengifte* (4. Aufl.). München: Ecomed.
ROSENGARTEN, Frederic, Jr.
1977 »An Unusual Spice from Oaxaca: The Flowers of *Quararibea funebris*«. *Botanical Museum Leaflets* 25(7): 183–202.
RUBEN, Walter
1952 *Tiahuanaco, Atacama und Araukaner*. Leipzig: Otto Harrassowitz.
RUDENKO, S.I.
1970 *Frozen Tombs of Siberia: The Pazaryk Burials of Iron Age Horsemen*. Berkeley: University of California Press.
SAMORINI, Giorgio und Francesco FESTI
1995 »*Acorus calamus* L. (calamon aromatico)«. *Eleusis* 1: 33–36.
SANDERMANN, W.
1980 »Berserkerwut durch Sumpfporst-Bier«. *Brauwelt* 120(50): 1870–1872.
SANFORD, James H.
1972 »Japan's ›Laughing Mushrooms‹«. *Economic Botany* 26: 174–181.
SATTERTHWAITE, Linton
1946 »Incense Burning at Piedras Negras«. *University Museum Bulletin* 11(4): 16–22; Philadelphia: University of Pennsylvania.
SCHAFFNER, Willi
1992 *Heilpflanzen und ihre Drogen*. München: Mosaik Verlag.
SCHENK, Gustav
1948 *Schatten der Nacht*. Hannover: Sponholtz.
1954 *Das Buch der Gifte*. Berlin: Safari-Verlag.
SCHIERING, Walther
1927 »Bilsenkraut: Eine okkultistisch-kulturgeschichtliche Betrachtung«. *Zentralblatt für Okkultismus*, S. 23–31, Leipzig [Reprint in BAUEREISS 1995: 81–91].
SCHNEEBELI-GRAF, Ruth
1992 *Nutz- und Heilpflanzen Chinas*. Frankfurt/M.: Umschau.
SCHÖPF, Hans
1986 *Zauberkräuter*. Graz: ADEVA.
SCHOPEN, Armin
1983 *Traditionelle Heilmittel in Jemen*. Wiesbaden: Franz Steiner Verlag.
SCHOSKE, Sylvia
1990 *Schönheit – Abglanz der Göttlichkeit: Kosmetik im Alten Ägypten*. München: Schriften aus der ägyptischen Sammlung (SAS).
SCHRÖDER, D. Johann
1685 *Höchstkostbarer Artzeney-Schatz*. Jena: Johann Hoffmann (Reprint 1963 by Konrad Kölbl, München).
SCHÜTT, Cornelia
1995 »Der Kult um den Duft«. *Dao* 2/95: 41–43
SCHULTES, Richard Evans
1937 »Peyote and Plants Used in the Peyote Ceremony«. *Botanical Museum Leaflets* 4(8): 129–152.
1977 »Mexico and Columbia: Two Major Centres of Aboriginal Use of Hallucinogens«. *Journal of Psychedelic Drugs* 9(2): 173–176.
1988 *Where the Gods Reign: Plants and Peoples of the Colombian Amazon*. Oracle, Arizona: Synergetic Press.
SCHULTES, Richard E. und Albert HOFMANN
1980 *The Botany and Chemistry of Hallucinogens*. Springfield, Ill.: Charles C. Thomas.
1995 *Pflanzen der Götter*. Aarau: AT Verlag.
SCHULTES, Richard Evans und Robert F. RAFFAUF
1990 *The Healing Forest: Medicinal and Toxic Plants of the Northwest Amazonia*. Portland, Oregon: Dioscorides Press.
1992 *Vine of the Soul: Medicine Men, their Plants and Rituals in the Colombian Amazonia*. Oracle, Arizona: Synergetic Press.
SEEFELDER, Matthias
1987 *Opium – eine Kulturgeschichte*. Frankfurt/M.: Athenäum.
SEIDEMANN, Johannes
1993a *Würzmittel-Lexikon*. Hamburg: Behr's Verlag.
1993b »Sumpfporstkraut als Hopfenersatz«. *Naturwissenschaftliche Rundschau* 46(11): 448–449.
SEITZ, Paul
1993 *Küchen- und Duftkräuter*. Stuttgart: Franckh-Kosmos.
SHERRATT, Andrew
1991 »Sacred and Profane Substances: The Ritual Use of Narcotics in Later Neolithic Europe«, in: Paul GARWOOD et al. (Hg.), *Sacred and Profane*, 50–64, Oxford Univeristy Committee for Archaeology, Monograph No. 32.
SIKLOS, Bulcu
1993 »Datura Rituals in the Vajramahabhairava-Tantra«. *Curare* 16: 71–76, 190 (Addendum).
SIMON, Erika
1990 *Die Götter der Römer*. München: Hirmer.
SINGH, M. P., S. B. MALLA, S. B. RAJBHANDARI und A. MANANDHAR
1979 »Medicinal Plants of Nepal – Retrospects and Prospects«. *Economic Botany* 33(2): 185–198.
STEELE, John J.
1991 *The Transformational Use of Fragrance in Pharaonic and Shamanic Cultures: The Anthropology of Smell and Scent in Ancient Egypt and South American Shamanism*. Paper presented at the Second International Conference on the

Psychology of Permfumery, University of Warwick, Coventry, England, July 22–26, 1991.
1992 »The Anthropology of Smell and Scents«, in: S. Van Toller und G. H. Dodd (Hg.), *Fragrance: The Psychology and Biology of Perfume*, London: Elsevier.
1993 *The Fragrant Hospital: Environmental Fragrancing in Health Care Design.* Paper presented at Aroma '93, University of Sussex, UK, July 2–4, 1993.
Sternitzke, Herbert S. und Thomas C. Nelson
1970 »The Southern Pines of the United States«. *Economic Botany* 24: 142–150.
Storl, Wolf-Dieter
1993 *Von Heilkräutern und Pflanzengottheiten.* Braunschweig: Aurum.
1995 »Das esoterische Pflanzen-Lexikon: Beifuss«. *Esotera* 11/95: 137–139.
Storrs, Adrian und Jimmie
1990 *Trees and Shrubs of Nepal and the Himalayas.* Kathmandu: Pilgrims Book House.
Strassmann, René A.
1991 *Duftheilkunde.* Aarau: AT Verlag.
1994 *Baumheilkunde.* Aarau: AT Verlag.
Süskind, Patrick
1985 *Das Parfum.* Zürich: Diogenes.
Tabernaemontanus, Jacobus Theodorus
1731 *Neu Vollkommen Kräuter-Buch*, vermehrt von Casparum und Hieronymum Bauhinium. Basel: Verlag Johann Ludwig König.
Tercinet, Louis
1950 *Mandragore, qui es-tu?* Paris: Edité par l'Auteur.
Thompson, C. J. S.
1968 *The Mystic Mandrake.* New York: University Books.
Thompson, R. Campbell
1949 *A Dictionary of Assyrian Botany.* London: British Academy.
Thulin, Mats und Per Claeson
1991 »The Botanical Origin of Scented Myrrh (Bissabol or Habak Hadi)«. *Economic Botany* 45(4): 487–494.
Timbrook, Jan
1987 »Virtuous Herbs: Plants in Chumash Medicine«. *Journal of Ethnobiology* 7(2): 171–180.
1990 »Ethnobotany of Chunash Indians, California Based on Collections by John P. Harrington«. *Economic Botany* 44(2): 236–253.
Tozzer, Alfred M.
1907 *A Comparative Study of the Mayas and the Lacandones.* New York: Macmillan.
Touw, Mia
1981 »The Religious and Medicinal Uses of Cannabis in China, India and Tibet«. *Journal of Psychoactive Drugs* 13(1): 23–34.
Towle, Margaret A.
1961 *The Ethnobotany of Pre-Columbian Peru.* New York: Viking Fund Publications in Anthropology, No. 30.
Tsarong, Tsewang Jigme
1986 *Handbook of Traditional Tibetan Drugs.* Kalimpong:: Tibetan Medical Publications.
1991 »Tibetan Psychopharmacology«. *Integration* 1: 43–60.
Tsumura, Akira
1991 *Kampo.* Tokyo, New York: Japan Publications.
Tucker, Arthur O.
1986 »Frankincense and Myrrh«. *Economic Botany* 40(4): 425–433.
Ulbrich, Sabrina
1993 *Geheimnisvolle Düfte 1: Räuchern mit Harzen und Hölzern.* Bergen/Dumme: Kersken-Canbaz Verlag.
Ulrich, Hans E.
1986 *Von Meister Eckardt bis Carlos Castaneda: Reise durch eine andere Wirklichkeit.* Frankfurt/M.: Fischer.
Unschuld, Paul Ulrich
1973 *Pen-Ts'ao: 2000 Jahre traditionelle pharmazeutische Literatur Chinas.* München: Heinz Moos.
Vandenberg, Philip
1979 *Das Geheimnis der Orakel.* München: Orbis.
Vavra, Norbert
1982 »Bernstein – die Tier- und Pflanzenwelt fossiler Harze«. *Schriften des Vereines zur Verbreitung naturwissenschaftlicher Kenntnisse in Wien* 122/123: 67–96.
1987 »Fossilien in der Volksmedizin«. *Wissenschaftliche Nachrichten* 73, Jänner 1987: 6–8.
Venzlaff, Helga
1977 *Der marokkanische Drogenhändler und seine Ware.* Wiesbaden: Franz Steiner.
Vinci, Leo
1980 *Incense: Its Ritual Significance, Use and Preparation.* New York: Samuel Weiser.
Voigt, Hermann P.
1982 *Zum Thema: Kokain.* Basel: Sphinx.
Volbehr, Klaus
o.J. *Arznei aus dem Meere vom 17. Jahrhundert bis heute.* Bremerhaven: Nordwestdeutscher Verlag Dietzen & Co.
Vonarburg, Bruno
1993 »Wie die Innerrhoder ›räuchelen‹«. *Natürlich* 13(12): 13.
1995 »Homöopathisches Pflanzenbrevier 16: Sumpfporst«. *Natürlich* 15(6): 77–80.
Vries, Herman de
1985 »hermel, harmel, harmal, peganum harmala, die steppenraute, ihr gebrauch in marokko als heilmittelpflanze und psychotherapeutikum«. *Salix* 1(1): 36–40.
1989 *Natural relations.* Nürnberg: Verlag für moderne Kunst.
1993 »heilige bäume, bilsenkraut und bildzeitung«, in: C. Rätsch (Hg.), *Naturverehrung und Heilkunst*, S. 65–83, Südergellersen: Verlag Bruno Martin.
Waal, M. de
1988 *Medicinal Herbs in the Bible.* York Beach, Maine: Samuel Weiser.
Wagner, Hildebert
1985 *Pharmazeutische Biologie 2: Drogen und ihre Inhaltsstoffe.* Stuttgart, New York: G. Fischer.
Waldmann, F.
1883 *Der Bernstein im Altertum: Eine historisch-philologische Skizze.* Fellin: F. Feldt.
Walker, Winifred
1964 *All the Plants of the Bible.* London: Lutterworth.
Wedeck, Harry
1961 *A Dictionary of Aphrodisiacs.* New York: Phil. Society.
Weil, Andrew
1995 »The New Politics of Coca«. *The New Yorker* 71(12): 70–80.
Werner, Helmut
1993 *Die Magie der Zauberpflanzen, Edelsteine, Duftstoffe und Farben.* München: Droemer-Knaur.
Westrich, LoLo
1989 *California Herbal Remedies.* Houston, Texas: Gulf Publ.Co.
Wichtl, Max (Hg.)
1989 *Teedrogen* (2. Aufl.). Stuttgart: VWG.
Wiemann-Michaels, Annette
1994 *Die verhexte Speise: Eine ethnopsychosomatische Stu-*

die über das Depressive Syndrom in Nepal. Frankfurt/M. usw.: Peter Lang (Medizin in Entwicklungsländern, 35).
WILBERT, Johannes
1987 *Tobacco and Shamanism in South America.* New Haven and London: Yale University Press.
WILLERDING, Ulrich
1970 »Vor- und frühgeschichtliche Kulturpflanzenfunde in Mitteleuropa«. *Neue Ausgrabungen und Forschungen in Niedersachsen* 5: 288–375.
WIRTH, H.
1995 »Der Sumpfporst«, in BAUEREISS: 145–146.
WISSMANN, Herman v.
1977 *Das Weihrauchland Sa'kalan, Samarum und Mos-cha.* Wien: Verlag der Österreichischen Akademie der Wissenschaften (Philosophisch-Historische Klasse, 324).
WOLF, Beverly Hungry
1994 *Die weisen Frauen der Indianer: Hüterin des Hauses, Jägerin, Medizinfrau – eine Schwarzfuss-Indianerin schildert das Leben ihrer Vorfahren.* München: Scherz.
WOLLNER, Fred
1995 *Räucherwerk und Ritual: Die vergessene Kunst des Räucherns.* Kempten: Buchverlag Fred Wollner.
WOLTERS, Bruno
1994 *Drogen, Pfeilgift und Indianermedizin: Arzneipflanzen aus Südamerika.* Greifenberg: Verlag Urs Freund.
ZHENG, Chantal
1990 *Mythen des alten China.* München: Diederichs.
ZOHARY, Michael
1986 *Pflanzen der Bibel.* (2. erw. Aufl.) Stuttgart: Calwer.

Bezugsquellen

Am schönsten ist immer der Gebrauch von selbstgesammelten Räucherstoffen. Man kann sie in heimischen Gefilden oder bei Auslandsreisen auch an exotischen Orten sammeln. Räucherstoffe müssen immer im Schatten getrocknet werden, damit sie nicht ihre ätherischen Öle verlieren.

Doch nicht jeder hat die Möglichkeit, Räucherstoffe selbst zu ernten. Die meisten in diesem Buch vorgestellten Pflanzen und Rohdrogen können über den Apothekenhandel erworben werden. Manche Harze und seltenen Gummen gibt es nur im spezialisierten Harzhandel (davon gibt es in Deutschland verschiedene Grosshändler, die auf entsprechende örtliche Einzelhändler verweisen können) oder im Devotionalienhandel (im Branchenbuch nachzuschlagen).

Hochwertige und seltene Räucherstoffe erhält man am besten über die Firmen:

ISIS-URANIA, Wieckhorster Dorfstrasse 7, D-29640 Schneverdingen, Deutschland, und

Dogon, Ritterquai 2–4, CH-4502 Solothurn, Schweiz (Schweizerische Vertretung von ISIS-URANIA).

Bernsteine und die seltenen Bernsteintränen können über die Firma PALAEO ART, Deichstrasse 19, D-20459 Hamburg, bezogen werden.